新时代诉讼法学创新文库 （13）

总主编　卞建林

教育部人文社会科学研究项目结项成果

U0611183

民事纠纷的
诉讼外解决机制研究

—— 以构建和谐社会为背景的分析

乔　欣　主　编

谭秋桂　副主编

中国人民公安大学出版社

群众出版社

·北京·

图书在版编目（CIP）数据

民事纠纷的诉讼外解决机制研究：以构建和谐社会为背景的分析／乔欣主编．—北京：中国人民公安大学出版社，2018.6

（新时代诉讼法学创新文库）

ISBN 978-7-5653-2705-6

Ⅰ.①民…　Ⅱ.①乔…　Ⅲ.①民事诉讼—研究—中国

Ⅳ.①D925.104

中国版本图书馆 CIP 数据核字（2018）第 085303 号

新时代诉讼法学创新文库

民事纠纷的诉讼外解决机制研究

——以构建和谐社会为背景的分析

乔　欣　主　编

谭秋桂　副主编

出版发行：中国人民公安大学出版社
地　　址：北京市西城区木樨地南里
邮政编码：100038
经　　销：新华书店
印　　刷：北京市泰锐印刷有限责任公司

版　　次：2018 年 6 月第 1 版
印　　次：2018 年 6 月第 1 次
印　　张：11.625
开　　本：880 毫米×1230 毫米　1/32
字　　数：313 千字

书　　号：ISBN 978-7-5653-2705-6
定　　价：45.00 元

网　　址：www.cppsup.com.cn　www.porclub.com.cn
电子邮箱：zbs@cppsup.com　zbs@cppsu.edu.cn

营销中心电话：010-83903254
读者服务部电话（门市）：010-83903257
警官读者俱乐部电话（网购、邮购）：010-83903253
法律图书分社电话：010-83905745

总　　序

　　党的十九大作出了中国特色社会主义进入新时代、我国社会主要矛盾转化为人民日益增长的美好生活需要和不平衡不充分的发展之间的矛盾等重大政治论断，深刻阐述了新时代中国共产党的历史使命，确定了全面建成小康社会、全面建设社会主义现代化国家的奋斗目标，对新时代推进中国特色社会主义伟大事业和党的建设新的伟大工程作出了全面部署。

　　全面依法治国是新时代中国特色社会主义的本质要求和重要保障，而法学研究是社会主义法治建设的重要组成部分，肩负着为法治建设提供理性解读与智识支撑的重要任务。诉讼法学作为与法治实践密切相关的应用性学科，面对新时代法治建设的新任务，更需要深入自觉地回应实践发展需求。只有建立能够适应我国国情、符合社会发展趋势的诉讼法学理论学说与制度体系，才能满足司法实践的需要。新时代推进中国特色社会主义法治建设面临的新问题，为诉讼法学研究提供了新的机遇，也使诉讼法学研究面临前所未有的挑战与压力。面对这种挑战与压力，我们有必要重点强调"创新"二字。创新是学术研究与理论发展之魂，是推动诉讼法学研究不断发展的最大动力。创新诉讼法学研究，可以从以下几个方面理解：

　　首先是学术研究领域的创新。研究领域的创新并不意味着否定、抛弃过去的研究成果，而是在此基础上往更广、更深、更符合实践需要的方向拓展。这不仅需要我们在今后的研究中进一步加强基础性研究，争取在原有研究范畴上获得更高层次、更有深度的学术成果，并不断挖掘、开发新的理论研究范畴，同时也需要我们进一步加强应用性研究，特别是法律实施问题的研究，从而使得诉讼法学理论研究的成果能够顺利转化到实践中去，能够真正引导国家司法制度的变革与发展。此外，社会的发展是一个系统工程，各个部分、环节与层面的发展都是相互影响与相互制约的，这种影响与制约的关系越来越紧密，因此，诉讼法学的发展要想跟上社会发展的步伐并充分发挥其作用，也必须加强对社会科学及自然科学中相关研究成果的吸收、借鉴，进一步开展跨学科、交叉学科、边缘学科的探索研究。

其次是学术研究思路的创新。过去，诉讼法学研究存在较明显的功利化倾向，同时也难以摆脱条文的限制，从而缺乏研究的深度和新意。从规范诉讼法学走向理论诉讼法学，是诉讼法学发展的必然趋势。加强对诉讼原理、诉讼规律的研究，有助于诉讼立法的科学化，也对正确开展司法活动具有重要的指导作用。在这个过程中，不仅需要我们积极借鉴法制发达国家丰富的研究成果和宝贵的实践经验，也需要我们深刻解读、准确把握中国法治实践与法治道路的客观规律，重点解决国际司法准则的本土化问题，努力打造具有中国特色的诉讼法治话语体系。

再次是学术研究方法的创新。长期以来，我国学者在诉讼法学研究方法的运用上偏重于采用概念推理、理论辨析等传统方法，缺乏实践调查与数据分析，以致产生理论设想与实践操作之间的偏离与脱节。面对新时代司法实践中出现的诸多问题，我们有必要进一步加强探索实证研究方法，积极开展各种形式的实践调查和试点实验，加强数据采集与定量分析，不断总结、推广试点经验与实证成果，回答和检验理论研究中的特定问题。实证研究方法的运用有利于实现理论法学与应用法学的衔接、法学理论与司法实践的衔接，也有助于将法学研究成果及时地投入到司法实践中加以检验和修正。

最后是学术研究队伍的创新。以往，诉讼法学研究大都局限于自身学科领域，在研究队伍的组建上存在成员单一、结构固定等普遍问题。在中国特色社会主义新时代，面对不同性质、不同诉求的社会矛盾相互交织、共同作用的现实情况，突破学科壁垒与部门围墙，实现多学科、多部门之间的协同创新势在必行。协同创新理念的实施，要求诉讼法学科在自身优势与特色的基础上紧密联系其他学科，在学术研究队伍的搭建与研究项目的设计上努力实现高校、科研院所、司法实务部门以及企事业单位等不同学科、不同主体之间的资源集成与共享，以此消除诉讼法学科与其他学科、理论研究与司法实践之间的脱节现象。

中国政法大学诉讼法学研究院是从事诉讼法学研究的新型综合性研究机构。2000年10月，诉讼法学研究院入选教育部普通高等学校人文社会科学百所重点研究基地，成为全国法学专业九个重点研究基地之一。诉讼法学研究院以中国政法大学雄厚的法学专业为基础，以国家级重点学科诉讼法学科为依托，集中开展诉讼法学、证据法学与司法制度研究，下设刑事诉讼法学研究所、民事诉讼法学研究所、行政诉讼法学研究所和证据法学研究所。自成立以来，诉讼法学研究院坚持以科研为立院之本，积极承担多个国家级、省部级重大攻关项目，注重人才培养与团队建设，广泛开展多层次学术交流与合作，为国家立法完善作出重要贡献，很好地发挥了重点研究基地的引领与示范作用。

面对新时代涌现的诸多研究课题，在学术研究方面不断创新，积极进取，充分展现重点研究基地的学术影响力，是诉讼法学研究院长期建设、发展的主要目标。为了达此目标，诉讼法学研究院专门创办了"新时代诉讼法学创新文库"这一系列著作项目，用以汇集、总结和展示研究院各位研究人员围绕新时代中国特色社会主义诉讼法治理论与实践中的热点、重点、难点问题而形成的各项学术研究成果。这一文库的出版领域涵盖刑事诉讼法学、民事诉讼法学、行政诉讼法学、证据法学、司法制度等多个方面，以有新意、有深度、有分量的专著、译著为主要形式。我们希望能通过这个文库鼓励学术创新，积累学术成果，并为繁荣、深化和开拓诉讼法领域的学术研究积极贡献力量。

中国政法大学诉讼法学研究院院长

卞建林

2018 年 3 月于北京

前　言

　　只要存在财产私有制，民事纠纷就不可避免。民事纠纷得不到及时、有效的解决，社会就难得安宁与稳定，严重起来可能会引发刑事案件，甚至危及政权稳定。因此，预防和妥善处理民事纠纷，是执政者必须优先考虑的问题之一。或许正是由于这个原因，随着人类社会的不断发展尤其是文明程度的不断提高，民事纠纷的预防和解决机制日益丰富和完善。但是，在不同的时期或者阶段，由于治国理念和纠纷特质不同，民事纠纷的预防和解决机制各有特色。中华人民共和国成立以来，尤其是改革开放以来，我国基本形成了以公证、人民调解、仲裁、民事诉讼、民事执行等为基本手段的多元化民事纠纷预防和解决体系。这一体系不但与民事纠纷的多元性、私权的可处分性特征相适应，而且与中国传统文化相协调，具有明显的中国特色。

　　随着我国经济社会的不断发展，中国特色社会主义的总体布局，从社会主义经济、政治、文化建设的"三位一体"到社会主义经济、政治、文化、社会建设的"四位一体"，再发展成为社会主义经济、政治、文化、社会、生态文明建设的"五位一体"，社会建设的作用越来越受到重视。为了适应这一变化，党中央提出了构建社会主义和谐社会的目标和任务，指出构建社会主义和谐社会是深入贯彻落实科学发展观的基本要求，社会和谐是中国特色社会主义的本质属性。构建社会主义和谐社会是贯穿中国特色社会主义事业全过程的长期历史任务，是在发展的基础上正确处理各种社会矛盾的历史过程和社会结果。不但要通过发展增加社会物质财富、不断改善人民生活，也要通过发展保障社会公平正义、不断促进社会和谐。中国共产党第十八次全国代表大会报告再次指出，必须促进社会和谐，要把保障和改善民生放在更加突出的位置，加强和创新社会管理，正确处理改革发展稳定关系，团结一切可以团结的力量，最大限度增加和谐因素，增强社会创造活力，确保人民安居乐业、社会安定有序、国家长治久安。

和谐社会是对人类社会发展理想状态的一种描绘，是古今中外人们梦寐以求的理想。和谐意味着统一与协调发展，和谐社会应当是民主法治、公平正义、诚信友爱、充满活力、安定有序、人与人及人与自然和谐相处的社会。因此，要构建和谐社会，就必须建立公正、高效、权威的纠纷预防和解决机制，形成完善的民事纠纷预防和解决体系，实现社会公平正义，维护法律权威与尊严。

近年来，由于民商事活动的扩大化以及民众权利意识的增强，我国民事纠纷呈现出在数量上快速增加、类型上日益多样化、涉及的矛盾更加复杂化的趋势。在这样的背景下，人民法院受案压力逐年增加，有的法院甚至已经达到极限；解决纠纷的难度不断增大，当事人不服裁判反复申诉、不断上访的现象频发，民事纠纷演变为刑事案件的事例也不在少数。现实表明，我国现有民事纠纷预防和解决机制仍存在这样或者那样的问题，民事纠纷预防和解决体系尚不能完全满足构建和谐社会的需要。根据构建和谐社会的现实要求，对我国现有民事纠纷的预防和解决机制进行系统研究，分析每种民事纠纷预防和解决机制的优劣得失，探求它们之间相互补充、协同作用的可能性，在此基础上构建完善的、具有中国特色的多元化民事纠纷预防和解决机制体系，既是完善民事诉讼法学理论的需要，也是社会主义法治建设的重要内容，具有重大的理论和实践意义。

本书与《民事纠纷的诉讼解决机制研究》共同构成教育部人文社会科学重点研究基地重大项目《民事纠纷的多元化解决机制与构建和谐社会的理论与实证研究》的结项成果，以构建和谐社会为主线，以多元化纠纷解决机制为内容，从和谐社会的基本原理出发，探讨了民事诉讼、仲裁、调解、执行、公证等在构建和谐社会中的意义和价值，以及多元化纠纷解决机制的理论与实务问题及其完善。因出版的需要，本成果分为两部分，分别从民事纠纷的诉讼解决机制和诉讼外解决机制两个视角探讨多元化纠纷解决机制的相关问题。基于"和谐社会思想"部分的一致性，故在两本书中作重复使用。

本研究成果的特点在于：

研究领域的跨学科性。本课题研究以构建和谐社会为背景，跨越公证、诉讼外调解、仲裁、民事诉讼和民事执行等多个学科领域。

构建多元化的民事纠纷预防和解决机制体系。本课题研究的目标是构建多元化的民事纠纷预防和解决体系，对公证、诉讼外调解、仲裁、民事诉讼、民事执行等民事纠纷预防和解决机制进行集中研究并探寻其内在联系，形成预防和解决民事纠纷的法治系统工程，创立完善的民事程序法学科体系。

探讨和谐社会"社会公平正义"的内涵或者标准。作为和谐社会的重要特征，"社会公平正义"的确切内涵或者具体标准以及在民事程序法中的具体体现是本课题研究的一条主线，和谐社会的标准应与"社会公平正义"的内涵与标准相统一。

本课题经历了《民事诉讼法》的修改，经历了《最高人民法院关于适用〈中华人民共和国民事诉讼法〉的解释》的出台，跨越数年倾注了课题组成员及作者的心血。期待大家的批评指正！

作　者

2017 年 11 月

目　　录

和谐社会的思想与诉讼外纠纷解决机制

诉讼外纠纷解决方式选择的实证分析

诉讼外纠纷解决机制的构建与完善

和谐社会的思想与
诉讼外纠纷解决机制

第一章　和谐社会理论的历史考察

一、中国古代思想家的和谐理论

（一）先秦诸子关于和谐社会的描述

从春秋战国时期开始，思想家们就把"和"作为一个哲学的抽象范畴加以研究，揭示了和谐的本质，指出了"和"与"同"的区别。在《国语·郑语》中记载了史伯之言："夫和实生物，同则不继。以他平他谓之和，故能丰长而物归之。若以同裨同，尽乃弃矣。"在这里，史伯认为，"和"就是一种元素与另外一种元素相配合，求得矛盾的均衡和统一，也即多种因素构成的矛盾统一体，这些相互对立的因素相互补充、相互协调从而形成新的事物，即多样性的统一。而"同"则是指相同的因素相加而求得绝对的等同，即无差别的统一，在这种情况下，不产生新的状态、新的事物。春秋战国时期正处于一个大冲突、大动荡、大分化时期，是政治、经济、社会等各种矛盾激化时期。强凌弱、富欺贫、贫富极端悬殊、礼崩乐坏，是一个极不和谐的时期，但也是一个思想创新、百家争鸣的时期，诸子百家都从各自的理论出发，论述了自己心目中的和谐社会。

儒家方面，"和"是其思想中的重要范畴。"和而不同""中和""和为贵"，都是其具体表现；儒家强调以礼乐制度维系人与人之间的和谐，主张天人合一，追求人与自然的和合，甚至还描绘了一个理想的社会状态，在孔子、孟子的思想中都有丰富的构建和谐社会的论说。在人与自然的关系方面，儒家认为天地万物只有

"和"才能生长繁育，孔子说"子钓而不纲，弋不射宿"①，万物和人一样，都由天地而生，因此人应和自然相通，作为万物之灵，人不仅要认识到与万物一体，而且要泽及万物，所谓"万物并立而不相害，道并行而不悖"。② 儒家主张与自然和谐，更主张人世的和谐。孔子提出诚、仁爱、忠恕、中庸、"君子和而不同，小人同而不和"等维持人际和谐关系的基本原则，孔子主张"礼之用，和为贵，先王之道斯为美"。③ 礼的作用和目的从根本上说是协调上下左右各种关系，使社会各安其分，协调有序，以达到社会整体的和谐。同时，"和"也是有原则的，不是俗谓的"一团和气"，孔子提出"君子和而不同，小人同而不和"，也就是承认"不同"，在不同的基础上形成"和"。孔子也提出了构建和谐社会的理想。有一次，孔子要颜回与子路两个学生讲述各自的志向，谈完之后，子路要老师也谈谈，孔子说："老者安之，朋友信之，少者怀之。"建立"大同社会"是儒家的理想，是儒家设计的和谐社会的最高阶段，有关的论述，以《礼运》中托名孔子的话最为有名：

"大道之行也，天下为公，选贤与能，讲信修睦。故人不独亲其亲，不独子其子，使老有所终，壮有所用，幼有所长，鳏寡孤独废疾者皆有所养。男有分，女有归。货恶其弃于地也，不必藏于己；力恶其不出于身也，不必为己。是故谋闭而不兴，盗窃乱贼而不作，故外户而不闭。是谓大同。"

儒家经典《大学》将个人修养、家庭和谐、治理天下视为一个有机的系统，提出所谓"八目"，即格物、致知、诚意、正心、修身、齐家、治国、平天下。这是一个由内向外推展的顺序，是从内修于己到外施于人的过程，是从"内圣"到"外王"的过程。

孟子继承了孔子的思想又有所发展。他对贫富悬殊问题相当关

---

① 《论语·述而》。

② 《礼记·中庸》。

③ 《论语·学而》。

注，对没有协调好贫富关系的统治者予以尖锐批评，他说"富人庖有肥肉，厩有肥马，而穷人则民有饥色，野有饿莩"，"此率兽而食人也。兽相食，且人恶之。为民父母，行政不免于率兽而食人。恶在其为民父母也？"① 他提出施王道、行仁政的理想，其中与和谐社会相关的有：

其一，天人和谐。具体地说，要不违农时，农民在各种不同的季节干不同的农活，不要去干扰他，则五谷丰饶；禁止用过于细密的渔网捕鱼，则大鱼捕，小鱼留，鱼鳖的资源也就源源不断，永不枯竭；到山林里砍柴要适时，秋冬草木零落时可以砍伐，春夏草木生长之时不宜砍伐，这样伐养得当，则树木茂盛，取之不尽。

其二，君民和谐，以民为贵。"乐民之乐者，民亦乐其乐。忧民之忧者，民亦忧其忧。乐以天下，忧以天下，然而不王者，未之有也。"② 他的名言，"民为贵，社稷次之，君为轻"，是中国传统民本思想的重要组成部分。

其三，尊重国人，重民从众。"国君进贤，如不得已，将使卑逾尊，疏逾戚，可不慎与？左右皆曰贤，未可也；诸大夫皆曰贤，未可也；国人皆曰贤，然后察之，见贤焉，然后用之。左右皆曰不可，勿听；诸大夫皆曰不可，勿听；国人皆曰不可，然后察之，见不可焉，然后去之。左右皆曰可杀，勿听；诸大夫皆曰可杀，勿听；国人皆曰可杀，然后察之，见可杀焉，然后杀之，故曰国人杀之也。"③ 尽管用人、去人与杀人的最后决定权仍操之君主，但在决策过程中，国人的意见比左右、诸大夫的意见更为重要。这与民本、民主思想有相通之处。

其四，强弱和谐，善待弱势群体。孟子认为要实行仁政，就要照顾那些鳏寡孤独等贫困无告者。"老而无妻曰鳏，老而无夫曰

---

① 《孟子·梁惠王上》。

② 《孟子·梁惠王上》。

③ 《孟子·梁惠王上》。

寡，老而无子曰独，幼而无父曰孤。此四者天下之穷民而无告者，文王发施仁政，必先斯四者。"①

墨家思想的代表人物是墨子，《墨子·非乐上》中说："今人与此（动物）异者也，赖其力者生，不赖其力者不生。"即人要参加劳动，不参加劳动生产就不能生存。由此可见，他的思想主要代表的是劳动阶级的主张。墨子关于和谐社会的理想主要有：

其一，兼爱。墨子主张"兼相爱、交相利""非攻"。墨子认为，当时对社会最不利的是国与国之间的战争和人与人之间的利益争夺，因此要"兼相爱"，他希望人与人之间要相互热爱，并且要做到"爱无等差"。要"兼相爱"必须做到"交相利"，他提出"有力者疾以助人，有财者勉以分人，有道者劝以教人。若此，则饥者得食，寒者得衣，乱者得治"。②

其二，尚贤。墨子认为，尚贤是为政之本，主持国家事务的王公大人，无不希望国家富裕、人口众多、政治清明，但是其结果往往相反，不得富而得贫，不得众而得寡，不得治而得乱。为什么呢？关键在于这些王公大人在治理国家时，都是依靠自己的骨肉之亲，使其既富且贵，不能"尚贤"，不能任人唯贤。他主张举贤不分门第，"不党父兄，不偏富贵，不嬖颜色"。他还说："官无常贵，民无终贱，有能则举之，无能则下之。"这些思想都有利于社会阶层的上下流动。

道家方面，老子认为，和谐的机理在于事物之间，相互对立、斗争而又相互依存、统一，即依"道"而行。老子以道为其哲学的最高范畴，他提出："道生一，一生二，二生三，三生万物。万物负阴以抱阳，冲气以为和。"③ 即和谐是阴阳二气相互激荡而产生的状态，而阴阳二气则是和谐状态的内在机制。阴阳二气尽管相

---

① 《孟子·梁惠王上》。
② 《墨子·尚贤下》。
③ 《老子·四十二章》。

互对立、冲撞、激荡，却始终和谐地处在"道"的统一体之中。在对社会的构想上，老子反对占有私有财产，反对压迫，反对战争，反对开启民智，追求平等，倡导损有余而补不足，向往的是小国寡民的社会。在这种社会里，民愚、事简、结绳而治、清静无为，虽有舟舆无所乘之，虽有甲兵无所陈之，人民甘其食、美其服、安其居、乐其俗，邻国相望，鸡犬之声相闻，民至老死不相往来。在这里，老子向人们展开了一幅"甘其食，乐其俗，美其服，乐其俗，安其居"的画卷，他为人们设想的是"邻国相望，鸡犬之声相闻，民至老死不相往来"的切断了社会交往关系的"和谐社会"。在老子设想的和谐社会里，人们固守在自己的园地里，不使用先进的科学技术，复古到原始的、没有一切先进文化印记的"和谐社会"状态。这是"和谐社会"的一个种类，虽然它更像没有人活动的自然界，但在劳动异化、科学技术异化严重的当今社会，他也提供了某种借鉴意义：合理利用科学技术、诚信交往、人与自然和谐相处、社会安定等。

老子在处理人与人、人与社会、国家治理方面的主张是"无为而治"，他指出："不尚贤，使民不争；不贵难得之货，使民不为盗；不见可欲，使民不乱。是以圣人之治也。虚其心，实其腹，弱其志，强其骨，恒使民无知、无欲也。使夫知不敢、弗为而已，则无不治矣。"也就是要减少差别，以实现社会安定和谐。

在处理人与自然的关系上，老子也主张"无为而无不为"，人与自然统一，强调人对自然的服从，他主张"天道自然"，强调自然的决定作用，否定了人的主观能动性，这种意义上的和谐不是真正意义上的和谐，真正意义上的和谐是具有差异的多样性的统一。但是道家思想中的和谐关系，有其深刻之处，至少它在人与自然的和谐思想方面，对我们构建和谐社会，处理好人与自然的关系，指导自然对人类的报复降到最低限度，提供了一定的借鉴。

庄子将其理想社会称为"至德之世"。在《庄子》中他表述了一个和谐的"圣治"理想："官施而不失其宜，拔举而不失其能，毕见其情事而行其所为，行自为而天下化，手挠顾指，四方之民莫不惧至。"意思是说，官职的配置符合需要，选拔官员不会埋没才能，完全弄清楚情况再采取行动，大家言行无须顾忌而天下自然太平，圣人一个手势，一个眼神，大家会一齐赶到。按照他的描述，生活在这样社会中的人丰衣足食、无忧无虑、相当富庶，但是这些财富并不是人们刻意创造出来的，而是靠大自然的赐予，"财有余而不知所自来，饮食取足而不知其所从"。人们没有私有财产的概念，共同占用、共同享用。人与人之间，不尚贤，不使能，聪明人不看低愚蠢人，能力强的不欺侮能力弱的，和睦相处、自由自在。在与大自然的关系方面，清淡寡欲，回归自然，"不知悦生，不知恶死"，完全与自然界融为一体。人们可以牵着野兽游玩，人兽相安，可以爬到树上窥探鸟巢，人禽共处。"彼民有常性，织而衣，耕而食，是谓同德。一而不党，命曰天放。故至德之世，其行填填，其视颠颠。当是时也，山无蹊隧，泽无舟梁，万物群生，连属其乡，禽兽成群，草木遂长。是故禽兽可系羁而游，鸟鹊之巢可攀援而窥。夫至德之世，同与禽兽居，族与万物并，恶乎知君子小人哉？同乎无知，其德不离；同乎无欲，是谓素朴，素朴而民性得矣"①。

《庄子》中这类涉及社会和谐理想的议论不多，而且有较多的幻想色彩，不切实际。它对现实的看法比老子更悲观，它在老子思想的基础上，对文明异化破坏社会和谐的问题有更深刻的描述，更加强调顺应自然，看重个体生命的价值，尤其注重对精神自由的追求。

在社会和谐的思想方面，老庄道家远不如儒家丰富和全面，他们过分强调一致，对和谐关系中作为发展动力的差异与矛盾缺乏积极态度。老庄对社会文明进步过分抵制，对原始的自然状态过分推崇，对主动的斗争精神过分否定，使他们理想中的社会和谐只能与

---

① 《庄子·马蹄》。

低度发展的社会相适应，是缺乏现实意义的。但是其中包含的片面的深刻，仍然具有不可忽视的意义与价值。他们对文明异化问题的揭示，对个体生命价值的张扬，对人际平等问题的思想，对人与自然关系的独特理解，都给后人思考社会和谐问题提供了重要的启发。

（二）秦汉以后的和谐社会理想

秦汉以后，中国社会进入中央集权的君主专制时代，思想上"罢黜百家、独尊儒术"，远不如先前活跃，但是关于构建和谐社会的思想仍有许多表现，儒家、道家、佛家均有。

西汉时期，内容庞杂的《淮南子》一书，有对黄帝时期和谐社会状态的想象性描述：

"昔者黄帝治天下，而力牧、太山稽辅之，以治日月之行律，治阴阳之气；节四时之度，正律历之数；别男女，异雌雄；明上下，等贵贱；使强不掩弱，众不暴寡，人民保命而不夭，岁时孰而不凶；百官正而无私，上下调而无尤；法令明而不暗，辅佐公而不阿；田者不侵畔，渔者不争隈；道不拾遗，市不豫贾；城郭不关，邑无盗贼；鄙旅之人，相让以财；狗彘吐菽粟于路，而无忿争之心。于是日月精明，星辰不失其行；风雨时节，五谷登孰；虎狼不妄噬，鸷鸟不妄搏；凤凰翔于庭，麒麟游于郊；青龙进驾，飞黄伏皁；诸北、儋耳之国，莫不献其贡职。"①

这是一幅政治清明、经济繁荣、人民安康、社会稳定、周边安宁、天人和谐的盛世图画。从中既可以看到道家庄子的影响，也可以看到《礼运》中大同社会的影子。

东汉时问世的道教经典《太平经》，对和谐社会也有许多描述，特别是公平、均平方面。书中将社会分为太平、中平、不平三种，认为人生的理想就是去不平，求太平。书中对太平的解释是"太者大也，平者正也"，太平就是大正，太平世界就是公正、安

---

① 《淮南鸿烈解·览冥训》。

宁的世界。本着平等的观念，书中对于协调智愚、强弱、后生与老者的关系，提出了独到的看法："智者当苞养愚者，反欺之，一逆也；力强当养力弱者，反欺之，二逆也；后生当养老者，反欺之，三逆也。"

从魏晋到清代，许多思想家都抒发过对和谐社会的理想，包括嵇康、阮籍、陶渊明、鲍敬言、张载、邓牧等，小说《水浒传》《镜花缘》中也有这方面的生动描写。

东晋鲍敬言对上古淳朴和谐社会的描述，吸收了《庄子》《淮南子》中对至德之世的描写，对国家出现以后的不平等、不和谐状况的描写，言辞之尖锐、批评之激烈更甚于庄子：

"曩古之世，无君无臣，穿井而饮，耕田而食，日出而作，日入而息。泛然不系，恢尔自得，不竞不营，无荣无辱。山无蹊径，泽无舟梁，川谷不通则不相并兼，士众不聚则不相攻伐。是高巢不探，深渊不漉，凤鸾栖息于庭宇，成鳞群游于园池，饥虎可履，虺蛇可执。涉泽而鸥鸟不飞，入林而狐兔不惊。势利不萌，祸乱不作，干戈不用，城池不设。万物玄同，相忘于道……其言不华，其行不饰。

降及叔季，智用巧生。道德既衰，尊卑有序。繁升降损益之礼，饰绂冕玄黄之服……弩恐不劲，甲恐不坚，矛恐不利，盾恐不厚，若无凌暴此皆可弃也。"①

东晋陶渊明在《桃花源记》《桃花源诗》中，描述了桃花源里的景致，那里土地平旷、风光秀丽，没有帝王、没有官僚、没有田赋劳役，人们日出而作、日落而息，完全依循天时办事，自由自在、和谐相处、彬彬有礼、风俗淳厚：

"有良田美池桑竹之属。阡陌交通，鸡犬相闻。其中往来种作，男女衣着，悉如外人。黄发垂髫，并怡然自乐。

见渔人，乃大惊，问所从来。具答之。便要还家，设酒杀鸡作

---

① 《抱朴子·诘鲍篇》。

食。村中闻有此人，咸来问讯。自云先世避秦时乱，率妻子邑人来此绝境，不复出焉，遂与外人间隔。问今是何世，乃不知有汉，无论魏晋。此人一一为具言所闻，皆叹惋。余人各复延至其家，皆出酒食……"①

"相命肆农耕，日入从所憩。桑竹垂余荫，菽稷随时艺。春蚕收长丝，秋熟靡王税。路荒暖交通，鸡犬互鸣吠。俎豆犹古法，衣裳无新制。童孺纵行歌，斑白欢游诣。草荣识节和，木衰知风厉。虽无纪历志，四时自成岁。怡然有余乐，于何劳智慧？"②

陶渊明描述的景致，并不是在无法查考的三代，也不是在虚无缥缈的天堂，而是就在现实当中。这段诗文脍炙人口、影响深远，"世外桃源"由此成为不受帝王管辖、自由自在的代名词。在陶渊明的观念中，这个理想国度存在的前提就是与世隔绝，只有与世隔绝，社会才没有纷争，人们才能和睦相处，才能怡然自乐，但这种意义上的理想国，只是想象和逃避现实的产物。

宋代思想家张载关于和谐社会的构想有两大突出之处：其一，提出了著名的"民胞物与"的论点。他从人类万物都是天地所生的观点出发，提出"民吾同胞，物吾与也"，认为人类都是我的同胞、万物都是我的朋友。这在实质上提出了人我、物我应该和谐相处的思想。其二，在缓解贫富矛盾方面，他曾提出均田的主张。他说："贫富不均，教养无法，虽欲言治，皆苟而已。世之病难行者，未始不以夺富人之田为辞，然兹法之行，悦之者众，苟处之有术，期以数年，不刑一人而可复所病者。"③

他提出一整套方案，主张对土地所有权进行重新分配，建立一个公平、合理的社会。均贫富、均田的口号在一些农民起义领袖那里出现过，那往往是出于号召民众的需要，很少有人像张载这样认

---

① 《桃花源记》。

② 《桃花源诗》。

③ 《横渠易说·横渠先生行状》。

真地想过，也很少有像他这样系统的理论。

　　生活在明清交替时期的黄宗羲和顾炎武也对社会发展提出了自己的理想模式，并对后世产生了一定的影响。黄宗羲提出的理想社会主要包括以下几个方面：第一，黄宗羲认为，君主和官员的存在主要是为民。在《明夷待访录》中，黄宗羲写道："有人者出，不以一己之利为利，而使天下受其利，不以一己之害，而使天下释其害，此其人之勤劳必千万于天下之人，而又不享其利。"可见，在黄宗羲看来，作为社会统治者的君主，应该一心为民，而不享其利。同时，他又以同样的道德操守要求官员，认为"我之出而仕也，为天下，非为君也；为万民，非为一姓也"。在他看来，做官也是为了社会和全民利益，而非为君主一姓利益。第二，黄宗羲认为，理想社会应该平均分配土地，他非常崇尚井田制，认为"先王之制井田，所以遂民之生，使其繁庶也"。第三，黄宗羲认为，理想社会要有法令，并且他强调这种法令需要从民众的根本利益出发，这样才可以真正做到"无法之法"，成为最为理想的法规。第四，黄宗羲非常重视教育，认为学校能培养人才，同时能纠正政事得失，引导社会风气。黄宗羲的这一理想社会模式，虽然是在封建时期"家天下"的背景下，充满了乌托邦式的空想，但是，在当时还是有一定的社会批判和启蒙意义的。与黄宗羲相比，顾炎武的理想社会更充分反映了民主启蒙精神，他不是为封建统治者设计理想社会模式，而是在一定程度上超越了一姓之"家天下"的封建统治。首先，顾炎武区分了国家与天下的区别，认为亡国与亡天下有一定的区别，国是一家一姓的王朝，而天下则为普天下的人民共同所有，因此，亡国不可怕，但"天下兴亡，匹夫有责"。其次，顾炎武认为的理想社会首先是一个讲人道、明人伦的社会，顾炎武认为这样才会妻子合，兄弟合，而父母顺。最后，顾炎武非常注重风俗教化，他认为"礼义廉耻"非常重要。可以认为，顾炎武的社会思想带有一定的近代民主主义的色彩。

　　儒家的大同理想被近代以来的许多资产阶级代表人物用来表达

自己的社会理想，最著名的有康有为和孙中山的大同理想。康有为写了《大同书》，设想未来的大同社会是一种以生产资料公有制为基础，没有剥削的社会，生产力高度发达，人们物质文化生活水平很高；国界消失，全世界统一于一个"公政府"之下，没有战争纷扰；政治上实行资产阶级民主共和国制度，没有贵贱等级；男女完全平等，家庭消灭，不存在父权、夫权压迫。康有为认为，人们苦的根源就在于存在"九界"，要彻底脱离苦，就要脱离"九界"："知病即药，破除其界，解其缠缚。超然飞度，摩天戾渊，浩然自在，悠然至乐，太平大同，长生永觉。吾救苦之道，即在破除九界而已。

第一曰：去国界，合大地也；

第二曰：去级界，平民族也；

第三曰：去种界，同人类也；

第四曰：去形界，保独立也；

第五曰：去家界，为天民也；

第六曰：去产界，公生业也；

第七曰：去乱界，治太平也；

第八曰：去类界，爱众生也；

第九曰：去苦界，至极乐也。"

孙中山大同理想的主要内容是土地国有，大企业国营，但生产资料私有制仍然存在，资本家和雇佣劳动者两个阶级继续存在；生产力高度发展，人们生活普遍改善；国家举办教育、文化、医疗保健等公共福利事业，供公民享用。

康有为和孙中山都对当时国家存在的外来侵略、垄断压迫、贫富分化、阶级对立、危机、失业等现象有所批评，但他们的大同理想基本上还是对资本主义制度的理想化，脱离不了当时西方资本主义制度的影响。康有为的现实主张是通过自上而下的改革逐步走上资本主义发展道路，因而对自己的大同理想不愿立即实行，主张通过逐步的改良在遥远的未来实现大同世界。孙中山则要求在资产阶级民主革命阶段之后建立大同世界。

二、西方思想家的和谐理论

(一) 柏拉图《理想国》中的和谐社会

柏拉图是古希腊著名哲学家，是早期西方国家理论的重要代表人物。柏拉图以他的老师苏格拉底和一些辩士对话的形式著述了《理想国》。在《理想国》中，柏拉图提出了对后世影响很大的国家建设理论，这个理论蕴含了丰富的和谐社会思想，表明柏拉图希望古希腊城邦国按照他所设想的理想模式，建立能促进经济社会和谐发展的"理想国"：

第一，《理想国》中要求协作的和谐思想。柏拉图要建立的理想国家，是一个全体国民分工协作、以货币互相交换劳动成果的国家。他指出，因为每个人能力有限，不可能一个人把各种职业都做好，"农夫似乎造不出他用的犁头——如果要的是一张好犁的话，也不能制造他的锄头和其他耕田的工具。建筑工人也是这样，他也需要其他人的。织布工人、鞋匠都不例外"。① 不同的人有不同的能力和不同的社会职能，那就应该互相分工以互相补充所需要的自然物，"鞋匠总是鞋匠，并不在做鞋匠以外，还做舵工；农夫总是农夫，并不在做农夫以外，还做法官；兵士总是兵士，并不在做兵士以外，还做商人，如此类推"。② 即使有人非常聪明，能够模仿一切，大显身手，按照城邦中的法律和规定，也不能给其以地位。在一个良好的和谐社会中，每个人都从事他最有能力胜任的工作。人与人之间的禀赋是有差别的，那么他所处的位置也就以禀赋差别为基础而不同。据此，各阶级间就会按照社会分工和社会分层而达到相互之间的和谐相处。

第二，《理想国》中要求通过教育实现社会和谐的思想。柏拉

---

① 柏拉图：《理想国》，商务印书馆 1986 年版，第 60 页。
② 柏拉图：《理想国》，商务印书馆 1986 年版，第 102 页。

图在《理想国》中用了很大的篇幅来强调他的理想教育体系，通过合理的教育实现他所认为的理想国，且理想国中的人民能按照自己的位置和分工履行职责，以实现社会的安定和谐发展。

柏拉图的理想教育观点是：教育属国家管辖之事，要平等对待所有儿童，不管他们的出身和性别。所有学生从 10～20 岁时都接受相同的教育，"你知道，凡事开头最重要。特别是生物。在幼小柔嫩的阶段，最容易接受陶冶，你要把它塑成什么型式，就能塑成什么型式"。① 教育的主要科目是体操、音乐和宗教，对年轻人来说，学习的目标是有一个强壮和协调性好的身体，以及对美的鉴赏力和具有服从、自我牺牲和忠诚的素养。② 通过教育分出三个阶级：一是充满智慧的哲学王做统治者，他们有能力和权威；二是参加管理者和军事防御的人；三是生产社会所需产品的人，即生产者。他们各司其职、和谐相处，就达到了理想的社会状态。

柏拉图尤其重视通过音乐教育来陶冶人们的心灵，通过体操教育来训练人们的身体，使受教育者忠于职守、忠于国家。"那么，这个教育究竟是什么呢？似乎确实很难找到比我们早已发现的那种教育更好的了。这种教育就是用体操来训练身体，用音乐来陶冶心灵。"③ 通过音乐的熏陶来达到人们对美和爱的向往，这是社会的需要，也是音乐的目的，"音乐教育的最后目的在于达到对美的爱"。④ 在今天看来，柏拉图对教育的重要性认识很深刻，我们也正通过各种方式来实现国民教育、平等教育，培养国家所需的各种德才兼备的人才，为构建社会主义和谐社会作贡献。而柏拉图教育思想中对美的追求，显然也蕴含社会和谐美好的思想。

第三，《理想国》中要求通过道德法律实现社会和谐的思想。

---

① 柏拉图：《理想国》，商务印书馆 1986 年版，第 71 页。

② 参见 G. 希尔贝克、N. 伊耶：《西方哲学史》，上海译文出版社 2004 年版，第 61 页。

③ 柏拉图：《理想国》，商务印书馆 1986 年版，第 70 页。

④ 柏拉图：《理想国》，商务印书馆 1986 年版，第 110 页。

世界上大多数国家基本上都要制定有关的法律，倡导适合于本国国情的道德，要么通过以法律为主、以道德为主以及两者并重的方式，实现对国家的统治和管理。柏拉图的"理想国"也不例外，他也强调道德和法律，他认为利己主义是一种道德上的错误，而且使人误解了成为一个人意味着什么；利己主义者不明白自我利益和共同利益是相同的，社会不是外在于个人的，个人总是社会这个共同体中的一员，他也反对不诚实的讲假话者，对讲假话者应施以惩罚。他说："在城邦里治理者遇上任何人，不管是预言者、医生还是木工，或任何工匠在讲假话，就要惩办他。因为他的行为像水手颠覆毁灭船只一样，足以毁灭一个城邦。"① 柏拉图还重视培养年轻人的守法精神，不希望这些未来公民将来成为一个道德、品行不端的人，"我们的孩子必须参加符合法律精神的正当游戏。因为，如果游戏是不符合法律的游戏，孩子们也会成为违反法律的孩子，他们就不可能成为品行端正的守法公民了"。② 但柏拉图认为，在政治秩序不好的国家或者政治秩序良好的国家里，真正的立法家不应当把精力花在法律和宪法上面，因为在秩序不良的国家里，宪法和法律是无济于事的，在秩序良好的国家里，宪法和法律又可以承袭以前的国家的宪法和法律，即使重新设计宪法和法律也不是难事。这说明，理想的国度必然是一个有序的、法制的国度，是一个和谐的国度。

第四，《理想国》中要求通过哲学王的统治实现社会和谐的思想。柏拉图所要构建的理想国，以哲学王作为最高统治者。因为哲学王是智慧的使者，只有具有最高智慧的人才有能力治理好国家，才可以使国家处于一种秩序良好的、充满公平正义的理想和谐社会状态。他说："除非哲学家成为我们这些国家的国王，或者我们称之为国王和统治者的那些人物，能严肃认真地追求智慧，使政治权

---

① 柏拉图：《理想国》，商务印书馆1986年版，第88页。
② 柏拉图：《理想国》，商务印书馆1986年版，第140页。

力与聪明才智合二为一；那些得此失彼，不能兼有的庸庸碌碌之徒，必须排除出去。"① 他认为如果不这样做，对国家和对全人类都十分有害，就不能实现他所描述的法律体制，也不可能给个人和公众以幸福，自然也不可能使国家处于分工明确、市场秩序良好的和谐状态。

总之，柏拉图所设计的人们相互关系和谐的"理想国"，是以具有高度智慧的哲学王统治的、能够实现男女平等的、充满正义、具有智慧和知识的幸福国家。在这个理想国家里，能够实现分工和协作，有通过货币为媒介的流通市场，人们过着既不过于富有又不过于贫困的理想生活，能够通过教育实现社会分工，稳定和谐。

（二）社会契约理论与社会和谐

在十七八世纪的西方社会思想中，占主导地位的思想是社会契约理论，社会应当是一个正义与秩序的社会，但遵循正义与秩序的依据何在，对此作出典型解释的是社会契约理论。在社会契约理论中，契约被解释为社会和国家的起源的合理依据，被解释为政治权威的合法基础。社会契约论的基点在于，如果不先假定社会成员之间的契约关系，就无法解释公民社会的存在，因为如果这些成员是自由的和平等的独立个体，那么只有他们之间的一致同意才能解释加诸于他们的种种限制以及相互依赖的形式。在社会契约理论发展史上，霍布斯、洛克与卢梭是具有代表性的思想家。

第一，霍布斯与国家权力。对自然状态的描述是社会契约理论的重要前提，目的是将人的天赋权利放在首要的地位。因而，霍布斯首先描述了人的自然状态，他的出发点是人性本恶。在霍布斯看来，有三大自然原因——竞争、猜疑以及荣誉感引起人们之间的纷争，使自然的状态真正成了战争状态，这种战争是一切人反对一切人的战争。在这种状态下，每个人都只想保全自己而不顾他人。而为了保全自己的生命，人就得吃、喝，即必须消耗某物或占有某

---

① 柏拉图：《理想国》，商务印书馆1986年版，第214～215页。

物，在物少人多的情况下，人们不免发生争吵，每个人为了达到自己的目的，就企图伤害他人，你争我夺就必然导致你死我活，由于缺乏一种公共权力来调节人与人之间的利益矛盾，因此，人与人之间的争斗永无终止，总是处在连续不断的斗争之中。

然而，人不应该在这个被后人称为 Hobbes jungle 的丛林战争中毁掉，理性告诉我们，人类必须寻找一种方式保存自己从而实现最大的利益。使人团结在一起的这个"理性的箴言"就是伟大的自然法。自然法的第一条规则是"自然律是理性所发现的戒条或一般法则。这种戒条或一般法则禁止人们去做损毁自己的生命或剥夺保全自己生命的手段的事情，并禁止人们不去做自己认为最有利于生命保全的事情"。① 自然法的另外一条规则是"在别人也愿意这样做的条件下，当一个人为了和平与自卫的目的认为必要时，会自愿放弃这种对一切事物的权利；而在对他人的自由权方面满足于相当于自己让他人对自己所具有的自由权利"。② 权利的互相转让便形成了人们所谓的契约。但是，几个人之间小范围的权利转让是经常发生的事情；只是有些人总是不愿意遵守自己当初的承诺，契约常常归于无效，"每个人对每个人的战争"还是不能灭绝，人与人之间还是要在无休止的战争状态中生活。

这就需要一个新的契约，即全体人民互相签订契约，"指定一个人或一个由多人组成的集体来代表他们的人格，每一个人都承认授权如此承当本身人格的人在有关公共和平或安全方面所采取的任何行为，或命令他人做出的行为，在这种行为中，大家都把自己的意志服从于他的意志，把自己的判断服从于他的判断"。③ 为了确保契约的长期有效性而不重蹈先前那些契约的覆辙，这个人格并不参与契约的形成过程，同时，契约的签订者除非这个伟大的人格放

---

① 霍布斯：《利维坦》，商务印书馆 1985 年版，第 97 页。
② 霍布斯：《利维坦》，商务印书馆 1985 年版，第 98 页。
③ 霍布斯：《利维坦》，商务印书馆 1985 年版，第 131 页。

弃了自己保护契约签订者的神圣职能，否则契约就永远有效，人们便不能单方面退出这个契约。订立社会契约的结果是一个伟大的共同体人格——"利维坦"（Leviathan）的诞生，而霍布斯由此发现了保障人类和平与安宁的一条最伟大的途径：通过社会契约保障臣民安全。

关于自然状态的看法对霍布斯的国家学说产生了重要影响，正因为人性的恶劣状况，在对人的基本权利的保障中，生命的安全被看作自由的基础与核心。恐惧和自由是如此兼容。在霍布斯国家学说中，因为恐惧，需要一个强大的国家政权来保障臣民的自由与安全；国家形成靠的是契约，臣民将全部权利转让给利维坦；高高在上的利维坦品行节制，忠诚地履行着维护臣民自由权利的义务，这样社会才会脱离混乱，而处于和谐有序的状态。

第二，洛克与公权思想。与霍布斯的凶残、仇杀的战争状态截然不同，在洛克的笔下所展现的自然状态，是一种完美无缺的自由状态，也是一种平等的状态，自然的自由得自自然的平等。洛克的契约理论正是建立在这种"完全自由和完全平等的状态"之上的。他设定人人平等，天生地被自然赋予了不可由外力剥夺、侵犯的自然权利；人们相互独立，不依附于任何权威；任何人都不应该伤害他人的生命、健康、自由和财产；每一个人都有为了保护自己的自然权利而单独执行自然法的权力（利）。但这种完全自由的状态也存在着许多缺陷：没有明文规定的法律，仅有的自然法只是一种道德约束，不足以裁判人们之间发生的纠纷；缺少一个有权依照法律去裁判一切争执的公正裁判者；缺乏保证判决执行的权力，从而使得纠纷无法彻底解决。这种天然的缺陷和不和谐，使每个个体所享有的自然权利又处在很不安全的状态，并促使人们相互达成一种契约，即每一个人都自愿地放弃一部分权利（每一个人在自然状态所享有的去单独执行自然法的权利），将其交给社会，由社会委托给立法机关或指定的专门人员，再由他们按照社会全体成员的共同意志来行使。通过订立这种契约，逻辑地形成了国家或政治的权力，并在此基础上设计和组建政府、建立公共权力和法律，达到一种暂时和谐状态。但是，如果执政者违背契约，破坏公意，损害人民的公共利益和公共幸福时，特别是当人民的自由、财产被暴力夺去时，人民就有权取消契约，将自由与财产再夺回来。

在对人的自然权利——自由与生命的关注中，如果说霍布斯强调的是生命的安全，洛克则更多关注了人的自由权利，这自然影响到他对人性的看法。因而，与霍布斯对国家权力的强调相对照，洛克注意到的则是国家或政府权力对社会成员的个体权利产生侵犯和伤害，并在此基础上提出对国家和政府的权力进行限制。洛克认为，权力对于人类的弱点有极大的诱惑，权力集中会促使主权者去攫取权力，以使自己不受法律的限制，并在立法和执行法律时只考虑自己的权益，因此在契约基础上形成的国家和政府，要加强对执掌国家公共政治权力的执政者手中所拥有的权力限制，否则，人们的境遇将比在自然状态下更为恶劣。为此，洛克在主张主权不可分割的情况下，提出国家主权分为立法权、行政权和对外权。立法权是国家的最高权力，由议会来掌握；行政权和对外权由君主根据议会所颁布的法律来执行。这样，既限制了君权，又保留了君权，由议会主权代替了君主主权。

洛克的分权思想，在孟德斯鸠那里发展为著名的"三权分立"学说。孟德斯鸠认为，"一切有权力的人都滥用权力，这是万古不易的一条经验"；"从事物的性质来说，要防止滥用权力，就必须以权力约束权力"，立法权、行政权和司法权中任何两者不能同时集中在一个人或同一个机关（无论是贵族或人民的机构）之手，否则，自由将不复存在；三权不仅要分立，更为重要的是要通过分权防止权力的滥用，"以权力制约权力"。孟德斯鸠的"三权分立"与制约学说，被称为人类政治生活中的"牛顿定理"，并被美国宪法的制定者们加以应用和完善，形成美国现实政治生活中的"权力制衡"，打破了政府各部门对权力的垄断，使国家权力运行的和谐在理论上成为可能。

第三，卢梭与人民主权。在社会契约论中，作为启蒙思想家的卢梭对自然的看法有自己鲜明的特色。霍布斯认为人性本恶，自然状态首先充满恐怖与不安全，洛克将自然状态的核心与人的自由相联系，而在卢梭的思想中，自然状态中的人不仅是自由的，更重要的是他们是平等的。因而，卢梭从人性本善的观点出发，把自然状态描述成怡然自得的"世外桃源"。他认为，自然人按其本能无忧无虑地生活，他们的理性尚未发展，野心、贪婪心、嫉妒心、虚荣心等也不存在，他们有年龄、健康、体力、智力等的不同，但这样并不具有道德的意义，不会因此而造成精神的或政治的不平等，在自然状态中找不到任何社会不平等的基础。总之，自然人孤独、幸福、善良、自然地为自己安排了简单淳朴孤独的生活方式，没有种种欲望的枷锁，所以他们又是健康和幸福的。

然而，"自从一个人需要另一个人的帮助的时候，自从人们觉察到一个人据有两个人食粮的好处的时候起，平等就消失了，广大的森林就变成了须用人的血汗来灌溉的欣欣向荣的田野；不久便看到奴役和贫困伴随着农作物在田野中萌芽和生长"。① 因此，人们必须相互依赖、相互合作、共同发展，形成一种克服困难和障碍的总体力量，使自己生活得更好，于是人们便通过社会契约建立起国家政府。

社会契约的中心问题是解释社会的产生，霍布斯通过契约使人摆脱自然状态进入社会，洛克通过契约建立社会来保证人天赋的权利，即自然状态中的实际权利。卢梭社会契约论的特殊之处则在于，他虽是社会契约的思想家，却不以社会契约观念来解释人类社会的起源，他所解释的是一个政治性社会的起源。卢梭认为社会的实际起源是一个自发的过程，是由私有财产的确立所产生的一个不平等的社会。人类最初处于"自然状态"时人人是自由平等的，这是天赋的权利，只有私有财产的确立才导致不平等的产生，那么

---

① 卢梭：《论人类不平等的起源和基础》，商务印书馆1994年版，第121页。

一个政治的、平等的社会通过怎样的方式才能产生呢？由于卢梭意识到当时社会各种弊端和压迫正是由于私有制造成的，为了消灭这种以个人为中心的制度，卢梭将公意作为他的社会契约的基础。用一句话表达出来即"我们每个人都以其自身及其全部的力量共同置于公意的最高指导之下，并且我们在共同中接纳每一个成员作为全体之不可分割的一部分"。他认为一个人只有完全把自己纳入共同体中，并且消灭自己的私有性，这个社会才是完善的。

为了突出公意，卢梭还进一步区分了公意和众意。他认为公意只着眼于公共的利益，而众意则着眼于私人的利益，是个别意志的总和。在体现众意的国家，是投票者的数目决定着共同的意志，而在体现公意的国家中，则是共同的利益使人民结合在一起。在论述其成立的具体方式时，卢梭提到了三个方面：第一，转让，如此才可以做到对于所有人的条件是同等的；第二，毫无保留地转让，这样才能使"联合体"完美。如果一些人转让全部权利，而另一些人只转让部分，那么就可能使社会或者国家变成另一些人推行暴政的工具；第三，只有全部转让，才能做到没有任何人奉献出自己，而人们可以从社会得到同样的权利，并增加社会的力量以及保护自己的利益。他认为只有通过这种方式建立的集合体才能体现人民最高的共同意志。而他之谓国家或者社会也正是在这样一种严格规定的方式下通过协议而产生的。

总而言之，国家的产生是基于公意的。正是如此，所以国家的立法权也只能属于人民，即主权在民。因而政府的产生，并不是契约的内容或契约本身的目的。政府只是人民为执行契约而创设的。他认为"公共力量就必须有一个适当的代理人把它结合在一起，并使它按照公意的指示而活动；他可以充当国家与主权者之间的联系，他对公共人格所起的作用很有点像是灵魂与肉体的结合对一个人所起的作用那样。这就是国家之中所以要有政府的理由；政府和主权者往往被人混淆，其政府只不过是主权者的执行人。"政府就是在臣民与主权者之间所建立的中间体，它的职能就是使二者相互适应，它负责执行法律并维护社会的以及政治的自由。

（三）空想社会主义的"和谐社会"

把建立和谐社会作为社会发展目标，在空想社会主义者的理论体系中很早就有表述，特别是在 19 世纪空想社会主义者的未来社会构建模式中，和谐社会成为一个共同的价值追求，傅立叶把他的理想社会制度叫作"和谐制度"，欧文把他在美国的共产主义实验称作"新和谐公社"，魏特林写下了他的大著《和谐与自由的保证》。

1. 圣西门空想社会主义中的和谐社会思想

圣西门在其著作中，首先特别强调他关心"人数多和最贫穷的阶级"。[①] 圣西门认为，一切人都应当劳动，但是，资产阶级的恐怖统治使群众丧失了财产，造成了饥荒、市民和无财产者之间的阶级斗争。他还认为经济状况是政治制度的基础，在将来的社会中，对人的政治统治应当变为对物的管理和生产过程的领导，也就是要废除国家。

圣西门主要是通过其所设计的"实业制度"来表达他对理想社会的追求，这个制度的目的是使一切人得到最大限度的自由和社会能够得到最大的安定和谐。圣西门未来的"实业制度"中，实业家和学者是真正的民族骨干，他们在智力方面超过其他一切阶级，以自己的创造性劳动为人类作出了积极贡献。圣西门就是通过这样一个"实业制度"，来构想一个人人都应该参加劳动、没有任何阶级特权、个人收入按才能和贡献成正比分配、人人都能获得极大自由的和谐社会。[②]

2. 傅立叶空想社会主义中的和谐社会思想

傅立叶是一个辛辣的批评家和讽刺家，他看到由于资产阶级的残酷统治，人民极端贫困，巧妙地揭露了资产阶级社会在物质上和

---

① 转引自《马克思恩格斯选集》第 3 卷，第 410 页。

② 费英秋：《社会主义：从理想到现实》，红旗出版社 1999 年版，第 10 页。

道德上的贫困；他看到妇女在资产阶级社会中的地位极低，巧妙地批判了两性关系的资产阶级形式。在此基点之上，傅立叶提出了自己的和谐社会构想。

傅立叶在他的主要著作《全世界的和谐》中设想了一个叫作"和谐社会"的未来组织，认为当时不合理、不公正的现存制度将为"和谐制度"所取代。在他设想的"和谐社会"里，最基本的单位是生产——消费协作社"法郎吉"。他认为，在这个"和谐社会"里，从政治上来说，国家政权将不复存在；从经济上来说，没有城乡差别、工农差别，人们在"法郎吉"中可以根据自己的爱好和兴趣选择工作方式和工作种类，可以充分发挥自己的聪明才智，满足自己的创造欲望，能够极大地发展生产力；在社会生活中，妇女已经摆脱了家庭的束缚，可以与男子平等地参加劳动，社会提供完善的公共事业，重视教育。尽管傅立叶的和谐社会构想还不能成为现实，但是，他提出的和谐社会思想中包含了许多解放人类、实现人的全面发展、实现社会公平的合理因素。

3. 欧文空想社会主义中的和谐社会思想

欧文是空想社会主义的杰出代表，他不仅提出了自己的理想社会的设想，而且在实践上中做了试验。虽然他的空想社会主义与圣西门、傅立叶一样也都未能完全变成现实，但他的思想给人以启迪，他的行动给人以激励。

欧文的空想社会主义思想，有着独特的产生背景。当革命的风暴席卷整个法国的时候，英国正在进行一场深刻的工业革命。到了工业革命后期，社会秩序恶化，无家可归的人拥挤在大城市的贫民窟里，人们的生活毫无保障可言。历史的发展要求变革现实，提出理想的社会思想就成为必要。正是在这种背景下，欧文的空想社会主义诞生了。

欧文认为，人的性格是先天组织和人所处环境的产物，工业革命是运用这个理论并把混乱化为秩序的好机会。于是，他在曼彻斯特领导一个有500多名工人的工厂的时候，就实行了这个理论，并且获得了成功。1800~1829 年，他在苏格兰的新拉纳克大棉纺厂，进行空想社会主义试验。他给工人以更大的自由，试验获得成功，而且使他闻名全国。那里的人口增加了，原来的堕落分子居住的区域变成了文明社区。他还创办了幼儿园，减少工人工作时间，就是在工厂被迫歇业时，停工的工人继续领到全部工资。即使如此，他的企业还是增加了一倍的产值。欧文逐渐领悟，工人生产出的财富比工人消费的多得多，二者的差额就是利润，全部落到了工厂主手里，他设想将工人创造的财富全部归还工人。

社会上存在的一切罪恶都是由社会不合理的制度产生的，要消灭罪恶感就应当消灭其赖以产生的这种不合理的社会制度，就要用理想的社会制度代替现存的制度。劳动公社就是欧文依据"环境决定人的性格"的理论为出发点规划的"理想制度"。

在劳动公社中，经济上实行生产资料公有制，人民自给自足，消费资料实行按需分配原则；思想上进行道德教育，他希望人民诚实、勤奋、爱劳动、追求知识；政治上最高领导机构是执行理事会，负责经济事务，实行选举制，由社员大会直接选举产生，下设农业部、工业部、经济部、科学教育部。欧文设想的社会，是一个没有剥削、贫富平均、运行协调、文明高尚的社会。但是，这样的理想社会只能是空想，只能在封闭的土壤、气候条件下生存，缺乏广泛、持久的生命力。

（四）当代自由主义与社会和谐

近代西方社会学说的主流是自由主义，当代西方社会学说继承了这一传统，并根据所处的不同环境、所面对的不同问题，对自由主义作了进一步的阐释与发展。在诸多流派当中，比较活跃的有三种：罗尔斯的"分配主义"理论、诺齐克的"持有正义"理论以及波普尔的"开放社会"理论。

第一，罗尔斯与分配主义论。罗尔斯的新自由主义思想主要体现在他的《正义论》之中。他继承了传统的正义观念，并把它与以往自由主义的民主、市场经济和财富再分配的福利国家结合起来，综合成为一个系统而完整的、用于实现社会和谐的分配正义理论。

正义总是意味着某种公正，而公正在很大程度上与对社会财富和社会利益的分配联系在一起。亚里士多德就曾指出，"正义以公共利益为依归""是某些事物的'平等'观念"，它寓于"某种平等"之中，它要求按照以尚优和以贡献为尺度的平等原则，把这个世界上的事物和利益公平地分配给社会成员。罗尔斯也把"正义"作为自己学说的基础，并通过程序设计提出用以规范和约束国家制度设计和社会组织安排，从而实现社会正义的两条原则：

第一原则：每个人都有权利拥有最广泛的自由，且大家拥有的自由在程度上是相等的；一个人所拥有的自由要与他人拥有的同样的自由能够相容。

第二原则：要允许社会与经济方面的不平等存在，须以满足以下两个条件为前提：（1）必须使那些社会处境最差者从这种不平等中获得最大的利益；（2）在机会公正平等的条件下，保证所有的公职和职位向所有的人开放。

第一原则被称为"最大的平等自由原则"或"自由原则"，适用于社会结构中确定与保障公民的平等自由方面。大致来说，罗尔斯所肯定的公民基本自由包括：思想自由、信仰自由、政治自由、结社自由、由个人的完整性和个人的权利所界定的权利与自由、受法律规则保护的各项权利与自由等。这些内容在很大程度上继承的是古典政治自由主义所倡导的那些天赋权利与自由。第二原则被称为"平等原则"，适用于社会结构中规定和建立社会经济的不平等方面，它继承的是新自由主义所倡导的福利国家思想，但又有条件地允许社会经济方面的"不平等"存在。这在一定程度上保留了古典经济自由主义所追求的效率和生产社会财富所必不可少的竞争动力。在设计国家制度和安排社会组织的时候须遵循两个优先：第一原则国家不变地优先于第二原则；第二原则中的（2）不变地优先于（1）。这就是说，一方面，不能用牺牲公民政治自由为代价换取社会经济方面的增长或补偿，这种自由永远优先社会经济收益的排列，由此而克服了此前的新自由主义仍没有彻底摆脱功利主义束缚的弊端。另一方面，人与人之间毕竟存在着多方面的差异，（2）固定不变地优先于（1）的设计充分考虑到了这一点，它确保让每一个人站在公正、平等的起跑线上的同时，承认结果上不平等，既考虑了对弱势群体的关怀，又不失让有能力的人更进一步地去发展。

如何获得正义二原则的正当性呢？对正义二原则的论证，罗尔斯继承的也是西方历史上的契约传统。他设想出一种人们还没有立下任何规章或立国原则的社会"原初状态"来为自己的学说提供论据。当然，与所面临的问题相关，罗尔斯的自然状态亦有自己的特点。他认为，处在这种状态中的立约者们，对于各自将来在所要设计出的社会中可能面对的一切状况和境遇都是不能确定的：他（她）所处的社会位置高下、阶层的贵贱、自然财富拥有量的多寡、能力的高低、才智的优劣、体魄的强弱、性别种族的差异、老少幼壮等。作为立约者来说，他们不可能未卜先知，不可能对自己的未来和命运有多大的把握和胜算。在这种情况下，他们充当的角色无异于那位"最后一个才能选取蛋糕的蛋糕切分者"，会尽可能地选出一条能保证每个人将来都既不会太好也不会太差的公正原则来。在反复权衡利弊得失之后，理性的立约者们最后达成共识，选择公平正义二原则作为他们用于构建和谐社会的立国建制之本。

既然这两条原则是理性契约者的选择，那么它们就高于国家，先于宪法。国家基本结构的设计、宪法的制定、具体法律的颁行以及经济制度的实施，均应当以它们为指导。罗尔斯认为，只有在正义原则的基础之上，社会的全面和谐才会成为可能。

第二，诺齐克与持有正义论。新古典自由主义是古典自由主义在 20 世纪的再现，主要代表人物有密塞斯、哈耶克、弗利德曼等。他们严守捍卫个人自由的观点，对于新自由主义的平等转向深为不满；主张回归市场机能的运作，反对政府扮演积极介入财富重分配的角色。对新古典自由主义进行严格哲学论证的是诺齐克的《无政府、国家和乌托邦》，其主题是用现代市场理论推究国家的起源、政府的合法功能、最佳国家形态等。

诺齐克的学说与罗尔斯论针锋相对。他反对罗尔斯的分配正义论，并提出了作为他的现代市场理论之核心的"权利原则"。在诺齐克的学说中，这种权利，比较侧重在经济领域，目的在于维护"个人权利的神圣性和绝对性"。那么，在经济领域中的"个人权利"，究竟意味着什么呢？它意味着个人对经济利益"持有的权利"或"持有资格"，因为"持有"比分配更具中性。这种"持有"的"权利"或"资格"又来源于何处呢？也就是说，"个人权利的正义性"如何从对经济利益的"持有"中来呢？显然，如果从"持有"中来，那么要保证个人权利的正义性，就必须使"持有"具有"正义性"。这就是诺齐克的"持有正义原则"。这个原则包括三个主要论点：第一个论点是说持有的最初获得，或对无主物的获取。这是个人对财富和利益持有的最初"运动"。如果这个持有完全是通过"合法"手段实现的，那么这个持有就是政府的。这可以叫作"获取的正义原则"。第二个论点是说利益从一个人的持有到另一个人的持有的转让。如果个人之间的转让是通过合法的自愿交换、馈赠等方式完成的，那么，这种转让就是正义或正当的。这就是"转让正义原则"。个人按照这两个持有正义原则而持有，个人同时也就对持有具有了权利。诺齐克归纳说：

"（1）一个符合获取的正义原则获得一个持有的人，对那个持有是有权利的。（2）一个符合转让的正义原则，从别的对持有拥有权利的人那里获得一个持有的人，对这个持有是有权利的。除非是通过上述（1）与（2）的（重复）应用，无人对一个持有拥有权利。分配正义的整个原则只是说：如果所有人对分配在其份下的持有资格都是有权利的，那么这个分配就是公正的。"① 但是，现实中个人对经济利益的持有并非都符合上述两个持有正义原则，通过非法或不正当手段（如偷窃、欺诈、强夺、腐败性的受贿等）而获取或转让的持有，则是非正义的。第三个论点是说为了使整体的持有都具有正义性，就必须对这种非正义的持有进行矫正，即"矫正正义原则"。

既然个人通过持有正义获得的经济利益是正当的，是个人所拥有的不可侵犯的权利或资格，那么，怎么才能最大限度地保障这种权利或资格呢？这就是诺齐克的国家理论所要解决的问题。在诺齐克那里，国家理论与他的人权或权利理论密切相连，他所希望的国家类型，是以是否能够维护个人的神圣不可侵犯权利作为尺度的。对他来说，个人主义的无政府状态，当然不能维护个人的权利，但"强功能"的国家，又容易侵犯个人的权利。因此，只有一种"最弱意义的国家"，才最适合对个人权利的保护。所谓最弱意义的国家，就是管事最少、除了保护性功能之外再无其他功能的最低限度的类似于"守夜人"式的国家。

"最低限度国家"的合法性职责在于"仅仅承担制止暴力、盗窃、诈骗和契约的履行等十分有限的职能"，国家不管在什么情况下都不能从事任何经济再分配的活动。任何政府如果拥有比"守夜人"更多的权力的话，则一定会侵犯到公民个人的自然权利，并因此而违反了道德原则。诺齐克以此重树公民自由（权）的中心地位，重提极小政府和国家非干涉的原则，认为如果要防止国家成为一部分人中饱的私囊，却采取强化国家、扩大其功能范围的做法，只会给腐败制造更多的机会，使国家成为官员们捞取各种好处的更为诱人的目标。

在诺齐克的最低限度国家的基础之上，他描绘出一个真正的、

① 诺齐克：《无政府、国家与乌托邦》，中国社会科学出版社1991年版，第157页。

理想的乌托邦架构：这是一种"追求各种乌托邦的架构"，即任由人们自由、自愿地结合，尝试寻求在一个理想的社群中，去实现他们自己美好的生活观，不容任何人将他自己的乌托邦观点强加于他人之上。理想的最低限度国家是一个中立性的国家、一个尊重多元价值的自由国家。在这个理想的国度中，宗教与道德价值多样性，诸多善的观点互相竞存；在这个国度中，人们是被当作不容侵犯的个人看待的，任何个人都不会被他人以某种方式当作手段或工具，而是被视为拥有权利与尊严的个体。

第三，波普尔与开放社会。波普尔学说的主旨是乌托邦主义和完美主义的虚妄和危害，这以他的批判理性主义的认识论和试错法的方法论为基础。在波普尔看来，人的认识和知识是可错的，因为人们的知识不是从纯粹的观察开始，而是从猜想开始。人们对事物的观察或感知不是被动地"被给予的"，而是主动探求的结果。因此，人的认识所遵循的方法是试错法，即从问题开始，经过尝试性解决，消除错误，然后又提出新问题，人们通过尝试和消错，通过猜想和反驳来取得知识的进步。这就是"从错误中学习"的方法，它要求人们宽容异己，通过不断地批评来认识真理。这也正是一种批判的理性态度。波普尔的试错法和批判理性主义的观点为其关于开放社会的理论奠定了基础。波普尔自称是一位自由主义者，但这是指以批判理性主义为基础的新自由主义，而不是以古典时代的理性主义为基础的旧自由主义，他的开放社会的基础正是这种批判理性主义。他以此来反对一切权威主义，提倡批评主义，提倡对一切批评开放，反对压制批评，屈从于迷信、神话、权威和教条的。一概压制批评的社会都是封闭社会，与此相对立，开放社会是人民自由并对批评开放的社会。开放社会提倡理性，反对巫术和盲从，尊重个人和民众的自由，让人人都有判定是非和批判权力的权利。权威向人民的批判开放，国家答复人民的批判。

这一开放的社会也使波普尔主张所谓的逐步社会工程，他极力反对乌托邦主义，排除关于理想国家和美好国家的计划，排除对整个社会进行大规模长期改造的计划。波普尔提出，与其追求不切实际的"最大幸福"的理想主义原则，倒不如提倡"所有人最少的可以避免的疾苦"。因此，逐步社会工程的主要任务不是像柏拉图那样"无所不知"的理性，而是以"最少疾苦"作为其公共政策的基本原则，即尽可能地消除各种社会弊端，消除最迫切而又可以避免的苦难。比如，失业、贫穷和改革教育、扫除文盲等，这一切是既看得见，也容易办得到的。

逐步社会工程主张零星地逐步改进。它用试错法逐步消除点滴的错误，这样的社会零星改造，即使错了，损失也不会太大。特别是逐步社会工程不像乌托邦主义那样采用暴力的手段，而是采用温和的改良的方法。因为温和的改良的方法社会阻力小，容易被人接受，它先建设后破坏，不致推翻历史文化传统，它以一种批判理性主义的态度切实地为社会消除祸害，通过民主协商取得公众的赞同。因而，逐步社会工程是与乌托邦主义相比较起来是更为切实可靠的合理的社会改造方案。

像在论述逐步社会工程理论时一样，波普尔不是用肯定的方式来论证国家的目的是至善或最大幸福，而是用否定的方式来说明国家只是为了防止人们的自由受到侵犯。在波普尔看来，一切政治问题都是制度问题、法律结构问题，而不是由谁来统治的问题、寄希望于品德高尚的好人统治的问题。与其迷信某个统治阶级的优秀品质，倒不如建立好的控制统治者的制度，使之难以干坏事，滥用权力。再好的统治者都可能走向腐败和滥用职权，而有了好的政治和法律制度，即由被统治者对统治者施加某种有效的控制，就可能迫使坏的统治者不得不做些符合民众利益的事情。所以波普尔坚持这样一种基本原则："国家是一种必要的罪恶：如无必要，它的权力不应增加。"他把此原则称为"自由主义剃刀"。[①] 波普尔在此继承并发展了洛克、孟德斯鸠等政治思想家的权力分立和制衡的学说，

---

① 波普尔：《猜想与反驳》，上海译文出版社 1986 年版，第 499 页。

所不同的是，这些思想家主张政府不同权力部门之间的分权，而波普尔则强调政府与人民、统治者与被统治者之间的权力分立与制约，但他们的目的都是防止政府滥用权力，侵害人民的自由。

总之，西方政治、社会思想的核心是正义，正义与秩序相关联。从社会契约理论到三权分立，从你死我活的自由竞争到全民保障的福利社会，从积极自由到正义二原则的提出，自由主义经历了从古典到现代，从新自由主义到当代自由主义等重大变迁，其间有各种思想观点，从不同的角度为实现社会的秩序做着各种各样的思想试验和理论设计。当一个社会在各个领域都符合正义与秩序的时候，和谐社会也就建构起来了。

第二章 当代中国和谐社会的新内涵

一、社会主义和谐社会的内涵

（一）民主法治

充分发扬社会主义民主，建设社会主义政治文明，是构建社会主义和谐社会的目标和保证。社会主义制度的建立，否定了以往等级压迫的政治制度，实现了最大多数人的政治主体地位，确立了无产阶级和劳动人民的政治统治，为人民当家做主提供了根本的保证。社会主义民主政治要求社会管理者始终坚持代表最广大人民的根本利益，寻求妥善处理社会矛盾的方式，构建权力运作的良性制度，扩大人民群众的有序政治参与，推进人民群众依法实行民主选举、民主决策、民主管理和民主监督，保证人民群众依法享有广泛的权利和自由，在全社会形成一种既有统一意志又有个人心情舒畅的生动活泼的政治局面。

依法治国就是广大人民群众在党的领导下，依照宪法和法律的规定，通过各种途径和形式管理国家事务，管理经济和文化事业，管理社会事务，保证国家的各项工作都依法进行，逐步实现社会主义民主的制度化、法律化，是建设中国特色社会主义政治文明的根本保障，是党领导人民治理国家的基本方略，也是构建和谐社会的必然要求。社会主义和谐社会必然有法治作保障，法治是社会和谐的基础。民主和法治紧密联系不可分割。民主政治必须通过法治才能建立起来，民主政治的发展过程，同时是法制健全的过程。法治主张法律至上，通过民主程序产生的立法机构制定出完备的法律，来管理和规范国家事务，保障社会成员的利益，调节各种利益关系，维护社会稳定和社会秩序，保证各项事业的发展。法治是对人治的否定，法治是党主要依靠政策向主要依靠法律的转变。实现依法治国，是现代法治的必然要求，是社会文明和进步的重要标志。把坚持党的领导、人民当家做主和依法治国有机统一起来，是社会稳定有序与协调的根本保证。

（二）公平正义

公平正义是人类千百年来追求的社会理想，是社会进步的重要标志，是现代社会制度安排和创新的重要价值取向，是协调社会各阶层关系的基本准则，是一个社会具有凝聚力和一个政权具有合理性的重要体现。社会公平是立足于人的全面发展、有利于社会生产力的发展和社会进步的公平观念。首先要求权利公平，承认社会中的每一个成员都具有平等的生存权、发展权，这种权利公平的范围涵盖了社会的各个领域，受到法律制度的强制性保护和社会道德的非强制性维护。其次要求机会公平，由于不同阶层不同利益集团对社会资源的占有量不同，因此导致就业、竞争机会的不公平，需要政府在制度安排中消除影响社会公平的因素，为不同阶层、不同层次、不同需要的人，提供平等的机会。公平还包含着规则公平和分配公平等方面的要求。社会公平并非结果均等，而是一个权利、机会、过程公正平等的要求。人们所获得的利益，应当与他们所承担的责任和作出的贡献相一致。正义是社会制度的首要价值，其原则是确定人们的基本权利和义务，以及相互合作的基本条件，包括实质正义、形式正义和程序正义。实质正义包括社会的实体目标和个人的实体权利和义务的正义，包括政治正义、经济正义和个人正义；形式正义是作为规则的正义，要求法律适用的公开性和一致性；程序正义介于前两者之间，是指在制定和适用规则、规范时的程序所具有的正当性，主要体现在程序的运作过程中，有赖于程序规则制定过程中的公正立法和正义程度执行过程中的公正司法。

社会主义和谐社会应当是维护公平和正义的社会，社会公平和正义应当成为全体人民普遍接受的价值观念，能够为整合社会各种关系提供精神动力。维护和实现社会公平和正义，必须妥善协调各方面利益关系，正确处理人民内部矛盾。公平正义归根到底要通过利益的实现而表现出来，分配不公成为影响人们对社会公平正义认识的最突出问题。政府应当高度重视解决分配不公、收入差距过大的问题，通过对一次分配后的利益进行调整，使各方面的利益关系切实得到协调，使社会发展的成果能够为最大多数人民群众享有，使人民群众的生活水平和生活质量都能够不断提高，从而和谐相处，共同发展。

（三）诚信友爱

和谐社会是一个需要诚信的社会，诚信是人与人之间相互接纳、共同相处的思想道德基础和纽带。社会主义制度的建立，使人与人之间的关系建立在平等互助的基础之上，为诚实守信的道德建设提供了前提。社会主义社会的诚信体现在人际关系方面，集中表现为相互信任、相互尊重、宽容谦让、平等交往，因而形成和谐相处的人际环境。诚信在发展社会主义市场经济中作用更为突出。在市场经济初级阶段，市场交易活动中的造假、欺诈手段层出不穷，破坏正常的市场秩序，失信者虽得计于一时但最终会受到市场经济规律的惩罚。市场经济必须讲信誉、守信用。健全社会信用，培养公民的诚信品德，关系到市场经济体制的建立健全，关系到经济的健康发展，也关系到社会生活的正常秩序。

社会主义和谐社会要求社会成员友爱相处。社会主义社会成员之间根本利益的一致性，决定了人际关系的平等友爱。在发展社会主义市场经济的过程中，我国阶级阶层结构发生了重大变化。新的阶层和利益集团不断产生，出现了先富阶层和弱势群体，这是在共同富裕过程中出现的不平衡和重大差别。党和政府在政策上引导先富阶层帮助未富阶层，特别是帮助弱势群体，这不仅是社会主义社会本质的要求，也是中华民族传统美德的体现。

（四）充满活力

社会活力是推动社会前进的现实力量和动力源泉。社会主义和谐社会的活力来自社会基本矛盾运动，来自社会主体能够自觉地认识和把握社会基本矛盾运动规律，适时调节不适应生产力发展和经济基础要求的生产关系和上层建筑的相关部分，为生产力的发展开辟道路。社会主义和谐社会的活力，集中地体现在社会主体即全体人民的主动性、积极性、创造性的充分发挥和切实保障上。在全社会贯彻"尊重劳动、尊重知识、尊重人才、尊重创造"的方针，是增强社会活力的重要条件。"四个尊重"首先是尊重劳动，核心也是尊重劳动。马克思说："任何一个民族，如果停止劳动，不用说一年，就是几个星期，也要灭亡，这是每一个小孩都知道的。"①劳动创造了人本身，劳动群众创造了物质财富、精神文化财富。"人们首先必须吃、喝、住、穿，就是说首先必须劳动，然后才能争取统治，从事政治、宗教、和哲学……"② 因此，尊重劳动实质上是历史唯物主义的基本观点。不论是体力劳动还是脑力劳动，不论是简单劳动还是复杂劳动，一切为社会主义现代化建设做出贡献的劳动，都是光荣的，都应当得到尊重。工人农民的劳动是基础性劳动，知识分子的脑力劳动是更具有创造性的劳动，新的社会阶层中的广大人员的劳动，也是为建设中国特色社会主义事业作贡献的劳动，都应当得到尊重。

（五）安定有序

社会安定是相对于社会动荡而言的。一般地说社会动荡是由社会矛盾激化、社会群体冲突引起的，这样的局面是与和谐相对立的。社会主义社会的矛盾主要表现为非对抗性的人民内部矛盾，可以通过非对抗性方式来解决，因而可以保持社会安定。社会安定的内涵主要指政治安定、经济安定和人心安定。其中政治安定是社会安定的核心，经济安定是社会安定的基础，人心安定是社会安定的前提。

---

① 《马克思恩格斯选集》第4卷，人民出版社1995年版，第580页。
② 《马克思恩格斯选集》第3卷，人民出版社1995年版，第335~336页。

社会有序是相对于社会混乱而言的。社会混乱是社会管理无序的表现形态，或者是无章可循，或者是有章不循，造成社会秩序混乱。我国人民代表大会的政体，反映了最广大人民群众的意愿，党领导人民发展社会主义民主政治，坚持党的领导、人民当家做主和依法治国的有机统一，从根本上保证了社会生活的有序。在我国社会转型期，各种社会问题错综复杂，人们心中焦虑、浮躁、不安因素增加，社会矛盾和冲突容易积累，有可能在社会结构的某一薄弱环节释放出来，影响社会稳定。因此，要想维护社会安定有序，必须正确处理好改革、发展、稳定的关系，妥善处理各种社会矛盾，疏导社会心理。特别要重视完善社会管理制度和机制。一方面要发挥法令、条例、规章、纪律等硬性社会规范的调节约束作用；另一方面要发挥风俗、道德、宗教等软性社会规范的调节约束作用。形成畅通的民意表达渠道，对于社会安定有序有重要意义。社会转型的急剧变化，使人们的价值取向、心理状态、道德标准出现不适应的情况，产生了困惑、不满情绪，要有通畅的渠道可以释放和表达，从而使人们以理性的合法的形式反映自己的利益诉求，心理上从不平衡向平衡转化，为社会安定有序创造思想基础。

（六）人与自然和谐相处

人与自然和谐相处，是和谐社会的客观基础。在人类社会的早期，由于生产力水平低下，人与自然是依附关系，随着生产力水平提高，人类开始征服自然，自然界也开始反征服并报复人类，现代工业的发展，一方面创造了空前的财富，另一方面也严重破坏了资源环境，造成了生态环境难题。现代工业文明实际上同人与人、人与自然关系的异化是共生的。目前，我国的生态环境形势相当严峻，一些地方环境污染相当严重。随着人口增多和人们生活水平的提高，经济社会发展与资源环境的矛盾更加突出。如果不能有效地保护生态环境，不仅无法实现经济社会可持续发展，而且由此必然会引起严重的社会问题，必然影响人与人的关系、人与社会的关系，难以实现人与人的和谐、人与社会的和谐。

科学发展观是我国经济社会发展的指导思想，也是建设社会主义和谐社会的指导思想，贯彻科学发展观，坚持"五个统筹"，是实现人与自然和谐相处的根本途径。统筹人与自然的和谐发展，就要坚持计划生育、环境保护和保护资源的基本国策；坚持经济社会发展与环境保护、生态建设相统一；坚持资源开发与节约并举，把节约放在首位；坚持依法保护环境和生态，有步骤地进行环境治理和建设；坚持增强全民族的环境保护意识，在全社会形成爱护环境、保护环境的良好风尚；坚持尊重自然，按照自然规律谋求发展，推动整个社会走上生产发展、生活富裕、生态良好的文明发展之路。

二、和谐社会的法治理念：以人为本

和谐社会主张的提出，要求在新的时代背景下，重新审视我们现有的法治理念。和谐社会的前提和基础是尊重每一个个体，无论是人与人之间，还是人与自然的相处，其立基点乃是人类自身，和谐社会的建构，从终极意义上来讲，是关照人自身，尊重人的价值与尊严的体现。可以说，和谐社会的建构源于人类对于幸福生活的憧憬与期待，并最终落脚于人类幸福的实现。我们构建和谐社会，必须要坚持"以人为本"的法治理念。

（一）"以人为本"的法治理念

适应社会主义和谐社会需要的"以人为本"的法治理念的内涵极其广泛，它的定义亦应从诸多方面来理解和阐释。

第一，"以人为本"的秩序观念。秩序体现了在自然进程和社会进程中存在着某种程度的一致性、连续性和确定性。秩序与和谐之间有着紧密的关联。秩序虽然不能与和谐等同，但秩序总是有秩序的和谐。社会秩序是人类社会生存与发展的基本条件，其意义在于消除混乱、维护安全，从而避免社会失序而崩溃。只有在有序的社会里，生产力才能顺利地发展，精神文明才能更快地进步。即使是从个体角度出发，社会的有序性亦有助于人们对自我与他人的行为做出预测，产生交往的安全感。西方中世纪的神学主义者奥古斯丁都承认："无论天国还是地上之国，也无论社会还是个人，一个共同的目标是追求和平与秩序，以便获得社会和个人的心灵安宁，法律正是维护和平和秩序的必要工具。"① 秩序是法律产生的初始动因和直接的价值追求。换言之，一种法律或法律制度可能并不追求所有的法律价值，但它不能不追求秩序，法律在维护秩序方面有着不可替代的重要意义。

在现代法治社会中，秩序的维护应着眼于作为个体的"人"的不断解放与全面发展，而不是为了某个（某些）阶层、政党、团体的既得利益服务，否则这样的秩序只能视为一种家长主义、权威主义或者极权主义的秩序。就中国而言，在社会主义发展的不同的历史阶段可能存在着破坏或者颠覆秩序的不同因素。但是，在维护社会法律秩序方面，应当遵循"依法惩治秩序破坏者与尊重其基本人权并重；保障秩序与弘扬人的自由相统一"的"以人为本"的原则。只有这样的法律秩序，方能真正为社会主义和谐社会的形成奠定牢固的基础。

第二，"个人权利"的观念。法治观念包含权利的观念、守法观念、良法观念、秩序观念等，"以人为本"的发展观，客观上要求对个人的权利观念予以特别的关注和培育，因为法治常态下的社会主义和谐社会需要的不仅仅是一系列良法，更要有能够正确理解法的精神的人文基础和权利观念。诚如亚里士多德所言，"要是城邦订立了平民法制，而公民却缺乏平民情绪，这终究是不行的"。② 这说明，公民对法治精神的理解并内化于日常行为和思考之中，对于法治建设和社会的和谐秩序具有关键性的意义。个人权利意识包括公民个体对自身及他人权利的认知，强调个人权利的目的主要针对的是"义务""权利"以及于集体权利而言的优先性。法治观念

---

① 转引自王哲：《西方政治法律思想史》，北京大学出版社 1988 年版，第 66 页。
② 亚里士多德：《政治学》，商务印书馆 1965 年版，第 275 页。

之所以在中国难以形成固然存在着多方面的因素，但是个人权利观念的薄弱无疑是不可忽视的主要原因之一。在一个强调集体本位、国家本位的政治环境和文化传统中，个人无法真正复归自我，为个人权利而斗争的观念难以形成。事实证明，法治状态的形成在一定意义上正是源于社会中的各个个体为争取个人合法的权益而不懈斗争的合力。在中国社会中，为了使自己的权利或他人的权利得以维护而在司法救济和政治救济的漫漫长路上的求索者，正是中国"依法治国"方略得以实现、"社会主义和谐社会"得以形成的社会脊梁。

第三，"主体性"的观念。主体观念是公民现代法治理念的重要方面。在法治社会中，人首先要认识自己是有着独立的人格尊严的人，是主体的存在；同时，要尊重他人作为人的这种主体性。日本著名法学家川岛武宜指出，"近代法意识的最根本的基础因素是主体性的意识"。其内容包括："第一，人要认识自己作为人的价值，是具有独立价值的存在，是不隶属于任何人的独立存在者；第二，这种意识在社会范围内，同时是'社会性'的存在，大家互相将他人也作为这种主体人来意识并尊重其主体性。"① 公民的主体意识表现在政治经济领域，就是对政治生活、经济生活的广泛参与。在很大程度上说，正是因为公民参与意识的提高，才奠定了现代法治国家"以限定政府权力、保护公民权利"为宗旨的宪政基础。如美国学者詹姆斯·李所言，"正是在公民这一层次上，而不是在精英层次上，决定着民主自治政府的最终潜能是否存在"。② 马克思也曾指出，"在所有国家，政府不过是人民教养程度的另外一种表现而已"。③ 该论断的蕴意是，公民通过参与国家政治而获得的体验和积累，有利于提高公民的宪政素养；而法治国家又需要

---

① 川岛武宜：《现代化与法》，中国政法大学出版社 1994 年版，第 53 页。
② 魏建馨：《论公民、公民意识与法治国家》，载《政治与法律》2004 年第 1 期。
③ 《马克思恩格斯选集》第 1 卷，第 687 页。

通过广大公民的各种参与，达到其成员的心理认同，维持政治系统的良性运作。正是在此意义上，"最大多数人的利益和全社会、全民族的积极性和创造性，对党和国家事业的发展始终都是具有决定因素的……把一切积极因素充分调动起来，至关重要"。①

（二）"以人为本"的立法精神

社会主义法治的实现以及和谐社会的形成固然需要良法，但"以人为本"的人文精神的奠基和弘扬，无疑是法治得以顺利实施并达至社会和谐目标的关键。只有当"法治"之法能保障和促进人的自由、体现人的尊严、实现人的价值并使这种立法精神和价值取向获得公众的情感认同时，法治才能将客观的行为标准转化为人们主观的行为模式，从而获得社会大众的信仰和自觉遵循。诚如哈贝马斯所言，"合法性意味着一个合法的制度赢得承认。合法性就是承认一个政治制度的尊严性"。"任何一种政治制度，如果它抓不住合法性，那么它就不可能永久地保持住群众的忠诚心。也就是说，就无法永久地保持住它的成员们紧紧地跟它前进。"② 如果说社会主义和谐社会是民众自觉实践的产物，那么运行于这个社会中的法律必然是人们乐于遵循的法律，这种社会秩序也必然是人们愿意遵守的秩序。

正是在此意义上，目前中国的立法，应当着眼于尊重人的自由与政治权益。我国正在大力深化社会主义经济改革并逐步推行政治体制的改革，如何在通过立法保障公民经济自由的同时，又逐渐扩大并保障公民的政治自由是摆在我们面前的重大课题，也是执政党的执政能力所面临的最大挑战。到目前为止，我国已签署或加入了二十多个国际公约，其中的《经济、社会和文化权利国际公约》和《公民权利和政治权利国际公约》都明确规定：对人类家庭所

---

① 江泽民：《全面建设小康社会，开创中国特色社会主义事业新局面》，载《人民日报》2002 年 11 月 18 日第一版。

② 欧力同：《法兰克福学派研究》，重庆出版社 1993 年版，第 339 页。

有成员的固有尊严及其平等的、不可移转的权利的承认，乃是世界自由、正义与和平的基础。"国家尊重和保障人权"先后出现在执政党的十五大、十六大报告中，并于 2004 年载入宪法修正案中。与此同时，宪法还正式赋予合法的私有财产以和公有财产同等的保障地位。2003 年《行政许可法》的制定与实施的宗旨是更好地保证行政相对人的权利和利益，避免行政权的滥用。2005 年通过的《治安管理处罚法》在制度上更加完备、更加具有现实针对性，与此同时，也进一步严格规范了公安机关实施治安管理处罚的执法行为和执法程序，尊重和保障人权、防止警察滥用职权。我国三大诉讼法的修改也将保障人权作为重要原则。中华人民共和国第一部《物权法》明确规定私有财产权是公民的基本权利，其宗旨在于构建完善的私有财产保护法律制度，依法保护私有财产，最终促使一切创造社会财富的源泉充分涌流。

所有这些变化都意味着国家立法正在实现由"政府本位"立法向"个人本位"立法、由"义务本位"立法向"权利本位"立法的转型。这标志着国家权力的运作、执政党的执政理念，正朝着"信守国际人权公约""以人为本"和构建社会主义和谐社会方向迈进。

（三）"以人为本"的执法和司法理念

执法是法治实现的关键环节。孙中山在总结中外法治建设的经验时曾深刻指出："国人性习，多以定章成为办事，章程定而万事必，以是事多不举。异日制定宪法，万不可导此覆辙。英国无成文宪法，然有实行之精神，吾人如不能实行，则宪法尤废纸也。"①尽管近年来国家执法机关在执法工作中取得的成效有目共睹，但也存在许多严重的问题。例如，上访问题的严重性日益凸显，无不与地方政府"违法拆迁"大搞形象工程、为了"净化"市容而在对行政相对人无正当救济保障的前提下肆意武断执法和野蛮执法，执

---

① 严存生：《法的理念探索》，中国政法大学出版社 2001 年版，第 259 页。

法"应作为"而"不作为",执法权力寻租,滥用刑事强制措施,蔑视犯罪嫌疑人的合法权益,行政执法重实体轻程序等问题密切相关。这说明,"以人为本"的执法理念欲在行动中得以体现,仍然任重道远。这一环节的错位必然成为社会矛盾和冲突之源、社会不和谐之源。

司法权是化解社会纠纷和平息社会矛盾的最后一道关口。如果说在任何一个国家,行政权的滥用本质上难以避免,那么最终的救济渠道——司法救济如果不能担当起"纠枉扶正""保障人权、尊重人权""弘扬社会正义"之职责,则这些矛盾、冲突以及不和谐的因素将很难应对。这些本源于社会经济生活中的问题和矛盾,在法治社会中本应当通过法定的程序由司法机关来作出权威性的判定,"定分止争"以维护社会正常秩序。但是,司法实践中存在的腐败现象,行政机关横加干预现象,司法与行政职能混同的尴尬局面,以及很多的裁判文书"执行难"的现象等,使得本应解决的矛盾和冲突冲破了司法救济这道安全防线,延伸至政治领域并成为影响社会稳定与和谐的"政治问题"。而政治救济手段所固有的随意性、非常态性、非程序性、易受社会舆论影响的不确定性,以及中国传统的盼望"清官为民做主"的崇拜权威的"人治"情结,更使得矛盾愈演愈烈:中央政府疲于应付,而各级基层政府则花大力气做"防漏堵塞"的工作。这种恶性循环局面的出现纵然有多种原因,但是缺乏一个建立在"以人为本"的执法理念下的整体与部分相互协调、相互独立与监督、运行有序和稳定的法律制度构架,则是问题症结之所在。

如果说"效率优先,兼顾公平"是现阶段的社会经济方针,那么"公正优先,保障人权"的社会和谐发展和"以司法正义为本位"的司法审判则应当成为法律适用过程中的核心理念,社会主义法治国家的建立和社会主义和谐社会的形成是社会各成员"合力"的结果。体制欲变,旧体制中人的观念和行为模式首先得变。这里的"人"既包括立法者、政府官员、法官、执政党成员,也必然包括参与社会实践的所有其他角色。行政执法相对人和司法审判的当事人之"权利意识""主体意识""尊严意识"的缺乏，使执法和司法理念的真正转变并"生根发芽"是不可能的。正是在此意义上，"以人为本"的法治精神的"启蒙"是一个不竭的永恒过程；启蒙的对象也必然包括被启蒙者和启蒙者本身，否则又会落入空想主义和谐社会思潮所构建的整体主义的樊篱。

美国当代杰出法官伦尼德·汉德说："我常想，我们是否不应当将我们的期盼过多地依赖于宪法、法律和法院。这些希望都是虚假的梦幻……'自由'存在于男人和女人的心里。内心的自由枯竭殆尽，任何宪法、法律或法庭都将无法挽救它、扶持它。如果人民选择了某条不归路，没有什么宪法、法律或法院能真正挽救自由权利和丧失。"①归根结底，"以人为本"乃是本于人心，和谐社会源于人心的和谐。人同此心，心同此理，才是建设"以人为本"的社会主义和谐社会的可靠保证。

---

① 转引自吕世伦：《"以人为本"与社会主义法治》，中国大百科全书出版社2006年版，第217页。

第三章　和谐社会的利益关系与诉讼外纠纷解决机制

一、当前我国社会利益关系的特点

总体说来，改革开放近四十年来，我国经济建设取得了巨大的成就，社会各项事业得到长足进步。但是也要看到，我国现在正在进入矛盾凸显期，社会矛盾大量表现为利益矛盾和冲突，这些矛盾和冲突有的已经相当严重，如果不及时处理，将直接影响经济发展和社会稳定。当前我国的利益关系表现为以下几个特点：

第一，利益关系的不公平性。我国的城乡差别、地区差别、收入差别之大，已是众所周知的事实。但通常人们只注意这些差别本身有多大，却不注意这些差别的含义和作用。应该看到，随着这些差别逐渐形成固定化的结构，其对人们的利益关系产生着近乎强制性的影响。越是发达的地区、越是处于强势地位的群体，在利益分配格局中就越有利。例如，越是发达的地区、越是大的城市，地价越高，土地收益对当地财政的贡献就越多，高的地方可以占到50%，现在东西部地区土地的价格之差，要比改革开放初期高出几十倍、上百倍甚至更多；同样，越是处于强势地位的群体，越容易获得信息、资本等各种资源，越容易在竞争中处于有利地位。可见，不公平的利益关系一旦形成，它就会自发地复制和强化不公平。这就不难理解，近几年一再强调缩小地区差距、城乡差距和收入差距，而这些差距仍在扩大。尽管政府采取了一系列政策和措施，有些看起来是强有力的，但仍不足以扭转差距拉大的趋势。有些明明是扶助弱势一方的举措，最后的利益却拐弯抹角地流向了强势的一方。

第二，利益矛盾的复合性。当前的利益矛盾大量涉及的是经济利益，但也往往会牵扯到政治利益、文化利益，甚至会引出历史旧账等。许多上访事件，如农村征地和城市拆迁引发的矛盾，就不仅仅是经济补偿问题，还涉及当事人的职业生计、产权归属、生活环境，背后往往与官商勾结、权钱交易有关。强制拆迁房屋和征用土地，无视当事人的知情权和参与权，由此引发的干群矛盾往往与利益矛盾相纠缠。随着改革的深入和城市化、工业化的加速，人们之间利益关系的调整，最终都会落到政治经济地位和社会身份的改变，牵扯到的利益纠葛就会越来越多，如不及时化解，矛盾就会积累和叠加，由单一性转变为复合性。

第三，利益诉求的联动性。由于利益矛盾具有复合性，利益诉求就容易具有联动性。一些群体、一些性质的利益诉求，容易引发另一些群体、另一些性质的利益诉求。一些人的利益诉求得到了满足，往往会引发更多的人要求满足类似的诉求。有些群体事件的参与者，并不是冲突的直接相关方，他们只是趁机想表达自己的利益诉求。这是近年来群体事件增多的一个原因。在过去的那种单位制下，各自的诉求在各自的单位内解决，不容易扩散到社会上。现在的问题是利益的关联性增强了，在基层和地方没有形成较强的化解矛盾的能力、群众利益表达渠道又不通畅的情况下，群体事件和越级上访事件就容易增多。

第四，利益获取的即期性。在改革开放前期，绝大多数人都对未来的利益有美好的预期，即使一时少数人利益受损，但看到多数人获益，也想象自己的损失不久就可以获得补偿。但在那种几乎所有人都获益（所谓帕累托最优）的阶段过去以后，改革进入攻坚阶段，难免会出现一部分人获益、一部分人受损的情况。而经过一个较长的过程，不同阶层的社会经济地位趋于固定，强势者获益能力恒强，弱势者获益能力恒低，利益受损者就难以建立起对未来获得补偿的预期，而要求即期补偿。同时，即便是受益者也抓住现实利益不放。这就造成改革越深入，改革的现实成本就越高的情况。

二、和谐社会法治的特征

在构建社会主义和谐社会的历史条件下，社会主义法治的重要表征就是和谐，社会主义法治的发展趋势是走向和谐，社会主义法治建设的方向是建设和谐法治。和谐社会建设的目标，就是要消除社会中不和谐、不安定的因素，主要是消除社会中的不平等、不公正和非正义。和谐社会的构建必须借助于法律制度的推动和保障，法治社会是社会主义和谐社会的内在要求。构建社会主义和谐社会，必须探究公权力行使的界限与方式，探索私权利保障的途径与程序。和谐社会以法治精神为基本理念，政府在行使公权力的过程中，应该强调个体在社会生活中的核心地位，并以个体的生活幸福为终极目标。

（一）法治价值的和谐

法治的理念是适应社会利益多元与社会需求多样而产生的，它建立在价值冲突的逻辑之上，没有价值冲突就无须法治。法治的价值可分为实体价值和形式价值。就实体价值而言，法治就是借助其规则理性，在正义与利益、公平与效率、自由与秩序、人权与自律、生存与发展等冲突着的价值中建立平衡。就形式价值而言，法治则是借助其技术理性，实现规则的普遍性、一致性、至上性、稳定性与公开性的统一。法治价值的和谐体现在形式价值与实体价值的和谐之中。因此，形式法治与实体法治的统一，才是真正意义上的法治。

（二）法治关系的和谐

1. 权利和义务之间的和谐

法以权利和义务为机制调整人的行为和社会关系。权利和义务贯穿于各个法律现象、各个法律部门和法治运行的各个环节之中。在法治状态下，每一个法律主体都应具有平等的法律人格，既享有法律赋予的权利，也履行法律规定的义务；不允许只享有权利而不履行义务的特殊主体存在，也不允许只履行义务而不享有权利的主体存在。权利和义务的和谐状态可以表现出一个社会的平等状况。各个社会主体承担义务与其享有的权利的统一是法治和谐的基础。用马克思的话说就是"没有无权利的义务，也没有无义务的权利"。有多少权利一定对应着多少义务，如果行使了权利没有履行义务的话，那么，它的义务就一定由别的主体代行了。

2. 权利和权力之间的和谐

法治社会和法治国家就是通过法律调控而实现的公共权力与公民权利之间的和谐状态，我们现在大量的社会矛盾就产生于权利与权力的不和谐之中。法治国家的本质就是公民权利与国家权力之间的关系。任何国家的利益资源都是恒定的，如果一个社会内的所有利益都必然属于人民而又可用法律方式转化为公民权利的话，那么，任何国家都必须遵循"权利守恒定律"，即人民转移多少权利给国家、给社会，自己留用多少，此间有一个比例关系，在总量不变的前提下，这个比例关系必定是反比例的。国家权力越多越集中，社会权利、公民权利就越少。当公民的一切利益全部交由国家去代表的时候，公民就不再有权利和自由了。反之，公民如果享用了国家的全部利益资源，则国家权力也就等于零了。所以如何确立一个合理的权利与权力的比值是法治国家的核心问题。"公民权利""社会权利""国家权力"，这种"三权分立"关系是现代法治不同于传统法治的本质特征。通过权利对权力的制约而形成的"三权和谐"，是法治的理想状态。"权利守恒定律"是确立权利转化比值的基本理论依据。由此权力所获得的解释是：它来源于权利，目的仅在于为权利服务，只是保障权利实现的手段。在这个意义上，法治国家所表明的，是权力服从于权利的国家，这就是法治社会的本质问题。

3. 公共权力和公共权力的和谐

公权力之间的和谐，指的是各公权力部门各司其职又相互监督，在国家政治体制内行使公权力，确保充分实现国家的政治、经济和社会目标。我国宪法规定，全国人大是最高国家权力机关，国家行政机关、审判机关、检察机关都由其产生，对其负责，受其监督，以保证国家权力的统一和行使效率。这一目的的实现有赖于宪法规定的权力分工与监督原则的贯彻。公权体系不和谐的根本原因在于各权力部门间利益与利害关系交叉，职权与职责交叉。公共权力如果分工不明、权责不清就会导致两方面的问题：多个公共权力部门会争权去责，或为共同利益而选择不利于公众的行为；各部门因责任不清，相互推诿，难以追究失职责任。公权力和谐的要义既不是指一个部门无原则地妥协于另一个部门，也不是仅指各部门间的相互配合，而是各公权力均忠诚于宪法和法律，在此基础上最大限度地发挥本部门的效能。

4. 公民权利和公民权利之间的和谐

要消除权利主体之间的二元化状态，私权利间的和谐有赖于个体自由自治、群己权利界限明晰、人人权利平等三大要素的有机统一。机会的平等、权利的平等、规则的平等在法治状态下最终都可归结为立法平等。立法平等的基本要求是不以身份而以法定人格作为权利与义务配置的基础。

（三）法治运行的和谐

法治的统一是静态的和谐，法治的良好运行则是动态的和谐。法治的运行包括立法、执法、司法、守法和法律监督五个环节。这五个环节均是围绕公民权利展开的。立法是以法律的形式分配权利，这是法治的前提环节；执法是通过政府作为，落实公民权利，这是法治的关键环节；守法是鼓励人们积极享受、行使权利，这是法治的基础环节；司法是当公民的权利受到侵害时恢复、救济公民的权利，这是法治的调节环节；法律监督是通过对公权力的监控督察来保护人们的权利，这是法治的保障环节。五个环节的和谐最终体现为公民权利保障的制度化。

建设和谐法治，将和谐精神导入法律制度和法律实践之中，并且统领、协调和升华各种法律价值，必将使中国社会主义法治超越西方传统法治而走向善治。我们要以和谐作为当代中国法的精神，并根据构建社会主义和谐社会的要求进行法律的制定、修改或废止。应确立以人为本和尊重人权的立法理念，克服以物为本、权力本位、忽视人权的立法弊端；对立法重点和利益协调方式进行相应的调整，实现立法与社会发展的和谐统一；应高度重视推进社会事业、健全社会保障、规范社会组织、加强社会管理、增强公共服务等方面的法律法规，以及环境保护、资源利用和生态维护方面的立法；高度重视关于人民群众关注的热点、难点问题的立法，特别应加强关于民生问题的立法，如应对各种突发事件、保障农民利益和农民工权利、促进就业的立法，以及规范动迁拆迁、土地征用、商品房建设和买卖、惩治腐败行为等方面的立法。要在法律规范体系和法律运行过程中实现权利与义务的和谐，权利与权力的和谐，实体法与程序法的和谐，不同法律部门之间、法律规范之间、法律机制之间的协调。同时，还要进行以构建社会主义和谐社会为目标的法律改革，清除法律体系中与民主法治、公平正义、诚信友爱、充满活力、安定有序、人与自然和谐相处不协调、不兼容的法律原则、规则和概念。

除了立法要和谐化，执法和司法也要充分体现和谐精神，实现和谐执法、和谐司法。行政执法是最常规、最普遍的执法形式。执法的实质是国家行政机关将体现在法律中的国家意志和人民意志落实到社会生活之中。在全部国家工作中，执法是最大量、最繁重、最经常的工作，是实现国家职能和法律价值的决定性环节。执法有两项基本内容：一是组织实施宪法和法律，这是行政执法活动的中心环节。二是采取行政强制措施，排除执法过程中的阻力和违反法律、破坏法律秩序的行为。无论何种执法方式都必须树立和谐的法治理念，从有利于社会和谐出发，采取有利于社会和谐的方式进行执法活动，既要严格执法，又要文明执法，促进全社会和谐局面的形成、巩固和发展。要建立民主、科学、公正、高效的执法程序，保证行政机关依照法定程序行使执法权力，要健全行政执法责任追究制度，完善行政复议、行政申诉、行政赔偿制度，使行政机关切实做到有权必有责、有权受监督、违法要追究、侵权要赔偿。

司法是处理和裁判社会矛盾和纠纷的法律适用活动，因而更应当把和谐的理念融入社会主义司法理念之中，并使之统领公正和效率。司法和谐，第一是司法职责要和谐。司法机关内部要在分工明确的基础上，相互配合，通过履行各自的职责，共同促进法律得到正确实施。第二是司法过程各个主体之间要和谐。特别是法官要切实尊重并维护当事人的诉讼权利及选择。当事人享有自主实施诉讼行为的自由，即诉讼权利的行使与放弃依据当事人的自愿；在符合法律规定的条件下，有权自主选择有利于自己诉讼利益的诉讼手段，对此法官应予准许；在不违反法律规定的情况下，当事人之间形成的纠纷解决合意应得到法官的确认和支持。第三是司法活动要和谐。司法活动要立足和谐，促进和谐，减少、化解社会矛盾和纠纷对正常社会秩序的冲击。当前，有必要在发挥司法机关主导作用的前提下，正确处理好判决与调解的关系，使社会矛盾与纠纷能够以一种更为和谐的方式得到解决。第四是司法与社会和谐。努力达到司法与舆论和谐，司法与民意和谐，司法与社会发展和谐，通过司法与社会的和谐促进全社会的和谐。

三、和谐社会的多元化纠纷解决机制：诉讼外纠纷解决机制

（一）和谐社会多元化纠纷解决机制的构成

中共十六大报告第一次将"社会和谐"作为重要目标提出，我们所要建设的社会主义和谐社会，应该是民主法治、公平正义、诚信友爱、充满活力、安定有序、人与自然和谐相处的社会。和谐社会是一种有层次的和谐，我们可以从大、中、小三个层次理解和谐社会。"大和谐社会"涵盖整个社会领域，包括经济、政治、文化、社会生活等各个方面，是这些方面的有机统一。"中和谐社会"涵盖的范围是相对于经济、政治、文化而言的社会生活领域，

主要是指社会建设和社会管理，包括社会事业、社会保障等。"小和谐社会"是指社会领域中社会关系的和谐，主要是社会阶层关系的和谐，以及微观意义上的和谐社会建设，如社区、村镇、企业、学校、家庭的和谐。

目前，我国已经进入经济发展的新常态，新常态虽然不意味着社会转型的结束，但在治理方式上会逐步倾向于常规化、制度化，以往运动化、应急式的建构会逐步减少，需要加强顶层设计、立法和制度建构。中共十六届六中全会提出了构建社会主义和谐社会的战略任务。和谐社会不是没有矛盾的社会，而是社会矛盾纠纷得到及时妥善化解、人民权益得到及时有效维护、社会公平正义得到及时有力弘扬的社会。及时妥善化解社会矛盾纠纷，就必须建立一套科学有效的矛盾纠纷解决机制。当前，由于冲突的性质、形式、对抗程度不同，解决纠纷的手段、方式也必然是多样的。建立和完善多元化纠纷解决机制，对维护社会稳定，构建和谐社会具有重要意义。中共十八届四中全会决定进一步提出：健全社会矛盾纠纷预防化解机制，完善调解、仲裁、行政裁决、行政复议、诉讼等有机衔接、相互协调的多元化纠纷解决机制。第一次分别使用这两个概念，这表明纠纷解决和社会治理进一步向精细化发展。

2016 年 6 月，最高人民法院公布了《最高人民法院关于人民法院进一步深化多元化纠纷解决机制改革的意见》，明确提出深入推进多元化纠纷解决机制改革，是人民法院深化司法改革、实现司法为民公正司法的重要举措，是实现国家治理体系和治理能力现代化的重要内容，是促进社会公平正义、维护社会和谐稳定的必然要求。在此基础上，我国的多元化纠纷解决机制的构建必将进入一个新的历史时期。

无论从哪个角度理解"和谐"，和谐社会的核心层都是人与人之间关系的和谐，即人与人的和睦相处。然而现实社会中到处充满各种纠纷，特别是民商事纠纷。纠纷可以简单地理解为主体之间的某种利益冲突，如何协调特别是利用法律手段来协调这种利益冲突对于建设社会主义和谐社会有积极的作用。

20世纪以来，我国经历了人治社会向法治社会、自治社会的转型，政治国家和市民社会分离，二元社会结构基本形成。随着市民社会的确立和发展，个体利益受到充分尊重，权利观念和法治理念不断增强，这些都对我国民商事争议的解决方式提出了更高的要求。一方面，新的利益冲突和新的纠纷类型层出不穷，社会主体和价值观呈现出多元化的趋势，面对这样的社会变迁，我国现有的纠纷解决机制逐渐暴露出诸多弊端，显得力不从心；另一方面，纠纷数量的增加，使原有的纠纷解决方式面临困境。因此，一个以多元化作为制度设计的目标，将各种纠纷解决方式融合为一个统一协调的纠纷解决系统亟待建立。

多元化纠纷解决机制，是指一个社会中多样的纠纷解决方式（包括诉讼与非诉讼两大类型）以其特定的功能相互协调、共同存在，所构成的一种满足社会主体多种需求的程序体系和动态调整系统。所谓多元化是相对于单一性而言的，其意义在于避免把纠纷的解决单纯系于某一种程序，如诉讼，并将其绝对化，主张以人类社会价值和手段的多元化为基本理念，不排除来自民间和社会的各种自发的或组织的力量在纠纷解决中的作用，目的在于为人们提供多种选择的可能性。①

在现代法治国家，多元化纠纷解决机制一般都是以司法诉讼为核心构建的，是多种纠纷解决方式的有机结合及相互补充。建立多元化纠纷解决机制必须考虑以下几个要素：一是纠纷解决机构，即纠纷解决主体，是指作为解决纠纷的第三方机构或组织，包括私力救济、社会救济、公力救济中各种国家机关、社会组织、共同体或民间力量。二是纠纷解决的依据，是指纠纷解决所依据的规范，包括法律法规、传统习俗等民间社会规范。三是纠纷解决的方式，主

---

① 范愉：《纠纷解决的理论与实践》，清华大学出版社2007年版，第80~81页、第221页、第232页。

要包括协商、调解和裁决。从世界各国的纠纷解决机制来看，依靠司法方式解决纠纷无疑是大多数国家的共同选择，但是，司法本身存在的问题也逐渐显露出来，包括司法资源的紧缺性、诉讼本身所具有的局限性等。因此，许多国家都试图寻找更好的方式，为民众提供更多的可供选择的纠纷解决方式，满足民众需求，彻底解决纠纷。例如，世界大多数国家实行的 ADR 纠纷解决机制，对于缓解司法压力、增强当事人参与纠纷解决的自主性和民主性等具有较大的益处。[①] 但当代世界并不存在一种完美的、普适的 ADR 发展模式。不同的文化传统、法律体系和司法模式对于纠纷解决机制的建立会产生深刻影响。尽管某些时候有些制度在具体运用上会出现类似情况，但仍然可能是出于不同的原因和目的。

目前，我国的诉讼外纠纷解决机制主要包括自力救济和社会救济。自力救济，是指当事人认定权利遭受侵害，在没有第三方以中立名义介入纠纷解决的情形下，不通过国家机关和法定程序，而依靠自身或私人力量，解决纠纷，实现权利。[②] 自力救济的基本特征是无中立的第三方介入，纠纷解决过程非程序化，解决途径依靠自身或私人力量等。现代文明社会，国家将纠纷解决方式纳入国家规制，但是合法的自力救济（如和解）仍是为立法所提倡的，违法的自力救济（如暴力解决）则是法律所禁止的。社会救济，是指

[①] ADR：英文 Alternative Dispute Resolution 的缩写，这一概念可以根据字面意义译为"替代性（或代替性、选择性）纠纷解决方式"，亦可根据其实质意义译为"审判外（诉讼外）纠纷解决方式"或"非诉讼纠纷解决方式""法院外纠纷解决方式"等。ADR 概念源于美国，原指 20 世纪逐步发展起来的各种诉讼外纠纷解决方式的总称，现已引申为对世界各国普遍存在的、民事诉讼制度以外的非诉讼纠纷解决方式或机制的总称。ADR 原指民间解决纠纷的办法，与法院诉讼无关。但是，20 世纪 70 年代以来，在英美法系国家特别是美国一些州法院在法院内设仲裁和调解等第三人解决纠纷的制度，实际上，把 ADR 当作诉讼程序的一环，这种 ADR 叫作司法 ADR，或称附设在法院的 ADR。见章武生：《ADR 与我国大调解的产生和发展》，载《纠纷解决多元调解的方法与策略》，中国法制出版社 2008 年版，第 3~4 页。

[②] 徐昕：《论私力救济》，中国政法大学出版社 2005 年版，第 102 页。

基于民商事纠纷主体的合意，依靠社会力量解决民商事纠纷的机制，包括调解（诉讼外调解）和仲裁。采用调解与仲裁方式解决民事纠纷，均需基于民事纠纷主体的合意，但与自力救济不同的是，社会救济需借助处于中立第三方的社会力量进行沟通、说服和协调以促成民事纠纷的解决。同时，调解与仲裁虽然是非国家公权力解决纠纷的方式，但国家也对之进行规范并赋予这些纠纷解决结果一定的法律效力。

由此可见，我国的诉讼外纠纷解决机制主要包括和解、调解和仲裁。其中和解为私力救济的方式，调解和仲裁为社会救济的方式。

（二）诉讼外纠纷解决机制的特征及其在纠纷解决体系中的地位

诉讼外纠纷解决机制，亦被称为 ADR，是英文 Alternative Dispute Resolution 的缩写。我国目前多称为替代性纠纷解决方式。然而，对于 ADR 并没有一个统一的定义，到底何为 ADR，人们的理解也不尽相同。

ADR 有广义和狭义之分。广义的 ADR 是指除审判以外的一切纠纷解决机制，只要是解决纠纷的机制，又不同于诉讼，就认为是 ADR 的一种。而狭义的 ADR 则把仲裁排除在外，认为仲裁有严格的程序要求，且有一定的强制性，所以不被认为是 ADR 的一种。笔者倾向于采用广义说，因为 ADR 是一个开放性体系，并随着时代的发展，不断地扩展、创新，只要是纠纷的解决机制，又不同于诉讼，就应该成为 ADR 中的一员，所以本书是从 ADR 的广义概念来论述的。就我国而言，我国的仲裁、人民调解以及行政机关的调解等均可称为 ADR。

1. 诉讼外纠纷解决机制的特征

诉讼外纠纷解决机制具有如下特征：第一，较高程度的意思自治。诉讼外纠纷解决机制的首要特征是充分尊重纠纷主体的意志。纠纷主体在纠纷发生后可以通过自愿协议的方式自由地处理争议，包括选择何种诉讼外纠纷解决程序完全出于其本人的意愿。第二，程序灵活便捷。诉讼外纠纷解决机制以便利于纠纷主体行使程序性权利为主导理念，因此在程序设置方面更加灵活、便捷。当事人甚至在某种程度上可以自由地设计他们认为合适的程序，这也是诉讼外纠纷解决机制相对于民事诉讼而言最大的优势。第三，纠纷解决依据上的非法律化。与民事诉讼以当事人的权利为导向不同，诉讼外纠纷解决机制主要以当事人的利益作为纠纷解决的焦点，因为利益而非权利才是当事人最终之利害所在。这同时意味着诉讼外纠纷解决机制无须严格适用实体法规定，在法律规定的基本原则框架内，可以有较大的灵活运用和交易的空间。第四，纠纷解决主体的非职业化。诉讼程序原则上是以职业法官进行审判，由律师担任诉讼代理的，即由具有专门资格、经过专业培训的职业法律家所垄断。而诉讼外纠纷解决机制，既可以由非法律专业人士进行，包括公民、社会团体、其他组织、当事人本人等，也可以由律师、仲裁员等法律专业人士承担，从而使纠纷解决脱离了职业法律家的垄断。

2. 诉讼外纠纷解决机制的地位

（1）商事仲裁的特点及优势。在现代社会，仲裁是指纠纷当事人自愿达成仲裁协议，就纠纷提交非司法机构的第三人审理，并作出对纠纷当事人具有拘束力的裁决的争议解决方式或制度。[1] 作为一种区别于司法的纠纷解决方式，仲裁具有以下要素：纠纷当事人自愿协商通过仲裁方式解决纠纷；当事人选择由非司法机构的第三人解决争议；当事人自愿接受第三人裁决的约束。[2] 仲裁的特点表现为：

第一，仲裁的民间性。关于仲裁的性质有很多种说法，包括司

---

[1] See Elizabeth A. Martin, *Oxford Dictionary of Law*, Oxford University Press, 2002, p. 31.

[2] 张斌生主编：《仲裁法新论》，厦门大学出版社 2007 年版，第 2 页。

法权理论、契约理论、混合理论、自治理论等①，但我们认为仲裁是民间性的，是契约性的。"仲裁机构的民间性与仲裁的发展历史密切相关，是仲裁制度区别于审判制度的重要特点。"②《仲裁法》第 8 条规定："仲裁依法独立进行，不受行政机关、社会团体和个人的干涉。"第 14 条也规定："仲裁委员会独立于行政机关，与行政机关没有隶属关系。仲裁委员会之间也没有隶属关系。"在仲裁中，负责解决纠纷的第三方是仲裁机构，仲裁机构属于典型的民间组织或社团法人。除了仲裁机构的非官方性，仲裁机构中的仲裁员也不是由国家机关任命的官员，而是由仲裁机构聘请然后由当事人选定的专家，他们凭借其专业知识和良好的职业操守而进入仲裁领域。尽管目前我国仲裁机构的民间性还存在问题，如仲裁机构的设立受到限制，一些仲裁机构行政机关领导兼任仲裁委员会办事机构负责人的现象比较突出，相当数量的仲裁机构目前还实行行政事业单位的管理体制等，但作为仲裁制度发展的阶段，上述现象并不能抹杀仲裁民间性的本质。

第二，仲裁的自治性。"契约理论认为仲裁来自于当事人的协议，仲裁的进行取决于当事人的协议，仲裁方式的选择、仲裁的地点和语言、仲裁庭的组成、仲裁程序的规则、仲裁适用的法律以及仲裁员的权力等等都是由当事人协议决定的，因此，仲裁最本质的特征在于它的契约性质。"③而这种契约性促成了仲裁的自治，所谓"仲裁的自治性"，即意味着当事人在纠纷解决过程中拥有很大程度的发言权与决定权，当事人可以作纠纷解决的主人而不是附庸。把纠纷提交给官方解决，则官方机构依法拥有决定权，而把纠纷提交给仲裁机构，则当事人获得了很多主动权并得到了尊重。具

---

① 王生长：《仲裁与调解相结合的理论与实务》，法律出版社 2001 年版，第 63~68 页。

② 张斌生主编：《仲裁法新论》，厦门大学出版社 2007 年版，第 90 页。

③ 王生长：《仲裁与调解相结合的理论与实务》，法律出版社 2001 年版，第 64~65 页。

体来说，发生纠纷之后，当事人有权决定是否愿意选择仲裁来处理纠纷，当事人有权决定选择这家机构还是那家机构来处理纠纷；选择仲裁机构之后，当事人可以从仲裁机构提供的仲裁员名单中点菜式地选择自己信任的仲裁员，只有在双方不愿选择的情况下，仲裁机构才为当事人指定仲裁员；在仲裁过程中，当事人还可以约定审理方式、开庭形式等。更重要的是，在国际仲裁中，当事人还可以选择仲裁适用的法律，包括实体法和程序法，也就是说，美国公司和日本公司之间发生的纠纷，可以选择在新加坡国际仲裁中心适用中国法律来作出裁决。显然，在通过仲裁解决纠纷的过程中，当事人不是被排除在解决之外，而是直接影响和决定了裁决的产生。

第三，仲裁的法律性。尽管仲裁机构是民间性的，仲裁过程中当事人具有较大的决定权，但这并不意味着仲裁是一种游离在法律之外的私人游戏。事实上，在所有民间纠纷解决机制中，仲裁是最正式的纠纷解决方式，它特别依赖和严格遵守法律，因此是最接近司法的民间机制。关于仲裁制度，各国国内法和一些国际公约均作了明确而全面的规定，使仲裁活动有法可依，有法为据；在仲裁过程中，当事人一旦选择了适用本案的实体法和程序法，就必须严格遵守，而仲裁庭也是在严格依据相关法律的基础上作出最后裁决的；裁决作出之后，除非当事人有证据认为仲裁违法并且申请法院审查，否则必须严格执行裁决决定，由于仲裁机构没有强制力，因此对于拒不执行的情况，当事人得请求法院强制执行，也就是说，仲裁机构的裁决书和法院的判决书具有同等的法律效力。

与民事诉讼相比，仲裁处理商事争议的优势主要表现为以下几个方面：

第一，仲裁的程序方便简捷。在民事诉讼中，起诉、开庭、判决、上诉、执行等每个环节均有严格甚至烦琐的程序规定，严格按照程序办事，这是司法的特点，但有时候也会成为它的负担，但是在仲裁中，仲裁的程序一般相对比较简单明了，一些技术性的环节被省略或简化。更重要的是，仲裁实行一裁终局，当事人不得再就仲裁内容寻求二次救济，这就大大缩减了案件处理的环节。

第二，仲裁的成本低廉，是比较便宜的纠纷解决方式。打官司要请律师，要耗费大量时间和精力，对于很多人来说诉讼成了一种奢侈消费。尤其对于商人来说，"时间就是金钱"，效率是生存的根本，解决纠纷也要考虑节省和高效。在仲裁中，由于不必拘泥于严格的证据规则，很多时候可以不必花钱聘请律师，仲裁的过程简捷方便，可以为当事人节省时间和精力，仲裁裁决一旦作出不得上诉，也避免了日后的麻烦。总之，仲裁之于商人，实在是一个成本最小的解决纠纷的途径了。

第三，仲裁体现了意思自治的精神，处理结果更符合商业要求。司法诉讼，有时候就像潘多拉的盒子，一旦打开，其结果就是当事人很难控制的，法院必须依法审判，实现法律的意图，而这样的结果却未必符合当事人的意图，未必符合商业上的标准。相比之下，仲裁则更为尊重当事人之间的协商和妥协，它不以严格的对抗方式解决纠纷，而更强调当事人之间的双赢、沟通与合作。在裁决过程中，仲裁员除依法处理之外，也可以依据商业规则、行业惯例以及公平原则作出裁决，以促进双方的和解与妥协，在保障处理结果合法的同时，也要尽力寻求处理结果的合理性，而这种既合法也合理的裁判结果，对于弥合当事各方的裂痕，实现互利双赢具有积极意义。

第四，仲裁有助于保护当事人的商业秘密和特殊信息。在商业领域，商业秘密及有关信息属于无形资产，对企业发展意义重大。由于司法诉讼实行审判公开制度，这对保护商人的私密信息极为不利，尽管民事诉讼法也有不公开审理的例外，但终究觉得不太安全。在这样的情况下，如果纠纷涉及不宜公开的信息、秘密，则选择不公开审理的仲裁是明智的决定。仲裁处理纠纷，除当事人之外，无关人员不得参加旁听，庭审记录作为秘密也不必对外公开，这样一来，当事人在仲裁庭上就可以畅所欲言而不必担心信息泄露。

第五，在涉外经济纠纷方面，仲裁裁决具有良好的域外执行力。具体来说，在涉外诉讼中，法院的判决要在国外得到执行，不仅有烦琐的审查、认可、执行程序，而且会受到当事国家之间政治、外交、法律观念等诸多因素的干扰，判决在国外得不到执行的情况常常让当事人手足无措。但是对于仲裁而言这个问题就比较容易解决，1958 年出台的《承认及执行外国仲裁裁决公约》（即《纽约公约》）保障了仲裁裁决在各缔约国可以得到很好的承认和执行。比如，我国自 1987 年加入了《承认及执行外国仲裁裁决公约》后，仲裁机构的裁决已经在世界上包括美国、英国、加拿大、新西兰、澳大利亚、新加坡、德国、意大利、法国、以色列和日本等许多国家得到了承认和强制执行。①

（2）调解的作用及定位。调解是中国固有的传统，从古至今，调解都在纠纷解决过程中发挥着重要作用。我国当代的调解制度已经形成了一个调解体系，主要有以下几种：人民调解、法院调解、行政调解、仲裁调解、劳动争议调解委员会调解、农业承包合同纠纷仲裁调解、乡镇法律服务调解、主管和监管部门行政调解、单位组织调解、民间自发调解等。② 其中，人民调解委员会的调解是指在农村村民委员会、城市（社区）居民委员会设立的人民调解委员会的主持下，以国家法律、法规、政策和社会公德为依据，对产生民间纠纷的双方当事人进行斡旋、劝说，促使他们互相谅解、平等协商，自愿达成协议，消除纷争的制度形式。所谓行业人民调解，就是指根据法律规定，所设立的行业性人民调解委员会，对有关当事人之间发生的民间纠纷，依法协调、解决纠纷的制度形式。

人民调解制度在中国现代社会的作用。从我国《宪法》第 111 条和《人民调解法》的相关规定中，可以概括出人民调解的性质。

---

① 李虎：《国际商事仲裁裁决的强制执行》，法律出版社 2000 年版，第 155 页。
② 宋才发、刘玉民主编：《调解要点与技巧总论》，人民法院出版社 2007 年版，第 14~16 页。

人民调解是在人民调解委员会的主持下，依据法律、政策和社会主义道德，对民间纠纷进行规劝疏导，促使当事人互谅互让，解决纠纷的群众自治活动。这一定义体现了民间纠纷的一般特征，突出了我国人民调解的基本性质，也揭示了人民调解的重要地位。

现阶段我国正处于社会转型期，各种矛盾相对集中，社会生产、生活中的突发事件明显增多。对现阶段我国突发事件的预防工作，主要是对社会热点问题和人民内部矛盾进行深入研究，正确疏导和解决。

从理论与实践的角度来看，人民调解的职能具有与构建和谐社会密切相关的作用：第一，预防纠纷。解决纠纷，减少犯罪，都要坚持"预防第一"的原则。人民调解相对于诉讼制度具有主动性、及时性，人民调解员本身就是群众中的一员，通过日常工作和专项排查早发现、早预防、早处理，把矛盾纠纷化解于萌芽状态，化解于民间基层，防患于未然，从而在源头上减少社会治安案件的发生。第二，化解作用。当事人一旦发生纠纷，人民调解组织及其人员及时到场，用温和的方式，运用政策、法律等及时调处，可以促使双方当事人握手言和，"止讼息争"，从而促进社会的稳定。第三，便民利民。人民调解对当事人来说具有就地性、程序简便性、即时快捷性、自愿性和无偿性等特点，具有其他纠纷解决机制不可比拟的优势。第四，教育作用。纠纷调解的过程，实际上就是对当事人宣讲法律、法规，进行道德教育的过程，使群众知道了什么是违法行为，什么是合法行为，增强分流了法律意识，提高了遵纪守法的自觉性。而且往往是调解一件事，教育一大片，使周围邻里都能受到警示和启迪，从而提高人们的法治观念和道德水平。第五，宣传作用。人民调解员依据政策、法律和基层组织的各种规章制度，对当事人进行规劝、调解，这本身就在宣传党的路线、方针、政策，宣传社会公德、职业道德和家庭美德。而且这种宣传具有广泛性和主动性，可以说每一次调解纠纷的过程都是一次法治宣传的过程，这些优势是其他社会工作所不能比拟的。第六，保障社会和谐。相对于仲裁、行政调解、司法调解、诉讼，人民调解最具人际关系和谐性，最能体现"和为贵"的中华民族优良传统，有助于营造和谐稳定的社会环境。人民调解是人民调解委员会在政府的指导下，在当事人自愿的基础上，依据国家的法律、法规、规章、政策和社会公德，通过充分说理、耐心疏导，帮助当事人达成和解的一种群众自治活动。它是人民群众在政府部门的指导下，自我管理、自我教育、自我服务，自主管理社会事务，行使国家主人翁权利的一种很好的形式，是社会主义民主在基层的具体体现。同时，在我国广大城乡，人民群众早已形成了团结友爱、互谅互让、尊老爱幼的优良美德，遵循"和为贵""礼为先"的传统思想，愿意通过民间调解的途径来解决问题。而人民调解遵循合理合法、平等自愿、尊重当事人诉讼权利的原则，以说服教育、规劝疏导、友好协商的调解方法和手段来维护群众现实利益。这种温和的调解方式，可以使当事人平心静气、不伤和气地平息纷争、化解干戈，既有利于促成人与人之间和谐社会的安定，又避免了诉讼所带来的各种不便，减少了诉累；既符合中华民族的传统美德，也符合现代社会提倡的社会主义道德风尚，促进了社会的和谐。

和谐社会语境下人民调解之功能定位。第一，人民调解制度有助于建立民主法治社会。人民调解委员会等调解组织属于基层群众自治组织，调解员也主要来自民间，人民调解的范围往往限于民间纠纷，这些民间性质保证了人民调解制度的民主特征。另外，人民调解的程序、规则、组织等也都与诉讼、行政调解等方式存在很大区别，不具有官方主导性，而是体现了很强的民众参与性，是我国重要的"民主和法律制度"形式。由此可见，人民调解制度体现了民主的特征，强化人民调解制度有助于社会民主的实现。而人民调解制度从基本原则、基本功能、特征等方面体现出的法治精神和法治价值在上文中也已论及。因此，我们可以说人民调解制度对于民主法治的建设有积极的促进作用。第二，人民调解制度有助于实现公平正义。与人民法官一样，人民调解员在调解过程中亦处于中立之地位，以居中裁判者的身份对当事人的纠纷进行调停、协调，双方当事人在平等的立场上，在完全自愿、自由的前提下达成调解协议。在整个人民调解的进程中，当事人不受外来强制力的影响，自愿在中立调解人的协调下达成协议，为纠纷的公平、和平解决和社会正义的实现提供了保障。第三，人民调解制度有助于建立充满活力的市场经济，保障安定的社会秩序。人民调解制度是面向未来的纠纷解决机制，其和谐的纠纷解决方法最大限度地保持了矛盾当事人的良好关系，由于没有两造对抗而造成"反目成仇"的恶果，当事人在纠纷解决后仍然可以保持良好的交往关系和经济往来，这对于建立充满活力的市场经济制度无疑是有很大帮助的。另外，人民调解制度还具有预防性和协商性的特征与功能，这就对矛盾的激化和犯罪的发生起到了积极的预防作用，也正是因此而保障了安定的社会秩序。第四，人民调解制度有助于实现社会和谐。社会关系的对立和紧张在不断扩大，经济生活和市场运行的成本在不断增加，自治协商、道德诚信、传统习惯等一系列重要价值和社会规范遭到贬损，整个社会共同体的凝聚力在逐步衰退。家庭的温情、邻里的礼让、交易的诚信乃至社会的宽容和责任感，都在尖锐的利益对抗中消失殆尽，人们也因此丧失了对司法的信心。这就是西方所谓的"司法危机"。① 而人民调解制度作为诉讼外纠纷解决机制被强化的原因就在于其所具有的特别的和谐性。通过人民调解制度解决纠纷，可以较为有效地解决"司法危机"，协调、稳定紧张的社会关系，及时、妥善解决社会纠纷，最终实现社会的和谐回归。

总之，人民调解制度的功能定位凸显了构建和谐社会的基本内涵和要求，加强人民调解的制度建设和完善是构建和谐社会的必然要求。

---

① 齐树洁：《司法理念的更新：从对抗到协同》，载徐昕主编：《纠纷解决与社会和谐》，法律出版社 2006 年版，第 35 页。

诉讼外纠纷
解决方式选择的实证分析

在纠纷解决的理论场域，大体上形成以引发纠纷的社会关系特征为基点的关系分析法与以解决纠纷的行为选择倾向为基点的行为分析法两种研究进路。关系分析法又分为关系内容分析法与关系性质分析法。关系内容分析法将引发纠纷的社会关系分为熟人社会关系与陌生人社会关系；关系性质分析法将引发纠纷的社会关系分为复杂关系与简单关系。在任何一个社会，都不同程度地存在熟人社会关系与复杂关系，尽管当代社会熟人社会关系、复杂关系对纠纷解决的影响度在收缩，但是，毋庸讳言，在可以预见的未来社会，熟人社会关系、复杂关系会始终存在，对纠纷解决始终会发挥或大或小的作用。根据社会关系分析法得出明晰结论的前提是熟人社会关系与陌生人社会关系或复杂关系与简单关系的二元对立思维框架，然而，完全的熟人社会关系、完全的复杂关系支配的社会或者完全的陌生人社会关系、完全的简单关系支配的社会是不存在的。因此，在描述社会转型期纠纷解决方式特异性时，社会关系分析法具有解释工具的价值，不过，在阐释纠纷解决方式嬗变轨迹方面，这种外在视角的分析方法有一定的局限性。相比较而言，近年来，广受关注的行为分析法中的川岛武宜的法意识——行为分析法、棚濑孝雄的过程——行为分析法在纠纷解决方式嬗变轨迹的阐释方面能带来更多具有实际意义的启示。川岛武宜的法意识——行为分析法虽形成于 20 世纪五六十年代，但仍不失其理论穿透力。川岛武宜认为决定人类行为的种种要因中最接近行为决定处所发生的现象就是赋予行为以动机的"意识"。法意识或法行为并非依法统制社会的"最终"决定性要素，但它是最接近依法统制社会的决定性要因。为了让社会的依法统制明确化，首要工作是明确上述行为。① 川岛武宜还认为，今后人们会更强烈地意识到权利所在并坚持其权利。而且作为手段之一，将会更频繁地利用诉讼、裁判制

---

① ［日］川岛武宜：《现代化与法》，申政武、渠涛、李旺、王志安译，中国政法大学出版社 2004 年版，第 136 页。

度。人们从"法",即依据法的基准判断出的明确且固定性的关系所感知的,不仅是个人与个人间的关系,而且包括个人与政府间的关系。其结果,法与裁判所在人们的生活中将变得更加重要。[①] 概言之,川岛武宜是从意识与行为的直接关联性切入,从内在视角展开对纠纷解决形态变迁进行的研究。这种研究进路通过意识、行为、制度的互动关联分析展示特定时代纠纷解决形态的成因、纠纷解决形态发生变化的直接动力所在,并预测纠纷解决形态变化的方向。正如季卫东教授在评论中所言,川岛武宜并没有忽视制度的问题,更不是要矫饰权威主义统治。他只不过立足于现实,强调法意识、法运用与制度改进之间的动态关系,主张从打官司这一可操作的部位入手来渐次改造国家的权力结构和精神结构而已。[②] 通过较长时段的观察,不难发现制度在形塑公众意识、影响行为选择时的明显痕迹。不过,在特定时段内,如何在其互动关系中使公众意识、行为选择以及制度达至协调、平衡状态,是特定时代中的法学学者必须面对的永恒话题。

笔者曾围绕当代民众纠纷解决路径的选择取向,开展问卷调查。接受问卷调查的问卷填写人来自北京、天津、上海、重庆、四川、新疆、浙江、山西、山东、陕西、青海、内蒙古、黑龙江、辽宁、吉林、江西、江苏、湖南、湖北、河南、河北、海南、广西、贵阳、福建、安徽等地。接受问卷调查的问卷填写人的社会身份涵盖学生、教师、政府文秘、律所助理、注册会计师、法律工作者、检察院工作人员、自由职业者、企业法务、政府公务员、银行职员、公司职员等界别。绝大多数接受问卷调查的问卷填写者都具有大学本科及本科以上学历或者正在大学三四年级就读。

此次问卷调查共发放问卷 500 份,收回问卷 326 份。326 份问

---

① [日] 川岛武宜:《现代化与法》,申政武、渠涛、李旺、王志安译,中国政法大学出版社 2004 年版,第 209~210 页。

② 季卫东:《法律秩序的传统与创新》(代译序),载川岛武宜:《现代化与法》,申政武、渠涛、李旺、王志安译,中国政法大学出版社 2004 年版,第 V 页。

卷中对询问信息的回答的有效性存在差异。常住地信息有效数为269，年龄信息有效数为270，职业信息有效数为250，在读大学阶段信息有效数为134。对纠纷选择问项回答的有效数为305，对民诉顾虑问项回答的有效数为265，对调解顾虑问项回答的有效数为258，对调解节目问项回答的有效数为323，对节目名称问项回答的有效数为44，对信访时间问项回答的有效数为305。

与问卷调查相结合，笔者还进行了访谈类实证调查，先后进行了出租车司机口头访谈和企业管理人员的书面访谈。出租车司机群体是一个具有复合社会界别身份特征的群体，他们中既有城市化过程中进城从事出租车营运的农民，也有在城市中成长的市民。对出租车群体的访谈可以大致反映城市——乡村二元化社会结构中普通劳动者对于纠纷解决方式的通常认识。① 此外，笔者还选择了一个大型国企的管理人员群体作为书面访谈对象，这个群体的文化素质与收入水平较高，具有丰富的企业经营管理与企业纠纷解决的经验。对他们的访谈，大致可以反映企业在纠纷解决过程中的认识与选择。不同群体对纠纷解决方式的选择，实际上是对不同纠纷解决方式运行状态的反馈。②

本次实证调查分析，以具有普遍意义的问卷调查中形成的问题为线索，展示并剖析当代中国社会公众对纠纷解决方式选择的倾向，结合问卷调查结果与访谈结果来分析当代中国主要的民事纠纷解决方式运行的现实状态及因由，并尝试探寻未来完善之道。

---

① 在此对笔者指导的硕士研究生曹建军在问卷调查统计数据的整理与出租车司机访谈录音的整理方面所做的工作表示感谢。

② 2013 年在中国政法大学继续教育学院组织的国企干部培训课程中笔者开展了此次书面访谈，在此向培训组织者与接受访谈者表示感谢。为保护受访者隐私，以受访者姓名拼音的首字母大写代称受访者。

第四章 当代社会公众的
解纷选择取向①

本次问卷中的第一个问题是：发生民事纠纷，您首先想到的纠纷解决方式是什么，作为选项的是常见的民事纠纷解决方式，有民事诉讼、尝试和解、寻求调解、武力解决、找行政机关解决、仲裁。

对回收问卷的统计显示，选择尝试和解的问卷填写者占绝对优势，共计 232 人，占全部问卷填写者的 71.2%；选择寻求调解的问卷填写者与选择民事诉讼的问卷填写者在人数上处于与上一位阶形成鲜明落差的第二位阶，选择寻求调解的问卷填写者为 27 人，占全部问卷填写者的 8.3%，而选择民事诉讼的问卷填写者为 23 人，占全部问卷填写者的 7.1%；令人诧异的是，选择武力解决的问卷填写者为 14 人，占全部问卷填写者的 4.3%；选择找行政机关解决的问卷填写者为 8 人，占全部问卷填写者的 2.5%；选择仲裁的问卷填写者为 1 人，占全部问卷调查填写者的 0.3%。从此次调查中的问卷调查者的年龄判断，他们可以统称为年轻市民的代表。从上述问卷调查统计结果大致可以勾勒出我国当代年轻市民的纠纷解决的选择取向镜像。

---

① 本部分的部分结论已经先期发表在韩波的《城市化失序、新市民与民事纠纷解决机制的便利化升级》（《中国政法大学学报》2016 年第 2 期）一文中。

一、为什么和解会成为社会公众纠纷解决策略中占绝对优势的首选

（一）对问卷调查统计结果的初步分析

按照通常的认识与判断，当代年轻市民成长在市场经济从萌动到快速发展的过程中，对于个体利益应该更加计较，应该不是更习惯于和解。然而，此次调查的统计结果却给出了相反的答案。笔者认为，原因是多方面的。首先，我国崇尚和睦的社会传统对年轻人产生了重大的影响。儒道释合流的文化根脉无时无刻不在诠释"和"的价值、"让"的可贵、"忍"的可敬。我国有为数众多的基督教、天主教、伊斯兰教等宗教的信奉者。在儒道释合流的传统下，这些宗教教义中最易赢得信众共鸣的是推崇"和""让""忍"等行为习惯的部分。比如，中国人最常引用的《圣经》中的一句话是："当别人打你左脸的时候，你要把右脸伸给他打。"当代中国人不是没有宗教信仰，而是宗教信仰呈现多样化的态势。总体来看，当代中国人的精神世界中，推崇"和""让""忍"等行为习惯的因素还是作为传统顽强地延续着。这种社会传统很自然地转换为家庭氛围，进而直接影响到每个人的纠纷解决策略。其次，近年来，主流媒体营造的构建和谐社会的舆论氛围也产生了重要影响。自构建和谐社会的号召提出后，我国主流媒体营造了非常浓厚的和谐氛围。因为可以与社会传统相应和，这种宣传产生了"润物细无声"的效果。最后，对依赖他方的纠纷解决方式的期待感不高。举个例子，一个人生了急病，究竟是自己找药吃还是求助于医生呢？如果周围有值得信赖的医院、各方面条件靠得住的私人诊所，患者可能会根据病情选择就近找医生。如果患者根据以往的经验对附近医院、私人诊所的医疗水平、服务态度等方面的期待感不高，则很可能选择自己找药吃。和解的产生，也有这方面的原因。

（二）出租车司机访谈结果与进一步分析

在出租车司机访谈录的 14 例访谈个案中，6 例访谈个案的受

访者倾向于自行和解解决。

出租车司机访谈 1

问：这让司机多交五百块钱，是什么意思？

答：就是多交五百块钱押金。我就认为在这公司没法干，这辈子都不会进去。

问：你没有工夫告，时间成本太高了。

答：人家要说，实在不行，你就别干了。那边那公司事儿多了，原来也没有人告，后来有人出主意，你再告，也未必把钱退给你。要我说，那人就太傻。那司机要是在我们这儿干，他老给我找麻烦，我没几天就把他轰走，一分钱都不用退回去，我瞧你还有什么说的，我就不信！您走吧，把车收回去，您再另谋高就去。怎么样啊，人家就这么对付你。您不掌握主动权，主动权都在人家手里。你爱干就干，商量合适，就是"一个愿打，一个愿挨"。你要觉得不合适，你就别干。

出租车司机访谈 2

问：那你活得很安稳了。将来万一有这么一个纠纷发生了，像刚才说的这些民事纠纷，您会怎么选择，先去找什么地方呢？

答：只能去法院了。

问：直接奔法院，还是你觉得，去法院之前还有一些其他的方式呢？

答：协商不成，就上法院。

出租车司机访谈 3

问：你家在郊区，对吗？

答：密云。

问：周围的人发生民事纠纷，像离婚、抚养、赡养、借钱不还、动物伤人，一般选择去什么地方解决，怎么解决？

答：自行解决。自己谈，谈不下来就报警呗。

出租车司机访谈 4

问：到县城后发生一些事，会找小区所在的居委会调解吗？或者有这个想法吗？万一有点事，比如楼上楼下漏水了，你会不会想到先找居委会调解？

答：找物业啊，这个必须找他们。

问：调解不成时，再去法院，是吗？

答：没有调不成的。调不成，就去闹啊。

问：那问题是，你再闹，他就是调解不了。假使出现这种情况，楼上漏水漏到你们家，你让他赔钱，你说要赔两万，人家说不值两万，那物业调解不了怎么办？

答：我就找物业，你物业干嘛的，这点事都办不了！

出租车司机访谈 5

问：你住的地方有调解委员会吗？有用没用？有事了，会不会想到去找它？

答：一般不会。

问：要么自己解决，解决不了就上法院了？

答：上法院的也很少，没什么不能解决的事。

上述 5 例访谈个案中的受访者以不同的表达方式表达了纠纷发生后优先选择和解的倾向。出租车司机访谈 1 中受访者的表达方式"您不掌握主动权，主动权都在人家手里。你爱干就干，商量合适，就是一个愿打，一个愿挨。你要觉得不合适，你就别干"，这段表述比较生动地展现出在实力对比不均衡的情况下，选择和解的策略；出租车司机访谈 2 中受访者的表达方式是"协商不成，就上法院"，协商、谈判、沟通、对话是和解的主要形式；出租车司机访谈 3、5 中受访者的表达方式是"自行解决""自己解决",这是和解最为直白的表达方式;出租车司机访谈 4 中受访者的表达方式是"找物业啊,这个必须找他们。""没有调不成的。调不成,就去闹啊。""我就找物业,你物业干嘛的,这点事都办不了!"在物业管理纠纷的语境中,物业公司就是业主的相对方,就是责任的主体,这位受访者解决物业管理纠纷的意向是很明显的,就是要自己与物业公司解决,而且认准了这个责任主体,同时认为只要找物业公司纠纷就一定能解决,如果和谈不成,"闹"一下也能解决。这几位受访者在身份上具有"城乡跨界"的特征,总体上还是体现出和解优先的纠纷解决策略。在全部受访者中,体现出和解优先倾向的受访者在全部受访者中占 42.9%,远远低于问卷调查统计结果所显示的和解优先倾向者所占的 71.2% 的比例。与调查问卷填写者相比,出租车司机受访者的社会阅历、社会经验更为丰富,他们接触的民事纠纷数量更多,对民事纠纷解决过程的体会更深刻。在上述受访者中,谈及和解发生的现实条件,更多的受访者则更倾向于第三方介入的纠纷解决方式。这多少能喻示沟通能力、和解难度、对第三方介入的纠纷解决方式的依赖度影响着和解的选择。问卷调查统计结果所显示的和解优先倾向者所占的 71.2% 的比例在更为广阔的现实背景下需要打点折扣。①

---

① 此次实证调研的部分数据资料、访谈资料与分析结论早先发表于韩波的《城市化失序、新市民与民事纠纷解决机制的便利化升级》(《中国政法大学学报》2016 年第 2 期)一文中。

（三）企业干部书面访谈录与进一步分析

1. 作为纠纷解决方式的和解

XY 访谈记录

若本单位与合作公司因货运业务发生了民事纠纷，主要是财务纠纷，以和解来解决纠纷，往往不会伤害与对方公司之间的感情，甚至可以请客吃饭，在电话交谈中达成协议，维持原来的关系。和解程序简单明了，强调当事人高度的意思自治，消除了程序给双方带来的理解上的困难。和解较为尊重纠纷双方之间的理性协商和妥协而主张不以对抗的方式解决纠纷，从而比较容易获得符合个案和真情的解决结果，互利双赢，有利于维护双方之间需要长久维系的商业关系和人际关系。

WYQ 访谈记录

和解的好处是由当事人自行启动，在双方平等的基础上，基于诚信，情感和谅解，相互协商，互谅互让，进而解决纠纷，达成协议，首先选择和解是因其具有及时节约成本，保护合作关系等优点。

ZXL 访谈记录

发生民事纠纷后，最常见、也最便捷的是和解……这种方式的特点是双方自愿，解决问题彻底，节省人力、成本，是最为经济实惠的方法。比如，发生了欠款纠纷，当事人通常是与欠款方直接商洽，督促对方及时支付。如果双方通过此方法解决了纠纷，会使双方的继续合作有个好的基础。

DN 访谈记录

生活、工作中遇到民事纠纷处理起来手段基本有四大方面：首先想到的是协商、谈判等方式，和解（方式），工作中这种方法较为常用，因为我公司常年以贸易业务为主，有些合作伙伴是长期客户，如果公司与我公司在履行合同过程中发生纠纷，通过协商达成和解协议，合同予以顺利履行。通过此种方式，既解决了问题，又以免影响双方关系而失去以后合作的机会。可以说这是代价、成本最小，效果最好的方式，但也有弊端，有可能出现"久调不决"的问题。

LQYO 访谈记录

自己在社会生活以及在单位从事的工作中，都遇到过发生民事纠纷的情况。比如，公司与对方企业开展钢材采购的供应活动。根据双方各自要求，经平等协商，签订并履行买卖合同。在当今我国建筑工程行业，材料款的拖欠现象是比较普遍的，所以施工方与供应商在材料款结算方面发生纠纷很难避免，发生纠纷时怎么办？我的做法是：首先，在合同签订时，充分了解施工方的情况、信任度，并明示对方，自己关注资金结算这个关键点，这样做有可能避免纠纷的发生。其次，当对方没有按约定及时结算货款，我方将迅速告知对方，并积极了解对方的资金情况，与对方友好协商。如果发现对方是资金紧张，一时接不上，并无恶意欠款，那么，我方也不能无原则地退让，要解决按约定履行。最后，如果对方一直拖欠，经协商无效时，就向人民法院起诉。法院受理后，经法院调解，我方也可接受让步，但目的是能够尽快解决，确保我方的合法权益。调解不成的，则以法律程序强制执行。

在企业干部访谈录中，大多数受访者都体现出对和解的认同。在这些访谈记录中，上述择选的访谈记录是和解偏好比较明显的几例，体现的是我国企业也有比较强的和解"情结"。仔细分析，还会发现，作为纠纷解决可选方式之一的和解，通常是作为包括企业在内的当事人的纠纷解决策略中的首要环节出现的。但也存在明显不同，有的和解属于君子式纠纷解决策略，即当事人的和解倾向，就是当事人谦和性格、忍让态度的自然流露。这种纠纷解决策略可能会导致因缺乏对纠纷解决事务上程序技术要素的重视而马虎大意、不认真进行诉讼准备的状态。这显然是一种被动状态。也有的和解，属于墨菲式纠纷解决策略。墨菲定律是心理学、管理学上著名定律，大意与中国成语"未雨绸缪"相近，其内涵是最坏的可能性即便小也是可能发生的。[①] 这一定律提示人们对任何事最好作出最坏的打算。对于纠纷解决而言，和解可以作为策略选择的初步环节，但是，要为可能必然来临的诉讼做好准备。

2. 作为诉讼结案方式的和解

LK 访谈记录

我公司下属 YQ 分公司开发建设某旧区改造项目一期工程。该项目为 SHX 省三年大变样的必保工程，也是铁路局职工保障性住房建设的重点工程。按照项目合作建设合同规定，自 2008 年 4 月开始拆迁，工程期限三年竣工交付使用，同时拆迁安置到位，否则予以救济补偿。至今，因办理各种手续、合作协议的调解及其他因素，未竣工，引发纠纷。

2013 年 4 月，YQ 分公司接到法院传票后，及时向总公司汇报，寻求解决方案与策略。总公司对此高度重视，召开党政联席会，对其情况认真分析，并依据 YQ 市铁路局对该项目的批复文件规定对拆迁合同条款逐一进行审议，提出法庭申辩意见，并与涉事相关（方）沟通，初步形成解决意向。

第一，重合同条款规定，以法律法规确定。

我公司认真复核了拆迁安置合同。合同约定：该项目分为一、二期工程，一期由我分公司开发建设，二期由地方房地产开发建设。涉及拆迁安置规定，在一、二期涉及铁路的企业及职工用户拆

---

① https://baike.baidu.com/item/墨菲定律。

迁安置由我分公司负责，而涉及地方单位及个人拆迁安置，由地方房地产负责。据此，指导分公司做好充分准备及诉辩意见，抓住被拆迁单位诉讼事项主持错位进行辩解。

第二，重事实依据，沟通协商调和解决。

2013 年 5 月 19 日，当地法庭正式开庭审理，法官在听取双方诉讼与答辩的基础上，并在各自提供的相关证明材料的情况下，予以现场调解。

第三，积极应对，和解自行解决。

为协调解决好拆迁安置民事诉讼纠纷问题，我公司从换位思考的角度，以拆迁安置合同规定，积极协助被拆迁安置单位与地方房地产公司多次沟通，反复协调，最终作出按照拆迁合同的规定，给予赔偿，使纠纷得到了解决。

本访谈记录中的和解，并非纠纷解决层面的和解，而是诉讼开始运行后的和解，可见，当前企业界的干部比较注重大局意识。为照顾大局，在涉及拆迁这样的群体性纠纷时，即便进入诉讼状态也乐于和解。

二、与调解相比，为什么民事诉讼并未体现出对社会公众更强的吸引力

（一）对问卷调查统计结果的初步分析

按照通常的认识，民事诉讼更"时尚"一些，而调解更"传统"一点，民事诉讼应该对年轻市民体现出更强的吸引力。然而，本次调查统计结果给出了相反的答案。笔者认为，原因是多方面的。一方面，前述和文化传统的影响对此现象也有解释力，因为在不能和解的状况下，找接近的中间组织来调解，也是与"和"文化传统相吻合的自然选择；另一方面，调解"落伍"的消极形象在消解，而在组织建设、方式方法上的改革以及相应的宣传使其积极形象正在树立。

（二）出租车司机访谈结果与进一步分析

在出租车司机访谈录的 14 例访谈个案中，5 例访谈个案的受访者倾向于调解解决。

出租车司机访谈 6

问：你们村发生民事纠纷，比如说离婚、赡养、抚养、抚育、动物或车辆伤人，老百姓一般怎么解决呢？

答：一般都上法院。

问：直接上法院吗？

答：先经过村干部调解，调解无效，就去法院了。

问：先去村里调，调不成就找乡镇干部，乡干部也接着调吗？

答：对。乡里有处理这事情的，解决不了就直接上法院了。

问：乡里什么部门解决这个问题？

答：有司法所，解决民事纠纷。

问：司法所接着调，调不成就上法院？

答：对。法院就该告的告，该判的判。我那次开出租车，被堵道，那老头就堆一堆石头，谁都过不去。

问：为啥啊？

答：较劲呗。有一家搭棚子，让他拆就不拆，有个大煤棚子不合适，他就拉一车石头，把那门给堵上了。先是有煤棚，村干部协商、调解不了，所以他就较劲，堆一堆石头，后来谁都进不去，出不来。我就找干部，干部也不管，我直接就上法院了。我把两家一起告了。

问：村干部为啥不管呢？

答：那家挺刁蛮的，村干部管不了，我就直接上法院告去了。

问：你是找的村长吗？

答：村长、村书记，他们都到现场了，劝说无效。大队里边来的干部跟他说，都不成。大队说不要钱帮他搬进去，他说不成。我就直接告他了。告完了，到现场，举证、拍照片。

问：这是什么法庭？刑事法庭吗？

答：小汤山法庭，还亲自出现场了，拍照，之后调解，调解不成就判了。

问：判他搬开，排除妨害？

答：我的诉讼费，堆石头的那家给我拿了五十块钱，另一家没拿。

问：东西搬了吗？

答：东西搬了。

问：如果那家不搬怎么办？

答：就强制执行。幸好判完了以后他就搬了。有法可依，我不争不吵、不打架。

问：所以经过这件事，你对法院挺相信了。

答：对，比较满意的，相信法律。所以说，要遵法、守法、用法。如今北京是法治社会，要是法律无效，那自己解决是很麻烦的，那只能是过激了，不明智。别人给我出主意，你也堆，把人家墙上、门上都给堆上，我说那样解决不了问题，只能激化矛盾。好说好了，实在不成的话，再上法院。

问：那你通过法院解决整个问题用了多长时间啊？

答：用了大概不到一个礼拜吧。

问：小汤山法庭一个礼拜就给你解决了？

答：起诉完了好像是吧。

问：真够快的。

答：这属于民事纠纷吧，挺快的，所以我见到法官后还特地谢谢，我说，谢谢你的帮忙了，我尊敬你们，也尊重法律，以后还要遵纪守法。

问：这事处理得挺好的。

答：对。我觉得，我办什么事，能出劲的就不绕弯，绕弯你还回到原点。

问：经过这场诉讼，你们伤和气了吗？

答：反正心里都不痛快。堆石头的那家，管我叫三哥，他说，我还没让人告过。我说，这不是没办法嘛，这都是走到这一步，没人愿意上法院。他也是明事理的，我跟他说了，我说，咱们都没错，就赖他，他不讲理。那要是都讲理，都好说好了，咱何必上法院呢？去法院，是走那最后一步。

问：你们这几户人家对法院还是非常尊重的了？

答：对。谁心里都明白。有什么事先调解，调解不成再上法院，法院也不愿你伤和气。根本问题是大家都和谐，社会稳定。在这方面，我开始咨询，咨询完了申请代写诉状的，法院旁边有单位代写的。这程序都不懂，谁没事打官司，很费神。

问：那你觉得城里边发生这些纠纷时，人们的解决方式和村里边的一样吗？

答：找居委会、物业，要不然就找派出所。

问：跟村里边解决问题的办法有没有什么差别？

答：应该大同小异吧。

问：比如说调解，村里边发生的事，你可能会很自然地去找村里边的干部，叫他们或是大队里的干部来调解，但住在小区里边万一发生点事情，你会选择让居委会来调解吗？

答：这看事情大小了。先找物业，物业解决不了再报警。

问：你在城里边没遇到这些事，是吗？

答：没有。能忍就忍了呗，总而言之，是大家适应社会。很多都是退一步海阔天空。我们对门不管白天晚上老玩牌，说几次也不成，都玩到夜里两点。这事要是脾气不好，早吵了。大家都反映，但是都没用，那就忍着呗。所以我们都改了在十二点、一点睡觉。能过就过去了，别太过分就行了。

出租车司机访谈 7

问：你原来在厂里的时候，人们要是发生什么纠纷，比如说夫妻吵架离婚、不赡养父母、不抚养小孩、同事之间借钱或是互相侮辱、伤害了，一般怎么解决呢？

答：这种情况我们那个时候还不多。

问：那大家处得还挺和睦。

答：对。偶尔抬抬杠，打起来的看不到。

问：少是少，但不能保证没有。有的时候会怎么办？

答：到领导那儿去处理。

……

问：最后怎么解决的？

答：要离婚的就离婚。先调解，俩人碰不到一块儿，就到法院了。

……

问：自己谈不了，在去法院之前会不会想找一个地方调解？你住的地方有没有可以调解的？免得去法院伤和气、费时间、费钱。

答：找个能说的人，懂法律的。能解决的就自己解决，吃点亏就吃点亏。到法院里，事儿就多了。我给单位干活的时候出过工伤，骨折了。

问：你要了多少钱？

答：至少三万五千块钱。

问：要他给你报医药费，你的依据是什么？

答：按照伤残标准，我要了三万五，他嫌多，他说，医药费出了再给你一万多。我三个月就得损失一万块钱。

问：你一个月得挣四五千块钱吧？

答：对。我还有二次手术，他不给，我就在那儿起哄。要有证人，还有调查事故的报告，我最后拿到了，找了个人给调解，给了我三万块钱吧。

出租车司机访谈 8

问：你们在延庆，平时发生民事纠纷，如家里夫妻打架、吵架、闹离婚，不孝顺父母，邻里之间有矛盾，多占了点儿地，借钱不还，动物把菜地弄坏了这类事儿，通常怎么解决这些纠纷啊？

答：有的是亲戚朋友调解，解决不了只能打官司。

问：村里边发生这些事情，会不会想到找村委会？

答：也有。

问：你们村委会在这方面的作用大不大？

答：说实话，不太大。

上述访谈个案中的受访者以不同的表达方式表达了纠纷发生后优先调解的倾向。在全部受访者中，体现出调解优先倾向的受访者在全部受访者中占35.7%，略低于和解优先倾向者所占比例。这里有一个概念界定的因素需要分析一下。关于和解与调解的区分，有不同的看法。笔者认为，和解是完全没有第三方介入，仅仅通过双方当事人对话、沟通来解决纠纷的方式，调解是由第三方出面通过第三方对双方的说和、劝解、斡旋来化解纠纷的方式；还有一种认识是认为找中间人而非正式调解组织的调停实际上算一种和解。这样的认识使调解与和解的界限很难明确，不过，这样的认识产生了一定影响，笔者认为，问卷调查中高达71.2%的和解优先倾向者比例与此相关。上述访谈个案中，受访者倾向于由单位领导、亲戚朋友（出租车司机访谈7、8）调解，属于非典型性调解；还有一类受访者只是概括提到要先调解，究竟何种调解并未表明。村委会、居委会的调解，也就是人民调解委员会的调解，属于典型调解。在本次访谈中并无自然、直接的优先选择者。笔者感觉到泛泛而论的调解在调解实践中更被普通公众青睐的是中间人调解，那种比较接近和解的调解。人民调解委员会的调解在乡村有一定影响，但是，与前述进行的文化分析结论存在一定反差。一些受访者的回答以及弥漫在整个访谈过程中对基层自治组织的不信任、不满意的氛围，使我们无法回避典型调解接近民间社会的距离。

在所有的访谈个案中，只有出租车司机访谈9中的受访者体现出自然、果断地对民事诉讼的优先选择倾向。出租车司机访谈9中的受访司机作为被执行人被动地接触过民事诉讼。在此过程中他被动地体验到法院的威慑力。这种威慑力也构成民事诉讼对这位受访者的吸引力。也需注意，出租车司机访谈6中的受访司机亲自接触过民事诉讼。对这起相邻权纠纷，他在从村委会到大队的干部调解无效的情况下，选择了去法院起诉。这首次诉讼的经历是令这位受访者感到愉悦和满意的。法院工作人员尽责（到现场勘验）、公平（判决解决了通行问题、对案件受理费进行了合理的决定）、讲效率的良好形象给这位受访者留下了深刻的印象。这也提示我们，法院的"好作为""好形象"是法院吸引力的关键所在。另外，如果关于诉讼的一些负面评价持续"发酵"，如个别受访者提出或暗示关系对案件公正性存在一定影响，或者耗费时间长的负面评价持续发挥影响，这些因素将影响到公众对民事诉讼的优先选择。

出租车司机访谈 9

问：你透支了一万块钱，当时怎么找你让你还？

答：打电话了。

问：你告诉他慢慢还，然后呢？

答：然后就直接上法院了。

问：你拖了多长时间？

答：还了五千，前两年又还了六千九。

问：透支有罚款？

答：一万多还清了，那些都是要还的利息。

问：有一千多利息是吗？

答：我那都五六千利息了。我招行还了三千九百多。我还有两家，广发的两万四，民生的五千。

……

问：那法院判了，你就马上履行了，还是强制执行你了？

答：没理我，我就还一半，其他的又隔了一年，我又挣上钱还上了。法院也没找我，那给钱谁还找啊。我媳妇前两天把人剐了，腿摔伤了，害得我昨天晚上没工作。

问：你媳妇把人家腿剐了？

答：下雨天，那人带着孩子，还没工作，来找我。随后告到法院了，法院要我们给她八千块钱。

问：这剐一下就八千？

答：腿折了。来找我们要钱，我说没钱，你腿折了拉倒，她没工作嘛，什么都没有。

问：是你爱人剐的，她没工作啊？

答：来找我啊。

问：这事麻烦了啊。

答：没事，就是给了点钱。上法院了，行了，给钱。

问：她花了多少钱啊？

答：石膏打上了，骨头折了最省钱，不用吃药。

问：那你为什么不自动履行呢，该给别人多少就给多少呢？

答：她一个人都没工作，骑个破电动车，自己不好好注意怪谁……

问：那你也不能跑啊，跑了万一出点啥事。

……

答：我是想别被她讹着，她是没经验，电动车你剐一下，谁知道有没有事。

问：那她要的可能不是八千吧？要的可能更多吧？

答：就要八千。

问：你们全给，是吗？

……

答：我妈那会儿被车给剐了，八十六岁了，胯骨骨折了，也上法院了。

问：那你对法院很熟了。

答：我妹妹打的官司，赔了一万六。

问：你妹妹代理你妈去的？

答：对，她认识人……

（三）企业干部书面访谈录与进一步分析

在调解与诉讼之间，企业干部书面访谈录中展现出三种选择径向。它们分别是调解倾向型、调解铺垫型和诉讼倾向型。

1. 调解倾向型

GLC 访谈记录

在日常的工作生活中我们常常会遇到一些民事纠纷，在处理这些民事纠纷时，应首先弄清楚事情发生的原因，把双方当事人叫到一起，各自陈诉发生问题的经过。在陈诉的过程中往往都自以为自己有道理，并且会有不理智的行为，这个时候就需要冷处理，如果是单位内出的问题，就马上通知劳资部门停止双方工作，各自回去各拿各的证据。然后深入所发生问题的地点和周边了解发生问题的真实原因，随即通知当事人，分别与之谈话，讲明利害，达到双方和解。

为什么这样解决而不是走诉讼程序，根本原因主要基于以下几点：

第一，双方都是熟人，而且在以后的工作中还会有接触配合的时候。

第二，诉讼可以解决实际损失，但却伤了情，一些民事纠纷其实都是小事引起的，由于双方不冷静，当时处理办法极端，过后大家都会后悔。如果这个时候有个双方都信得过的人出来调解，对双方和公司都会有好处。

第三，走诉讼无论是从人工还是时间成本上，对双方都没有益处。

ZH 访谈记录

工作中我常常会处理一些公司与公司之间的民事纠纷，生活中会碰到我和家庭成员以及身边的朋友与社会每个成员的民事纠纷，虽然从事这样相关的工作，但是在日常运用中，我最愿意采取调解的方式，运用调解的便捷性、高度性和亲和力的优越性为我的工作和生活节省了很多时间，以我独特的见解对调解有这么几点认识：

第一，我国自古以来被称为礼仪之邦，向来主张以"和"为贵，恰恰调解给当事人一个充分和谐而静下来和谈的机会，由此，调解在整个和谈过程中发挥着独特的作用和魅力。

第二，调解策略的运用日益开放化、合理化、自愿化、保密化，使得调解运用起来更方便，如果在纠纷中有了事实清晰是非易辨的前提下，那么调解是最直接、最有效的解决方式。

第三，调解不会将事件或纠纷的本身再度蔓延，基于双方的心理态度、方式，纠纷的势态会缩小，解决结果得到了有效控制，大大增加了解决的效力。

当然不管是在日常生活中的我们，还是法院公堂上的法官，对采用调解本身都应该掌握一些技巧并把握一个调解的良机，如果纠纷双方能以自愿的心态，为达成调解创造条件，那么调解会让双方得到满意甚至更好的结果，创造条件的情况就是要善于借用外力，化不利为有利。比如，基于双方的血缘、地缘的关系，朝夕相见。再如，找贴近当事人，熟悉当事人情况的第三人来支持，化干戈为玉帛，这样借势利导，借机说理，纠纷很快被解决了。结合我的自身实际情况，调解在运用中应当备受我们重视。

此处所言的调解就是纠纷解决方式意义上的调解，就是村委会、居委会组织的人民调解或者类似的社会调解。在此界定的基础上，本次对企业干部的书面访谈中，调解有对企业与企业之间纠纷的调解，也有企业干部对企业工作人员之间或企业工作人员家属与企业工作人员之间、企业工作人员与其他社会人士之间纠纷的调解。企业作为调解组织，通过得力干部的努力，在纠纷解决过程中能够发挥非常积极的作用。不过，我们也看到，即便倾向于调解，上述受访干部也没有提及能够对企业间纠纷展开调解的调解组织及其调解效果。据笔者观察，居委会与村委会的人民调解组织对于企业间纠纷而言一般难以有效开展工作，而企业间发生纠纷一般也不会找居委会的调解委员会去解决问题。企业间纠纷一般属于商事纠纷。从目前情况来看，对于商事纠纷通常人民调解委员会难以有效展开调解，需要专业性、社会影响力更强的调解组织来开展以商事纠纷为对象的调解。目前，中国贸促会/中国国际商会调解中心正在展开商事调解，而且该调解中心在调解员聘任与培训方面体现出比通常的社区调解更高的专业水准。就此次访谈而言，上述商事调解中心可能针对的涉外商事纠纷居多，对国内的商事纠纷涉足还不够深，影响力还不够大。再则，其收费机制与人民调解的免费机制存在明显差异，国内已经适应了免费调解机制的企业是否会对此产生逆反心理仍需观察。

2. 调解铺垫型

GHQ 访谈记录

结合自身工作，涉及民事纠纷可能性最大的方面就是公司对外合同纠纷。按照解决方式的优缺点及适用范围，作为解决方案应优先选择和解和调解，以保证双方公司的长远合作发展。对于涉及金额较大、分歧较多的，和解和调解无效的，可以申请仲裁，提起诉讼。

QJC 访谈记录

在发生民事纠纷时，结合我的工作经验及生活经验，我一般分析一下纠纷的具体情况，再选择采取哪种解决方法，具体包括：纠纷本身的性质和复杂程度，纠纷双方的对抗程度，涉及的利害关系人的多少，将来合作关系的维持愿望等。只有把这些因素综合考虑到，才能恰当地判断选择何种解决方法。恰当地选择解决纠纷的方法，不仅有利于纠纷的及时化解，而且可以节省大量成本，少走弯路。另外，合适的解决纠纷方法也能够表现出纠纷主体对解决纠纷的诚意，同时也向对方发出信号。解决纠纷的方法选择不当，也可能激化纠纷。比如，在具有长期合作关系的企业之间、邻里之间或是涉及利益较小的纠纷，就比较适合选择自我解决。调解难以解决的就采取法律途径来解决。

LGQ 访谈记录

结合我的经验和有限的法律知识，发生民事纠纷时的解决策略和原因如下：

第一，我会对民事行为从法律的角度进行分析，看此民事行为属于哪个部门法所调整的范围，侵犯了哪种民事权利，是哪一方存在过错，相关的证据是否完整等。只有弄清了这些，我才能知道采取哪种解决方式，自己能得到什么样的救济。也就是说，做到心中有数。

第二，基于上述判断后，我会先采取自行救济方式与对方进行协商，把在此民事行为中谁对谁错的道理和对方讲清楚，该谁负什么样的责任谈清楚，在彼此都能接受的范围内协商一致解决。如果达不成一致意见，我会找个双方都熟悉的第三人从中协调，争取能达成一致意见。以上两种方式的出发点都是基于不伤和气的情况，和气地解决双方发生的民事纠纷。

第三，如果在以上两种方式都无法解决的情况下，我会选择法律诉讼解决。首先找一个专业律师作为代理人，让律师从法律的角度，最大化地提出我的诉讼请求。至于在诉讼程序中需要怎样操作，交由律师办理。在诉讼时对方提出调解，我也同意。之所以采用法律诉讼方式，是因为采取其他方式解决都已行不通了。法律诉讼救济的终裁性也是我最终的选择方式。

NSC 访谈记录

以我个人的看法，日常普遍出现的问题里，首先各自都会站在各自立场思考，认为都是对方的过错，急需一个得到心理平衡的解决方式，这种情况就要冷静对待，在不扰乱社会秩序的前提下进行调解。首先，我会对双方矛盾进行分析，通常我认为采用和解方法最为妥当。如果矛盾较为尖锐，双方不同意采用自己解决的方式，则可进一步采取措施进行民事诉讼，整个过程应依照相应的法定程序进行。采取这种方式的原因，首先是便捷，如果是可调和的矛盾，通过双方努力解决，节省时间，成本极低。当纠纷升级时，即可采用规范化的程序依法进行，最后选择这种方式是公平、公正的，具有权威力的化解方式。

CHD 访谈记录

我个人认为，由国家指定机构解决民事纠纷应是最后的选择，也是最终的选择，先不说能不能公正解决，就是从程序和时间上，耗费太大的精力，不仅劳民伤财，而且失去了和气。因此，纠纷解决最好的办法是进行和解，可以自行调解，也可以请中间人调解，因为产生纠纷的原因大致可以概括为利益纠纷、误解产生的纠纷和医患纠纷，日常生活中大多数纠纷都是因为利益产生的。按照中国几千年积累的文化精髓，化解利益纠纷不是难事。比如，道家倡导的以柔克刚，儒家倡导的中庸，佛家倡导的善，现代提倡的双赢，用老百姓最通俗的话讲就是退一步海阔天空，纠纷双方拿出诚意，各自退让，没有解决不了的纠纷。

需要通过法律解决的纠纷，应该有三种情况：一是涉及触犯刑法附带民事纠纷，必须由法院作出裁决。二是国有企业受规章制度限制，需要裁决书界定责任。三是涉及巨大的经济利益，贪心战胜理智，必须由法律部门解决。

JRG 访谈记录

作为国有企业的干部，又是多年从事运输工作的铁路干部，我现在在多家企业承担煤炭运输工作。工作上遇到的最常见民事纠纷，应是合同纠纷以及少数的债务纠纷，解决合同纠纷的方式首先是进行调解，难以调解的最终会走向诉讼。

我个人认为，调解能使当事人双方进行最快的沟通，进而促使双方互相谅解和妥协，最终达到调解的合意。

诉讼是人们最不愿意采取的方式，诉讼是一种公力救济，是用公权力介入私权利中处理解决的过程，但作为国有企业，往往诉讼成了企业承担责任的最终体现，有了判决结果，企业的责任才显得合理妥当，这就是企业与个人的不同。

作为个人，生活中遇到冲突、矛盾很多，但是归到民事纠纷中的话，采取最普遍的应该是和解。

和解是自力救济的典型方式，往往被称为交涉，双方如果产生了冲突、矛盾，以这种平和协商，相互妥协的方式和平解决，在此过程中双方可以通过相互说服，讨价还价等方式达到事情解决结果的意见一致。这种形式本身就象征着一种契约，双方都在这份契约中受到了约束，获得利益的救济，这种和解具有很高的自治性，依照双方自身力量解决纠纷。第三者没有参与协助或主持解决，这样的结果均取决于当事人双方的意愿。另外，这种和解具有非严格的规范性。以民间习惯的方式或是双方自行商定的方式解决的过程和结果，不受也无须规范的严格制约，甚至可以在就餐或电话交谈中达成和解，这种方式既不伤感情，又能维持双方的关系，这无疑是一种双赢的解决途径。

相当一部分受访者，对调解与和解的区分意识不是特别强。这种几乎混同在一起的调和方式，指的是采取不经法院、不严格依据法律规范，双方当事人在第三方劝解、说和或者自行沟通后纠纷化解的方式。本次接受书面访谈的大多数受访者都意识到调和方式的价值。在法律规范不明确或者过时的情况下，在诉讼程序运行成本超出预期的情况下，调和的价值尤为突出。不过，这部分受访者对于调和方式的不确定性也保持着警觉，因此，仅仅把调和作为一种纠纷解决的铺垫手段。他们已经做好了调和失败后选择正式程序的准备。这种墨菲效应预期在企业干部中有一定普遍性。有受访者谈到了选择诉讼的理性考量要素，能不能胜诉、能不能执行到位；有受访者通过亲历个案阐述了调和铺垫的"先礼后兵"策略的实践效果；有受访者还很清晰地结合自己的经验与学习心得归纳出"通过法律解决的纠纷"的适用条件。这使得纠纷解决的过程得以融贯理性色彩、人性光辉与经济考量。受访者 JRG 的访谈记录则释放了一个危险的信号，据其体验，诉讼是人们最不喜欢的纠纷解决方式，选择诉讼是因为"作为国有企业，往往诉讼成了企业承担责任的最终体现，有了判决结果，企业的责任才显得合理妥当"。这种被动的行为选择立场在一定程度上表明我国民事诉讼制度仍处在待完善的状态。

3. 诉讼倾向型

LQ 访谈记录

我公司是一家以房屋租代为主的公司，2007 年 4 月与我公司签订租代合同的某公司应缴纳租金 42 万元，但该公司在缴纳了 14 万元后，一直未缴剩余租金。在此期间，我公司发出通知进行催缴，但无一点音讯，到 8 月该公司的 42 万元又未支付，此时共计欠租 70 万元，我前去该公司追讨，发现该公司内部出现了重大问题，为防止出现重大损失，我们向法院提起诉讼，在此期间，该公司一直未付租金及水电费，后在法院的调解下，双方同意签订补充协议，约定乙方于 2008 年 10 月 15 日前将拖欠甲方的租金及水电费进行确认，在签订协议后支付 100 万元欠款，并约定乙方可继续执行原协议……综上所述，在今后的工作生活中，我会根据不同情况选择不同方式解决，以获得最佳效果。

LGY 访谈记录

出现纠纷，应通过法律程序进行解决。以我公司的经营活动，我们主要针对的是社会自然人，由于客观式突发事件引起的纠纷，鉴于目前维权过度和自然人的从众心理以及当前维稳的要求，通过司法程序解决纠纷比较合适。一是考虑法律的权威性，解决纠纷比较彻底，避免反复，以防影响公司正常经营。二是避免群体性事件发生。三是通过司法解决树立一个正确的解决方式，明确是非，使之成为一个标准，为今后经营和纠纷的处理创建一个可操作的模式。

ZYN 访谈记录

由于我在公司的法务部门工作，主要负责部分货物运输合同的起草和审查，针对争议条款，我们通常选择诉讼方式解决争议，而非仲裁。主要原因是我公司为铁路企业，如果遇到必须以诉讼方式来解决纠纷的情况，可以选择到铁路运输法院起诉，在诉讼过程中具备一些优势，而如果以调解方式结案，此优势也是同样具备的。

就纠纷解决策略而言，本次对企业干部书面访谈的结果基本上呈现出枣核式样态。单纯的诉讼倾向型与调解倾向型受访者都处于低比例状态，而调和铺垫型受访者则处于高比例状态。受访者 LQ 通过亲历个案阐述了自己对于"更好地拿起法律的武器，更好地维护企业的权益"的体会，也表达出自己对诉讼价值的认同；受访者 LGY 则更为细致地从权威、秩序（群体性事件的避免）、行为标准方面阐述了自己对诉讼价值的认识，尽管其没有深入阐释权威、秩序、行为标准在诉讼场域的内在联系，但这种认识很可能转化为诉讼倾向型的行为动机；受访者 ZYN 则从诉讼便利角度阐述了自己倾向于诉讼的行为选择立场。社会公众优先选择哪种纠纷解决方式无对错可言。这种选择本身就是主客观相结合的产物。社会公众的纠纷解决策略的理想状态是，人们不选择诉讼，是因为存在有效且更便捷的可选性纠纷解决方式；人们选择诉讼，是因为诉讼能够更充分、更彻底地维护权益。如果社会公众选择诉讼是因为别无选择，不选择诉讼是因为诉讼丧失了功能，就说明这个国家的纠纷解决体系陷入了病态。问卷调查统计结果和访谈记录，不能得出我国纠纷解决体系深陷病态的结论，不过，也不能得出我国纠纷解决体系完全"健康"的结论。直接、优先选择诉讼的问卷填写者、受访者虽然少，但是，绝大多数受访者都认同诉讼的终极保障价值。少部分受访者也倾吐了对于诉讼成本、执行有效性、诉讼公正性的顾虑。部分受访者表达了对可选性纠纷解决机制局部失调的不满。总体来看，审判终极的协力纠纷解决机制在我国已经渐成雏形。审判终极性的建构与夯实，可选性纠纷解决方式的调整与完善还任重道远。

三、为什么年轻市民会有武力解决纠纷的冲动

按照通常的认识，有知识、有文化的年轻市民应该习惯于远离暴力。可是，我们非常诧异地发现，根据此次问卷调查统计结果，居然首选武力解决纠纷者不是排名最后的选择，而是排名居中的选择。主流文化之侧有亚文化，出现这样的选择本不足为奇。可是，百分比有点高。这就是当今社会的复杂性所在。这是一个开放程度超过以往任何时代的娱乐至尊、媒体狂欢的时代。"功夫片"、武侠小说风靡于世，暴力文化对年轻人必然产生影响，间接地左右其纠纷选择策略。暴力文化溢出娱乐功能的负面影响显然超出了平常的估计。

四、行政解纷功能在一般意识层面与具体化选择和判断层面的差异

（一）对问卷调查结果与出租车司机访谈记录的分析

在本次问卷调查中，首选行政机关解决纠纷的问卷填写者仅为8人，占全部问卷填写者的 2.5%，属于优先选择排名次序中排名倒数第二的纠纷解决方式。从此次问卷调查统计结果来看，行政机关的纠纷解决功能并不像想象中那样为人所熟知。当代社会公众真

的正在走出"有问题，找政府（狭义上的行政机关）"的惯性思维吗？从出租车司机访谈录看，尤其是后边关于具体案由上选择行政解纷方式的调查统计结果看，行政机关解纷方式的实际影响力仍然比较大。

出租车司机访谈 10

问：你住的地儿有小区，是吗？

答：我住的地儿有小区，还有民房。

问：那周围有没有人们发生纠纷后可以去调解的地方？人家特别相信那地方，说咱先别去法院，先上那地方调解调解去。

答：那就打 110 呗。

问：直接打 110？不先找居委会吗？

答：一般出现点情况都打 110。现在讲，有困难找民警嘛。

问：民警来了后作调解，是吗？治安调解。

答：这事就跟两人打架似的，甭管认识不认识，最终都得找民警。找民警，民警还得处理。民警他也不搭理你，一屋一个待着，在里面坐不住了两人就得和睦了。说些好话，不就过去了嘛，没事不就解决了嘛。

问：这叫冷处理法，让两人都冷静冷静。

答：不都这样嘛。除非真伤了人。

问：伤人事儿就大了。

答：伤了人就麻烦，虽然心里知道是啥事。这两边都愿意作调解，双方想和解的很多。和解了，你给他瞧个病，赔偿一下损失，很简单的事。老百姓之间都牵扯这个那个，没有深仇大恨。真有深仇大恨，打累了就不用和解了，直接就判刑了。老百姓之间有什么深仇大恨，一句话的事儿，你瞧我不顺眼，我瞅你也不服气，到了警察那里就服气了。

出租车司机访谈 11

问：随便跟您聊聊。您这些年，包括村里边的和城里边的，你周围的人遇到纠纷，比如说离婚的、赡养、抚养的、家里边的事、邻里之间的事，或者交通上的一些纠纷，发生这些民事纠纷都怎么解决的？首先是怎么办？

答：首先是找政府吧。

问：你村里边的事就先找镇政府？

答：村里边的事先找村委啊，然后是法院嘛。

问：村里边的事你找的村委会还是党支部？

答：村委会，党支部管不了这事。

在出租车司机访谈录中，自然、直接地选择行政解纷方式作为纠纷解决首选途径的只有 2 例，在全部受访者中只占 14.3%，可见，在通常意识层面，对行政机关解纷功能的社会认同度并不高。然而，当遇到具体的纠纷时，选择者就会更清晰地意识到行政机关管理权的强力辐射作用，就会作出更顺应纠纷解决实际效果的选择。

（二）企业干部书面访谈录与进一步分析

SZ 访谈记录

经历事件：甲乙双方因琐事发生肢体冲突，甲占理，被乙打伤。

解决策略：甲方先去报警，进一步鉴定伤情，如果构成轻伤以上，予以采取法律诉讼；如果未造成轻伤，甲方可以索赔误工费、医疗费等费用。

原因：报警及鉴定伤情是为取得合法的证据，根据证据及伤害程度，再决定进一步的纠纷解决措施。

XYQ 访谈记录

事件：某日我在住宅小区停车场内停车后在车内等人，一人过来后，用钥匙从我车右后侧划起，一直划到我车的前面，估计他当时没看见我在车内，我开门下车，将其当场抓住，并送到了物业中心。

处理：物业公司报警后，公安人员开车过来，查看现场、证件后，将我和划车人一起带到派出所。分别详细询问事情经过后，对其划车行为提出批评训斥，向我提出去修理厂定损，并开发票，定损金额 3200 元，公安人员征求意见，批评教育对方，责令其赔偿损失。双方在处理意见书签字后，事件得到解决。

分析：首先，这是一起财产侵权事件，对方侵害了我的财产权，根据《民法通则》第 117 条，侵害财产权责任规定，侵权人应赔偿受害人损失。其次，民事纠纷可以采用和解、调解、仲裁、民事诉讼的方式解决，由于损害程度较低，为节省时间和费用，采用了调解方式解决。在侵权证据的收集方式上，公安人员采用了书证、物证等方式，为处理纠纷提供了完备的证据，使事件的解决合理、快速。

上述企业干部书面访谈录大体上可以印证一个结论：在具体的与行政行为关联度较大的纠纷中，行政解纷方式具有一定优势（如调查收集证据、固定证据），因此对纠纷当事人具有一定的吸引力。

五、为什么几乎没有人将仲裁作为纠纷解决策略中的首选

无论从仲裁委员会的增长数量，还是从仲裁案件的增长幅度看，仲裁近年来的发展速度都是惊人的，但是，作为一种"舶来品"的仲裁，还是和普通民众尤其是商事交往比较少的普通民众有着难以言说的疏离感。但对于企业干部受访者的访谈却呈现出另

外的状况。

ZYS 访谈记录

民事纠纷是指平等主体之间的公民、法人或其他组织在民事交往中发生的各种纠纷或摩擦，解决民事纠纷的方式有：和解、调解、仲裁及诉讼。我们在日常工作中，经常会碰到对方单位欠款，经过多次催促也没用，那么该如何解决？

我认为首先要确定合同双方约定的解决方式，如没有约定，我觉得采用仲裁方式较好。原因在于：第一，公正性。仲裁委依法独立行使仲裁权，不受行政机关和个人的干涉。第二，自愿性。第三，保密性。仲裁一般不公开审理，可为当事人保密，维护当事人的形象和声誉。第四，及时性。仲裁机构原则上在仲裁庭组成之日起四个月内作出裁决，一裁终局。

QNY 访谈记录

我所管辖的下属公司（甲公司）与乙公司签订了一份《焦炭购销合同》。合同约定：甲公司向乙公司购买 7 万吨冶金焦炭，价格为每吨 950 元，协议签订后，甲公司将银行贷款 7200 万元陆续交付给乙公司，用作购买焦炭的货款。在此合同履行的过程中，乙公司称能够办理焦炭出口许可证，而出口焦炭能获得更大的收益，要求甲公司在购买焦炭的同时，代理其出口焦炭。甲、乙公司签订了《代理出口焦炭的协议》和《合作购买合同》。这两份协议签订后，乙公司迟迟不能提供焦炭出口许可证，致使出口代理协议无法实际履行。甲公司已向乙公司支付了货款 7200 万元。乙公司只交付 5.5 万吨焦炭，尚欠甲公司 1960 万元。甲公司找乙公司多次协商，乙公司始终没有实际行动，为此，甲公司向我们咨询如何解决。我们认真研究三份合同后，通过其他途径发现乙公司可能面临破产，为此，让甲公司立即向北京仲裁委申请仲裁，要求乙公司返还甲公司支付的货款 1960 万元及利息 180 万元。仲裁委裁决乙公司返还甲公司 1975 万元。

此案经北京仲裁委裁决后,甲公司申请法院强制执行,执行回大部分欠款。

本案中由于及时申请了仲裁,并于仲裁申请的同时向法院申请了财产保全,才最大限度地避免和防止对方转移、变卖、隐匿财产,起到了维护甲公司合法权益的作用。

YS 访谈记录

即便是调解不成的,我也主张向法院提请民事诉讼解决,而不主张仲裁!

因为仲裁亦缺乏特有的权威性,当调解不成或调解协议难以履行时,仲裁解决的非终局性仍然难以保障纠纷的彻底解决,如若裁决履行难,裁决机构不享有执行权,怎样才能有效解决纠纷呢?法院的判决强制性,才是人们普遍认可的解决办法。因为这是解决民事纠纷的最后手段。"执行难"问题,是个令人头疼的问题!

鉴于其解决的商事纠纷的标的因素,企业干部比一般社会公众对仲裁的知悉度要高,而且有更浓厚的兴趣。在企业干部访谈录中8 则记录谈及商事仲裁。在 8 则企业干部访谈记录中又体现出 4 种立场:其一,体现出对商事仲裁明显推崇的立场;其二,体现出对商事仲裁一般认同的立场;其三,体现出对商事仲裁的初步兴趣;其四,体现出对仲裁明显抵触的立场。由此可见,商事仲裁对于企业具有潜在的吸引力,但是,商事仲裁的影响力还不够。法院对仲裁的双重监督——既可以撤销仲裁裁决又可以不执行仲裁裁决——的负面效应虽然在《最高人民法院关于适用〈中华人民共和国仲裁法〉若干问题的解释》(以下简称《仲裁法解释》)颁行后有所收缩,但仍然是值得注意的问题。

表 4-1　纠纷选择

		频率	百分比	有效百分比	累积百分比
有效	民事诉讼	23	7.1	7.5	7.5
	尝试和解	232	71.2	76.1	83.6
	寻求调解	27	8.3	8.9	92.5
	武力解决	14	4.3	4.6	97.0
	找行政机关解决	8	2.5	2.6	99.7
	仲裁	1	0.3	0.3	100.0
	合计	305	93.6	100.0	
缺失		21	6.4		
合计		326	100.0		

第五章　什么因素在阻碍公众选择调解

在对选择调解的顾虑的问项中，设置的顾虑因素有调解人员不专业、调解人员不会保密、调解程序不公正、调解场所不方便、调解人员亲和力不够、调解协议的效力缺乏保障。

对回收问卷的统计显示，选调解人员不专业因素的为 91 人，占全部答项人数的 27.9%，属于相对优势因素；选调解协议的效力缺乏保障因素的为 81 人，占全部答项人数的 24.8%；选调解人员不会保密因素的为 34 人，占全部答项人数的 10.4%；选调解程序不公正因素的为 24 人，占全部答项人数的 7.4%；选调解人员亲和力不够因素的为 16 人，占全部答项人数的 4.9%；选调解场所不方便因素的为 12 人，占全部答项人数的 3.7%。

就上述调查统计结果，笔者认为有下述几个问题需探讨：

一、近年来我国调解人员专业化进程究竟进展如何

如本次调查统计结果所示，人民调解首先遭遇的是调解专业性的挑战。随着司法部《人民调解工作若干规定》、最高人民法院《关于审理涉及人民调解协议的民事案件的若干规定》（以下简称《调解协议若干规定》）的颁行，自 2002 年起，人民调解走上复兴之路。在这条复兴之路上，人民调解也在不断突破专业性瓶颈。《人民调解法》对人民调解协议效力的增强也对调解员的素质提出要求。

总体来看，十年来，我国人民调解的专业化程度已经有了长足

进步，不过，还未达到理想状态。我国人民调解专业化建设大体是沿着两条路径进行的：一条路径是政府购买调解服务路径。政府购买调解服务的改革起始于上海市长宁区。上海市长宁区江苏路街道"人民调解李琴工作室"于2003年11月成立。"人民调解李琴工作室"是政府出资购买服务的民间组织，也是上海市第一个专业化、社会化的人民调解组织。继"人民调解李琴工作室"之后，上海市又陆续成立"人民调解蔡祥云工作室""柏万青老娘舅工作室"等创造了良好绩效的调解工作室。上述三个"调解工作室"的首席调解员都具有极高的通过调解服务社会的热情，在调解中产生了比较大的社会影响力并积累了丰富的调解经验，三位首席调解员的人格魅力也成为吸引纠纷当事人选择人民调解并顺利开展调解工作的基础。在上海经验的启示下，广东省、浙江省、四川省、重庆市也相继沿着政府购买公共服务的思路设立了专业化程度比较高的人民调解组织。笔者发现在政府购买调解服务路径上有所建树的地区一般是经济较发达的地区。可见，这条路径需要比较厚实的地方财政实力作为支撑。我国经济、文化发展不平衡的状态会对这一路径的推广产生一定障碍。毋庸讳言，医疗卫生、社会保险、文化教育、体育等各方面的公共服务都对政府的投入有较大需求。各地政府能够对纠纷解决提供的资源支持是有限的。因此，政府出资"购买"的调解服务的规模是受到政府财力制约的，政府出资"购买"的调解服务应当是服务"精品"；政府出资"购买"的调解服务应当发挥"示范效应"；被政府出资"购买"调解服务的调解组织应该对该区域内人民调解总体水平的提升发挥着"牵引"作用。另一条路径是聘用专职调解员。专职调解员是介于公务员与社会组织人员之间的政府聘用人员，属于一种新的职业。据笔者观察，我国目前有四种形式的专职调解员，分别是司法行政部门聘用的专职调解员、社会矛盾纠纷调解中心聘用的专职调解员、诉调对接中心聘用的专职调解员和检调中心聘用的专职调解员。从其招录条件看，专职调解员的专业水准是有保障的，一方面在学历条件上要求较高，一般要求法学本科以上学历；另一方面还特别倾向于招录司法实务部门的离职、退休人员。不过，专职调解员的职责定位、待遇等方面仍处在探索过程中。① 总体来看，十余年来，我国人民调解的专业化水平已经有了很大进步，不过，从本次调查统计结果看，调解的专业化水平仍然与普通公众尤其是年轻市民的期待存在很大的差距。

二、调解协议效力问题完全解决了吗

如本次调查统计结果所示，调解协议效力问题是阻碍社会公众选择人民调解的第二位的障碍因素。早在 2002 年，司法部出台《人民调解工作若干规定》、最高人民法院出台《调解协议若干规定》就试图解决人民调解协议效力问题。

《调解协议若干规定》第 1、2、3 条规定，经人民调解委员会调解达成的、有民事权利义务内容，并由双方当事人签字或者盖章的调解协议，具有民事合同性质。当事人应当按照约定履行自己的义务，不得擅自变更或者解除调解协议；当事人一方向人民法院起诉，请求对方当事人履行调解协议的，人民法院应当受理。当事人一方向人民法院起诉，请求变更或者撤销调解协议，或者请求确认调解协议无效的，人民法院应当受理；当事人一方起诉请求履行调解协议，对方当事人反驳的，有责任对反驳诉讼请求所依据的事实提供证据予以证明。当事人一方起诉请求变更或者撤销调解协议，或者请求确认调解协议无效的，有责任对自己的诉讼请求所依据的事实提供证据予以证明。当事人一方以原纠纷向人民法院起诉，对方当事人以调解协议抗辩的，应当提供调解协议书。可见，早在 2002 年，最高人民法院对于人民调解协议的效力就已经形成一套强化方案。这套方案的基本内容是：赋予人民调解协议以民事合同的效力，像对待民事合同一样对待人民调解协议。虽然不禁止就人

---

① 韩波：《审判终极性：路径与体制要素》，法律出版社 2013 年版，第 70~91 页。

民调解协议涉及的原纠纷提起诉讼，但是此种情形下，人民调解协议的抗辩效力将使原告方处于不利境地。应该说，2002 年《调解协议若干规定》解决的就是人民调解协议的效力问题。这一司法解释实现了人民调解协议从无效力状态到民事合同效力状态的"飞跃"。对于人民调解工作的支撑与促进作用是显而易见的。不过，一旦人民调解协议发生效力争议，还得通过诉讼形式来解决。如果与人民调解协议相关纠纷的民事诉讼陷入低效率状态很快就会传导为人民调解解决纠纷的低效率。涉事当事人就会想，既然如此，还不如一开始就采取民事诉讼的方式来解决纠纷。本次调查统计结果显示，在接受调查时，人民调解协议的效力状态仍然是年轻市民选择人民调解的一个关键障碍。

事实上，2009 年最高人民法院发布的《关于建立健全诉讼与非诉讼相衔接的矛盾纠纷解决机制的若干意见》（以下简称《诉讼与非诉讼相衔接若干意见》）明确规定了人民调解协议司法确认制度的案件范围、管辖法院、司法确认案件的申请和审查程序、司法确认的法律效力等内容。2011 年 1 月 1 日起施行的《人民调解法》第 33 条明确规定，"经人民调解委员会调解达成调解协议后，双方当事人认为有必要的，可以自调解协议生效之日起 30 日内共同向人民法院申请司法确认，人民法院应当及时对调解协议进行审查，依法确认调解协议的协力"。为进一步落实《人民调解法》的规定，2011 年最高人民法院颁行《关于人民调解协议司法确认程序的若干规定》（以下简称《司法确认的若干规定》），对人民调解协议司法确认制度作出细致规定。在 2012 年民事诉讼法修改中将人民调解协议司法确认案件作为特别程序案件规定下来。人民调解协议司法确认制度的价值，一方面是通过强化人民调解协议的效力进而提升人民调解工作的权威性；另一方面通过赋予被司法确认的人民调解协议以执行力进而提升了民事纠纷解决的整体效率。人民调解是当代中国重要的可选性纠纷解决机制。人民调解协议司法确认制度维持并强化了法院在纠纷解决体系中的终极性地位，不仅有助于充分发挥人民调解解决纠纷的功能，也有利于法院司法权威的维护。笔者以为，在开展本次调查时，人民调解协议司法确认程序正处在由司法解释文本到司法实践的转化过程中，正处在一个由社会认知向社会认同转化的过程中，正处在一个由徘徊观望到层层落实的过程中。人民调解协议的司法确认程序对人民调解协议效力的保障、对人民调解协议效率的提升，是值得期待的。

三、对调解保密性与调解程序公正性的影响

司法部《人民调解工作若干规定》于 2002 年 11 月 1 日起施行。这一部门规章注重了调解程序的规范化，对于调解程序专章规定了"民间纠纷的受理""民间纠纷的调解"。据此规定，人民调解委员会调解纠纷，根据需要可以公开进行，允许当事人的亲属、邻里和当地（本单位）群众旁听，但是涉及当事人的隐私、商业秘密或者当事人表示反对的除外。可见，对于调解的保密性，是有法可依、有法为据的。很可能，本次调查中填写问卷的年轻市民接触的某些人民调解员没有注意到调解工作对保密的要求，工作形式随意，身上带着街坊老大妈传闲话的习气。

司法部《人民调解工作若干规定》对于调解程序主要有如下规定：当事人对调解主持人提出回避要求的，人民调解委员会应当予以调换；人民调解委员会调解纠纷，应当分别向双方当事人询问纠纷的事实和情节，了解双方的要求及其理由，根据需要向有关方面调查核实，做好调解前的准备工作；人民调解委员会调解纠纷，根据需要可以邀请有关单位或者个人参加，被邀请的单位或者个人应当给予支持；人民调解委员会调解纠纷，在调解前应当以口头或者书面形式告知当事人人民调解的性质、原则和效力，以及当事人在调解活动中享有的权利和应承担的义务；人民调解委员会调解纠纷，应当在查明事实、分清责任的基础上，根据当事人的特点和纠纷性质、难易程度、发展变化的情况，采取灵活多样的方式方法，开展耐心、细致的说服疏导工作，促使双方当事人互谅互让，消除

隔阂，引导、帮助当事人达成解决纠纷的调解协议。从中不难看出，这些调解程序规定的落实需要调解人员有一定的法学专业素养与法学思维才能意识到其必要性。这也需要调解人员具有比较充分的调解经验，才能把握调解程序运作的尺度。此外，调解程序公正性的标准与内容和审理——裁判程序公正性的标准与内容不能等量齐观，也不能保持一致。

综上所述，对以较大自由度为特征的人民调解，对适应密切关系者长期维护关系需求的人民调解，包含保密度在内的各方面程序保障要素还是有现实需求的。据司法部《人民调解工作若干规定》，人民调解委员会调解纠纷，一般在专门设置的调解场所进行，根据需要也可以在便利当事人的其他场所进行。这一场所要求宽容度很大或言弹性很大。问卷的填写者对这一因素的反应最不敏感，而对于关系自身感受的调解人员的亲和力更为敏感。

表 5-1　调解顾虑

		频率	百分比	有效百分比	累积百分比
有效	调解人员不专业	91	27.9	35.3	35.3
	调解人员不会保密	34	10.4	13.2	48.4
	调解程序不公正	24	7.4	9.3	57.8
	调解场所不方便	12	3.7	4.7	62.4
	调解人员亲和力不够	16	4.9	6.2	68.6
	调解协议的效力缺乏保障	81	24.8	31.4	100.0
	合计	258	79.1	100.0	
缺失		68	20.9		
合计		326	100.0		

四、调解电视节目的影响有多大

顺应构建和谐社会、以人为本的号召，两类电视节目在各大频道如雨后春笋般地呈现在大众面前。一类是相亲节目，另一类就是调解电视节目。传媒可以影响一代人的行为选择。电视这样的受众范围广泛的传媒对一代人的影响是难以估量的。调解电视节目对于年轻市民的影响究竟有多大呢？

本次调查设计的问题是"您是否经常看调解电视节目"，选项为"是"或"否"。在回收问卷的统计中，答"是"的有 84 人，占全部答项人数的 25.8%；答"否"的有 238 人，占全部答项人数的 73%；一人弃答，占全部答项人数的 0.3%。

这个调查统计结果与通常的想象差距甚大。如果仅仅从这一调查结果要推断出一个结论，那么，这个结论只能是调解电视节目对于年轻市民的影响不大。这对于调解电视节目的制作者与参与者来说，是个比较沉重的"打击"。不过，代表性调解电视节目的收视率还是比较高的。以江西卫视的《金牌调解》节目为例。据报道，江西卫视《金牌调解》自开播以来，收视率节节攀高，大受各界好评，2011 年年底，《金牌调解》取得专题节目收视率亚军的好成绩，而冠军宝座的节目也来自江西卫视的"自家兄弟"《传奇故事》。作为江西卫视的名牌栏目，《金牌调解》目前已经调解各类矛盾纠纷 2640 余起，成功率为 92%，其平均收视率在全国同类节目中排第三，单期节目时常拔得收视头筹。① 可见，本次就调解电视节目所作问卷调查与调解电视节目的实际收视率存在一定的反差。

笔者认为，这种反差有两个方面的原因：一方面，目前的调解电视节目占时较长，一集要一个小时左右，有的节目一集还不能得出结果，要分上、中、下三集。对于求学、工作各方面压力较大的年轻市民而言，花费这么长的时间去看电视，多少有点奢侈。对于他们而言，从求知角度看，这类节目有一定汲取法律知识的机会，

---

① "江西卫视《金牌调解》获专题节目收视率亚军"，载南昌日报网，http://www.ncrbw.cn/html/2011-12/06/content_40612。

但更多的可能是为人处世、协调家庭关系的伦理"灌输"。这就会产生"投入"与"产出"不成比例的失衡。从娱乐角度看，调解电视节目常常包含亲人反目、儿女情仇的悲情成分，常令人窥测到人性阴暗的一面、人情淡薄的一角，常让人感到郁闷与沉重，缺少娱乐的轻松氛围，其娱乐效果远远不及其他综艺节目或者电视剧。上述因素会影响到年轻市民对调解电视节目的收视。另一方面，调解电视节目要做成有竞争力的节目，需要各方面的努力与长期摸索后的精心设计。从本次问卷的填写者列举的调解电视节目看，年轻市民选择的调解电视节目处在有限范围内。调解电视节目要产生持久的影响力与吸引力，需要时间的积累。本次问卷的填写者列举的电视调解节目有：《钱塘老娘舅》《金牌调解》《老娘舅》《幸福魔方》《都市110》《和事佬》《拉呱》《爱情保卫战》《首望都市》《说和》《帮忙》《法律讲堂》《甲方乙方》。占前四位的调解节目是《金牌调解》《钱塘老娘舅》《老娘舅》《幸福魔方》。《都市110》《法律讲堂》《甲方乙方》等法治类节目，《首望都市》等综合类节目也被列为最喜欢、最常看的调解节目。可见，调解电视节目还处在与其他法治类节目相竞争的状态，无论知识性、趣味性还是经济性，其对于年轻市民而言的竞争优势都尚不明显。

表5-2　调解节目

		频率	百分比	有效百分比	累积百分比
有效	是	84	25.8	26.0	26.0
	否	238	73.0	73.7	99.7
	弃权	1	0.3	0.3	100.0
	合计	323	99.1	100.0	

第六章 信访与行政机关的纠纷解决

一、何时去信访

作为群众来信来访活动简称的信访，在当今中国的纠纷解决体系中具有相当独特的价值与地位。在一定意义上，甚至可以将信访作为这个时代纠纷解决过程的标志性特征。就在当代，通过信访的纠纷解决过程的确正在发生。笔者对信访在纠纷解决过程中发挥的作用作出如下概括：信访分为司法信访与行政信访。其中司法信访也称为涉诉信访。涉诉信访所发挥的程序外校正功能实质是一种权力监督促进功能。如果将信访与申诉作严格区分，涉诉信访并不能直接启动任何一种诉讼监督程序。真正启动诉讼监督程序需要法院、检察院、包括信访人在内的当事人或案外人根据法律规定的程序条件来启动。司法权的行使机关包括法院、检察院、公安机关、司法行政机关。只有严明的、符合科学规律的程序才能将权力关进制度的笼子。对任何一种司法权的监督都是由法律明确规定由特定部门通过法定程序实施的，信访机关或部门并没有直接实施司法权监督的法定职责，也无法定程序。因此，涉诉信访产生的只是权力监督促进功能。与此同理，行政信访对于行政权也不是直接发挥监督功能，而是产生对行政权的权力监督促进功能。如果说行政信访解决纠纷仅仅是表象，那么与行政信访相关的纠纷解决的本质何在？通过行政信访的纠纷解决实质上是行政解纷。在此过程中，信访机关并无法定的纠纷解决的职责，也不具备体现行政解纷专业优势的人员优势，也无从出具体现纠纷解决结果的具有法律效力的文书。在此过程中，真正在纠纷解决过程中起决定作用且具有主导地位的是行政信访事项涉及的行政机关。信访机关发挥的功能是行政解纷机制的助动功能，亦即推动行政解纷行为启动的功能。质言之，信访具有三项基本功能：第一，信息反馈功能；第二，权力监督促进功能；第三，行政解纷助动功能。信访的三项功能中信息反馈功能是信访的原功能。信访的权力监督促进功能与行政解纷助动功能都是以信访的信息反馈功能作为基础，并需要以权力监督促进功能与权力监督功能、行政解纷助动功能与行政解纷功能有明确界限的条件下才能产生功能互济的良好状态。如果把权力监督促进功能与权力监督功能相混淆，则可能大大降低信访机关在此方面的工作动力。因为其所面对的信访事项所涉及的权力主体很可能是同级机关，也可能是上级机关，行使监督权缺乏明确法律依据和法定程序的信访机关强行监督权很可能成为被信访的对象；如果把纠纷解决作为信访的一项功能，信访机关与信访工作人员就要担当起纠纷解决的职责，也不可避免地要为纠纷解决的不利状况承担责任。这样，如果信访机关的工作流程是先解决纠纷，再汇报，则信访机关工作人员很可能"过滤"掉自己解决失利的纠纷的信息；如果信访机关的工作流程是先汇报，再解决纠纷，则信访机关工作人员根本就没有着手解决棘手纠纷的动力与勇气。毕竟，没有明确的法律规范规定信访事项涉及的纠纷必须由信访机关解决。如此观之，将信访的行政解纷助动功能误解为信访的纠纷解决功能并加诸信访机关，将导致体现为纠纷解决功能与信息反馈原功能的冲抵效应。作为信访原功能的信息反馈功能会因之受损。总而言之，信访能发挥的是调节性功能而非疗救性功能。[①] 当代年轻市民究竟如何看待信访，又如何选择信访呢？本次问卷也对此问题进行了调查。

对于信访，本次调查设计的问题是"您会何时选择信访"，选项有二审终审前；二审终审后；再审程序终结后；穷尽向法院、检

---

① 韩波：《审判终极性：路径与体制要素》，法律出版社 2013 年版，第 165~166 页。

察院的申诉途径而没有结果。就此问项的调查统计结果，笔者拟从以下两个方面加以分析：

一方面，终审与否真的很关键吗？问卷填写者选择二审终审前的为 46 人，占全部问卷填写者的 14.1%；问卷填写者选择二审终审后的为 49 人，占全部问卷填写者的 15%。这是一个很难让人有乐观想法的调查统计结果。这个统计结果揭示的信息是在普通当事人的行为选择动机体系中存在这样的意识：其实法院是否终审都不影响信访的启动，不论在终审前还是终审后，都可以寻求来自信访机关的关注与帮助。虽然比例不是特别大，但还是有相当一部分年轻市民缺乏终审意识。在一定程度上，这一信息又可引申为信访对审判中行为在发挥作用。至少有一部分发生作用的事实已经被人们感知到。审判的中立性，尤其是审判过程中法官行为不受外界干扰，通常被认为是审判公正的基础。然而，现在这一点却被打上问号。究竟是审判的缺陷，还是信访的问题？笔者认为，两个方面的因素都需要考虑。如果审判程序是完美的，当事人就不会有这样的动机；如果不论找哪个信访机关，这个机关都不会在审判过程中插足，当事人即便有动机也难以转化为现实的选择。无论在立法层面还是在法律实施层面，法院是否被信任，是审判中立性能否得以充分体现的关键所在。就民事诉讼法的修改而言，我们能看到的是一个对法院高度不信任的现实。2012 年 8 月 31 日对民事诉讼法的修改决定，明确授权检察院可以在一审、二审程序中对审判行为提出检察建议。检察院也是我国信访体系中很重要的"窗口"。目前，通过去检察院的信访，的确可以合法地影响到法院的审判行为。这样的监督机制对于审判终极性的影响是深远的，它的合理性需要深入思考。

另一方面，法院还是终极救济者吗？问卷填写者选择"再审程序终结后"选项的为 13 人，占全部填写者的 4%；问卷填写者选择"穷尽向法院、检察院的申诉途径而没有结果"选项的为 197人，占全部填写者的 60.4%。这同样是一个很难让人有乐观想法的调查统计结果。这个统计结果彻底颠覆了"法院是社会公正实现的最后屏障"的经典命题。对于相当数量的社会公众而言，法院的裁判，即便经过再审，都不是最终的，都有改变的契机与途径。信访不是"最后一根稻草"，而是一部可以推翻裁判的"木马"。这"木马"背后究竟是检察院、人民代表大会常务委员会还是行政机关，很难确定。不过，为数甚众的人们相信，在不确定中必然包藏着可变的契机。

表 6-1　信访时间

	频率	百分比	有效百分比	累积百分比
二审终审前	46	14.1	15.1	15.1
二审终审后	49	15.0	16.1	31.1
再审程序终结后	13	4.0	4.3	35.4
穷尽向法院、检察院的申诉途径而没有结果	197	60.4	64.6	100.0
合计	305	93.6	100.0	
缺失	21	6.4		
合计	326	100.0		

二、什么案件去找行政机关解决

在我国，行政机关在经济管理、社会管理方面发挥着强有力的作用。在民事纠纷解决领域，行政裁决与行政调解也是化解纠纷的重要方式。根据我国法律规定，有些纠纷只能由行政机关处理，当事人起诉到法院，法院不予受理，如土地、山林、草原、水面、滩涂等自然资源使用权属，所有权属纠纷只能由相应的行政机关解决。除法定必须由行政机关解决的纠纷外，还有相当大部分纠纷可以由行政机关解决，也可以通过民事诉讼或者其他方式解决。发生这样的行政机关具有"弹性"纠纷解决权限的纠纷，当事人究竟是否选择行政机关解决纠纷，在很大程度上取决于行政机关的解决纠纷方式对社会公众的影响力。为此，在本次问卷调查中，将目前最高人民法院颁布的《民事案由规定》中的标志性案由作为选项，提出"对哪些案由您会到行政机关解决"的问题。

从调查统计结果看，所有类型的案由都有问卷填写者选择到行政机关解决此类纠纷，选择频率最低的"无因管理纠纷"的选答数都有46。可见，行政机关解决纠纷的方式及其能力的社会认同度相当之高。

从调查统计结果看，所有类型的案由可分为两类：一类是倾向于通过行政机关解决；另一类是通常会考虑到通过行政机关解决。笔者将选答数超过90的案由，作为前一类纠纷；而将选答数低于90的案由，作为后一类纠纷。前一类纠纷依次是：不动产登记纠纷，选答数为180，占全部选答数的7.5%；劳动争议，选答数为164，占全部选答数的6.8%；人事争议，选答数为121，占全部选答数的5.0%；垄断纠纷，选答数为111，占全部选答数的4.6%；合同纠纷，选答数为99，占全部选答数的4.1%；物权保护纠纷，选答数为99，占全部选答数的4.1%；侵权责任纠纷，选答数为98，占全部选答数的4.1%；知识产权合同纠纷，选答数为94，占全部选答数的3.9%；不正当竞争纠纷，选答数为94，占全部选答数的3.9%；知识产权权属、侵权纠纷，选答数为92，占全部选答数的3.8%。对于此类纠纷，即倾向于通过行政机关解决的纠纷，问卷填写者的选择基本上是可以理解的，也表明大多数问卷填写者明白行政机关解决纠纷的内涵，也明白在我国有些纠纷必须通过行政机关解决或者行政机关的解决程序前置，还明白在有些纠纷的解决过程中，行政机关的作用明显、地位突出，如知识产权纠纷。居于首位的不动产登记纠纷很可能涉及土地等自然资源的权属，选择行政解决，是正常反应。选择物权保护纠纷与此理相通。劳动争议、人事争议有仲裁前置的程序安排，此种类型案件的仲裁属于劳动与社会保障局或者人事局组织与主持的行政仲裁，对这两类争议选择行政解决，也是正常反应。选择知识产权纠纷，与此理相通。垄断纠纷，给常人的印象是关涉经济秩序，牵连巨型企业，非一般个人或企业可以解决，需要行政干预的介入。对垄断纠纷，选择行政解决是可以理解的。而完全关涉个体权益的合同纠纷、侵权责任纠纷、不正当竞争纠纷，居然在选择行政机关解决的案件类型中也显示为优势选择，多少有点让人费解。对此，需要结合第二类纠纷的选择状况综合考虑。

第二类纠纷依次是：保险纠纷，选答数为 87，占全部选答数的 3.6%；与公司有关的纠纷，选答数为 75，占全部选答数的 3.1%；用益物权纠纷，选答数为 73，占全部选答数的 3.0%；与破产有关的纠纷，选答数为 70，占全部选答数的 2.9%；担保物权纠纷，选答数为 68，占全部选答数的 2.8%；与企业有关的纠纷，选答数为 66，占全部选答数的 2.8%；证券纠纷，选答数为 65，占全部选答数的 2.7%；占有保护纠纷，选答数为 64，占全部选答数的 2.7%；合伙企业纠纷，选答数为 59，占全部选答数的 2.5%；人格权纠纷，选答数为 57，占全部选答数的 2.4%；海事商事纠纷，选答数为 56，占全部选答数的 2.3%；婚姻家庭纠纷，选答数为 55，占全部选答数的 2.3%；信托纠纷，选答数为 54，占全部选答数的 2.3%；票据纠纷，选答数为 53，占全部选答数的 2.2%；信用证纠纷，选答数为 52，占全部选答数的 2.2%；继承纠纷，选答数为 51，占全部选答数的 2.1%；期货交易纠纷，选答数为 50，占全部选答数的 2.1%；不当得利纠纷，选答数为 50，占全部选答数的 2.1%；无因管理纠纷，选答数为 46，占全部选答数的 1.9%。

对于选择频率还较高的保险纠纷、与公司有关的纠纷、与破产有关的纠纷、担保物权纠纷、与企业有关的纠纷、证券纠纷，可以窥测到问卷填写者的选择理由。这些纠纷与相关机关的行政管理职责有相关性。可是其他选择频率较低的选择，很难从法理角度给出理由，只能从社会行为习惯角度来分析。为什么在很难确定行政职责与此相关的行政机关时，也会选择找行政机关呢？据笔者观察，这时的行政机关不是具体的哪个机关，而是县政府、市政府、省政府甚至国务院这样的行政机关。而且，有的纠纷当事人选择的行政机关，根本不是与纠纷密切相关的行政机关，而是可以"管"相对方的行政机关。只要"政府"（狭义的政府，指行政机关，下同）关注、介入、施压，问题就有转机。上述调查统计结果可以表明，"有问题找政府"作为一种社会行为惯性仍发挥着较强的影响力。随着社会纠纷形态日益复杂，全能型政府将进入负荷过重的状态，而且可能成为各种矛盾的交汇点。这是不利于社会稳定与和谐的。对于行政依赖的行为惯性，一方面要充分认识到行政机关在纠纷解决过程中可以产生的作用，能解决好的纠纷要解决好；另一方面要大力引导社会公众就纠纷的性质，选择最合适的纠纷解决方式。

表 6-2　求助于行政机关的案由

		响应		个案百分比
		N	百分比	
求助于行政机关的案由	人格权纠纷	57	2.4	19.0
	婚姻家庭纠纷	55	2.3	18.3
	继承纠纷	51	2.1	17.0
	不动产登记纠纷	180	7.5	60.0
	物权保护纠纷	99	4.1	33.0
	所有权纠纷	97	4.0	32.3
	用益物权纠纷	73	3.0	24.3
	担保物权纠纷	68	2.8	22.7
	占有保护纠纷	64	2.7	21.3
	合同纠纷	99	4.1	33.0
	不当得利纠纷	50	2.1	16.7

	响应		个案百分比
	N	百分比	
无因管理纠纷	46	1.9	15.3
知识产权合同纠纷	94	3.9	31.3
知识产权权属、侵权纠纷	92	3.8	30.7
不正当竞争纠纷	94	3.9	31.3
垄断纠纷	111	4.6	37.0
劳动争议	164	6.8	54.7
人事争议	121	5.0	40.3
海事商事纠纷	56	2.3	18.7
与企业有关的纠纷	66	2.8	22.0
与公司有关的纠纷	75	3.1	25.0
合伙企业纠纷	59	2.5	19.7
与破产有关的纠纷	70	2.9	23.3
证券纠纷	65	2.7	21.7
期货交易纠纷	50	2.1	16.7
信托纠纷	54	2.3	18.0
保险纠纷	87	3.6	29.0
票据纠纷	53	2.2	17.7
信用证纠纷	52	2.2	17.3
侵权责任纠纷	98	4.1	32.7
总计	2400	100.0	800.0

问卷调查基本数据信息（表6-3、表6-4）。

表6-3　问卷填写者年龄

		频率	百分比	有效百分比	累积百分比
有效	19	1	0.3	0.4	0.4
	20	4	1.2	1.5	1.9
	21	52	16.0	19.3	21.1
	22	80	24.5	29.6	50.7
	23	60	18.4	22.2	73.0
	24	24	7.4	8.9	81.9
	25	20	6.1	7.4	89.3
	26	11	3.4	4.1	93.3
	27	3	0.9	1.1	94.4
	28	4	1.2	1.5	95.9
	29	4	1.2	1.5	97.4
	30	2	0.6	0.7	98.1
	31	2	0.6	0.7	98.9
	32	1	0.3	0.4	99.3
	39	1	0.3	0.4	99.6
	40	1	0.3	0.4	100.0
	合计	270	82.8	100.0	
缺失		56	17.2		
合计		326	100.0		

表 6-4　问卷填写者职业

		频率	百分比	有效百分比	累积百分比
	法律工作者	2	0.6	0.8	0.8
	辅导机构工作人员	1	0.3	0.4	1.2
	公务员	6	1.8	2.4	3.6
	记者	1	0.3	0.4	4.0
	检察干部	1	0.3	0.4	4.4
	检察院	2	0.6	0.8	5.2
	老师	2	0.6	0.8	6.0
	律师助理	3	0.9	1.2	7.2
	律所从业人员	1	0.3	0.4	7.6
	企业法务	1	0.3	0.4	8.0
	实习律师	1	0.3	0.4	8.4
有效	市委办公	1	0.3	0.4	8.8
	文秘	1	0.3	0.4	9.2
	无业	36	11.0	14.4	23.6
	学生	184	56.4	73.6	97.2
	研究生	1	0.3	0.4	97.6
	银行职员	1	0.3	0.4	98.0
	政府工作	1	0.3	0.4	98.4
	职员	1	0.3	0.4	98.8
	注册会计师	1	0.3	0.4	99.2
	自由职业	1	0.3	0.4	99.6
	自由职业者	1	0.3	0.4	100.0
	合计	250	76.7	100.0	
缺失		76	23.3		
合计		326	100.0		

诉讼外纠纷
解决机制的构建与完善

第七章　诉讼外调解体系的
构建与完善

在日常生活、生产与交易过程中，民事主体各有各的需要、各有各的利益、各有各的情感、各有各的梦想和追求、各有各的善恶判断标准。人人都想利益最大化，人人都想自己在各种场合是优胜者。这就不可避免地要发生彼此间的不满、争议，当争议发展到影响各方面社会关系的正常运行和既成秩序维持的冲突时，纠纷就产生了。纠纷就是人类社会基于对立关系形成的影响到各方面社会关系的正常运行和既成秩序维持的冲突。民事纠纷是由平等主体的财产关系或人身关系及交织两重关系的对立因素形成的，影响到上述社会关系正常运行和既成秩序维持的冲突。不能有效、彻底地解决民事纠纷，社会和谐就难以保障。目前，我国已经形成了包括自力解决、社会解决、政府解决三个层面的纠纷解决方式的民事纠纷解决体系。自力解决包括和解与武力自决两种方式。武力自决虽时有发生，但这种纠纷解决方式极易引起流血冲突，任何文明社会、法治国家都不会对其加以包容；和解方式由来已久，从古至今都是受到褒扬与倡导的纠纷解决方式。社会解决方式包括人民调解、仲裁两种方式。人民调解在我国有着悠久的历史传统，仲裁虽源自欧洲，但是在我国也已有了长足发展。在原理与规则层面，它们都属于社会组织解决纠纷的方式。只是前者依靠的是社区组织，后者依靠的是专业性商事纠纷解决组织；广义的政府指涵盖立法机关、行政机关、法院或检察院等司法机关、军事机关的国家治理机构；政府解决纠纷的方式，主要是通过在法院进行的民事诉讼来完成的。

我国现在正处于转型加速期，纠纷发生量之大与纠纷之复杂程度都堪称史无前例。法院面临着巨大压力。在此情形下，通过充分发挥具有深厚文化根基的调解的功能以缓解法院压力的解纷策略，在政府与社会之间很容易达成共识。特别是自 2002 年以来一度处于低迷状态的人民调解在政府的制度支持与资金及人力资源的"支援"下走上复兴之路。毫无疑义，《人民调解法》的颁行不仅是法律制度建设的重大突破，也切实为人民调解的发展注入了强劲的动力。

一、和谐真义与诉讼外调解体系

"美丽中国、和谐社会"的愿景是令人向往的，中华民族复兴的世纪之梦是令人兴奋的。梦想变为理想，理想变为现实需要看清实现和谐理想的基石。诉讼外调解在构建和谐社会的世纪宏图中贡献力量需要厘清三类调解自洽运行的合理结构。

（一）实现和谐理想的基石

探其真义，在社会层面，和谐指人与人关系和睦、社会秩序平和。和谐社会的构建就是要促进人与人的关系和睦、促进社会秩序的平和。这一理想的实现，需立足于四块基石：行为规则体系明确、正当且能为社会成员所认同并自觉遵行；权力设置得当且充分行使而不逾边界；权利保障充分且便于实现；纠纷解决渠道通畅有序。反面观之，人与人之间的关系丧失和睦，社会秩序受到冲击乃至陷入动荡，通常是由于这四块基石不稳产生的联动效应。

1. 行为规则体系明确、正当且能为社会成员所认同并自觉遵行

行为规则体系明确、正当且能为社会成员所认同并自觉遵行所描述的就是法治状态。行为规则体系是引导人行为的信号系统。信号系统不健全、发生故障，人们各行其是，各自追求彼此的利益最大化，就会不断衍生冲突与纠纷。冲突与纠纷牵涉主体不断扩展，社会秩序的平和就会处在频频被打破的状态。美国法学家庞德从人

类文明进步的角度阐释了法律超越其他社会规范的历史过程。他认为，社会控制的主要手段是道德、宗教和法律。在法律发展的早期阶段，这些东西是没有什么区别的，都发挥同等作用。近代以来，法律逐步与道德、宗教分离，成为社会控制的主要手段，所有其他社会控制手段只能行使从属于法律并在法律确定范围内的权力。[①]在行为规则体系方面，涵盖法律规则与伦理规则。法律是最底线的伦理规则，伦理内化为社会成员行为动机是法治的最佳状态。通过法律的实施，不断提升高尚伦理的内化程度，既是法治建设的路径，也是实现和谐理想的通道。

2. 权力设置得当且充分行使而不逾边界

权力是使相对方按照自己意图行为的力量。在政府运行层面按其行使方式、领域，又分为立法权、行政权、审判权、军事权；在社会自治过程中，存在着与政府权力相对应的是社会权力。人与人的关系是权力的"作用物"，有怎样的权力行使状态就有怎样的人际关系。权力设置不合理、权力行使失范，必然使人际关系陷入混乱，进而使社会秩序丧失平和。要实现和谐，正当的权力区间设置是必需的。缺乏权力干预的"真空地带"，存在人际关系自发调整机制充分发挥功能的潜在可能，也可能陷入弱肉强食的对立状态。权力干预幅度过大、力度过强，存在人际关系自发调整机制失灵、干预与需求失衡的风险。要实现和谐，正当的权力功能设置是必需的。不同类型的权力具有不同的特性，具有不同的最佳行使方式，也具有不同的行使效果。逾越权力特性的权力功能设置，很难使权力行使采取最佳行使方式，也很可能产生负面效果。要实现和谐，正当的权力制约是必需的。正如孟德斯鸠所言，"一切有权力的人都容易滥用权力，这是万古不易的一条经验。有权力的人们使用权

---

① 翟志勇：《罗斯科·庞德：法律与社会》，广西师范大学出版社 2004 年版，第 124 页。

力一直到遇有界限的地方才休止"①。德国历史学家弗雷德里希·迈内克进一步指出："一个被授予权力的人，总是面临着滥用权力的诱惑、面临着逾越正义与道德界限的诱惑。人们可以将它比作附在权力上的一种咒语——它是不可抵抗的。"② 法国哲学家马里旦也指出"每一个强有力的东西总有越出它本身范围的本能倾向，因而权力总倾向于增加权力，权力机构总倾向于不断扩大自己"③。制约机制不健全的权力是社会不和谐的重要根源之一。合理的权力制衡机制、严格的问责机制、充分的相对方权利保障机制、政府监管与社会监督相结合的制约方式是权力制约的必备内容。正当的权力区间设置、正当的权力功能设置、正当的权力制约都落实为法律制度，即"权力被关进制度的笼子"，通往社会和谐的大门就开启了。

3. 权利保障充分且便于实现

权利是法律认可的利益。如马克思所言，人们奋斗所争取的一切，都同他们的利益有关。④ "'思想'一旦离开'利益'，就一定会使自己出丑。"⑤ 法律认可的利益若得不到有效保障，不满与纷争自然生发。故此，权利保障充分且便于实现是社会和谐的重要基石。权利保障分为应然利益的认可与法定权利的保障两个层面。权利保障的实现路径分为相对方认同与政府（广义）强力保障两个阶段，政府强力保障是关键。政府对权利的强力保障既是各类法律的基本内容，也是法律实施的重要内容。权利不仅要有保障，还要能比较方便地实现。权利实现过程中障碍重重、延宕无休，也常常

① ［法］孟德斯鸠：《论法的精神》（上），张雁深译，商务印书馆 1961 年版，第 154 页。

② ［美］博登海默：《法理学：法律哲学与法律方法》，邓正来译，中国政法大学出版社 1999 年版，第 362 页。

③ 沈宗灵：《现代西方法理学》，北京大学出版社 1992 年版，第 87 页。

④ 《马克思恩格斯全集》第 1 卷，人民出版社 1956 年版，第 82 页。

⑤ 《马克思恩格斯全集》第 2 卷，人民出版社 1957 年版，第 103 页。

导致不和谐因素的滋生。

4. 纠纷解决渠道通畅有序

行为规则体系明确化及正当化、权力设置合理化及规范化、权利保障充实化及便利化的实现，在任何国家都是渐进完成的。因此，纠纷产生的数量与频率可以控制，纠纷的杜绝是不可能的。对待不和谐因素，对待纠纷，务实的态度是，一面加速行为规则体系明确化及正当化、权力设置合理化及规范化、权利保障充实化及便利化进程，另一面要疏浚纠纷解决渠道，保证其通畅、调整各类纠纷解决方式以保证纠纷解决有序开展，避免纠纷解决过程中衍生出新的不和谐因素。行为规则体系明确化及正当化、权力设置合理化及规范化、权利保障充实化及便利化的效果最终都会体现在纠纷解决过程中。纠纷解决过程同时产生反馈效应。

（二）诉讼外调解体系的"圈层结构"

基于上述对实现和谐理想四块基石的分析，作为诉讼外纠纷解决的重要分支、构建和谐社会的重要支柱的诉讼外调解应本着各善其道、分域（区域、领域）配合、协力解纷、维护终极的宗旨形成有机能动的"圈层结构"：

1. 核心圈层——日常纠纷通过人民调解在社区解决

不论在乡村社区还是城市社区，诸如牲畜伤人、通行、采光、噪声污染、装修扰民以及家庭内部纠纷等发生于社区的日常纠纷在民事纠纷中占相当大的比例，处理不恰当、不及时，容易影响社会和谐。这类纠纷由扎根社区的人民调解组织通过人民调解的方式进行解决具有现实优势。2013 年 10 月 11 日，纪念毛泽东主席批示"枫桥经验"50 周年大会在杭州召开。中共中央总书记习近平作出重要批示，指出各级党委和政府要充分认识"枫桥经验"的重大意义，发扬优良作风，适应时代要求，创新群众工作方法，善于运用法治思维和法治方式解决涉及群众切身利益的矛盾和问题，把"枫桥经验"坚持好、发展好，把党的群众路线坚持好、贯彻好。"枫桥经验"的精髓就是，依靠当地干部和群众，就地化解矛盾，不上交。"枫桥经验"的可复制性就是其效果的一个佐证。枫桥不再是一个地名，"枫桥式"是浙江对其维稳工作做得不错的乡镇的一个正面评价。不过，对于一些普遍性问题，如农嫁女权益，涉及面很广，枫桥经验虽然能一时保证"不上交"，但毕竟不是长久之计。这就需要乡俗和法律两者之间不断调适。值得注意的是，党的十八大之后，执政党大力倡导群众路线、转变作风、批评与自我批评等，这些传统的政治资源被领导人反复提及。时代不同了，这些政治资源要在新的条件下发挥作用，"创造性转换"是必要的。群众路线要在新的时代条件下发挥"维稳器"的功能，需要做到两点：一点是与民众直接相关的事务，政府要透明和高效，这在相当程度上会消弭社会不满和矛盾的发作；另一点就是在直接接触民众的基层领域，有一套顺畅运转的矛盾纠纷解决机制，其依赖的不是官僚化的工作人员，而是扎根民间社会的有生力量。[①] 可以预计，随着"枫桥经验"的纪念与推广，各级政府会持续关注与重视人民调解工作。深入生活、立足基层的人民调解既是诉讼外调解体系的基础，也是诉讼外调解体系"圈层结构"的核心层。实际上，任何纠纷首先触碰的都可以是社区的人民调解。在人民调解协议司法确认程序的辐射力进一步发挥、相关程序进一步完善后，社区人民调解对各类纠纷的应答能力、对纠纷当事人的吸引力也将大大增强。

2. 中间圈层——行业性、专业性纠纷通过行业性、专业性调解解决

当代社会既是一个风险社会，也是一个专业分工日益精细的社会。风险社会意味着风险无处不在，纠纷随时发生。专业化社会意味着现在的纠纷解决过程对专业知识、技术、鉴定的依赖性越来越强。在鉴定业务方面，我国已经有了一定的机构基础、鉴定人员基础、专业技术及设备基础。可是，在不少领域根本无从鉴定，或者

---

① 赵义：《枫桥经验的启示》，载《南风窗》2013年第22期。

因设立于管理机关内部而导致鉴定机构明显缺乏中立性。在民事诉讼领域，我国对专家辅助人的作用只是有限认可。专家辅助人对专业知识的解释、说明作用还不能使其发挥英美法系专家证人的功能，不能填补部分案件无处鉴定或者无适格鉴定机构的空白。在缓解专业技术依赖性与纠纷解决急迫性的矛盾方面，传统化情入理的社区调解与民事诉讼都有捉襟见肘之处。比如，高端数码相机质量引起的消费者权益纠纷，因质量缺陷判定方面的专业性问题一般的社区调解员无从置喙，他的调解引导不可能产生信服力。如果进行民事诉讼，在一些城市的法院，如果消费者不能提交产品质量鉴定意见法院就不受理。而电子产品质量的鉴定机构在北京等一些大城市一家都没有（至少从公示资料上看是这样的），在其他城市究竟是怎样的状况，更难以想象。这就形成明显的挤压消费者的不公平状况，很可能会迫使消费者选择自力救济甚至酿成血案。在此情形下，行业性、专业性调解就大有用武之地。当专业问题成了生产厂商与销售商的筹码、消费者的障碍时，公道、专业水准较高的调解员的专业意见与指导性解决方案就很容易产生"化干戈为玉帛"的效果。行业性、专业性调解的协议效力问题得以明确，专业人士参与机会得到充分保障后，这种调解方式将成为诉讼外调解体系"圈层机构"的中坚力量。为了提高专业人士参与调解的积极性以及平衡其支出—收益方面的顾虑，可以考虑将收费制的行业性、专业性调解作为免费制人民调解的重要补充。

3. 外围圈层——与行政管理相关的纠纷通过行政调解解决

所谓调解体系有机能动的"圈层结构"在运行路径上是这样的：社区调解解决不了的纠纷，引导至专业性、行业性调解组织，专业性、行业性调解组织解决不了的纠纷就引导至行政调解组织。这样的运行路径发挥实效的前提是，三层次调解组织要保持最起码的信息共享，要具有协力解纷的共同意愿及强烈动机。在纠纷解决实践中，有一类纠纷既非家长里短的纠纷，也非技术性、专业性症结的纠纷。它的症结是与纠纷密切相关的行政管理行为。这种纠纷并非一定要通过行政机关或者行政机关设立的调解组织才能解决。这种纠纷虽与行政管理相关，但是可能在社区调解、专业性调解过程中被解决。如果这两个层次的调解无效，或者当事人直奔行政调解组织，行政调解组织就要发挥其应有的作用了。

我国现在正处在转型加速期、社会矛盾频发期、权利意识高涨期，及时化解纠纷、维持社会稳定是社会主义建设逐项事业中的重中之重。通过人民调解疏通基层治理渠道，夯实执政党根基，是明智之举。需要注意的是，依法治国是我国的基本国策。只有通过法律规范明确各种社会关系主体的权利、义务、责任，维护法律的尊严，形成社会各界尊重法律、遵守法律的"大气候"，才能形成良好的社会秩序，才能长治久安。这就需要确立审判终极主义，由法院来担当天下纷争之"衡器"的重任。① 上述关于诉讼外调解体系"圈层结构"设计的描述，要表达的就是三个层次诉讼外调解各善其道、分域（区域、领域）配合、协力解纷的意图。同时，诉讼外调解体系"圈层结构"也应当维护审判终极的纠纷解决体系结构。

二、人民调解的现状与完善

在我国可选择性纠纷解决体系中，诉讼外调解不仅具有悠久的文化传承、跨越城乡的组织网络，在世界性的 ADR 潮流中也闪烁着现代元素的光芒。我国诉讼外调解体系由服务社区的人民调解、解决专业性或行业性纠纷的专业性行业性调解、行政调解构成。以下依序探讨各类调解的现状及其进一步完善的路径并尝试勾勒诉讼外调解体系自洽运行的结构模式。

（一）个案与问题

【个案】2013 年 8 月 18 日，宁夏彭阳县某村，回到老家的麻×

---

① 韩波：《审判终极性：路径与体制要素》，法律出版社 2013 年版，第 91 页。

东、兰×英夫妇爆发了一次激烈的争吵。随后麻×东的岳父母赶到，将麻×东骂了一顿，便将女儿带回娘家。麻×东的父亲麻×周听说儿媳妇身上被打得严重，要求亲家领女儿到家里来，一块儿去医院。他让儿子准备钱，麻×东找了一圈，发现一万多元现金和银行卡均已消失。随后，与父母一起返回婆家的兰×英承认，钱是自己拿走的，放在了娘家。此后的争吵围绕"钱"发生。麻×周和亲家商量，家里没有钱，当时已半夜也无处可借，是否可以让麻×东去他家拿钱。"亲家就光说一句话，病你看不看？不看我们去看。"麻×周自称，儿媳妇是麻家人，有点良心就必须给她看病，但是没有钱，亲家又不同意去他家拿，双方就僵持着，他不能让亲家走。次日早上8点多，红河派出所民警和文沟村村支书赶到麻家，经过劝解，双方一同带兰×英去县城看病。当天下午，兰×英直接和父母回了娘家。兰×炎说，麻×东手持斧头，强硬要求将妻子带回家，否则就要砍人。村支书下午6点半左右赶到兰家时，双方已经结束对峙。村支书说，经过劝解，麻×东独自回了。三四天后，麻×东叫了村里的长辈，带了些礼品，将妻子接了回去。2013年10月14日下午，麻×东打了妻子一巴掌，延续已久的夫妻纠纷再次演变成闹离婚事件。最终演变为兰家遭灭门事件。麻×周回忆，10月14日，"中午他跟媳妇儿说，去跟她爸要上几千块钱，没有就打电话给她兄弟要一下，他现在实在没钱，别让羊羔冬天冷死了"。当时兰×英发火骂了麻×东几句，麻×东就闷着头到窑洞里翻土。不足两岁的儿子因饥饿大哭，麻×东让妻子喂奶，兰×英便往大奶瓶里倒了牛奶。结果孩子顽皮，将瓶盖弄开，牛奶洒了出来。麻×周说，麻×东责备兰×英应该用小瓶装奶，结果遭到兰×英辱骂，用的是农村粗俗字眼儿，"我儿子朝她脸上打了一巴掌"。兰×英随后走进房间，电话告知其父亲。红河派出所民警在当日下午3点接到了其父的报警电话，称女儿被打。民警和兰×英父母进入麻家，兰×英情绪很差，哭着收拾东西说要离婚。民警介绍，在十几分钟的调解过程中，麻×东夫妇没怎么说话，但双方家长吵得很凶。在此过程中，麻×东提到岳父欠其5000元钱，小舅子兰×军欠其2700元钱。当晚发生麻×东灭门事件。民警、村干部、麻×周及邻居们一致称，麻×东夫妇只是普通的家庭纠纷，谁也不相信会发展到杀人灭门的程度。兰×英的姑姑曾说，侄女与麻×东吵架是因为他赌博，而麻×东曾多次威胁要将兰家灭门。她此前曾调解过双方的纠纷，通电话达48分钟，"（麻×东）承认有些事是他的错，会慢慢改，没想到是人面兽心"。[1]

【问题】这是发生在两家老实人身上的悲剧，因此，更显得悲凉与令人惋惜。在麻×东灭门惨案发生前的民事纠纷阶段，派出所民警、村支书、亲戚都进行了调解工作，最终，悲剧还是发生了。2011年，全国广大人民调解组织和人民调解员共排查纠纷3220012件，预防纠纷2380069件，防止民间纠纷引起自杀22017件，涉及39919人；防止因民间纠纷转化为刑事案件86089件，涉及364730人；防止群体性上访110170件，涉及2283600人；防止群体性械斗35633件，涉及935627人。[2] 阅读这组"亮丽"的数字，自然生发的感慨是，假如没有人民调解，这样的恶性案件发生的频率会多高？在这组"亮丽"的数字背后，我们也不能不追问，假如我们的人民调解工作更深入、更有效，这样的悲剧是否可以被避免呢？

（二）人民调解是"弱"还是"强"

我国的诉讼外可选择纠纷解决方式，主要由诉讼外调解、仲裁、行政裁决、和解等方式构成。诉讼外调解体系又由人民调解、专业性与行业性调解、行政调解构成。人民调解是由基层自治组织村委会、居委会通过劝解、说和等方式解决民事纠纷的方式。在我

---

[1] 雷军：《宁夏灭门案婚姻纠纷因钱而生　两家负债均近20万》，载《京华时报》2013年10月21日。

[2] 朱景文主编：《中国法律发展报告2012——中国法律工作者的职业化》，中国人民大学出版社2013年版，第480~481页。

国，人民调解不仅历史基础深厚，而且在当下也受到政府充分的关注与支持。在制度建设方面，人民调解已经遥遥领先于其他调解方式以及仲裁等其他可选择性纠纷解决方式。2002 年，我国人民调解走上"复兴"之路，这一年，我国司法部颁布《人民调解工作若干规定》；同年，最高人民法院颁布《调解协议若干规定》；2009 年 7 月 24 日，最高人民法院印发了《诉讼与非诉讼相衔接若干意见》；2010 年 8 月 28 日，我国第一部单行调解法——《人民调解法》在第十一届全国人民代表大会常务委员会第十六次会议上通过，并于 2011 年 1 月 1 日起施行；2012 年 8 月 31 日，《全国人大常务委员会关于修改民事诉讼法的决定》将人民调解协议司法确认案件纳入特别程序。可以说，就制度建设而言，2002—2012 年的十年，是人民调解立法的"辉煌十年"。

关于人民调解的现状，目前的实证研究结论形成截然不同的两种事实判断：一种事实判断是人民调解解纷效能极弱；另一种事实判断是人民调解无论在组织机构、人员配置，还是在解纷效能方面都堪称"强大"。

1. 人民调解的"弱"描述

有专家根据司法统计数据分析，改革开放以来，人民调解的职能活动存在三个趋势，即（1）调解民间纠纷数量呈下降趋势；（2）人民调解在纠纷解决中比例下降，尤其相比诉讼解纷而言，下降趋势十分显著；（3）人民调解在纠纷化解方面的效果，也有下降趋势。当然，最后这一点趋势还需要更多的数据来证明。归纳这个趋势，可以得出一个结论，就是改革开放以来，人民调解的解纷功能逐步弱化。就调解人员状况而言，在改革开放以来的历史时期，调解员人均办理案件量呈下降趋势，甚至在一些年份中，有一半的调解员无案可办。这说明，人民调解解纷功能的弱化，原因不在于解纷解决的"供给"方面，而在于社会需求方面。换言之，是由于人们更不愿意将纠纷提交调解员调解的缘故，从民事诉讼案件的增长趋势来看，是更多的案件选择了诉讼解决。而之所以出现这种纠纷偏好的变化，主要原因在于改革开放以来社会各个领域广泛而深刻的变革。归结起来，这种深刻的社会变革主要有三个方面：首先是社会的基本秩序发生了深刻变化。一方面，集体的权威、单位的控制力衰落，集体的纪律、共同体的归属感淡化，因此，促使当事人妥协、让步、顾全大局的压力降低；另一方面，人和人之间陌生了，关系简单了，人们既不信任对方，也不顾及双方关系的长久维持，都在纠纷中追求单一维度的利益的最大化，于是合意的达成越来越困难。总之，这种社会秩序类型的转变，导致人们或者不愿把纠纷提交给调解人员，或者提交后也很难达成和解。其次，新型的纠纷大量出现，使得人民调解员在知识、权威等方面均无力胜任。无力胜任的原因在于两个方面：一是社会关系急剧变化，许多纠纷的处理需要以新的、不断变化的观念和规则为依据；二是社会出现所谓"法律化（legalization）"的趋势或者后果，越来越多的社会关系将置于法律的调整之下，使得纠纷的解决需要更多的法律知识和技术。最后，诉讼渠道更加通畅。我国当前的司法改革在性质上类似于西方国家的"接近司法"运动，改革的结果是无论在案件的受理范围上，在案件的处理手续上，还是在审判的效率上，都使得诉讼方式更为方便快捷。加上诉讼在纠纷解决的知识和权威方面的固有优势，使得诉讼的纠纷解决功能日益强大，相应地，人民调解的解纷功能受到了挤压和挑战。[①]

有学者认为，中华人民共和国成立后，人民调解在实现社会综合治理方面发挥了巨大的作用。改革开放以来，社会在政治和经济两个方面的变化对人民调解产生了深刻的影响。首先，市场活动中产生的社会纠纷主要是以经济利益争议为内容的纠纷，人民调解主要依据政策、政治意识形态和行政命令调解纠纷的手段基本失效。其次，调解组织的权威被削弱。随着国家权力逐步从社会政治生活

[①] 周琰：《人民调解制度发展研究报告》，载司法部行政网站。发布时间：2012年10月18日。

中撤退，人民调解组织失去国家权力支撑和对国家法律的准确把握，其权威性受到很大削弱，其组织也迅速萎缩。可见，在新的历史时期，单纯依靠政府力量无法保证人民调解的有效性，也很难长久维系人民调解的活力。①

上述专家学者从法社会学角度揭示了市场经济改革引起的社会变迁中，人民调解所面临的困境以及人民调解与民事诉讼相比较下的劣势。从解释论角度看，上述观察与实证分析结论有切中肯綮之处。不过需要注意，《人民调解制度发展研究报告》得出调解民间纠纷数量呈下降趋势结论的依据是 1981~2004 年数据（据此数据，第一个阶段是 1981~1990 年，调解民间纠纷数量存在一定的起伏，但是没有集中的变化趋势；第二个阶段是 1990~2004 年，调解民间纠纷数量呈逐年下降的趋势，平均每年递减 3.6%）。2002 年是我国人民调解开始走向"复兴"的年份，2004 年之后调解民间纠纷数量的发展与变化是非常关键的衡量人民调解发展态势的指标，舍此则难以作出准确判断。正如专家分析中所言明的，人民调解在纠纷化解方面的效果有下降趋势，但是，还需要更多的数据来证明。② 对人民调解的总体发展态势的判断不仅需要更多、更长时段的数据，也需要变换视角详加审视。

2. 人民调解的"强"面貌

尽管一些统计数据反映人民调解的发展态势不佳，但我们也需注意到推动人民调解进入良性运行状态的重要因素。这些因素包括，我国党政机关对于人民调解的重视程度可以用"非常"一词形容；各地各级政府对于人民调解的支持力度也与日俱增；人民调解员的构成尤其是高学历调解员的比重都在发生良性变化；民间纠纷调解量及单个调解员年均调解案件量的增长。

---

① 吴英姿：《"大调解"的功能及限度——纠纷解决的制度供给与社会自治》，载《中外法学》2008 年第 2 期。

② 周琰：《人民调解制度发展研究报告》，载司法部行政网站。发布时间：2012 年 10 月 18 日。

（1）党政机关对于人民调解的重视与支持力度。2013 年 8 月 28 日，最高人民法院、司法部在北京联合召开全国人民调解工作会议。孟建柱强调，人民调解是我国宪法规定的基层民主自治的重要内容，植根群众、面向群众，是党和政府联系群众、服务群众的桥梁和纽带。做好新时期人民调解工作，是巩固党执政基础的必然要求，是坚持和完善中国特色人民调解制度的内在要求，是促进社会和谐稳定的重要途径。预防和化解矛盾纠纷是人民调解工作的主要任务，也是人民调解工作的价值所在。人民调解事关人民安居乐业，事关社会和谐稳定，是一项为党分忧、为民解难的崇高事业。各级党委、政府要加强对人民调解工作的领导，及时帮助解决影响和制约人民调解工作发展的困难和问题，关心、爱护人民调解员队伍，为开展人民调解工作创造有利条件。各级司法行政机关要切实增强指导人民调解工作的科学性、主动性，加强对人民调解组织、队伍、业务和制度建设的指导。基层人民法院要通过组织人民调解员旁听庭审、依法确认调解协议、聘任人民调解员为人民陪审员、设立人民调解指导员等措施，加强对人民调解常态化业务指导。①在这一重要讲话中，做好人民调解工作被认为是巩固党执政基础的必然要求，人民调解事关人民安居乐业，事关社会和谐稳定，被"确认"为一项为党分忧、为民解难的崇高事业。在这一重要讲话中，不仅充分重视到了人民调解的现实意义，还呼吁各级党委、政府为人民调解的发展创造条件，并对司法行政机关、基层法院支持、指导人民调解的方式作了细致部署。目前，全国共有人民调解组织 81.7 万个，基本实现了村（居）、乡镇（街道）和重点单位、行业、领域全覆盖。专职调解员近 80 万人，通过政府购买服务方式聘任的调解员有 12.8 万人。许多地方推行首席人民调解员、人民调解员分级管理和持证上岗制度。各地建立健全人民调解工作排

---

① 《全国人民调解工作会议在京召开》，载 http://www.moj.gov.cn/index/content/ 2013-08-30。

查预警、分析研判、快报直报、快速反应等机制，提高了矛盾纠纷处置化解能力和效率。司法行政机关加强与医疗卫生、劳动人事等主管部门协作，建立健全行业性、专业性人民调解工作机制，主动在社会热点、难点领域开展人民调解工作。加强与法院、检察院、公安、信访等部门配合协作，初步形成了以人民调解为基础，人民调解、行政调解、司法调解相互衔接配合的工作机制。[1] 人民调解发展到目前每十万人口拥有数以百计的人民调解员的规模，尤其是形成堪称调解"精锐部队"的专职调解员队伍及通过政府购买服务方式聘任的调解员队伍，没有各级党政机关的重视与支持，是根本不可能实现的。各级党政机关对人民调解的重视与支持也将成为人民调解发展与完善的重要推力。国家治理与社会自治之间一定是水火不容的吗？社会自治状态下的人民调解就一定会健康成长，国家治理格局下的人民调解就一定会萎靡不振吗？传统社会长老威权下的社会自治真的那么美好吗？没有政府的支持、指导，社会或者陷入"原子化"的当代经济条件已经不能允许的"无为而治"状态（除非绝对安全、绝对"回归原始"地离群索居，否则，"无为而治"连水、电、供暖、网络、环境卫生、安全等基本生活要求都难以保障），或陷入建构于"丛林法则"之上的野性自治。别无选择，当代社会的自治至少是政府"荫庇"下的自治。政府鼓励、支持、指导下的社会自治同样可以为人民调解创造适宜其发展的环境与条件。

（2）人民调解员的构成尤其是较高文化程度调解员比重的变化。截至2011年年底，全国共有433.6万名人民调解员，其中村（居）调委会调解员354.8万人，乡镇（街道）调委会调解员34.4万人，企事业单位调委会调解员29.3万人，社会团体和其他组织调委会调解员15.2万人。人民调解员包括经推选产生的人民

---

① 梁捷：《我国人民调解组织81.7万个 2012年调解成功率96%》，载光明网，2013年8月28日。

调解委员会委员和人民调解委员会聘任的人民调解员两类。从调解员构成来看，推选产生的为2797359人，聘任产生的为1538143人，分别占总数的64.5%和35.5%，调解员主要还是通过推选产生，高中以上文化程度的调解员为2535958人，占总数的58.5%，同比增加了1个百分点。①

人民调解工作是基层社会工作，既需要知识也需要经验。应该看到，人民调解员整体的文化程度在提升，而且这将成为一种趋势。在既有人民调解员队伍通过新推选、新聘任来提升整体的文化程度的同时，新生的调解力量也开始介入人民调解并将使调解队伍文化层次方面发生极大改观。这一新生调解力量就是大学生村官。近年来，大学生村官积极参与人民调解的事例，广泛见诸各类媒体。以下为浙江省武义县的大学生村官参与人民调解的实例：

"为提高大学生村官参与预防、调解矛盾纠纷的能力，浙江省武义县委组织部、政法委等多部门联合对大学生村官进行法律知识培训，为大学生村官搭建"学习基层综治工作、调解农村矛盾纠纷"的锻炼平台。一批大学生村官获得了人民调解员、法律援助员等任职资格证书。前不久，在武义县柳城畲族镇东西村调解室里，村民叶×伟和叶×清从大学生村官高慧星手中接过调解协议书，握手言和。叶×伟和叶×清原是好邻居。前些年，两人从河里抬来一块石头铺在两家房前。春节前，叶×清将石头搬进自家屋里使用。叶×伟为这事几次找叶×清理论，双方闹了别扭。高慧星了解情况后，发现双方的问题出在面子上，谁都不好意思主动退一步。高慧星心生一计，提出自己掏钱买这块石头，条件是双方要握手言和。有了这个台阶，双方很快和好如初。两年来，高慧星已成功调解了二三十宗村民之间的纠纷。

大学生村官在入户走访调解矛盾纠纷中，不但获得了村民的尊

① 朱景文主编：《中国法律发展报告2012——中国法律工作者的职业化》，中国人民大学出版社2013年版，第454、457页。

重，而且工作热情也得到了激发。目前，像高慧星这样能独立解决村民矛盾的大学生村官已有 126 名，分布在 18 个乡镇街道中，成为社会管理工作中一股新生的力量。在 2010 年该县排查出的数千件矛盾纠纷中，大学生村官参与调解的占四成，累计成功调解 1000 余件，受到了干部群众的一致好评。①

据《2012 中国大学生村官发展报告》，从 2008 年中共中央启动"一村一名大学生村官"计划至今，中国累计有 200 多万名高校毕业生报名应聘。截至 2011 年年底，全国在岗大学生村官数量超过 21 万人。按照计划，到 2020 年这一人数将达到 60 万人，实现"一村一名大学生"的目标。② 毋庸讳言，大学生村官计划，将给农村基层自治、农村的人民调解工作带来新的活力，也将大大增加其"知识成分"。

（3）调解民间纠纷数量及单个调解员年均调解案件量的增长。2004~2011 年，调解民间纠纷数量实现了稳步提高，2011 年，全国广大人民调解组织调解各类矛盾纠纷 8935341 件，同比增加 516948 件，增幅为 6.1%，涉及当事人 23009211 人，调解协议涉及金额 4085.16 亿元，调解成功 8661072 件，成功率为 96.9%。③ 记者从全国人民调解工作会议获悉：全国人民调解组织和人民调解员每年调解各种矛盾纠纷达八九百万件，2012 年达到 926 万件，调解成功率在 96% 以上。④ 可见，从 2004 年至今，人民调解调解民间纠纷数量稳步提高的趋势一直在延续。

另外，单个调解员年均调解案件量也呈增长态势。1981~1997

---

① 陈洪标、朱跃军：《武义百余"村官"当上人民调解员》，载《大学生村官报》2011 年 7 月 22 日。

② 《按照计划大学生村官人数预计 2020 年将达 60 万人》，载新华网，发布时间：2012 年 12 月 11 日。

③ 朱景文主编：《中国法律发展报告 2012——中国法律工作者的职业化》，中国人民大学出版社 2013 年版，第 476 页。

④ 梁捷：《我国人民调解组织 81.7 万个 2012 年调解成功率 96%》，载光明网，2013 年 8 月 28 日。

年，平均每个调解员调解的纠纷数量总体上呈现下降趋势。具体来说，1981 年，平均每个调解员每年调解 1.64 件案件；到了 1997 年，平均每个调解员每年只调解 0.54 件案件；1998 年后，这个数据略有回升；2011 年回升到了 2.06 件，增幅比较明显。① 对于人民调解的价值与作用，单个调解员年均调解案件量具有很强的说服力。这个数据的增长，意味着人民调解在进步。

3. 由弱渐强的人民调解

随着数据及相关资料的逐步呈现，我国人民调解由弱渐强的发展脉络也逐渐清晰起来。在执政党看来，人民调解既是宝贵传统，也是与改革、发展、稳定密切相关的事业。各级政府对人民调解的支持仍然会持续。如果当下人民调解犹如甩开拐杖就会摔倒的垂暮老者，那么即使它再强大，这种强大也是短瞬的。当下的人民调解已经与我国数以千年计的传统社会的宗族调解、乡邻调解有了本质的区别，它不再是封闭型社会自治的附生物，也不再以所谓小范围"共同体"的地方性知识作为解纷依据与标准。同时，它对政府治理与国家法律保持着开放的态度与立场。衡量其能否在政府的支持下，在开放性社会自治的环境与氛围中自然生发出为基层社会所需、扎根于基层社会的生命力，关键要看基层公众对它的认可度。从调解案件来源看，依当事人申请调解是人民调解的主要来源，共4997508 件，占总数的 55.9%；调解组织和调解员主动调解案件3571996 件，占总数的 40.0%；接收委托移送调解案件 365837 件，占总数的 4.1%。依当事人申请调解是案件的主要来源，人民调解越来越得到人民群众的认可，社会影响力进一步增强。② 这是一组良性成分最高的数据。如果这种良性动态能够持续下去并有所发展，人民调解由弱渐强的理想状态就真正到来了。

---

① 朱景文主编：《中国法律发展报告 2012——中国法律工作者的职业化》，中国人民大学出版社 2013 年版，第 455 页。

② 朱景文主编：《中国法律发展报告 2012——中国法律工作者的职业化》，中国人民大学出版社 2013 年版，第 479 页。

（三）司法确认程序的再思考

据笔者的阅读与观察，改革开放以来，人民调解的发展障碍中最突出的有两个：一个是人民调解员的专业水准低；另一个是人民调解协议效力不确定。总体来看，十年来，我国人民调解专业化建设大体是沿着两条路径进行的：一条是政府购买调解服务路径；另一条是聘用专职调解员路径。我国人民调解的专业化程度已经有了长足进步，不过，还未达到理想状态。① 这种面向调解信服力的专业化建设包含着对调解员知识、经验、技能的素质要求，但又不限于此。真正实现调解员素质的高度专业化绝非朝夕之功，也绝非增加高学历调解员数量那么简单。目前，我国人民调解正走在提升调解员专业化水平的路途上。只要方向正确，其他只能交给时间了。经过《诉讼与非诉讼相衔接若干意见》—《人民调解法》—《司法确认的若干规定》—新《民事诉讼法》的法律制度建设"四部曲"，人民调解协议效力确认程序确立下来。

现行《民事诉讼法》"确认调解协议案件"一节中作出如下规定："第一百九十四条：申请司法确认调解协议，由双方当事人依照人民调解法等法律，自调解协议生效之日起三十日内，共同向调解组织所在地基层人民法院提出；第一百九十五条：人民法院受理申请后，经审查，符合法律规定的，裁定调解协议有效，一方当事人拒绝履行或者未全部履行的，对方当事人可以向人民法院申请执行；不符合法律规定的，裁定驳回申请，当事人可以通过调解方式变更原调解协议或者达成新的调解协议，也可以向人民法院提起诉讼。"也许是呼唤得太久，人民调解协议效力确认程序的确立似乎意味着人民调解协议效力问题的尽数解决。其实不然，据实证调查，人民调解协议司法确认程序仍面临一些需要深入思考的问题。

---

① 详见韩波：《审判终极性：路径与体制要素》，法律出版社 2013 年版，第 69~91 页。

1. 低应用率揭示的状态

据廖永安教授等学者对湖南省某市人民调解司法确认程序的实证调查，人民法院积极性不高，司法确认案件数量少。样本地区基层法院进行司法确认的案件并不多，从统计数据来看，2011年有133件，2012年1~6月共有228件。此外，从进行司法确认的法院数量来看也相对较少，2011年有4家，占总体数量的36.4%，而2012年1~6月仅有3家，占总体数量的27.3%；司法行政系统备而不用，启动司法确认的案件不多。实践中，司法行政系统尽管对这个制度也进行了宣传，但是依旧提不起当事人的兴趣；人民调解员普遍宣传，司法确认没有发挥预期作用；当事人自动履行比例很高，启动司法确认的比例较低。从理论上而言，并不是所有的人民调解协议都要进行司法确认程序，建立司法确认制度的基本前提就是大量人民调解协议得不到履行，但从实践情况来看，人民调解案件自动履行率高，进行司法确认的案件数量微乎其微。由此不难看出，人民调解协议司法确认制度的理想与现实还是有一定差距的。[①] 可见，人民调解协议司法确认程序的应用率与人民调解协议履行情况存在密切联系。这一实证调查结果，与全国范围内人民调解协议的司法确认程序的应用率及人民调解协议履行情况是基本吻合的。在全国范围内，从协议履行情况看，达成调解协议得到履行的为7948939件，履行率为93%。当事人申请司法确认的为238494件，占达成调解协议案件总数的3%。当事人达成协议后反悔起诉至法院的为18695件，约占达成调解协议案件总数的0.2%。其中被法院依法维持的为11898件，维持率达63.6%。[②] 人民调解协议司法确认程序的理想是什么？人民调解协议司法确认程序的低应用率究系正常状态，还是喻示着其设立理想的破灭？

---

① 廖永安、张宝成：《对我国人民调解协议司法确认制度的冷思考》，载《民事程序法研究》第10辑。

② 朱景文主编：《中国法律发展报告2012——中国法律工作者的职业化》，中国人民大学出版社2013年版，第480页。

在《关于〈中华人民共和国民事诉讼法修正案（草案）〉的说明——2011 年 10 月 24 日在第十一届全国人民代表大会常务委员会第二十三次会议上》中首先说明的是要"完善调解与诉讼相衔接的机制"，述及当前处于社会矛盾凸显期，各类民事纠纷日益增多，充分发挥调解作用，尽量将矛盾纠纷解决在基层、解决在当地，对及时化解矛盾纠纷，促进社会和谐稳定，具有重要作用。① 在全国人大常委会法制工作委员会民法室编著的《〈中华人民共和国民事诉讼法〉释解与适用》一书中在"确认调解协议案件"一节述及人民调解司法确认机制的建立与完善，强化了人民调解的效力，实现了司法与非诉调解之间的有效衔接，激活了人民调解的生机与活力，促进了多元纠纷解决机制的不断完善。② 概言之，人民调解协议司法确认程序设立的理想是强化人民调解协议效力，充分发挥调解作用，及时化解矛盾纠纷。这一理想完全被人民调解协议确认程序的低应用率否定了吗？笔者认为，对此应将人民调解协议司法确认程序适用的比例与总量相结合来考察，需要将定量分析与定性分析相结合加以判断。目前，全国范围内人民调解协议司法确认程序的应用率为 3%，2012 年全国调解民间纠纷总量为 926 万件，亦即人民调解协议司法确认案件的总量约为 277800 件。仅就这一相当可观的总量也很难得出人民调解协议司法确认程序理想被人民调解协议确认程序的低应用率否定的结论。从定性分析的角度看，也不能得出司法确认制度削弱了人民调解协议的效力，弱化了人民调解意义的结论。人民调解协议本身具有合同效力，人民调解协议司法确认程序使人民调解协议在合同效力之外获得执行力。与一般合同相比，通过司法确认程序的人民调解协议的效力显然是得到增强，而不是削弱。至于这一程序所释放出来的"确认了才有

---

① 全国人大常委会法制工作委员会民法室编著：《〈中华人民共和国民事诉讼法〉释解与适用》，人民法院出版社 2012 年版，第 498 页。

② 全国人大常委会法制工作委员会民法室编著：《〈中华人民共和国民事诉讼法〉释解与适用》，人民法院出版社 2012 年版，第 311 页。

执行力，不确认则没有执行力"的信号或者提示，实际上就是法律对人民调解协议的明确规定，不论提示与否，它就在那里。这不可能对人民调解协议效力产生削弱效应，更不会弱化人民调解的意义。质言之，人民调解协议司法确认程序通过执行威慑驱动协议的自动履行。它是为克服履行不能风险而设置的保障机制。这一保障机制的存在，不仅大大提升了人民调解协议履行的可能性，而且会产生诉讼引流效应，避免涉及人民调解协议争议发展为诉讼，进而综合降低人民调解协议的履行成本。目前，人民调解协议的高自动履行率是我们期待的良性运行状态。在很大程度上，这一良性运行状态与人民调解协议司法确认程序的设立向社会释放的人民调解协议具有严肃的约束性、人民调解解纷具有有效性的信号所产生的诚信促进效应是存在关联的。人民调解协议司法确认程序低应用率的定量分析结果可以得出的结论不是对人民调解协议司法确认程序价值的否定，而是目前的人民调解协议司法确认程序作为一种可选择的协议履行保障机制还缺乏更充分的比较优势。易言之，目前的人民调解协议司法确认程序还不够完善。我们需要正视并认真对待人民调解协议运作中的问题。

2. 人民调解司法确认程序运作中的问题

关于人民调解司法确认程序运作中的问题，廖永安等学者揭示了如下几个方面：（1）法律规定过于粗糙，可操作性不强。（2）缺乏激励机制，影响人民法院的积极性。（3）司法确认案件不能够收取诉讼费用，在目前司法资源紧张的情况下，对法院来说也是一个很大的挑战。（4）司法确认申请时效的设置不合理，不利于司法确认程序功能的有效发挥。（5）人民调解协议不规范，司法确认有困难。[①]

易萍提出下述问题：（1）关于审查的方式和内容不明确。（2）关

---

① 廖永安、张宝成：《对我国人民调解协议司法确认制度的冷思考》，载《民事程序法研究》第10辑。

于审查的标准究系形式审查、实质审查还是其他标准不明确。（3）关于法官回避问题不明确。目前，许多法院都在发挥司法为民、能动司法的作用，在社会中深入开展"三问三解"活动，司法实践中有些法院也要求基层法庭的法官参与协助调解的工作。如果调解协议是在法官协助下达成的，那么在调解协议申请到法院进行司法确认时，协助达成调解协议的法官是否需要回避呢？这一问题要明确。（4）对否定协议效力的裁定给当事人怎样的救济途径不明确。①

周建华对人民调解协议司法确认程序运作中的问题归纳为四个方面：（1）司法确认程序的启动必须以当事人的共同申请为前提存在问题。现实中存在一种情形，即当事人确实是在合意真实的情形下达成调解协议，但事后一方当事人反悔的，拒不参与司法确认的共同申请。如果面临这种情形，没有反悔的另一方当事人不能申请法院的司法确认，只能向法院提起要求对方履行调解协议的诉讼。这个程序走下来显然要比一方当事人直接申请法院批准调解协议的程序要慢、冗长，费用要高，不符合诉讼效率的原则。（2）司法确认程序中法官的审查存在应当形式审查、应当形式与实质审查并行、应以程序审查为主，辅以适度的实体审查的争议。（3）调解协议中自愿原则审查方面存在问题。《调解协议若干规定》省略了调解协议不予确认的两个理由：一是调解组织、调解员强迫调解或者有其他严重违反职业道德准则的行为的；二是当事人在违背真实意思的情况下签订调解协议，或者调解组织、调解员与案件有利害关系、调解显失公正的。这两个理由都是调解自愿原则的体现。放弃违反自愿原则的审查标准是存在问题的。（4）调解协议司法确认结果的救济途径方面存在问题。调解协议司法确认的结果有可能发生错误，其原因包括：一是调解协议形成的过程中存在不公平因素，一方当事人在违背真实意愿的前提下签订调解协议的；二是当

---

① 易萍、孙龙君：《确认调解协议案件程序适用之探讨——兼评新〈民事诉讼法〉第 194 条、195 条》，载《民事程序法研究》第 10 辑。

事人联合起来，通过虚假的调解协议骗得法官的司法确认，侵吞他人的财产和其他合法权益。司法确认的结果发生错误，应当如何救济？对于这个问题，我国《民事诉讼法》没有给予明确的回答。[①]

胡辉从在以下几个方面揭示了人民调解协议司法确认程序运作中存在的问题：（1）申请资格中的"双方当事人"和"共同申请"要求存在理解与适用问题。（2）在管辖法院方面存在特殊情形下级别和地域管辖调整的必要。（3）受理和确认期限需要明确。（4）对当事人的救济程序需要明确。（5）对案外人的救济程序需要明确。[②]

概言之，上述学者从不同视角发现的人民调解协议司法确认程序运作中需要面对的问题可以归纳为三类：立法导向性问题、程序运作中的共通性问题和与程序定位密切相关的问题。

立法导向性问题包括人民调解协议司法确认程序免费的合理性问题、申请时效的适宜性问题。作为人民调解免费原则的延续，人民调解协议司法确认程序也不收取程序启动费。这实际上是在立法导向上将人民调解协议司法确认程序当作"福利产品"还是通常的"公共服务产品"的问题。目前，人民调解协议司法确认程序的申请时效为人民调解协议生效之日起 30 日内。这 30 日是长还是短，实际上是一个效率与公平的价值衡平问题。新法初定，在立法导向上进行一定的学理探讨虽有必要，但是在比较长的时间段内立法导向缺少发生变动与调整的契机。

程序运作中的共通性问题包括法官回避问题、协议规范性问题。不论诉讼程序还是非讼程序，从一般程序法理角度看，都存在回避事由，法官不回避程序正义就不复存在。对此，可以通过人民调解协议司法确认程序司法解释的形式予以明确。作为审查对象的协议不规范，会给审查程序带来困扰，影响审查结果的公正性。在

---

① 周建华：《论调解协议的司法确认程序》，载《民事程序法研究》第 9 辑。

② 胡辉：《确认调解协议案件若干程序规则的司法适用探析》，载《民事程序法研究》第 9 辑。

口头人民调解协议居多（占达成协议案件总数的 63.5%）的现实情况下，协议本身的规范性问题是值得注意的。① 也可以考虑，通过人民调解协议司法确认程序司法解释的形式明确书面人民调解协议的必备条款，口头人民调解协议的确认条件（如有录音资料佐证）。人民调解协议司法确认案件的管辖确定的合理性问题、受理与确认时限、申请方式、审查方式及其标准与内容、救济途径诸问题都与人民调解协议司法确认程序的程序定位密切关联，是具有实践意义的亟须解决的问题。

3. 程序定位及其密切相关问题的解决路径

胡辉提出，人民调解协议司法确认程序在实践中存在这样的问题：在管辖法院方面存在特殊情形下级别和地域管辖调整的必要。若调解协议的标的额超出了法律和司法解释所确定的基层法院管辖的范围，又若案件的影响（如群体性纠纷）或重要性超出了基层法院所认为的自身管辖的范围，此时基层法院是否还有管辖权？就地域管辖而言，当事人住所地、调解协议履行地、调解协议签订地、标的物所在地等与调解组织所在地并不重合的情形，此时若双方当事人均不愿到调解组织所在地的法院申请确认，是否允许当事人共同选择其他法院？就确认期限而言，是法院应该在多长时间审查完毕并作出是否确认裁定的问题。根据《司法确认程序规定》第 5 条第 1 款的规定，其期限是法院受理司法确认申请之日起 15 日内，特殊情况可以延长 10 日。根据《民事诉讼法》第 180 条，人民法院适用特别程序审理的案件，原则上应当在立案之日起 30 日内或者公告期满后 30 日内审结。《民事诉讼法》第 180 条作为该章的"一般规定"，当然适用于确认调解协议案件。这样又出现了规范的冲突。如上所述，在适用《民事诉讼法》和《司法确认程序规定》的关系上，只有在《民事诉讼法》没有明确规定的场

---

① 朱景文主编：《中国法律发展报告 2012——中国法律工作者的职业化》，中国人民大学出版社 2013 年版，第 480 页。

合，才可以适用《司法确认程序规定》。因此，在《民事诉讼法》已经明确规定确认期限是 30 日的前提下，再适用《司法确认程序规定》的 15 日期限可能有违法之嫌。[①] 在管辖确定规则的稳定性与多种利益需求兼顾之间，非讼程序倾向于前者，诉讼程序倾向于后者，就人民调解协议司法确认程序的管辖确定规则是否考虑多种利益需求的兼顾，是一个与人民调解协议司法确认程序的程序定位密切相关的问题。确认期限方面的 30 日与 15 日之争及其法律规范间冲突则不能不让人怀疑人民调解协议司法确认案件真是特别程序案件吗？从目前民事诉讼法的规定看，人民调解协议司法确认程序规定在特别程序中。特别程序、督促程序、公示催告程序是我国的非讼程序。据此，人民调解协议司法确认程序应服膺于非讼法理。然而，就目前学界发现的人民调解协议司法确认程序中的问题而言，传统的非讼程序法理又难以作出圆满的解释。只有明确人民调解协议司法确认程序的程序定位才能找到该程序面临的下列突出问题的解决路径。

（1）共同申请规则的合理性问题及解决路径。周建华认为，要大力发展诉外调解机制，就必须赋予这些组织主持达成的调解协议较强的效力，如当事人获得单独申请司法确认的权利。具体操作方面，为确保进入调解的当事人清晰知道调解协议达成的后果，调解员在调解程序开始时即告知各位当事人达成调解协议后，一方当事人可以向法院申请司法确认，获得对调解协议的强制执行依据。调解员甚至可以向各位当事人出具调解的权利义务告知书，如同法官在审判程序中履行阐释义务一样，调解员也清晰明确告知当事人各自享有的权利和义务；当事人在清楚知晓后，签署这份权利义务告知书。也有人担心，这种调解权利义务告知书会逐渐沦为一种走过场的形式；因此，为确保当事人清晰知晓自己的权利，在达成的

---

① 胡辉：《确认调解协议案件若干程序规则的司法适用探析》，载《民事程序法研究》第 9 辑。

调解协议中也可明确记载当事人可以单方面申请司法确认的权利，如同裁判文书中记载告知当事人可以上诉的权利一样，此时当事人在最终权利确定时应该会慎重对待自己的权利，避免对自己权利保护的忽视。根据当事人的承诺，调解协议达成后，一方当事人可以向法院提出司法确认的申请，另一方不能无故反对和拒绝，除非他能提供证据证明调解协议的内容违反自愿原则和社会公共秩序规定，此时终止司法确认程序，转入诉讼程序。① 就"共同申请"的理解而言，有疑义之处在于，一方提交申请，而其他当事人并未明确表明其意思的情形，当作如何处理？胡辉认为，此种情形在实践中应会不同程度地存在。对此，法院应该进一步依法判断是否有可能适用类似于应诉管辖的法理，即在程序进行过程当中，判断该"默示当事人"是否积极参与程序，并未明确反对司法确认。若属于此种情形，则可以理解为该当事人通过"参与行为"与其他当事人就申请事项达成了共同的意思表示，法院也由此取得了对案件的管辖权。② 在上述见仁见智的解决方案中，可以明显看到阐释义务、应诉管辖等诉讼程序规则与诉讼法理的功用。除人民调解协议司法确认程序外，无论是诉讼程序还是非讼程序，都没有共同启动程序的要求。人民调解协议司法确认程序要求双方当事人共同申请启动，究竟体现的是诉讼法理还是非讼法理呢？如果人民调解协议司法确认程序的程序定位不明确，诉讼化解决方案的正当性就难以解决。

（2）审查方式、标准及内容规则的争议及解决路径。围绕人民调解协议司法确认程序的审查方式应为书面审查还是言辞审查或者两者结合的争议，易萍、孙龙君认为应该在立法中明确规定对司法确认以书面审查为主，以言辞审查为补充。即对于要求确认的调

---

① 周建华：《论调解协议的司法确认程序》，载《民事程序法研究》第 9 辑。

② 胡辉：《确认调解协议案件若干程序规则的司法适用探析》，载《民事程序法研究》第 9 辑。

解协议若无疑难、复杂问题，双方权利义务明确，责任划分清楚的，人民法院可直接进行书面审查后予以裁定确认；若人民法院在审查过程中，认为当事人或者人民调解委员会提供的书面材料不充分、不完备或者有疑义的，可以要求当事人或者人民调解委员会限期补充材料。只有在限期补充仍"不充分、不完备或者有疑义"法院拟作出否定效力裁定时方构成书面审查原则的除外，即可以采用言辞审查形式；关于审查标准应为形式审查还是实质审查的争议，易萍、孙龙君认为，应该以形式审查为主，在特定情况下可以采用实质审查。形式审查可以缩短审查时间，正好契合司法确认程序追求高效简洁的需求，而且与书面审查方式相结合，更有利于效率的提高。如果对于当事人提交不真实的材料，导致了错误的司法确认，可以设置相应的对当事人和案外人的救济渠道，而无须从一开始就采用严格的实质审查方式。从《民事诉讼法》第 195 条的规定来看，对调解协议的审查也无须进行实质审查。该条规定"对于不符合法律规定的调解协议，裁定驳回申请"。但哪些属于不符合法律规定的情形，则未具体列举。但最高人民法院《司法确认的若干规定》第 7 条规定了六类不予确认的情形。从这个条文可知，其实法院确认调解协议审查的重点是人民调解协议的合法性。也就是说，确认调解协议审查的对象应该是调解协议，而非案件本身。确认调解协议审查的重点在于调解程序的合法性审查，而不应对纠纷案件本身进行全面的实体审查，否则，确认调解协议案件的审查就成了司法审判。① 就人民调解协议司法确认程序的审查方式，周建华认为应以程序审查为主，辅以适度的实体审查，理由是，法官对于诉外调解协议的审查出现在两个阶段：第一阶段是对调解协议进行司法确认；第二阶段是对调解协议效力的救济审理。在第一阶段，法官只需对当事人呈交的调解协议进行最低程度的审

---

① 易萍、孙龙君：《确认调解协议案件程序适用之探讨——兼评新〈民事诉讼法〉第 194 条、195 条》，载《民事程序法研究》第 10 辑。

查，即审查其形式条件和是否明显违反社会公共秩序的规定即可，应以程序审查为主，辅以适度的实体审查。在第二阶段，由于一方当事人提出对调解协议效力的质疑，并提供证据证明违背自己的真实意愿，此时法官的介入将不再限于程序上的审查，而应是实质审查。在审查内容方面，周建华就调解自愿原则的审查提出比照合同法中合意瑕疵审查规定的规则设计方案：①与其他合同当事人一样，当事人提出调解协议是违反自己意愿的，应当提供相应的证据，如关于合意瑕疵内容的欺诈、误解、胁迫行为的存在，行为和合意之间的因果关系。②应将损害作为附加条件。损害应当作为无效事由的辅助因素。③在判断损害时，法官应结合当事人的条件考虑。对于弱势一方，应给予更多的关注和保护。法官还需结合当事人的年龄、性别或其他主观条件。法官同时还应考虑调解员的品质和调解程序的公平对待。① 围绕人民调解协议司法确认程序的审查方式、审查标准以及审查内容方面的争议，上述学者提出的解决路径仍然交错着非讼法理与诉讼法理。在有所侧重的前提下，兼顾书面审查、言辞审查、形式审查与实质审查的功能与优势，尤其是在自愿性的审查方面提出非常细致的、具有实体标准的解决方案。这样的解决路径呈现出的程序运作面貌，与我们熟知的其他特别程序案件及督促程序、公示催告程序案件已经截然不同。笔者也注意到，即便仅进行合法性审查，单纯的书面审查、形式审查也无法取得公正的结果。在缺乏明确的法定救济途径的情形下，必须高度警惕公正性欠缺导致的恶性连锁反应。单纯的书面审查、形式审查也无法应对通过人民调解协议司法确认程序的诈害事件时有发生的情势。同样的问题再次出现：经过审查方式、审查标准、审查内容方面的重构，人民调解司法确认程序究竟是怎样性质的程序呢？

（3）救济方式的争议及其解决路径。围绕着人民调解司法确认程序的救济方式（包括对当事人及案外人的救济方式）争

---

① 周建华：《论调解协议的司法确认程序》，载《民事程序法研究》第9辑。

议较多。

复议权设置是否可行。易萍、孙龙君认为，有必要对否定协议效力的裁定赋予当事人复议权。即形成人民调解协议司法确认程序的当事人可以申请复议一次，可以依法变更、达成新的协议或者起诉的救济体系。增设复议途径的理由是，确认调解协议程序与其他的特别程序虽有相同性，但同时也有着明显的不同。第一，特别程序具有当事人的单方面性，而申请确认程序却同时有双方当事人的存在，而且申请要经双方当事人同时同意，才能开始申请程序。第二，特别程序的案件一般带有较为浓厚的公益色彩，其内容不能任由当事人自由处分。① 而确认调解协议案件往往是双方当事人的私人纠纷，由当事人意思自治来决定是否进行申请确认。第三，特别程序的目的是确认权利的状态。确认调解协议程序却是对已经具体明确的法律事实或者具体权利进行合法审查，然后赋予强制执行力，与特别程序的目的不同。第四，从民事诉讼中适用"复议权"的规定来看，大都涉及实体权益的实现。当事人申请"确认调解协议"之目的，是寄希望于法院通过国家公权力对其私权合法性的确认，最终保证其协议所涉及实体权益的实现。增加"一次复议权"不仅可以通过上级法院的肯定裁定支持下级法院的审判工作，维护其权威性，而且可以通过否定裁定纠正下级法院确认调解协议裁定的错误，保障当事人的合法权益，同时还避免了因诉讼带来的不经济，节约了司法资源。② 胡辉则认为，法律只在特殊情形下提供复议的救济途径。在民事诉讼法没有明文规定的前提下，允许人民调解协议司法确认程序的当事人通过复议获得救济显然并不合适。③ 在民事诉讼中，复议分为向上一级法院申请复议与向作出

---

① 田平安主编：《民事诉讼法学研究》，高等教育出版社 2008 年版，第 233 页。

② 易萍、孙龙君：《确认调解协议案件程序适用之探讨——兼评新〈民事诉讼法〉第 194 条、195 条》，载《民事程序法研究》第 10 辑。

③ 胡辉：《确认调解协议案件若干程序规则的司法适用探析》，载《民事程序法研究》第 9 辑。

裁判的法院申请复议。我国民事诉讼法规定的可复议情形，以本院复议为主，上一级法院复议为辅。易萍等学者建议的人民调解协议司法确认程序中的复议，是向上一级法院申请复议。在其他特别程序案件及督促程序案件、公示催告程序案件中，都没有给申请人、被申请人、利害关系人以复议权。给人民调解协议司法确认程序当事人赋予在民事诉讼中也算稀缺的向上一级法院申请复议的权利，显然将人民调解协议司法确认程序案件当作非常特殊的特别程序案件。不论复议权设置的主张者还是反对者，都在应用民事诉讼法关于诉讼程序的规则结合诉讼法理进行论证。

能否允许启动再审程序的问题。就目前规定的人民调解协议司法确认程序之外的其他特别程序案件以及督促程序、公示催告程序案件而言，救济途径是非常有限的：不能上诉、不能申请再审，在符合一定条件时可以申请撤销生效判决，可以另行提起诉讼。除上述复议权设置的争议外，关于人民调解协议司法确认程序的救济方式还存在能否允许启动再审程序的争议。

我国民事诉讼法规定了其他几种特别程序案件当事人获得救济的特别途径，即法院依当事人或利害关系人的申请撤销原判决，作出新判决。那么能否将这些规则类推适用于新增的确认调解协议案件？胡辉认为不能，因为民事诉讼法的上述规定属于特定情形下当事人或利害关系人获得的特别救济，即出现了当事人、当事人的继承人重新出现、恢复或部分恢复行为能力的新情况时，法院所提供的特别救济途径。在确认调解协议案件中，不可能存在这些类似的情形。而且，如有必要，立法也应当作出类似的规定，所以并不存在类推的事实基础，确认调解协议案件不能类推适用上述规定。也就不能以此为由剥夺当事人获得再审的权利。而民事诉讼法将确认的裁判形式由此前司法解释所规定的"决定"改为"裁定"，也为确认裁判纳入审判监督程序适用的范围扫除了障碍。但是，值得注意的是，可以申请再审的应该是认定调解协议有效的裁定，对于驳回申请的裁定，法律已经提供了特定的救济途径，不宜再允其获得再审的机会。① 周建华则认为，依照非讼程序的一般法理，非讼程序所形成的法律文书不具有既判力，即非讼案件审理结束后，如果发现在认定事实或者适用法律方面有错误，或者是出现了新情况、新事实，不能按照再审程序对该裁判提起再审，但是原申请人及其他有关人员可以重新申请，请求法院依照非讼程序作出新的裁判。② 上述探讨与论证，在确认有效的人民调解协议司法确认裁定能否启动再审程序的问题上形成明显分歧，一方认为，可以启动再审程序，因为别无救济途径；另一方则认为，此种裁定不具有既判力，不能启动再审程序。如果依传统非讼程序法理，其追求效率的特性排除了通过再审程序予以救济的必要性与可能性。不过，与其他非讼程序案件不同，人民调解协议司法确认案件不仅仅确认某种法律状态，它实际上是解决民事权利与义务争议的方式，它的直接指向是调解协议的执行力。完全封闭其启动再审渠道是否恰当？如若开启再审渠道充分的法理依据何在？

　　能否提起第三人撤销之诉的问题。司法确认裁定生效以后，当事人和案外人提出的异议实质上是对法院裁定所确认的调解协议有关权利、义务及其利益的争议，这将引起操作上的烦琐和困难。"鉴于这种异议在实体权利、义务上的争议性，依理在解决的方式与方法上，就应当采用诉讼的方式而不是重新确认的方式。同时，从程序法理的角度来看，如果采用重新确认的方式以及适用民事司法确认程序，不仅申请重新确定异议人与原申请确认非讼调解协议当事人双方，各自的程序地位、权利、义务等诸多问题无法确定，而且原来确认程序所规定的相关程序要素都必须进行更改，或者重

---

① 胡辉：《确认调解协议案件若干程序规则的司法适用探析》，载《民事程序法研究》第9辑。

② 胡辉：《确认调解协议案件若干程序规则的司法适用探析》，载《民事程序法研究》第9辑。

新设置，致使原有的确认程序根本无法适用。"① 因此，周建华建议将《调解协议若干规定》第 10 条的规定："案外人认为经人民法院确认的调解协议侵害其合法权益的，可以自知道或者应当知道权益被侵害之日起一年内，向作出确认决定的人民法院申请撤销确认决定"，修改为："案外人认为经人民法院确认的调解协议侵害其合法权益的，可以自知道或者应当知道权益被侵害之日起一年内，向作出确认裁定的人民法院提起确认调解协议无效之诉。"②胡辉认为，最高人民法院在《司法确认程序规定》第 10 条确立的新规：案外人认为经人民法院确认的调解协议侵害其合法权益的，可以自知道或者应当知道权益被侵害之日起一年内，向作出确认决定的人民法院申请撤销确认决定。自此，案外人获得有力的救济途径。但是，在确认调解协议案件纳入《民事诉讼法》后，在法律适用上又产生了一个新问题。因为新《民事诉讼法》第 56 条第 3款新增了第三人撤销之诉，即因不能归责于本人的事由未参加诉讼的第三人，在法定情形下，可以向法院提起诉讼要求改变或者撤销原判决、裁定、调解书。上述两个条文存在以下几个方面的主要区别：一是主体上，前者的表述是"案外人"，后者的表述是"第三人"；二是期限上，前者规定为"一年内"，后者规定为"六个月内"；三是在适用的程序上，前者并未明确规定撤销适用何种程序，但是根据其"申请"一词，应该可以推断并非适用诉讼程序，而后者则明文规定通过诉讼程序解决。因此，适用不同的条文，可能产生不同的程序法律效果进而影响当事人的实体利益。在此，关键的问题在于案外人要求撤销确认裁判能否适用《民事诉讼法》第 56 条第 3 款？容易产生疑问的地方在于该条款似乎是针对"诉讼"判决、裁定、调解书而言，而确认调解协议适用的是特别程

---

① 廖中洪：《民事司法确认程序若干问题研究》，载《西南政法大学学报》2011年第 2 期。

② 周建华：《论调解协议的司法确认程序》，载《民事程序法研究》第 9 辑。

序或诉讼法理上所言之非讼程序，其裁判为"特别"裁判或"非讼"裁判，因此不能将之适用于该条。但是，探究第 56 条第 3 款，此处所称"诉讼"，应该作广义的理解，即既包括诉讼程序也包括我国《民事诉讼法》所规定的特殊程序，而非指狭义诉讼程序。另外，新《民事诉讼法》已经明确将司法确认的裁判形式规定为"裁定"而非此前司法解释的"决定"，使得确认调解协议案件适用于《民事诉讼法》第 56 条第 3 款更具备了充分的依据。因此，《民事诉讼法》修改之后，可以参照新《民事诉讼法》第 56 条第三人撤销之诉的规定执行。① 在规制恶意利用人民调解协议司法确认程序行为，给受损害案外人提供救济方面周建华、胡辉二位学者都从取道诉讼的角度进行了路径设计：一位主张设确认调解协议无效之诉，另一位主张参照适用第三人撤销之诉。笔者认为，通过直接针对人民调解协议效力的诉讼形式来实施相应救济存在很大的效率障碍。既然是诉讼形式，就势必纳入两审终审的审级制度框架，还要允许再审程序的启动。这将导致本身试图取得效率优势的人民调解协议司法确认程序陷入低效率的泥淖之中。再则，要确立确认调解协议无效之诉，就是要设立一种新的诉讼制度，立法方面需要调动的资源较多，暂时缺乏可操作性。也需注意，《民事诉讼法》第 56 条规定的第三人撤销之诉适用的主体只能是"诉讼"第三人，其前提条件是因不能归责于本人的事由未参加诉讼，显然不能涵盖因不能归责于自己的事由未参加人民调解的情形。况且，与案外人概念的涵盖面相比较，诉讼第三人的概念外延是有局限的。不过，针对恶意利用人民调解协议司法确认程序行为，相应的救济程序是有必要的。如何安排此类情形下的救济程序，需要结合人民调解协议司法确认程序的程序定位加以考虑。

我国有学者对非讼程序功能扩展进行了研究。据最新研究成

---

① 胡辉：《确认调解协议案件若干程序规则的司法适用探析》，载《民事程序法研究》第 9 辑。

果，统合规定于非讼程序法典的非讼事件可区分为两种类型：一类是无任何争议的非讼事件；另一类是包含争议的非讼事件，也称真正诉讼事件，是立法者基于合目的性考量规定运用非讼程序审理的诉讼事件。依据审理事件类型的不同，非讼程序功能可区分为基本功能与扩展功能。各国非讼程序法典的开放性使得被纳入其调整范围的诉讼事件逐步增多，非讼程序也逐步演变为另一种纠纷解决方式，成为诉讼程序的有效补充。当然，非讼程序的这种功能并非存在于所有大陆法系国家和地区，它只是在德国和日本表现得尤为突出。法国则一直将非讼程序调整对象限定于不存在任何争议的非讼事件。非讼程序的扩展功能虽然都体现为解决纠纷，但各国法在扩展方向上却有所差异。整体而言，扩展的方向有两种：一种是针对特别类型事件的扩展，具体表现为逐步规定某些类型事件适用非讼程序法审理与裁判；另一种是一般性扩展，即法律并不将非讼程序适用对象限定于某一类事件，而是将某种纠纷解决方式规定为非讼事件，使其采用非讼程序的法理。第一种方式是大陆法系国家及地区非讼程序功能扩展的主要方式。第二种是将非对抗性纠纷解决方式规定为非讼事件，典型表现就是日本把调停规定为非讼事件。对于非讼程序而言，与其说它是理论创设的结果，毋宁说是"应景之物"。但这种应景却是必需的，它一方面解决了体系化、逻辑化的近代法典化过程中那些无法被纳入体系的部分内容如何规定的难题；另一方面也为民事程序法应对复杂的社会现实提供了充分的可能性，得以把各种类似的程序聚合于非讼程序法典内。当然，这并不意味着非讼程序是简单的并合，没有任何的体系与特点。它一贯坚持职权主义和非对抗性，这与贯彻当事人主义和对抗性的民事诉讼程序形成了鲜明的对比，也构成了二者的根本区别。我国理论上通常认为，审理对象是否存在争议构成了诉讼程序与非讼程序的根本区别。这种观点不甚妥当，尤其是大量诉讼事件被纳入非讼程序审理范围后。[①] 从目前德国、日本为代表的大陆法系国家非讼程序功能扩张的趋势看，我国将人民调解协议司法确认程序置于特别程序中的体例安排并非"异类"。同样可以理解为非讼程序功能扩张的一种形式，具体而言，属于非讼程序功能的一般性扩展，即将通过人民调解协议司法确认的纠纷解决方式规定为非讼事件，对其采用非讼程序的法理。进言之，人民调解协议司法确认程序可以定位为争议解决类非讼程序，它主要依靠职权审查机制，体现效率优先的价值选择，同时也重视争议解决的公正性与彻底性。

基于上述关于人民调解协议司法确认程序的程序定位认识，解决人民调解协议司法确认程序运作中的现实问题，一方面要立足于我国民事诉讼法目前关于特别程序、督促程序、公示催告程序的非讼程序通约性规则；另一方面也可以适度突破我国民事诉讼法目前关于特别程序、督促程序、公示催告程序的相关规定。

关于启动方式，笔者认为可以采用默示协议机制，即如果调解协议签署的一方不明确放弃申请司法确认的权利就视为愿意与对方共同申请司法确认，双方都未明确放弃申请司法确认的权利情形下的单方申请视为共同申请。作为正当性基础，人民调解协议中应载明相应条款。

关于人民调解协议司法确认程序的审查方式、审查标准以及审查内容，书面审查或程序审查为主与言辞审查为辅相结合的机制是体现效率优势的较好选择。不过，在审查内容上要坚持实质审查，尤其是在自愿性的审查方面更需设计细致的具有实体标准的审查方案。唯其如此，才能确保人民调解协议司法确认程序争议解决功能实现的公正性与彻底性。唯其如此，才能避免解决争议的人民调解协议司法确认程序蜕变为制造争议的程序。

关于救济途径，作为一种行政化的、灵活、简便的救济机制，复议对于发现当事人合意的真实性是一种看似方便的路径，不过，

---

① 郝振江：《论非讼程序的功能》，载《中外法学》2011 年第 4 期。

如果通过复议就能撤销确认裁定，确认裁定的效力就会陷入非常不稳定、不规范、人为因素影响明显的状态。这对于具有实体争议解决功能的人民调解协议司法确认程序而言是不恰当的。在不允许上诉的前提下，允许人民调解协议司法确认案件适用民事诉讼法关于再审的规定是有必要，也是具有可操作性的，同时，也与其争议解决类非讼程序的性质相吻合。针对人民调解协议司法确认裁定效力本身的确认无效之诉或者撤销之诉，都存在明显的效率障碍。《调解协议若干规定》第 10 条规定的申请撤销确认决定救济程序虽与将人民调解协议司法确认程序置于特别程序中的立法体例安排显得较为契合，却与司法确认程序解决争议功能所需配套程序的正式性存在紧张冲突。目前的再审程序明显转向有限再审，周期缩短、处于救济流程的最后关口、补救性明显都是其潜在优势，相比较而言，是比较适合人民调解协议司法确认案件的救济途径。人民调解协议司法确认案件的再审程序同时向当事人与案外人开放。这是基于人民调解协议司法确认程序乃争议解决类非讼程序的程序定位可以作出的帕累托最优选择。

有学者从机制改革的角度提出人民调解协议确认的新路径：如果当事人没有自动履行调解协议，则当事人可以向调解组织所在地的县级司法行政机构进行确认。确认以后，当事人可以申请人民法院强制执行，对于县级司法行政机构的确认不服的，可以向上一级司法行政机关提出复议。据分析，这样的机制设计有以下优势：缓解法院案多人少的矛盾；符合人民调解的运行规律。基层司法行政部门负责人民调解工作，按照法律规定，基层法院指导人民调解工作，如果法院负责司法确认，就等于法院对人民调解进行监督和审查，不利于人民调解的发展和功能发挥；弥补现有制度的缺陷；成本低，可行性强。这套机制只需要司法行政部门组建相应专门机构或者目前的基层股（科）就可以承担这一任务，无须在制度层面大动干戈，其成本不高，可行性强。① 笔者认为，如果认可司法行政机关追求调解成功率的动机将影响到人民调解协议确认程序的公正性、司法行政机关工作人员在法律的整体把握与司法经验积累方面与法官还存在巨大悬殊、在行政管理过程中天然形成的与行政相对方的密切联系与自然偏向会影响其在确认程序中的中立性这三个假设，这一设想的可行性还需进一步论证。

4. 专业化路径与确认"疑云"

人民调解协议司法确认程序的适用范围是此程序运行的基础性问题。有实务专家认为，除了人民调解法规定可以申请确认的以外，其他法律、行政法规、地方性法规、行政规章以及中央批准的司法改革方案中明确规定可以确认的调解协议，均属于《民事诉讼法》第 194 条规定的申请确认范围。② 根据《民事诉讼法》第 194 条规定，申请司法确认调解协议，由双方当事人依照人民调解法等法律，向调解组织所在地基层人民法院提出。该条对适用范围产生影响的是"依照人民调解法等法律"和"调解组织"。"依照人民调解法等法律"要求申请时必须援引包括《人民调解法》在内的其他法律的规定，而当前狭义层面的法律中，只有《人民调解法》规定了人民调解协议可以申请司法确认，其他法律还是一片空白。因此，此项规定可以评价为是面向未来的开放式规定。"调解组织"的用语似乎也排除了行政机关主持的调解协议申请司法确认的可能。总之，对《民事诉讼法》第 194 条的分析，可以得出这样的结论：在新法出台之前，确认调解协议案件程序规则的适用范围只能是人民调解协议。③ 近年来，我国沿着政府"购买"

---

① 廖永安、张宝成：《对我国人民调解协议司法确认制度的冷思考》，载《民事程序法研究》第 10 辑。

② 高民智：《关于调解协议司法确认程序的理解和适用》，载《人民法院报》2012 年 12 月 8 日，第 4 版。

③ 胡辉：《确认调解协议案件若干程序规则的司法适用探析》，载《民事程序法研究》第 9 辑。

人民调解服务、聘用专职调解员路径进行了人民调解专业化建设。目前，这种专业化建设的努力与可司法确认的调解协议范围存在紧张关系。

在上海经验（"人民调解李琴工作室""人民调解蔡祥云工作室""柏万青老娘舅工作室"）的启示下，广东省、浙江省、四川省、重庆市也相继沿着政府"购买"公共服务的思路设立了专业化程度比较高的人民调解组织。上述由政府"购买"人民调解服务的地区，没有像上海那样将首席调解员的人格魅力与经验作为"购买"人民调解服务的首要考虑因素，而是更多地考虑了法律知识在调解专业化过程中举足轻重的作用，更倾向于向律师事务所"购买"调解服务。① 对法律知识准确、纯熟的把握能力是胜任当今人民调解的首要条件。不过，这也引发我们对政府"购买"人民调解服务时的条件设定以及"购买"程序合理性的思考。② 律师事务所被政府"购买"来进行人民调解时，其协议属于人民调解协议吗？其协议可以被司法确认吗？这是政府购买调解服务的专业化路径下的确认"疑云"。

从职责设定层面看，专职调解员虽然全称为"专职人民调解员"，但是与《人民调解法》所规定的人民调解员存在差异，专职调解员在调解民间纠纷这一"主业"之外还身负其他事关社会治安综合治理、维护社会稳定的重要职责。由是，半公务员身份的政府调解员是专职调解员比较恰当的定位。在严格意义上，他们进行的调解属于行政调解，他们主持下的调解协议不属于可以司法确认的人民调解协议，因为他们不属于《人民调解法》中所规定的人民调解员。这是一个严重的问题。如何面对此问题？笔者认为，一

---

① 参见《政府购买服务引入律师参与调解》，载《深圳特区报》2009 年 8 月 12 日，第 A10 版；《佛山首创政府购买服务　组建医疗纠纷调委会》，载《南方日报》2011 年 8 月 31 日；曹磊：《金牛区政府为何斥巨资买服务》，载《四川日报》2010 年 2 月 10 日。

② 韩波：《审判终极性：路径与体制要素》，法律出版社 2013 年版，第 72 页。

方面，需要各地区司法局、协调相应人民调解委员会、相关专职调解员，将司法局或者其他部门与专职调解员签订的聘用合同进行主体变更，将聘用合同主体变更为相应人民调解委员会与相关专职调解员，以此来还专职调解员以合法的人民调解员身份；另一方面，全国人大常务委员会宜出台立法解释，将《人民调解法》第 6 条中县级以上地方人民政府对人民调解工作所需经费给予必要的支持和保障条款中的"经费"扩大解释为包括办案经费及人民调解员职业保障经费；或者全国人大常务委员会出台立法解释，将《民事诉讼法》中人民调解协议司法确认程序中可被确认的调解协议包容行政调解的调解协议。① 这一想法是否可行还需要有权机关的确认。在有权机关确认前，聘请专职调解员的专业化路径下，也留下一朵确认"疑云"。

三、行业性、专业性调解的现状与完善

行业性、专业性调解是由社会团体或者其他组织就涉及特定行业、特定专业领域的纠纷通过说理、劝解、疏导等方式解决纠纷的活动。行业性、专业性调解是类型化解决不同类型纠纷、重视不同领域纠纷解决所需专业知识的思路下，因应当前纠纷多样化、复杂化以及行业性、专业性矛盾纠纷大量上升的形势，于近年来渐成规模、影响力日增的调解方式。行业性、专业性调解已经突破了社区调解的属地解纷的管辖规则，形成依类解纷的调解格局。近年来，行业性、专业性调解组织大量设立，使行业性、专业性调解得到快速发展。

（一）个案与问题

【个案】2011 年 10 月中旬，申请人（加拿大籍华人）与被申请人（中国公民）签署了《存量房买卖合同》（以下简称《合

---

① 韩波：《审判终极性：路径与体制要素》，法律出版社 2013 年版，第 90~91 页。

同》），申请人以1亿元人民币的价格将一处二手商业地产出售给被申请人，《合同》规定在《合同》签订当日被申请人向申请人支付定金1000万元；双方对房产的配套设备和附属资产进行清点并签署《资产清单》后五个工作日内双方在房产部门网上签约，同时被申请人向申请人支付4000万元；被申请人在取得《房产所有权证》当日将剩余的5000万元存入银行托管，申请人向土地管理部门递交资料办理土地过户手续；申请人凭过户至被申请人名下的《土地使用权证》解付银行托管的5000万元；所有过户发生的税费由申请人承担。违约责任：如申请人不能按约定的期限办理《房产所有权证》和《土地使用权证》过户或被申请人不能按约定支付款项，违约方按日千分之五向守约方支付逾期滞纳金，逾期超过15日守约方有权终止合同。《合同》履行中，被申请人按期支付了定金，但在双方清理资产期间由于国家对房产调控政策加大导致房地产价格下降趋势明显，加上被申请人的资金紧张、《合同》中又没有明确签署《资产清单》的具体时间，其有意拖延网签和资金支付的起始时间。11月中旬，当地税务部门发布了调整二手房过户税费的新规定，调整后的房产过户税费将比签订合同之初测算的税费高出3倍，该政策将于12月10日起执行。申请人催促被申请人及时签署《资产清单》并尽快网签，被申请人以资产清点双方有异议为由不签署《资产清单》；申请人提出对《合同》中规定所有过户发生的税费（双方在订立《合同》之初对办理房产过户税费测算合计为800万元）由申请人承担是认可的，如因被申请人延误过户导致税费多交纳的1600万元税费应由其承担。双方经多次协商未果，申请人申请中国国际贸易促进委员会/中国国际商会调解中心（以下简称中国贸促会/中国商会调解中心）进行调解。调解中心指定的调解员经与双方了解情况后得知，被申请人对买受该房产的意愿没有改变，但因年底资金紧张，如申请人同意其办理《房产所有权证》后银行托管的5000万元支付期限顺延可考虑按《合同》办理房产过户并支付4000万元；申请人对顺延期限表示理解，但认为《土地使用权证》的过户期限也应相应顺延。在此后与双方沟通中了解到，被申请人以担心《房产所有权证》过户后《土地使用权证》仍是申请人名下如被其债权人查封有风险为由，表示《土地使用权证》应继续办理但该证更名后可保留在申请人处；但申请人表示《土地使用权证》只要过户即便在申请人手中，如被申请人挂失申请人的权益也仍得不到保证。为此，双方出现调解僵局。调解员认为：双方对履行《合同》仍有诚意，关键是双方在风险控制上各有考虑。为此，专门走访房产和土地管理部门后，提出了由被申请人将《房产所有权证》质押给申请人，申请人将《土地使用权证》过户，在被申请人将 5000 万元支付给申请人后，由申请人办理解除《房产所有权证》质押登记的建议，双方对调解员的建议表示认可。在调解员的主持下双方签署了《和解协议》。目前，双方已办理了《房产所有权证》、质押登记及《土地使用权证》的过户手续。①

【问题】这是中国国际贸易促进委员会/中国国际商会调解中心调解的一起涉外商业地产买卖合同纠纷案件。这起涉外案件争议标的额大；涉及房屋交易的细密手续，专业性强。这样的案件显然是通常的社区人民调解难以胜任的。本案的调解效果是值得称道的，调解员立足专业性的努力是调解成功的关键。值得注意的是，作为调解结果的不是调解协议，而是和解协议。本案当事人自动履行了和解协议，纠纷得到圆满解决。需要深思的是，纠纷解决过程中的和解协议究竟是何性质？调解员为何不主持当事人签署调解协议呢？如果义务方不履行和解协议，权利方的权利该如何保障？即便签署的是调解协议，如果出现不履行状况，如何保障权利方的权利呢？更深层次的问题是，这类专业性调解，在我国究竟发展到了怎样的程度，遭遇的问题与解决路径何在？

---

① http：//adr. ccpit. org/newsInfo. aspx？ t1＝22&t2＝0&t3＝0&id＝790。

（二）行业性、专业性调解的规范分析

根据司法部颁发的《关于加强行业性专业性人民调解委员会建设的意见》（司发通〔2011〕93号）这一行政规章，需明确以下几个方面的问题：

1. 行业性、专业性调解的性质

《人民调解法》第34条规定，社会团体或者其他组织根据需要可以设立人民调解委员会，调解民间纠纷。行业性、专业性调解可以纳入由社会团体、其他组织开展的调解活动的范畴。行业性、专业性调解究竟是何性质？司法部颁发的《关于加强行业专业性人民调解委员会建设的意见》在制定意见的目的阐释中述及，根据《人民调解法》第34条的规定，为进一步加强行业性、专业性人民调解委员会建设，充分发挥人民调解化解矛盾纠纷、维护社会稳定的职能作用，提出如下意见。《天津市司法局关于加强我市行业性专业性人民调解委员会建设的实施办法》（津司基发〔2011〕199号）第2条规定，行业性、专业性人民调解委员会由社会团体或者其他组织设立，是调解特定行业或专业领域内发生矛盾纠纷的群众组织。中共襄阳市委办公室、襄阳市人民政府办公室印发的《关于加强行业性专业性人民调解委员会建设的意见》（襄办发〔2011〕38号）中述及行业性、专业性人民调解委员会是指专门调解特定行业（领域）矛盾纠纷的群众性组织，是新形势下人民调解委员会的创新、发展和完善。可见，行业性、专业性调解并非一种新型的、特异的调解，而是与社区调解并列的人民调解的一个类型。行业性、专业性调解组织与进行社区调解的居委会、村委会都属于群众自治组织的范畴。

2. 行业性、专业性调解的组织方式

司法部颁发的《关于加强行业性专业性人民调解委员会建设的意见》中指出，在开展行业性、专业性调解时，必须坚持司法行政机关的指导，确保行业性、专业性人民调解委员会的各项工作健康、规范、有序开展。行业性、专业性人民调解委员会由社会团体或者其他组织设立，由所在地的县级司法行政机关负责履行统计、培训等指导职责。司法行政机关要切实加强与有关行业管理部门、社会团体和组织的联系与沟通，相互支持、相互配合，共同指导和推动行业性、专业性人民调解委员会的建立。可见，行业性、专业性调解活动的实施主体是社会团体、其他组织。各地司法行政机关与专业性、行业性调解组织之间是指导与被指导的关系，而非领导与被领导的关系。

3. 专业性、行业性调解的专业水准

据司法部颁发的《关于加强行业性专业性人民调解委员会建设的意见》，每个行业性、专业性人民调解委员会专门从事人民调解工作的人民调解员原则上不应少于 3 名。要充分发挥退休法官、检察官、警官、律师、公证员等法律工作者以及相关领域专家、学者的专业优势，参与调解行业性、专业性矛盾纠纷，形成年龄知识结构合理、优势互补、专兼职相结合的人民调解员队伍，实现人民调解员队伍专业化、社会化。要加强对人民调解员专业知识、法律政策知识和调解技能等培训，会同相关部门制订培训计划，坚持统一规划、分级负责、分期分批实施，共同组织好培训，不断提高人民调解员队伍的整体素质，努力培养和造就一支适应化解行业性、专业性矛盾纠纷需要的高素质人民调解员队伍。可见，行业性、专业性人民调解的独特优势在于其调解人员的专业性。目前，我国关于行业性、专业性人民调解的专业性水准保障方面的举措兼及调解员来源控制与后续培训结合的方案，具有可行性。

4. 行业性、专业性调解的保障机制

据上述意见，各级司法行政机关应当会同相关部门按照《人民调解法》的规定和《财政部、司法部关于进一步加强人民调解工作经费保障的意见》（财行〔2007〕179 号）的要求，积极争取党委、政府和有关部门的重视和支持，把行业性、专业性人民调解委员会工作经费纳入政府保障，全面落实人民调解工作指导经费、人民调解委员会补助经费、人民调解员补贴经费。设立行业性、专业性人民调解委员会的社会团体或者其他组织，应当为其开展工作提供办公条件和必要的工作经费。要积极争取各级党委、政府和有关部门出台地方性法规、规章和政策，为行业性、专业性人民调解委员会开展工作提供法律或者政策保障。如前所述，现实的社会自治的路径是政府指导、支持下的社会自治。行业性、专业性人民调解的发展也需要获得各级党政机关的支持，不过，在党政机关支持之外，为社会捐助敞开门路也是值得考虑的路径。

基于以上对行业性、专业性调解法律规范的梳理，笔者认为，人民调解的社会自治属性使其具备天然的拓展空间。社区与社会团体都是社会组织的重要形式，行业性、专业性调解是社团自治功能通过纠纷解决得以实现的渠道。行业性、专业性调解的优势在于其远高于社区调解的专业水准。这种高专业水准需要通过调解组织本身的专业性资源、调解人员的专业优势、调解过程的专业性三个方面来体现。在调解人员的专业素质方面，《关于加强行业性专业性人民调解委员会建设的意见》有较细致的制度安排。在调解组织本身的专业优势方面，需要调解组织与被调解的某类纠纷存在密切关联，具备与此类纠纷解决所需专业知识及经验的长期积淀优势。这就需要对从事专业性、行业性调解的调解组织设定较严格的准入"门槛"，否则，难以避免因专业性、行业性调解组织泛化、专业性得不到充分保障，影响专业性、行业性调解的公信力、影响力、吸引力的不良状况的发生。笔者认为，作为专业性、行业性调解承载主体的社会团体与其他组织的界定需要进一步厘清。在民事诉讼领域，其他组织是指法人之外的有一定组织机构、一定资产、一定责任承担能力的其他非个人组织体，包括未取得法人资格的私营企业、合伙企业、街道或村办企业、法人的分支机构、在民政部门登记的社会团体等。可见，民事诉讼领域的其他组织涵盖了社会团体，而从其应用语境判断行业性、专业性调解领域的其他组织是指经民政部登记的社会团体之外的其他组织体。这些其他组织体中除了尚未在民政部门登记的社会团体外，还包括企事业单位。这些企事业单位大都具有法人资格。可见，其他组织的界定很容易引起分歧，也很容易导致行业性、专业性调解组织的泛化，需要更为明晰的界定。就调解过程中如何体现更明显的专业性要素，《关于加强行业性专业性人民调解委员会建设的意见》中有所涉及，但还未上升为一个被关注的重要问题。《天津市司法局关于加强我市行业性专业性人民调解委员会建设的实施办法》（津司基发〔2011〕199号）第11条、第20条规定，行业性、专业性人民调解委员会根据需要建立行业性、专业性人民调解工作咨询委员会（专业人才库），邀请相关领域的专家参与行业性、专业性人民调解工作，提高行业性、专业性人民调解的权威性和公信力。行业性、专业性人民调解委员会调解纠纷，根据需要（或征得纠纷当事人同意），可以邀请行业性、专业性人民调解工作咨询委员会（专业人才库）中相关领域的专家参与调解，也可邀请有关单位或者个人参加。这一举措很合理，也为行业性、专业性调解的长远发展提供了指引。

　　《关于加强行业性专业性人民调解委员会建设的意见》没有规定真正对行业性、专业性调解有热情、有愿望的社会团体通过申请、审批或备案途径或者其他途径获得从事行业性、专业性调解资格的程序。目前，行业性、专业性调解的发展模式属于行政驱动型模式，从行业性、专业性调解组织的设立构想、人员安排、调解范围与方式、经费保障都要由行政机关（主要是司法行政机关）来"一手操持"。福建省海洋与渔业厅《关于在县级海洋与渔业行政主管部门设立行业性人民调解委员会的通知》（闽海渔〔2012〕98号）要求县级海洋与渔业行政主管部门组织设立海洋与渔业行业性人民调解委员会（以下简称调委会），具体人数由各地根据需要确定，但应不少于3人，设主任1人，必要时可以设副主任；湖北省教育厅《关于进一步加强教育行业人民调解工作的通知》（鄂教政法〔2012〕3号）要求各市、州、县教育局，各高等学校充分认识加强教育行业人民调解工作的重要意义。教育行业专业人民调解委员会原则上在县（市、区）设立。县（市、区）教育行政部门应在党委政府的统一领导、综治委牵头协调和司法行政部门的具体指导下，负责组织本地教育行业专业人民调解委员会，并向同级司法行政部门备案。高等学校可以单独设立调委会，也可以根据地理位置相近的情况，几所学校联合组建一个区域性的专业人民调解委员会，重点发挥专业调委会在处理学生伤害事故纠纷中的调解作用，维护高校的正常教学秩序。在组建行业性、专业性调解组织过程中，行政机关是动员相关社会团体组建行业性、专业性调解组织，还是自己依靠机关内部人力资源自行组建行业性、专业性调解组织呢？如果是后一条路径，显然存在制度文本表达与制度运行实践的明显分歧。在行业性、专业性调解的发展初期，依靠行政机关推动是一条现实路径。不过，也需要注意，行政驱动的行业性、专业性调解很容易陷入行政主导型调解，影响其社会自治型调解功能优势的发挥。

同时值得注意的是，行业性、专业性调解也要纳入地方政府经费保障的人民调解的范围内。在社区调解经费保障的开支之外，继续增加行业性、专业性经费保障开支，在有限的政府保障力度范围内，能否充分保障行业性、专业性调解的有效开展呢？既然属于人民调解，行业性、专业性调解也应遵循免费原则。福建省海洋与渔业厅《关于在县级海洋与渔业行政主管部门设立行业性人民调解委员会的通知》（闽海渔〔2012〕98号）中明确规定，坚持无偿服务，海洋与渔业行业性调委会调解矛盾纠纷不收取任何费用。而已经产生一定社会影响的中国贸促会/中国商会调解中心的商事调解却又奉行收费调解原则。上述种种问题，都需要进一步分析才能得到一个理性的结论。

（三）行业性、专业性调解的基本态势

1. 行业性、专业性调解组织机构体系渐成规模

2011年，尽管全国行业性、专业性人民调解委员会总数比2010年减少了5357个，但医疗纠纷人民调解委员会为2645个，比2010年增加213个；物业纠纷人民调解委员会为2314个，比

2010 年增加 75 个；交通事故人民调解委员会为 2552 个，比 2010 年增加 8 个。[①] 在《司法部关于加强行业性专业性人民调解委员会建设的意见》颁发前，各地也在摸索中设立了大量的行业性、专业性调解组织。例如，就物业管理纠纷的协会调解而言，2009 年之前，天津市通过建立联席会议制度，作为调处物业管理纠纷的长效机制；成都市成立物业管理纠纷人民调解委员会，负责重大、疑难物业管理纠纷的调处工作；南宁市物业管理行业协会积极参与行业调解。[②] 为了贯彻国家商务部发布的《零售商供应商公平交易行为规范》，构建和谐的零供关系，维护公平交易秩序，调解纠纷，缓解矛盾，中国商业联合会零售供货商专业委员会（以下简称零供委）决定建立零供企业结算纠纷行业调解平台。为此，中国商业联合会于 2009 年 8 月 21 日印发了《关于建立零供企业结算纠纷行业调解平台的试点意见》（以下简称《意见》）。《意见》指出，行业调解平台是在中国商业联合会的领导下，由零供委具体负责组织实施的自律性工作机构。行业调解平台成立组委会，负责全面领导此项工作。[③] 在一定意义上，《关于加强行业性专业性人民调解委员会建设的意见》是对已经蔚然成风的行业性、专业性调解实践的规范与引导。经规范后，行业性、专业性调解委员会数量虽然略有减少，但行业性专业性调解的总体规模还是令人欣慰的。据司法部公布的信息，十年来，我国人民调解组织共调解各类矛盾纠纷5746.9 万件，调解成功率达到 96% 以上。目前，全国共有人民调解组织81.1 万个，其中村（居）调委会 67.8 万个，乡镇（街道）调委会 4.2 万个，企事业单位调解组织 6.5 万个，行业性、专业性

---

① 朱景文主编：《中国法律发展报告 2012——中国法律工作者的职业化》，中国人民大学出版社 2013 年版，第 475 页。

② 《物业管理行业调解的初步探索与设想——中国物业管理协会会长谢家瑾在最高院国际研讨会上的演讲》，载《中国物业管理》2009 年第 12 期。

③ 曹进堂、胡斌：《零供企业结算纠纷有了"行业调解平台"》，载《中国商报》2009 年 9 月 15 日，第 18 版。

人民调解组织 2.6 万个。目前，全国共有各类人民调解员 433 万余人，其中专职人民调解员 82.9 万人，高中以上文化程度的调解员 253.6 万人。① 据此，目前，无论从调解组织还是调解人员的数量上看，行业性、专业性调解的组织建设都已经渐成规模。

2. 行业调解纠纷分流功能正在显现

面对转型时期矛盾纠纷凸显的新形势，各地在调解婚姻、家庭、邻里等传统纠纷的基础上，积极介入征地拆迁、劳动争议、教育医疗、环境保护、安全生产、食品药品安全、知识产权、交通事故等社会热点难点纠纷和新型矛盾纠纷的调解，全国人民调解纠纷总数逐年大幅增加，2011 年共调解各类矛盾纠纷 893.5 万件，其中涉及医疗纠纷、道路交通、劳动争议、物业管理等行业性、专业性矛盾纠纷 64.9 万件。② 据统计，截至 2012 年 4 月，山西省医患纠纷人民调解委员会共接待群众来访 3 万余人，受理医疗纠纷案件 3748 起，调解成功 3410 起，调解成功率达 91%，医疗纠纷平均调解天数 6.5 天，已调处终结的医疗纠纷无一例反悔。③ 厦门市行业性、专业性调委会已发展到 130 个、拥有调解员 1200 多人的规模。在它们的介入调解下，一批发生在工业园区、外来人口聚居区等特殊区域的纠纷得到有效化解，大量涉及交通事故、医患纠纷、物业管理等特定行业纠纷也得到及时解决。2012 年 1~6 月，全市行业性、专业性调委会共受理纠纷 1913 件，成功调解纠纷 1887 件，调解成功率达 98.64%。④ 在县级层面，安徽省肥西县建设领域人民调解委员会，承担了全县建设领域纠纷调解的重任，成立仅一年

① 《全国有人民调解组织 81.1 万个　十年调解各类矛盾纠纷 5746.9 万件》，载《法制日报》2012 年 10 月 30 日。

② 《全国有人民调解组织 81.1 万个　十年调解各类矛盾纠纷 5746.9 万件》，载《法制日报》2012 年 10 月 30 日。

③ 杨维汉、刘奕湛：《完善"大调解"推进社会管理创新》，载浙江法制报网，http://zjfzb.zjol.com.cn/html/2012-07/23。

④ 《"行业性、专业性调解委员会建设"相关情况》，xm.fjsen.com，发布时间：2012 年 9 月 4 日。

来，便受理并妥善处理农民工工资投诉 156 起，涉及人员 4749 名，涉及金额 4355.18 万元；受理"12345"政府服务热线投诉 21 起，涉及金额 150 多万元。① 从中不难看出，行业性、专业性调解的纠纷解决量还是比较可观的，其纠纷分流功能正在显现。

3. 行业性、专业性调解的专业水准明显提升

据报道，不久前，在中国证监会深圳监管局和深圳国际仲裁院的共同推动下，由深圳国际仲裁院与深圳市证券业协会、期货同业协会、投资基金同业公会共同设立的深圳证券期货业纠纷调解中心正式开始运作。据介绍，该调解中心聘任的 30 名调解员大多为在资本市场中从事证券、期货、基金业的资深专业人士，此外，还有在资本市场纠纷解决方面经验丰富的法学教授、仲裁员和律师，由各理事单位从行业中遴选出来，在理事会上获得聘任。② 另据地方政府公开信息，安徽省肥西县在建设领域人民调解委员会之外还设有道路交通、医疗、教育等矛盾突出的多个领域行业性、专业性调解委员会。在调解人员选聘上，要求既要责任心强、具有调解工作经验、热爱调解工作，又突出专业特长，注重从老警官、老法官、老司法、老教师、老医务"五老"人员中选聘。目前，五大行业性调解组织共聘用专职调解员 17 名，兼职调解员 375 名，每个调解组织都保证了有 2~4 名专职调解员。并建立了调解资源和专家库，为行业性调解组织提供人员保障。在行业性调解工作中，各行业调解组织还借助律师、保险、专家等社会力量参与调解，县交通事故调委会与县保险公司建立保险赔付互认协作机制，保险公司可依据调解协议直接进行理赔，提高了效率，深受当事人的欢迎；县医疗纠纷调解组织组建了 150 余人的医学专家库，分别来自省、市、县三级医院和院校，开展专家咨询、听证 10 余次，促进了矛

---

① 董世一：《行业调解维护社会稳定》，http://www.ahfeixi.gov.cn/include/news_ view. php? ID=25840。

② 钟国斌、胡思幸、熊子恒：《深圳证券期货业纠纷调解中心落户前海》，载《深圳商报》2013 年 9 月 24 日。

盾纠纷的有效化调。① 无论是经济特区，还是中原地区，行业性、专业性调解的专业水准都受到重视，而且切实体现出与社区调解相较突出的专业水准优势。

4. 行业性、专业性调解的公信力、影响力、吸引力有待提升

如前实证调查中，不论是问卷调查、出租司机访谈、企业干部访谈都几乎没有体现出对行业性、专业性调解的印象。一项正在开展的、统计数据显示其规模宏大、绩效显著的社会活动，在几个有代表性的社会阶层中却成了"不知道自己不知道的知识"。在一定程度上，行业性、专业性调解的公信力、影响力、吸引力都还处在相当局限的层次，其提升空间巨大。

（四）行业性、专业性调解的问题与完善路径

诉讼外纠纷解决机制的振兴，在一定程度上是纠纷解决资源的拥有者与资源利用者之间的一场具有历史意义的交易。当我们期望提供某种替代性资源的时候，必须让相对方觉得合适。只有作为相对方的当事人觉得合适，才能从法院崇拜的思维定式中走出去；只有作为相对方的当事人真正得到实惠，才不会满腹怨气地再回到法院。怎么让当事人觉得满意？如前所述，行业性、专业性调解组织在 2011 年调解行业性、专业性矛盾纠纷达到 64.9 万件。在解纷总量上，行业性、专业性调解组织已经产生令人瞩目的社会效应，不过，就比例而言，在 2011 年人民调解案件总量中，行业性、专业性调解组织调解的案件只占全部调解案件的 7.26%。这与作为我国全国上下大规模进行行业性、专业性调解组织建设的预设前提——专业性、行业性纠纷数量大、增速猛——是极不相称的。行业性、专业性调解在目前基础上进一步扩充其纠纷解决容量、进一步提升其纠纷解决质量需要认真探讨以下问题并借此寻求完善路径。

---

① 董世一：《行业调解维护社会稳定》，http://www.ahfeixi.gov.cn/include/news_ view.php? ID=25840。

1. 在行政驱动型与社团自觉型之间

从目前各种新闻媒体报道的行业性、专业性调解来看，大多数行业性、专业性调解组织是在行政机关的推动下，实际上是在行政机关的组织下设立的。行业性、专业性调解组织的设立有点像各级行政机关的"政治任务"。在行业性、专业性调解的发展初期，行政机关的推动是必需的。不过，这种行政驱动型的调解发展模式，容易在追求短期效应的"热潮"消退后，陷入缺乏持久性的低谷状态；再则，行政驱动型调解与行政调解的界限难以划定。在相当多的行业性、专业性调解组织的设立与运行中作为其法定主体的社会团体难得一见，行政机关主导的调解有两方面的问题：一方面，会产生调解公正性质疑，不少专业性、行业性纠纷也渗透着行政管理因素，如果行业性、专业性调解形成相关行政机关调解的社会形象，难免会引起公正性质疑；另一方面，行政机关如果真要切实介入相关纠纷的调解以及调解组织的运行，势必会增加相应的行政成本，也影响到行业性、专业性调解发展的持续性。这在一定程度上可以作为解释 2011 年全国行业性、专业性人民调解委员会总数比 2010 年减少了 5357 个的现象的线索之一。

学术界称之为行业调解并加以探讨的行业性、专业性调解通常是指行业协会调解。所谓行业协会，从本质上说，是同行业企业为减少交易成本而达成的妥协。组织上自治，经济上独立，活动上自由，地域上开放，是行业协会存在的基石。行业协会具有行业协调、行业代表、行业调解、行业服务等经济价值，同时对政府职能转变、建立法治国家和诚信社会有相当的价值。[①] 行业协会调解，是指行业纠纷双方在行业协会的主持下，通过行业协会的专业优势促进当事人的沟通协调，并最终促成纠纷双方达成和解协议的过程。行业调解具有以下优势：一是行业协会具有一定的专业优势，了解本行业的情况，能够为纠纷双方提供切合实际的建议或纠纷解

---

① 窦竹君：《行业协会的法理基础与社会价值》，载《河北学刊》2003 年第 4 期。

决方案；二是程序简便；三是成本低廉。与诉讼相比，行业调解避免了"一刀两断"式的纠纷解决方式，能为纠纷双方可能存在的合作关系留有余地。行业调解组织是民间自治组织，孕育了民间自治秩序。[①] 行业调解之所以为当事人所青睐，最主要的原因之一是调解人能以行业领域的专家身份迅速进入角色。行业专家对本行业的技术和法律有着精深的了解，并且具有本行业大量的相关实践经验，这是其他调解主体在短时间内无法取得的优势，也是当事人之间的纠纷能够以行业的惯例和标准适当解决的先决保证。[②] 有学者对行业协会调解的基础与运作方式进行了深入分析：一个企业正是因为对行业协会在反映和实现他们利益方面有很大的希望才愿支付成本（如会费的缴纳）来构建行业协会，由于人是自己利益的最佳判断者，因而成员企业组建或加入行业协会并不希望别人来决定和主导他们对自我利益的获取，在更大程度上他们是企盼亲身介入其中，以协会主人的身份来筹划和引导协会成员争取企业利益的集体行动。由此不难看出，只有自治的结构才契合行业协会成员"自愿加入行会"行为的本质要求，也只有"自治"才能使行业协会成员给予行业协会以最大限度的信任。一个行业需要秩序，行业中的成员需要一个良好的行业环境，这些都要求享有自治权的行业协会对行业内成员间的纠纷负责；而成员则享有要求行业协会提供合理服务——包括调解——的权利。正是这种权利义务关系为行业协会调解提供了正当基础。行业协会拥有自治权，只是行业协会可以正当进行调解的基础；但是，行业协会要现实地解决行业纠纷，必须取得纠纷双方就"纠纷解决方式"和"纠纷解决方案"的双重合意，这一过程是行业协会调解整个过程的核心。双方当事人是否同意将纠纷交由行业协会调解，涉及行业协会的信用问题，行业

---

① 张康林、高崎：《疏通多元纠纷解决渠道高效快捷维护公平正义》，载《求实》2009 年第 8 期。

② 惠柳青：《构建新闻纠纷的行业调解机制》，载《新闻知识》2010 年第 11 期。

协会的专业化程度高，调解工作开展得好，纠纷双方会倾向于将纠纷拿到行业协会来解决。当纠纷双方确定将纠纷交由行业协会调解后，行业协会所要做的核心工作就是促进纠纷双方对一个最终的纠纷解决方案达成合意。在这个过程中，行业协会主要在三个方面发挥其功能：第一，行业协会首先需要在纠纷双方间发挥"中介"的功能，作为一个中介对相关信息进行沟通和说明，进而为双方达成合意创造条件；第二，行业协会还要在充当中介的基础上发挥其"判断"的功能；第三，为了促进双方达成合意，行业协会需要不断动员自己直接或间接掌握的资源来促使当事人接受解决方案。这一功能可以称为"促合"功能。[①] 行业协会调解的"中介""判断""促合"的行使效果也与行业协会的社会自治性紧密联系在一起。与行政化的行业性、专业性调解相比，基于其社会自治方式的属性，行业协会调解过程中的强势压服要素要大大减弱，调解方案的公平性更有保障。当事人选择空间较大，调解过程中的自愿性更有保障。因此，调解结果更容易被当事人接受，更为稳定。更为关键的是，行业协会调解可以被纳入《人民调解法》规定的人民调解的拓展范围，便于适用《人民调解法》。上述因素都可以构成目前行业性、专业性调解去行政化色彩与成分的理由。

从目前新闻媒体披露的资讯看，我国行业协会调解的发展仍处于不均衡状态。1991年天津市成立了首个新闻纠纷调解组织——天津市新闻调解委员会。据统计，该机构成立一年间，新闻纠纷调解率达100%，成功率达50%。目前，我国最大、最有影响的新闻自律机构就是记协，但其功能发挥十分有限。维权对象仅限于媒体、记者权益受侵害情况，对媒体本身的侵权基本没有涉及，协调处理纠纷的功能明显不足。[②] 另外，中国国际贸易促进会/商会调

---

① 刘莘、李大鹏：《论行业协会调解——制度潜能与现状分析》，载《当代中国行政法的源流——王名扬教授九十华诞贺寿文集》，中国政法大学出版社2006年版。

② 惠柳青：《构建新闻纠纷的行业调解机制》，载《新闻知识》2010年第11期。

解中心、中国工商联调解中心、中国证券业协会证券纠纷调解中心、物业管理协会的纠纷调解中心等行业协会调解中心无论从组织建设、制度建设还是社会影响力上看，其发展都是值得称道的。有学者认为，我国的行业调解几乎还没有起步，主要原因是行业协会和纠纷当事人均没有调解的意愿和动力。① 这一在 2009 年作出的判断，在行业调解发展状态方面多少有点偏离行业调解蓬勃兴起的客观情况，不过，此判断揭示了行业调解潜在的危机——行业协会和纠纷当事人均没有调解的意愿和动力。如果当事人缺乏寻求行业协会调解中心调解的意愿与动力，如果行业协会缺乏将调解做好的意愿与动力，当前行业性调解的繁荣可能就是一种表面繁荣。目前，行业性、专业性调解的发展态势是政府推动与社会团体自觉追求两个方面努力的结果，其中政府推动的成分更大一些。只有在发展模式上，更多地尊重社会团体的自主性；在发展策略上，由依靠"输血"转向促进"造血"，激发社会团体的调解行业内纠纷的责任心与使命感，才能避免政府推动、支持力度大则变形，政府推动、支持力度小则停滞甚至衰落的发展陷阱。

2. 在"专业话语权"与"专业人士参与机会"之间

有学者以医疗纠纷行业调解为分析对象对行业调解的优缺点进行了辩证分析。就行业调解的优点而言，一方面，其组成成员的专业性决定了它往往会比行政调解更具社会信任度，比司法调解更具专业权威性，比人民调解更具行业权威性，可以成为重大、疑难医患纠纷的首选调解模式之一；另一方面，由行业协会来调解医患纠纷，还具有既快又省的特点。快，是指它比其他纠纷解决机制，尤其是诉讼调解机制，可以达到更快的效果；省，是指在时间上和精力上的节省。而且，行业调解相对于其他纠纷解决机制而言，具有灵活、调解程序简便、调解成本较低等优点。其缺点在于，对于现

---

① 张康林、高峙：《疏通多元纠纷解决渠道高效快捷维护公平正义》，载《求实》2009 年第 8 期。

实中出现的数额大、内容复杂的医患纠纷案件，行业调解与人民调解一样，会暴露出"中立性不够、法律效力低、不稳定"等缺点。所谓"中立性不够"，是指其调解结果往往带有一定的倾向性，难以同时获取医患双方的认可；所谓"法律效力低"，是指其调解结果不具备司法效率，执行难度比较大；所谓"不稳定"，是指调解协议的执行效率不稳定，有些执行效果比较理想，有些则很难执行，难以达到预期效果。[①] 上述分析突出了行业性、专业性调解最大的优势——专业性高。与此相似，绝大多数行业性、专业性调解的规范文本以及相关宣传资料通过对行业性、专业性调解的专业性保障的突出显示，在营造行业性、专业性调解的"专业话语权"。其潜台词是，"因为我们最专业，所以我们最值得信服"。调解是一种社会服务，但又不是通常的社会服务。作为一种纠纷解决服务，真正使人信服的是纠纷解决结果的公平性。即便是调解，纠纷解决结果的公平性与程序正义的要素也存在密切关联。实践中认为非诉讼纠纷解决机制不需要程序保障的想法是缺乏依据的，是一种非此即彼逻辑的简单化应用。上述学者对医疗行业纠纷解决有深刻的体验与感悟，他们将中立性问题作为行业调解缺陷分析的首要问题是有实践基础的。不论在民事诉讼中，还是在其他纠纷解决过程中，解纷者都有保持中立、不偏袒立场的必要性。我们在习惯上常常把解纷方式的亲和性与解纷者的中立性相混同。事实上，这是完全不同的两个概念。诉讼外调解倚重解纷方式的亲和性，但是，并不能因此而丧失解纷者的中立性。中立性的最高境界就是解纷者心理上的中立。解纷者心理上的中立可以表现为立场、观念中立，进一步外化为中立的行为。易言之，心理中立是行为中立的前提。值得注意的是，行为中立还有一个重要前提，那就是确保解纷者行为中立的程序安排。如果一个程序中设置了不受制约的解纷者，产生

---

① 吴海波、江乐盛：《医患纠纷第三方调解模式比较研究》，载《中国卫生法制》2012 年第 2 期。

了不受制约的解纷权，就客观地在消解解纷者的中立地位，因为这将使解纷者面临自身恣意与外界诱惑的双重考验，常人并不能百分之百地保证通过这双重考验。当我们以一种居高临下的姿态去宣扬与渲染行业性、专业性调解的专业优势时，实际上是在树立一种专业话语权。这种专业话语权，意味着相对方的噤声，意味着相对方的无从抗辩。一旦这种专业话语权成为主宰解纷走向的绝对权力，也会成为一种易受感染的权力。在这种情境下，对其进行制约就十分必要，否则，解纷走向与结果将会因为解纷权力受到感染而完全背离当事人的公平期望。综上所述，中立性不够，调解过程中与调解结果所表现出来明显的倾向性，很大程度上是因为我们塑造了不受制约的专业话语权，塑造了超越平等商谈的专业话语权，营造了很难确保解纷者中立的程序氛围。有学者认为，行业调解不但涉及行业组织内部成员之间的纠纷，而且还有行业协会内部成员与其他外部主体间的纠纷。在第二种情况下，行业组织不能因为自己是行业成员的利益代表就偏袒内部成员。行业组织要以整个行业长远利益为重，坚持行业调解的中立性原则，运用自己的专业知识努力促成调解协议的完成。① 尽管这一主张是善意的、理性的，然而，没有制约的权力很难保持中立。

天津市司法局《关于加强我市行业性专业性人民调解委员会建设的实施办法》第11条规定，行业性、专业性人民调解委员会根据需要建立行业性、专业性人民调解工作咨询委员会（专业人才库），邀请相关领域的专家参与行业性、专业性人民调解工作，提高行业性、专业性人民调解的权威性和公信力。第20条规定，行业性、专业性人民调解委员会调解纠纷，根据需要（或征得纠纷当事人同意），可以邀请行业性、专业性人民调解工作咨询委员会（专业人才库）中相关领域的专家参与调解，也可邀请有关单位或者个人参加。在这一制度文本中咨询委员会（专业人才库）

① 惠柳青：《构建新闻纠纷的行业调解机制》，载《新闻知识》2010年第11期。

的设立、通过邀请专家参加调解的设计都较为妥当，缺少的是当事人的主体性、当事人的参与权以及当事人的参与权对解纷权的制约。要不要专家来参与调解，要调解组织根据需要判断或者征得当事人同意，而不是根据当事人申请与否来确定专家介入与否。有研究者建议，参照商事仲裁，建立行业纠纷调解员的选择制度，当事人放弃选择的，由相关行政职能局指定。行业纠纷调解本身即具有很大的灵活性，因而让当事人选择调解员从法理上说并无不可。并且选择调解员恰恰更多地体现了当事人的合意性和自主性，增强了调解的正当性基础，并有利于调解协议的自觉履行。① 这一建议有一定的合理性，难能可贵之处就是体现出通过当事人参与制约解纷者权力的思路。不过，在当事人放弃选择时不应将指定权交给相关行政职能局，而是要由行业性、专业性调解组织来确定调解人员。将指定权交给相关行政职能局实际上陷入了行业性、专业性调解等同于行政调解的思维定式。

总而言之，长远来看，需要避免专业话语权氛围的过分营造，应使专业性保障回归到专业人士参与机会的充分保障上，与此同时，需要重视当事人参与对解纷权制约的程序保障基本功能。借此可以克服行业性、专业性调解"中立性不够"的缺陷，并为克服其"法律效力低""不稳定"的缺陷奠定基础。

3. 在有效与无效及效力待定之间

对于非诉讼调解而言，2009 年最高人民法院颁发的《诉讼与非诉讼相衔接若干意见》（以下简称《意见》）是具有历史意义的司法解释。这个司法解释试图解决长期困扰诉讼外调解发展的调解协议效力问题。该《意见》延续 2002 年最高人民法院司法解释的规定，在其第 10 条中拓展性地规定，经商事调解组织、行业调解组织或者其他具有调解职能的组织调解后达成的具有民事权利义务

---

① 王述炜：《山东省高密市行业纠纷调解制度的现状及其完善》，载《经济研究导刊》2008 年第 14 期。

内容的调解协议，经双方当事人签字或者盖章后，具有民事合同的性质。该《意见》第12条、第13条规定，经行政机关、人民调解组织、商事调解组织、行业调解组织或者其他具有调解职能的组织对民事纠纷调解后达成的具有给付内容的协议，当事人可以按照《中华人民共和国公证法》（以下简称《公证法》）的规定申请公证机关依法赋予强制执行效力。债务人不履行或者不适当履行具有强制执行效力的公证文书的，债权人可以依法向有管辖权的人民法院申请执行。对于具有合同效力和给付内容的调解协议，债权人可以根据《民事诉讼法》和相关司法解释的规定向有管辖权的基层人民法院申请支付令。申请书应当写明请求给付金钱或者有价证券的数量和所根据的事实、证据，并附调解协议原件。该《意见》第20条、第25条规定，经行政机关、人民调解组织、商事调解组织、行业调解组织或者其他具有调解职能的组织调解达成的具有民事合同性质的协议，经调解组织和调解员签字盖章后，当事人可以申请有管辖权的人民法院确认其效力。当事人请求履行调解协议、请求变更、撤销调解协议或者请求确认调解协议无效的，可以向人民法院提起诉讼。人民法院依法审查后，决定是否确认调解协议的效力。确认调解协议效力的决定送达双方当事人后产生法律效力，一方当事人拒绝履行的，另一方当事人可以依法申请人民法院强制执行。2009年最高人民法院颁发的《诉讼与非诉讼相衔接若干意见》不仅明确提及商事调解组织、行业调解组织，而且安排了三种调解协议效力实现途径：第一，形成公证债权文书途径；第二，督促程序途径；第三，司法确认程序。因此，笔者认为该意见是具有历史意义的司法解释。

2011年1月1日起施行的《人民调解法》将调解协议的司法确认程序的法规范层次由司法解释上升为法律。紧接其后，2011最高人民法院颁行的《司法确认的若干规定》，对人民调解协议司法确认制度作出细致规定。在2012年《民事诉讼法》修改中将人民调解协议司法确认案件作为特别程序案件规定下来。人民调解协议司法确认制度的价值，一方面是通过强化人民调解协议的效力进而提升人民调解工作的权威性；另一方面通过赋予被司法确认的人民调解协议执行力进而提升民事纠纷解决的整体效率。《关于修改民事诉讼法的决定》颁布后，就人民调解协议司法确认制度呈现出的首要争议是可以被确认的人民调解协议的范围。对此，司法实务部门与立法机关的认识有分歧。司法实务部门的同志认为，当事人对人民调解委员会主持达成的调解协议可以申请司法确认，《人民调解法》已经从立法层面上予以规定。那么，当事人就其纠纷申请其他调解组织，如行政机关、商事调解组织、行业调解组织或其他具有调解职能的调解组织调解达成的调解协议，是否可以申请法院予以司法确认？这个问题在《民事诉讼法》修订过程中争议较大。一种意见认为，人民调解协议的司法确认程序是通过《人民调解法》予以确定的，有法律依据。而其他调解组织作出的调解协议申请司法确认，没有法律依据，所以其他调解组织的调解协议不应进入司法确认程序。另一种意见认为，目前，除了人民调解组织之外，我国在一些专业性较强领域或行业领域也设立调解机构，如商事调解组织、行业调解组织、民间商会调解组织、社会团体、民间 NGO 组织和公益组织等。1987 年设立的中国国际贸易促进委员会/中国国际商会的商事调解中心，处理涉及经济、贸易、金融、证券、投资、知识产权、技术转让、房地产、工程承包、运输、保险等领域的涉外及国内的高端商事争议。许多行业根据行业特有的惯例和标准建立相应的纠纷解决机制，如会计师、医师、金融、保险、证券、房地产、家电、建筑装修、化工、旅游、网络、物业管理等行业协会建立了纠纷解决机制，聘请具有专业知识的专家担任调解员。这些民商事调解组织与人民调解组织最大的区别在于民商事调解组织的专业性、调解人员的职业化、调解组织的营利性等。这些民商事调解组织在化解行业领域的纠纷方面发挥了重要作用，促进了我国矛盾纠纷解决的多元机制发展，需要人民法院通过司法确认制度为各种民商事调解的发展提供法律保障和发展空间，这也符合世界各国多元纠纷解决方式的发展趋势。所以，最后《民事诉讼法》修订时采纳了第二种意见，没有将申请法院司法确认的调解协议限定为人民调解协议，而是规定为调解组织依据人民调解等法律达成的调解协议，可以申请司法确认。这就为其他调解组织达成的调解协议申请司法确认提供了法律依据。① 对此，立法机关工作的同志的解释是，考虑到目前只有人民调解法对人民调解委员会调解的司法确认作出了规定，而行政调解、商事调解情况复杂，是否对其达成的协议规定司法确认，各方面的意见还不一致，因此，本条规定，依照《人民调解法》等法律的规定，才可以申请司法确认。按照人民调解法的规定，人民调解委员会的调解可以申请司法确认。人民调解委员会，包括由村民委员会、居民委员会设立的调解委员会，也包括乡镇、街道以及社会团体或者其他组织根据需要参照人民调解委员法有关规定设立的人民调解委员会。本条规定既考虑了我国民间纠纷的特点和人民调解工作的实际情况，将通过非诉讼解决民间纠纷与诉讼方式作了衔接，也为将来发展留下了空间。今后的实体法对其他组织的调解与诉讼的衔接有规定的，依照法律规定办理。② 就行业性、专业性调解协议的效力立法机关的此番学理解释与 2009 年最高人民法院颁发的《诉讼与非诉讼相衔接若干意见》存在较大分歧。这种立法机关的学理解释与司法解释之间的分歧会给实践工作带来困扰。

根据立法机关的此番学理解释，行业性、专业性调解协议的效力究竟处在有效、无效、效力待定哪种状态呢？行政调解、商事调解是被排除在司法确认程序之外的。如前所述，在有些领域、在有些地区行业性、专业性调解与行政调解存在水乳难分的关联。有些

---

① 奚晓明、张卫平主编：《民事诉讼法新制度讲义》，人民法院出版社 2012 年版，第 264~265 页。

② 全国人大常务委员会法制工作委员会民法室编著：《中华人民共和国民事诉讼法释解与适用》，第 311~312 页。关于以上分歧引自韩波：《审判终极性：路径与体制要素》，法律出版社 2013 年版，第 100~102 页。

行业性、专业性调解组织还很难被列入社会团体或其他组织设立的人民调解委员会，如深圳证券期货业纠纷调解中心是经批准登记的公益性事业单位法人。[①] 根据立法机关的解释，旨在及时、有效、和谐地化解资本市场纠纷，优化前海深港现代服务业合作区和深圳特区金融发展环境，促进资本市场的健康发展的深圳证券期货业纠纷调解中心所作调解协议是不能进行司法确认的。这显然会构成这家调解中心发展的深层障碍。据悉，当事人在该调解中心调解人员主持下达成调解协议的，任何一方当事人可依据调解协议中的仲裁条款，申请深圳国际仲裁院根据其仲裁规则的规定，按照调解协议的内容依法快速作出仲裁裁决。[②] 仲裁与调解的独特联结方式巧妙化解了深圳证券期货业纠纷调解中心所面临的调解协议效力难题，不过，仲裁裁决在执行中还可能存在被法院裁定不予执行的情形，人民调解协议司法确认裁定的执行中就不会出现这种情形。这种比较劣势或多或少还会影响到该机构调解业务的拓展。已经初具规模的中国国际贸易促进会/中国国际商会调解中心所面临的法律争议则更为突出。这家调解中心具有营利性，有明确的调解收费标准。这也是与当前国际上调解行业接轨的做法。不过，在我国免费原则是人民调解的基本原则之一。行业协会具有以下特征：（1）非营利性。非营利性即不以追求利润最大化为目的，其成立和运作的目的在于为其成员提供一些公共服务，不以营利为圭臬。（2）中介性。中介性是指行业协会是国家与企业之间的联结，其在一定程度上担负着促进和保障国家与企业相互沟通的功能。（3）与政府的目的及企业的目的不同。政府目的是促进公共利益，企业目的是追求自身利益最大化，行业协会的宗旨主要在于促进本行业的集体性

---

① 钟国斌、胡思幸、熊子恒：《深圳证券期货业纠纷调解中心落户前海》，载《深圳商报》2013年9月24日。

② 钟国斌、胡思幸、熊子恒：《深圳证券期货业纠纷调解中心落户前海》，载《深圳商报》2013年9月24日。

利益或共通性利益。① 作为非营利性社会团体的行业协会设立的调解组织可以归入《人民调解法》拓展的人民调解委员会之列。中国国际贸易促进会/中国商会调解中心进行的也是行业性、专业性调解，但是，因其奉行营利原则而很难归入人民调解组织之列。这家调解中心已经与多家基层法院建立起商事调解的联动机制，也在进行着调解。该调解中心所作的调解协议究竟该如何实现其应有的效力呢？按照 2009 年最高人民法院颁发的《诉讼与非诉讼相衔接若干意见》，该调解中心所作商事调解协议是可以进行司法确认的，而根据立法机关对民事诉讼法新增的调解协议司法确认程序所作的学理解释，该调解中心所作商事调解协议是不可以进行司法确认的，只能通过形成公证机关赋予强制执行效力的债权文书途径与督促程序途径来保障调解协议的效力。这显然会影响到该调解中心调解业务的拓展，也会影响到正在进行的商事调解联动机制改革试点的运行。

当 2009 年最高人民法院颁发的《诉讼与非诉讼相衔接若干意见》在调解协议效力保障机制方面的扩张性解释遭遇立法机关的限缩解释时，也不能一味地期待立法机关立场的转变。同时，也应该意识到立法机关限缩解释背后潜在的促进行业性、专业性调解淡化行政影响、回归社会自治性的积极效应。

四、行政调解的现状与完善

（一）个案与问题

【个案】2013 年 8 月 23 日，郑某怒气冲冲地来到重庆巴南区工商分局花溪工商所投诉，称自己在李九路某安置房小区准备接房时，被小区物管要求全额一次性缴纳 6 个月物管费，否则拒绝交

---

① 刘莘、李大鹏：《论行业协会调解——制度潜能与现状分析》，载《当代中国行政法的源流——王名扬教授九十华诞贺寿文集》，中国政法大学出版社 2006 年版。

房。花溪工商所工作人员立即与小区物管取得联系。据了解，该物管具备相关的物管经营手续，物管工作人员在收取物管费时与郑某在交接房时间和缴费方式上沟通有误，造成郑某情绪激动，并为此与物管发生冲突。经过花溪工商所工作人员的努力协调，晚 7 时许，双方终于达成协议：物管免除郑某一个月物管费，其后郑某按双方签订的物管合同正常缴纳物管费。双方对调解结果非常满意。

【问题】这是一段由投诉引起的工商所进行行政调解的过程。在本案中，工商所成功解决了投诉到该所的物业管理纠纷。本案中显现的行政解纷效果是值得称道的。在这样的成功案例背后，需要思考的是行政调解的规则体系目前是何状况，行政调解运行中的问题何在，如何设计行政调解未来发展的路径。

（二）行政调解的规范分析

1997 年 11 月 3 日，国家工商行政管理局公布《合同争议行政调解办法》（中华人民共和国国家工商行政管理局令第 79 号）。这一部门规章是目前仍然有效的最早的关于行政调解的法律规范。这一部门规章对于合同争议调解的原则（自愿、公平、不公开）、受理条件、调解程序作出规定。根据笔者的观察与资料查阅，现在到工商行政管理局进行合同争议调解的案件十分少见，这一部门规章的适用率也比较低。在构建大调解格局的纠纷解决的时代背景下，各种类型的行政调解方兴未艾。近两年，浙江省、广安市、贵阳市制定的行政调解的规范性文件影响较大。本书主要以这一省两市的行政调解规范文本作为分析的样本。

1. 何为行政调解

2013 年 5 月 21 日，浙江省人民政府办公厅公布的《关于加强行政调解工作的意见》（浙政办发〔2013〕52 号）明确行政调解是行政机关依照法定职权，以平等自愿为基础，以事实为依据，在法律范围内通过协调、协商处理行政争议和有关民事纠纷的重要机制。2012 年 4 月 5 日，贵阳市人民政府公布《贵阳市行政调解暂行规定》（贵阳市人民政府令第3号）。该规定第3条明确指出，行政调解，是指行政机关根据相关法律、法规、规章和政策规定，对与其行政职能有关的矛盾纠纷，通过疏导、说服、教育，促使各方当事人在自愿、平等协商的基础上达成一致协议，以解决矛盾纠纷的行为。除了将行政调解定位为"机制"，还在"行为"方面及调解依据方面有差异，这两个概念界定在内容上大体一致。尽管《合同争议行政调解办法》、广安市人民政府《关于2013年全市行政调解工作的意见》没有界定行政调解，但从其规范内容来看，基本上与上述概念界定保持一致。上述概念也是对这些年行政调解实践与行政调解学理研究的比较准确的总结。本书关于行政调解的分析也以上述概念界定为基础。申言之，行政调解是一种纠纷解决方式，其调解主体是行政机关，其调解对象是与行政职能相关的纠纷（行政争议与相关民事纠纷），其调解方式是疏导、说服、教育，其调解结果是调解协议，其基础原则是平等自愿，其目的是解决矛盾纠纷。

2. 行政调解的依据

就行政调解的依据而言，各地在认识上还有一定的分歧。浙江省人民政府办公厅《关于加强行政调解工作的意见》（浙政办发〔2013〕52号）界定行政调解时强调"行政机关依照法定职权""在法律范围内"调解，可见，在该省的行政调解规则制定者看来，行政调解只能以法律作为调解依据。《贵阳市行政调解暂行规定》明确的调解依据是相关法律、法规、规章和政策规定。在该市的行政调解规则制定者看来，政策成为可以行政调解的依据。暂将政策究竟应否成为行政调解的依据置于一边，我们看到广安市人民政府《关于2013年全市行政调解工作的意见》明确了政策成为调解依据的前提条件。广安市人民政府《关于2013年全市行政调解工作的意见》中格外强调，市、区市县行政执法部门要依据法律、法规规定，科学界定本部门行政调解范围，依法明确应当调解、可以调解和禁止调解的行政争议纠纷的具体范围并予以公开。

对法律、法规规定的行政调解事项，要严格依法调解。对法律、法规没有规定，但政策允许调解的与行政管理有直接或间接关联的民事纠纷，要结合有关法治原则，大胆探索调解的具体范围，把握不准的，要及时组织研究。总体来看，目前，行政调解的依据构成是以法律为准绳、政策为补充的规则体系。

3. 行政调解的范围

对此，浙江省人民政府办公厅《关于加强行政调解工作的意见》采取直接明了的列举方式，列举了行政争议及公民、法人或者其他组织之间产生的与行政管理相关的民事纠纷。重点是交通损害事故赔偿、消费者权益保护、医疗卫生、土地（林地、海域）权属争议、环境污染损害赔偿、劳动就业、渔业、生产事故等方面的民事纠纷；贵阳市人民政府公布的《贵阳市行政调解暂行规定》，明确行政调解的范围为：行政机关与公民、法人或者其他组织之间产生的行政争议；依法应当由行政机关行政裁决和调处的民事纠纷；公民、法人或者其他组织之间产生的与行政管理有直接关联的纠纷。广安市人民政府《关于 2013 年全市行政调解工作的意见》将行政调解的范围分为三个层次：第一层次，对法律、法规规定的行政调解事项，要严格依法调解；第二层次，对于行政不合理案件，行政不作为案件，行政行为存在瑕疵的案件，法律、法规不完善或相互之间存在不一致的案件，历史遗留导致证据无法查明的案件，法律关系复杂或影响重大的案件，可以探索纳入行政调解范围；第三层次，对于因抽象行为、内部行政行为引起的行政争议，因行政许可、征收、确认或禁止性、标准性规定而产生的行政争议，因生效文书引起的行政争议，有关机关正在处理的行政争议等，可以暂不纳入行政调解范围。总体来看，在行政调解范围上，基本囊括的是行政争议与行政管理相关的民事纠纷，因为公民、法人或者其他组织之间产生的纠纷也属于平等主体之间的民事纠纷。广安市将案件分为必须调、可以调、不能调三类的行政调解范围界定方法具有更强的可操作性与实用性。

4. 行政调解的原则

就行政调解的原则，浙江省人民政府办公厅《关于加强行政调解工作的意见》明确了自愿平等原则、合法正当原则、调解优先原则、便民高效原则。贵阳市人民政府公布的《贵阳市行政调解暂行规定》明确的行政调解原则是谁主管谁负责、依法合理、自愿平等、尊重诉权、及时便民、促进和谐的原则。上述规范性文件所倡导的行政调解原则中有一部分是各种类型的调解都要服膺的原则，即平等、自愿、合法原则；另一部分则是各地根据各地具体情况进行的总结。从这些总结来看，便民成为对行政调解价值追求的一种共识。难能可贵的是，贵阳市的规范性文件中将尊重诉权原则作为行政调解的原则，自觉地在审判终极性的纠纷解决体系框架内进行了行政调解的自身定位。这对于后续规则的设计与运行具有直接的作用和影响。

5. 行政调解的程序

浙江省人民政府办公厅《关于加强行政调解工作的意见》从行政调解的启动、行政调解的实施、行政调解书的制作三个方面，规定了行政调解的流程。据此意见，行政调解机关依申请或者依职权启动行政调解。同一行政机关对同一当事人提出的同一事项已经作出行政复议或者信访处理决定的，不再受理行政调解申请；行政调解申请受理后，原则上在20个工作日内结案，听证、鉴定和专家评审所需时间不计算在内；行政调解达成协议的，行政调解机关应当制作行政调解书，由当事人、调解主持人签名并加盖行政调解机关印章，自当事人签字之日起生效。有关民事纠纷经行政调解达成协议的，可申请有管辖权的人民法院或者仲裁机构确认其效力。贵阳市人民政府公布的《贵阳市行政调解暂行规定》第9条至第24条就行政调解案件的启动、管辖、调解方式、证据收集、调解当事人权利义务、调解工作操守与行为规范、调解协议的效力、调解终结等各个环节的程序要求进行了具体规定。据此规定，当事人可以书面或者口头向矛盾纠纷发生地或者具有管理权限的行政机关申请行政调解。行政机关应当对矛盾纠纷事项进行必要的调查，收集相关证据。行政调解人员应当依据本行政机关收集和当事人提供的证据认定案件事实，找准矛盾纠纷争议的焦点，有针对性地进行调解，引导当事人达成解决纠纷的行政调解协议。行政机关调解矛盾纠纷，应当制作调解笔录。行政调解笔录应当全面、真实地记载调解过程，并由调解人员和双方当事人、第三人签名；经行政调解达不成协议或者行政调解协议生效之前，一方当事人或者第三人反悔的，行政机关应当终止行政调解。从上述规范性文件来看，各地对行政调解程序的设计思路上存在一定差异，如启动方式分为依申请启动与依职权启动结合的二元启动机制与只依申请启动的一元启动机制；各地对行政调解程序安排的侧重点不同，有的地区重视申请次数限制、效力确认机制，而有的地区则重视证据基础的调解机制与调解终止机制。

（三）行政调解的必要性与优势

活跃在行政调解"一线"上的行政机关，对行政调解的必要性已有深刻体会。比如，贵阳市人民政府在《关于〈贵阳市行政调解暂行规定〉的说明》中就将行政调解的意义归纳为三点：第一，行政调解是强化调解职能、维护群众利益的有效途径。群众利益无小事，群众利益又是多方面的，这就要求解决矛盾纠纷的手段灵活多样，才能达到预期的效果。第二，行政调解是拓宽调解领域、促进社会和谐的重要举措。充分发挥行政调解专业、综合、便捷的功能作用，有助于扩大调解工作的覆盖面，使影响和谐的问题及时得到解决，从而促进社会的安定、有序。第三，行政调解是整合调解资源、维护公平正义的迫切需要。将行政调解作为人民调解、司法调解的有益补充，形成整体合力，增强针对性、实效性，及时处理好新时期的矛盾纠纷，对维护社会公平正义和促进本市生态文明建设等具有十分重要的意义。总而言之，从充分发挥调解优势，实现调解方式多样化、调解范围宽幅化、调解资源整合化的视角看，将行政机关的行政执法权优势体现于纠纷解决领域是有必要性的。

范愉教授将我国行政调解概括为四种基本形式：行政机关在行使管理职能时对民事纠纷附带进行的调解；基层人民政府应当事人申请，对民间纠纷的调解；贯穿于行政裁决程序中的调解；各级各类行政机关应当事人申诉、投诉或信访而对纠纷个案进行的调解处理，包括常规性和随机性的个案调处。① 徐昕教授认为，行政调解具有便捷、高效、权威、成本低（无偿性）、专业性（在行政职权范围内的调解）等优势，多年来，行政机关调解处理了大量纠纷，维护了当事人的合法权益，促进了社会和谐。② 范愉教授亦在重构我国的行政性纠纷解决机制及行政调解的思路中特别凸显了行政纠纷解决机制及行政调解的必要性。这些必要性包括：涵盖正当性、合理性、效益性、专门性、程序利益以及调解的功能与价值的客观优势；我国公民在纠纷发生之后向政府或行政主管机关求助的纠纷解决习惯与实际需求；社会转型期社会矛盾对抗性强、纠纷多发、处理困难，司法资源短缺、司法能力有限、司法程序的固有局限性和当事人的能力低、法律规则与制度的缺漏和滞后的特殊性。这一时期，使纠纷解决必须提上政府的工作日程，而行政调解在构建和谐社会、维护稳定和综合治理中的优势得以彰显。例如，在解决拖欠建筑行业农民工工资的问题上，劳动监察部门的积极介入远远比诉诸司法更为高效、经济，对农民工工资权益的维护效果更好。在环境争议中，环保机构可以直接行使调查权，减轻环境公害受害者的举证责任，更有利于达到个案的实质公正。基层政府在解决移民、农民土地权益、村民自治、林木土地政策等方面，必须考虑地区间的差异以及当地居民的生活习惯、观念、人口构成、社会结构和经济文化发展程度、社会效果和效益等因素，这些都是行政调解

① 范愉：《多元化纠纷解决机制与和谐社会的构建》，经济科学出版社 2011 年版，第 371~373 页。

② 徐昕：《迈向社会和谐的纠纷解决》，中国检察出版社 2008 年版，第 71~73 页。

的优势所在。① 笔者认为，行政调解的必要性与其自身优势是密切关联的，我国公民的纠纷解决习惯与纠纷解决方式选择倾向已经很难从历史记载中推演出来。从前述问卷调查统计结果看，我国公民对纠纷解决方式的直观选择并不倾向于行政解纷方式，但面对具体纠纷时却不能抗拒行政解纷方式的吸引力。在大众观念层面，行政机关与法院的分工意识已经形成。现实生活中，国家行政管理在经济领域及社会生活中渗透力极强的影响力，也会自然使其确立在纠纷解决过程中的地位。利益衡量，是社会公众选择纠纷解决方式最直接的方式。行政机关在社会管理中的强势地位及其基于分类管理产生的专业性优势，会使社会公众产生解纷效果更好、程序利益更高的心理预期。这种心理预期与转型期的解纷压力相结合，就衍生出行政调解的必要性。正如调解在弥补法律空白、法律滞后的法律制度不足，缓和紧张的人际关系，降低纠纷解决成本等方面显现出必要性与优势，而在模糊是非、淡化法律意识方面却具有固有的缺憾一样，行政调解的必要性也不可作扩大化理解。毕竟，行政机关的解纷优势还要受到行政机关的职权设置、各级各地行政机关调解机构、调解人员、调解程序、具体纠纷类型的限制。行政依赖究竟是一种好的社会性格还是后果堪忧的社会性格，究竟应该是一种永续性的社会性格还是应渐趋消退的社会性格中的因素，是值得深思的。

（四）行政调解的问题与完善路径

1. 行政调解的问题

（1）法规范问题。徐昕教授对目前行政调解制度方面问题有比较充分的揭示，他认为，赋予行政调解权的法律文件种类多，涉及法律、法规、规章等，层次不齐；法律条文简单，可操作性不强，有些规定不明确；调解的范围偏小；调解的原则、程序、方

---

① 范愉：《多元化纠纷解决机制与和谐社会的构建》，经济科学出版社 2011 年版，第 375~382 页。

法、时限、调解协议的内容和效力、法律责任等不清。其中行政调解协议效力欠缺问题尤为突出。① 范愉教授认为，尽管行政执法和基层政府的附带性调解效果明显，但由于缺乏法律、制度和资源的支撑，发展很不均衡，而调解协议效力不明确使部分行政调解甚至不得不采用人民调解的包装。② 两位教授分析的行政调解法规范方面的缺陷，主要反映的是国家立法层面的问题。在地方层面，各级各地政府关于行政调解的规范性文件还是非常丰富的。就在笔者搜集的近两年的浙江省、贵阳市、广安市关于行政调解的规范性文件而言，上述问题已经都得以解决。笔者以为，在行政调解法规范方面主要的问题是国家法与司法解释及地方法的分歧。最高人民法院《诉讼与非诉讼相衔接若干意见》规定，经行政机关或者其他具有调解职能的组织对民事纠纷调解后达成的具有给付内容的协议，当事人可以按照《公证法》的规定申请公证机关依法赋予强制执行效力。债务人不履行或者不适当履行具有强制执行效力的公证文书的，债权人可以依法向有管辖权的人民法院申请执行。对于具有合同效力和给付内容的调解协议，债权人可以根据《民事诉讼法》和相关司法解释的规定向有管辖权的基层人民法院申请支付令。经行政机关或者其他具有调解职能的组织调解达成的具有民事合同性质的协议，经调解组织和调解员签字盖章后，当事人可以申请有管辖权的人民法院确认其效力，人民法院依法审查后，决定是否确认调解协议的效力。确认调解协议效力的决定送达双方当事人后发生法律效力，一方当事人拒绝履行的，另一方当事人可以依法申请人民法院强制执行。各地政府大都据此司法解释确定了当地行政调解协议的效力，也对行政调解的程序进行了合理设计。2011 年 1 月 1 日起施行的《人民调解法》在法律层面规定了调解协议的司法确

---

① 徐昕：《迈向社会和谐的纠纷解决》，中国检察出版社 2008 年版，第 71~73 页。

② 范愉：《多元化纠纷解决机制与和谐社会的构建》，经济科学出版社 2011 年版，第 375~382 页。

认程序。2011 年 3 月 30 日，最高人民法院颁行的《司法确认的若干规定》正式施行。不过，该司法解释对于行政调解协议是否属于可以进行司法确认的人民调解协议并未作出规定。2012 年 8 月 31 日，《关于修改民事诉讼法的决定》颁布后，人民调解协议司法确认程序作为民事诉讼法的特别程序正式确定下来。不过，立法机关工作的同志认为，考虑到目前只有《人民调解法》对人民调解委员会调解的司法确认作出了规定，而行政调解情况复杂，是否对其达成的协议规定司法确认，各方面的意见还不一致，因此，本条规定，依照《人民调解法》等法律的规定，才可以申请司法确认。按照《人民调解法》的规定，人民调解委员会的调解可以申请司法确认。人民调解委员会包括由村民委员会、居民委员会设立的调解委员会，也包括乡镇、街道以及社会团体或者其他组织根据需要参照人民调解委员法有关规定设立的人民调解委员会。本条规定既考虑了我国民间纠纷的特点和人民调解工作的实际情况，将通过非诉讼解决民间纠纷与诉讼方式作了衔接，也为将来的发展留下了空间。今后的实体法对其他组织的调解与诉讼的衔接有规定的，依照法律规定办理。① 立法机关同志的这种认识直接折射出，国家立法与司法解释、地方性规范性文件之间的冲突。但是，这种认识是有道理的。举其一端，行政调解协议进入人民调解协议司法确认程序是有现实困难的。根据笔者分析的地方性行政调解规范性文件，在行政调解的案件范围内均包含行政争议案件，而行政争议案件根据最高人民法院颁行的《司法确认的若干规定》是无法进行效力确认的。这种冲突体现出的更深层次的问题是行政调解的定位与发展规模、范围设定问题。

（2）行政调解实践中的问题。彭钰、罗宁认为，在诸多行政调解过程中，出现了一定程度的"越位"或"缺位"。行政调解越

---

① 全国人大常委会法制工作委员会民法室编著：《〈中华人民共和国民事诉讼法〉释解与适用》，人民法院出版社 2012 年版，第 311~312 页。

位主要体现在三个方面：一是政府越级调解。政府越级调解是政府及政府各部门超越自己的职级，做了依法应由其他政府（上级政府、下级政府、外地政府等）或其他政府部门做的事。二是行政机关越权调解。政府越权调解往往体现为政府及政府各部门超越自己的职权，做了应当由市场、法院或其他单位进行调解的事宜，或者在实践中违反自愿、合法原则，造成当事人实际上被动和无奈地服从调解协议。三是政府机关越事调解。政府调解缺位现象也比较普遍，行政调解缺位主要体现在以下三个方面：一是行政机关随意放权，使某些行业协会或社团组织拥有超越常规的权力；二是行政机关畏难推权，不能正视自身职责；三是行政机关认识不足失权，对一些本应介入或者直接介入的调解事宜没有尽到调解的责任。①徐昕教授从实践中行政调解对自愿、合法原则违反的角度揭示了行政调解的问题：在实践中，特别是在欠发达地区，行政调解违反自愿、合法原则的情形比较普遍。例如，未经各方当事人同意，只是一方申请调解，便启动行政调解程序；强制调解；越权调解；久调不决（如以行政处罚相威胁）；违法调解，调解内容不符合法律规定；久调不决，故意拖延，使当事人失去索赔机会；剥夺当事人的诉权；有意偏袒一方当事人，甚至收受贿赂，等等。②张康林、高峙认为，我国当前通过行政调解方式解决纠纷存在严重不足，主要表现在以下两个方面：一是缺乏相应的行政调解组织和人员；二是行政调解组织和人员缺乏调解积极性。例如，出现交通事故，分管地域的交警一般会依职权认定当事人相应的过错程序或责任大小，而不乐于进行调解。主要原因是负责调解的交警要对自己的调处结

---

① 彭钰、罗宁：《行政调解的反越位和补缺位思考》，载于上海市高级人民法院、上海市司法局、上海市法学会编：《纠纷解决：多元调解的方法与策略》，中国法制出版社 2008 年版，第 214~219 页。

② 徐昕：《迈向社会和谐的纠纷解决》，中国检察出版社 2008 年版，第 71~73 页。

论负责任，而其本人怕担责任，交管部门也怕当被告。[①] 范愉教授
认为，当前行政调解实践中的突出问题是：其一，在信访制度改革
中，激烈争议导致无法达成共识，信访机构缺乏对相关争议进行调
解、协调和裁决的能力和资源，成为纠纷解决和社会治理的"瓶
颈"，乃至造成整个纠纷解决机制的阻滞不畅；其二，解纷方式、
程序及调解形式单一化，效果参差不齐。目前，很多行政机关开始
重视行政调解的作用，在正式化的思路下，建立了"调解庭"等
专门机构，并致力于提高解纷人员的专业化和职业化程度；一些行
政机关则寻求与人民调解的联动，采用委托调解的方式由社会力量
参与行政调解。这些努力尽管取得了明显的成就，但也存在诸多问
题，如在调解程序上一味地模仿法庭，强调对抗性、公开性、裁定
性和效率，调解方法和规则单一，过度强调法律的强制性、国家权
力中心，忽略当事人的参与和协商，往往难以充分发挥调解自身的
价值、功能和优势，也影响到调解的效果和成功率，以致全国各地
及不同的行政机构在调解的范围、数量和效果方面差距甚大。[②] 以
上专家学者揭示的行政调解的"越位""缺位"、调解积极性缺乏、
违法调解、强制调解、缺乏独特性等问题，在很大程度上是法规范
层面国家立法与司法解释、地方性规范性文件之间的冲突、法律与
政策导向不协调、在行政调解的定位与发展规模、范围设定问题上
的认识分歧引起的。

　　（3）对行政调解认识上的问题。在范愉教授看来，导致行政
调解困境的认识因素主要是：一方面，片面理解所谓"小政府、
大社会"和行政权限等理论，不考虑社会需求和现实，一味地对
行政权限进行限缩；另一方面，现有的行政调解纠纷机制在理念、

---

　　① 张康林、高峙：《疏通多元纠纷解决渠道　高效快捷维护公平正义》，载《求
实》2009 年第 8 期。
　　② 范愉：《多元化纠纷解决机制与和谐社会的构建》，经济科学出版社 2011 年版，
第 375~382 页。

制度程序设计和方法手段等方面严重落后，影响了其功能的发挥和制度的发展。① 与此观念一脉相承，在张康林、高峙看来，导致行政调解当前不良状态的认识方面的原因是，由于宪政构建意识的影响，在现代宪政文明国家的建设过程中，根据经典的权力制衡原则，在一个行政权长期独大，司法权基础脆弱的社会中，有学者认为应当"扶植"司法权而限制行政权，因而对行政解决民事纠纷的机制持警惕态度，担心行政权侵入司法权的固有领域，进而削弱尚有待提高的司法地位，阻碍宪政权力制衡格局的形成；将行政调解协议作为具体行政行为，当事人不服时可以以此为由向行政机关提起行政诉讼。② 根据我国《宪法》的规定，唯一可以通过行使审判权（狭义司法权）方式解决民事纠纷的就是法院，人民调解委员会解决纠纷的权力来源是社会自治权，行政机关解决纠纷的权力来源是行政管理权。从权力来源的角度看，行政调解权属于行政管理权的灵活、变通延伸。从市场经济发展的角度看，行政管理权是必要的但也必须是有限的；从健全社会管理角度看，行政管理权也是必要且有限的。众所周知，在国家权力架构中，行政权具有天然的优势。如果为了纠纷的解决，进一步依赖并扩大行政职权，势必导致国家权力架构的失衡，加剧行政权约束的难度，势必进一步加剧行政权寻租的严重性。彭钰、罗宁在研究中发现的"馒头办"实例足以表明，进一步扩大行政职权的确存在导致上述严重后果的可能性。③ 笔者对行政调解的正当性与必要性不持异议，但是，对无限扩张行政调解观念的危险性是应该保持足够的警惕态度的。当

---

① 范愉：《多元化纠纷解决机制与和谐社会的构建》，经济科学出版社 2011 年版，第 375~382 页。

② 张康林、高峙：《疏通多元纠纷解决渠道高效快捷维护公平正义》，载《求实》2009 年第 8 期。

③ 彭钰、罗宁：《行政调解的反越位和补缺位思考》，载于上海市高级人民法院、上海市司法局、上海市法学会编：《纠纷解决：多元调解的方法与策略》，中国法制出版社 2008 年版，第 216 页。

"简政放权"已经成为行政机关改革的大趋势的时候，通过扩充其纠纷解决权来进一步强化行政权、进一步使行政机构膨胀，在很大程度上是在制造混乱。当基于行政调解可能的纠纷解决效率、力度优势产生的"晕轮效应"遮蔽了行政调解可能携带的中立性缺陷、寻租导向缺陷时，盲目扩大行政调解的冲动与行政调解的现实制约就会在法规范层面与实践层面产生矛盾。立法机关暂不考虑将行政调解协议纳入司法确认程序的事实判断基础是全面的，只有在对行政调解正反两方面的效应进行合理、辩证的认识，将其定位为适度发展的可选性纠纷解决方式而非强力、大幅度推行的纠纷解决方式，将其发展规模控制在现有法律规定的行政调解职权范围内，在现有的行政机关调解职权范围内提升其调解质量，进而产生对行政相对人的吸引力，才能形成行政相对人需求推动型行政调解发展模式，才能避免政府推动型行政调解发展模式下在行政调解机构虚置状态下的政府投资浪费，才能走出行政调解的当前乱象，才能形成具有独特优势与独特"品格"的作为民事诉讼有益补充的行政调解。

2. 行政调解的完善路径

徐昕教授认为，行政调解制度的完善应从以下三个路径着手：首先，赋予行政调解一定的法律效力。其次，行政调解应坚持自愿、合法原则。第一，调解程序的启动须经各方当事人同意，充分尊重当事人的意思自治。第二，行政机关在调解过程中应保持中立，平等对待各方当事人，维护双方的合法权益。第三，调解内容须符合法律、法规和国家政策的规定。第四，调解不成的，当事人可向法院提起诉讼，不应"久调不决"，更不应限制当事人的诉权。第五，强化监督机制，对违法调解的行为人实施必要的制裁，确保自愿、合法原则得以贯彻。最后，健全行政调解的法律体系，把行政调解纳入规范化的法制轨道。第一，清理行政调解的职权范围，依现行法律列举各行政部门所享有的调解权，并规定越权调解无效。第二，扩大行政调解的范围。第三，明确行政调解的原则，应包括自愿（强调行政调解非必经前置程序）、合法、回避（与纠纷有利害关系的行政人员不得参与调解）和一级调解原则，取消"查明事实、分清是非"原则，明确调解协议不得违反法律禁止性规定、不得损害国家利益、社会公共利益和他人的合法利益。第四，规定行政调解的程序、方法、时限（以三个月为限）、调解协议的内容和效力、救济、法律责任等。第五，修改《民间纠纷调处办法》，或者制定《行政调解法》，将上述制度设计纳入统一的立法之中。①

　　彭钰、罗宁提出行政调解反越位、补缺位的对策：正确认识行政调解的作用。在纠纷解决机制的设计中，我们须完善行政调解，改变近年来对行政机关解决纠纷的偏见。要提高行政调解工作人员的素质，发展行政管理中专家型调解的作用，如专家在调解中对专业问题所作的技术评定可以在将来作为相关的证据使用；加强行政调解的有关制度建设。健全行政调解的法律体系，将其纳入规范化的法制轨道；明确行政调解的范围。适当调整行政调解的范围。督促行政机关与行业协会真正分离，行业协会与行政机关要做到四分离：人员分离、财务分离、办公场所分离和职责分离，严格限定行业协会的职权范围。强化行政机关对行业组织的指导作用；创新行政调解的模式。要充分发挥行政调解的功能，还需要不断地创新调解模式，整合各种资源，使其产生最大的效果。要增强行政调解的主动性和预见性，对于带有普遍性和规律性的调解案例，要及早介入，深挖根源，从源头上杜绝纠纷的萌芽和发生。要选聘大量的调解信息员，及时了解、掌握并反映矛盾和问题，做到早预测、早预报、早预防，把各类矛盾纠纷化解在基层，化解在萌芽状态。②

　　张康林、高峙认为，建立健全行政调解解决纠纷机制，首先，

---

① 徐昕：《迈向社会和谐的纠纷解决》，中国检察出版社2008年版，第81~83页。

② 彭钰、罗宁：《行政调解的反越位和补缺位思考》，载于上海市高级人民法院、上海市司法局、上海市法学会编：《纠纷解决：多元调解的方法与策略》，中国法制出版社2008年版，第214~219页。

要澄清行政调解的法律性质，它并不是行政行为，而是司法行为，因此，对行政调解不服时可以提起民事诉讼，而不能以作出裁决或调解的行政机关为被告提起行政诉讼。其次，对行政调解效力作出明确规定。为了提高行政调解的法律适用效果，可以考虑借鉴英美等国的做法，对于特定领域的行政调解，在确保相关行政调解机构独立性、专业性和调解程序公正性的基础上，直接赋予该调解协议等同于法院调解的效力，即允许其具有执行力，当事人不服的可以向法院提起上诉，法院的审查裁判为终审判决。再次，借鉴外国治安法官的做法，在行政机关中增设解决纠纷的调处机构及人员，同时还应适当吸收外部专家参与，并对人员的选配和比例设定明确的条件，如要求担任相关工作人员必须具备相关工作经验或阅历，并且，应当明确其任命程序。最后，建立健全行政调解的工作程序规定，具体内容可以参照司法解决纠纷的程序规范。①

范愉教授完善行政调解的思路是，行政性纠纷解决机制作用方式应更加多样化：一方面，发挥行政干预的功能，将主动介入与申请介入相互结合；另一方面，注重与民间社会机制的衔接，将直接处理与委托社会力量（购买服务）相结合，重视调解的作用及其与裁决的结合，从而继续加强其纠纷解决，使程序更加合理、形式更加多元，与司法机制和民间机制共同构成多元化纠纷解决机制。包括：通过相关立法或政策确立发展战略，确认和规范行政机关与基层政府在民间纠纷处理中的地位和职责，根据日常民间纠纷、政策性纠纷、群体性纠纷、各类专门性纠纷（婚姻家事、劳动人事、环境、消费、物业、医疗等），以及民事纠纷与行政争议的区别和实际需要，通过实体法和程序法，设计和建构不同的解纷机制，并明确行政调解在其中的地位、作用和程序。确立服务型政府的理念。一方面，应将政府参与纠纷解决作为其服务功能、法定职责和

---

① 张康林、高崎：《疏通多元纠纷解决渠道高效快捷维护公平正义》，载《求实》2009 年第 8 期。

公共资源；另一方面，行政性纠纷解决机制应与社会自治机制之间形成协调互动。随着社会自治能力的提高和资源的增加，在条件成熟和社会认同的前提下，可逐步将部分行政性解纷功能和权限向社会组织转移，或将行政性机制逐步转化为民间社会性机制，实现公共服务社会化。①

上述专家、学者完善行政调解的见解与建议兼有见仁见智之处，如行政调解应坚持自愿、合法原则，充分尊重当事人的意思自治，行政机关在调解过程中应保持中立，平等对待各方当事人，维护双方的合法权益；清理行政调解的职权范围，依现行法律列举各行政部门所享有的调解权，并规定越权调解无效。② 注重行政调解与民间社会机制的衔接，将直接处理与委托社会力量（购买服务）相结合，重视调解的作用及其与裁决的结合，随着社会自治能力的提高和资源的增加，在条件成熟和社会认同的前提下，可逐步将部分行政性解纷功能和权限向社会组织转移，或将行政性机制逐步转化为民间社会性机制，实现公共服务社会化。③ 不过，以下四个基本点上的分歧需要厘清：

（1）盲目扩大范围还是合理设定范围。不少专家、学者建议扩大行政调解的范围，笔者认为，在现有行政调解乱象丛生的现状下主张盲目扩大行政调解的范围是不够谨慎的。就当前纠纷解决实践而言，少制造纠纷比多解决纠纷更重要。在行政调解定性不明，行政调解机构、人员、程序、协议效力缺乏国家法律保障的情形下，盲目扩大行政调解案件范围，很可能会制造衍生纠纷，产生更庞大的纠纷解决成本以及不良的连锁效应，因此，更理智的做法是走出行政权优势的"晕轮效应"，理性考量法定行政调解的功效与

---

① 范愉：《多元化纠纷解决机制与和谐社会的构建》，经济科学出版社 2011 年版，第 375~382 页。

② 徐昕：《迈向社会和谐的纠纷解决》，中国检察出版社 2008 年版，第 81~83 页。

③ 范愉：《多元化纠纷解决机制与和谐社会的构建》，经济科学出版社 2011 年版，第 375~382 页。

纠纷解决实际需求的前提下合理设定行政调解范围。

（2）行政调解的性质。对于行政调解究系行政行为还是司法行为的争议是需要解决的。这与行政裁决的性质之辩有一定的相关性。笔者认为，行政裁决这种行政司法宜理解为与行政管理事项相关的司法行为，而不宜理解为行政机关的司法行为。[1] 行政调解很难称为司法，它可以界定为与行政管理事项相关的辅助性解纷行为。行政调解后的司法审查需要以调解的纠纷性质来确定，如调解的是民事纠纷，后续司法审查方式应是民事司法确认程序或民事诉讼；如调解的是行政争议，后续的司法审查方式应是行政诉讼。无论哪种司法审查方式，如果发现有行政机关在调解中的违法行为都应有一定的行政问责机制，否则，行政调解中的行政职权将因不受约束而易被"腐蚀"。

（3）协议效力的直接形成与有条件确认。有专家认为，为了提高行政调解的法律适用效果，可以考虑借鉴英、美等国的做法，对于特定领域的行政调解，在确保相关行政调解机构独立性、专业性和调解程序公正性的基础上，直接赋予该调解协议等同于法院调解的效力，即允许其具有执行力，当事人不服的可以向法院提起上诉，法院的审查裁判为终审判决。[2] 结合目前行政调解中滋生的问题，笔者认为，这种令行政调解协议效力直接形成的建议是危险的。因为确保相关行政调解机构独立性、专业性和调解程序公正性的过程中的不确定性因素太多，这种"确保"很可能会虚化。一旦行政调解协议的效力真的如此直接、如此强大地形成了，发生偏差可能很难纠正。这不仅会滋生新的纠纷，而且可能因纠正困难而使纠纷升级，进而增加法院的负担以及行政机关的信访压力。目前，社会诚信机制仍存在较大的漏洞，借道调解协议司法确认程序

---

① 韩波：《审判终极性：路径与体制要素》，法律出版社 2013 年版，第 137 页。
② 张康林、高峙：《疏通多元纠纷解决渠道 高效快捷维护公平正义》，载《求实》2009 年第 8 期。

实施欺诈侵害国家利益、社会利益、案外人利益的形形色色的案件时有发生。行政调解协议效力的直接形成机制将使行政调解面临较大的被恶意利用的风险。笔者认为,立法机关同志对行政调解协议所持的有相关法律明确规定其是否可以进行司法确认的立场与态度是可取的。这中间就蕴含着对行政调解协议有条件确认的意旨。

(4)与社会组织分离还是依赖社会组织。有专家认为,要督促行政机关与行业协会真正分离,行业协会与行政机关要做到"四分离":人员分离、财务分离、办公场所分离和职责分离,严格限定行业协会的职权范围。① 笔者认为,尽管行政机关授权行业协会进行行政调解过程中出现了一些有负面影响的行为,但是不能因噎废食。在大规模纠纷解决方面,依靠社会组织比依靠行政机关更为可行。美国发生的底特律城市破产、联邦政府"停摆"事件给我们的启示是行政支出是不可能无限制地扩大的。无论从市场经济发展还是民生保障方面看,行政成本也只能减缩,而不应持续增长。过分倚重行政机关的行政调解,就必须增加这方面的行政支出,否则,不可能进行有成效的行政调解。仅就这一方面来讲,在纠纷解决方面,更多地依赖社会组织更为可行。当前,应当以灵活机制更多地从促进社会自治、行业自治方面,来寻求纠纷解决的创新机制。只有社会走出行政依赖的思维怪圈,行政机关才能真正地简政放权,才能集中精力行使好行政执法权。

---

① 彭钰、罗宁:《行政调解的反越位和补缺位思考》,载于上海市高级人民法院、上海市司法局、上海市法学会编:《纠纷解决:多元调解的方法与策略》,中国法制出版社2008年版,第214~219页。

第八章 仲裁的意义及其纠纷解决机制的构建与完善

一、仲裁在和谐社会中的角色

（一）仲裁理念对和谐社会纠纷解决基本要求的诠释

从语义上讲，"仲裁"中的"仲"表示居中，"裁"表示衡量、评断、作出结论。"仲"以公正、平和、倾听、中立等本意成为仲裁之核心，体现着和谐之韵。作为现代纠纷解决机制的法律制度之一，仲裁是指在争议发生前或争议发生后，当事人通过达成仲裁协议，自愿将争议提交给中立第三者作出裁判，从而使纠纷得以解决的方法和制度。仲裁所具有的理念亦完美地诠释着和谐社会对纠纷解决机制的基本要求。

1. 意思自治理念契合和谐的本质

"商事仲裁法中的首要原则是当事人意思自治。"[1] 意思自治的仲裁理念所体现的是国家对当事人程序选择这一意思自治过程的尊重。程序选择权，即当事人在法律规定的范围内，依据自己的意志选择纠纷解决方式，在纠纷解决过程中选择一定程序及与程序相关事项的权利。[2]

意思自治理念是仲裁制度的灵魂，也是和谐的本质。和谐社会

---

① ［英］施米托夫：《国际贸易法文选》，赵秀文选译，中国大百科全书出版社1993年版，第611页。

② 参见邱联恭：《程序选择权之法理》，载《民事诉讼法研讨》（四），台湾三民书局1993年版。

的一个本质属性就在于，和谐是人的思想的协调和主观能动作用的结果①。和谐社会从以人为本出发，将人的主观能动性和思想协调性作为和谐社会所追求的目标。孔子曰："喜怒哀乐之未发，谓之中，发而皆中节，谓之和。中者天下之大本也，和者天下之达道也。至中和，天下位焉，万物育焉。"和谐社会的这些本质内涵与仲裁尊重当事人的自主性的理念完全吻合，仲裁制度和和谐社会都不约而同地把对人的尊重放在第一位。

在构建和谐社会的过程中，意思自治的仲裁理念是建立和达到和谐的基础，"自主选择、自主决策、自主行为、自主负责"能够充分尊重人性，使人性化的法律思想和法律原则产生巨大的社会效能，成为和谐社会的一项自律性准则，成为一种再造和谐的具体实践。

2. 专业、服务理念是和谐的要求

专业性是仲裁区别于诉讼及其他诉讼外纠纷解决方式的显著特征。仲裁的公信力之一就来源于仲裁的专业性，专业性使仲裁制度可以更加和谐地解决社会争议。仲裁制度的专业性主要体现在两个方面，仲裁机构的专业性和仲裁员的专业性。一方面，在现代仲裁制度下，仲裁机构出现了专业分工，对于特定领域和行业，基本都形成了该领域和行业的仲裁机构；另一方面，民商事纠纷往往涉及特殊复杂的知识领域，故专家裁判更能体现专业权威性。仲裁员的专业性使当事人能够选任具有一定专业水平和能力的专家担任裁判者，而不必仅限于法律专业人士，以免耗时费力而无法真正解决争议。仲裁员的专业能力，使仲裁裁决的准确率更高，更能令当事人信服，这也是最终能否和谐解决纠纷的关键。

现代仲裁很重视服务的理念，这也符合和谐社会的本质要求。仲裁是现代社会服务的一项重要内容，仲裁过程的服务化，服务内容的市场化是其发展的必然选择。拓展服务空间，提高服务质量是

---

① 刘光:《论和谐概念》，载《东岳论丛》2002年第4期。

仲裁永恒的追求。当事人约定仲裁实质是在约定一种服务，我们应充分认识仲裁的这一本质特性，切实强化仲裁服务，寓仲裁权于仲裁服务之中，努力做到程序公正、结果公平、过程便捷、服务上乘。使当事人在仲裁维权之中，不仅感知到法律的公正与神圣，而且体味到一份热忱与尊重。使法律适用不再冰冷无情，而变得更具人性。这种服务型的仲裁无疑将会为仲裁事业的发展注入新的活力，也给和谐社会的建设提供积极的纠纷解决通道。

3. 平和、保密理念是和谐的保证

仲裁追求以平和的方式圆满地解决纠纷，符合和谐社会的要求。在我国，最充分体现和谐社会"和"之思想的有效纠纷解决方式就是仲裁①。和谐社会的"和"与儒家的"中庸"有异曲同工之妙，都讲究"居中裁定、不偏不倚、不过不激"。中庸作为儒家的核心思想，贯穿于我国几千年的道德教育和文化普及中，并且已经融入社会生活的方方面面。中庸讲求待人接物采取不偏不倚，调和折中之态度，与现代仲裁理念颇为相似，而由其派生的"和为贵"思想，更是被众多国人奉为圭臬，这恰恰又与以体现"兼容、和谐"为核心的现代仲裁理念如出一辙。如果解决纠纷只能在对抗中分出是非，决出胜负，如果仲裁拘泥于这样的胜负观，不善于因势利导启发和开导当事人，不善于营造一种对话、谅解的和谐气氛，就会加重纠纷双方的对立，最终解决结果也会背离构建和谐社会的总要求。

仲裁倡导的"平和"解决纠纷的理念具体来说是为了追求"圆满"的纠纷解决结果和"感情上的融合"。一方面，仲裁旨在通过自愿、平和、面对面地低度对抗性的"程序"，使出现裂缝的感情重归融洽。仲裁程序的目的是基于"情谊""道德""商事习惯"，提倡"当事人之间的互让妥协精神"，根据"特殊情况"，

---

① 调解也很好地体现了"和"之美，但是调解与仲裁相比，纠纷解决的结果缺乏可强制执行性，因此，仲裁是体现和谐之美更为有效的纠纷解决方式。

"温情"地解决纠纷；另一方面，仲裁通过感情融洽的纠纷解决过程，可以避免相互关系的破裂或断绝。仲裁解决纠纷的方式及过程，既给人以诚信、友爱、宽松、和睦、快捷的和谐氛围，又使矛盾的化解为当事人今后的交易和相处打下新的基础，为社会的稳定、人们的生活安定不断奠定着新的基础。

现代仲裁制度的保密性为和谐、平和地解决民商事纠纷提供了条件和保证，为当事人之间在今后和谐地进行商业往来提供了便利。仲裁的保密性体现在两个方面：第一，各国仲裁均以不公开审理为原则，公开审理为例外，我国也是如此。第二，有关的仲裁法律和仲裁规则同时规定了仲裁员及仲裁秘书人员等的保密义务。仲裁是当事人双方自己选择的争议解决方式，与其他案外人无关，因此，仲裁程序只存在于当事人双方之间，案外第三人没有权利干涉或影响仲裁程序的进行，当然也没有权利知悉仲裁程序的内容和情况。由于仲裁所审理的事项主要集中于商事交易，在审理的过程中不可避免地会涉及商业秘密、经营管理方式、企业信誉等商业内幕信息。当事人选择仲裁来处理争议，就可以防止商业信息的泄露，从而保护自己的利益。另外，在多数商事纠纷中，当事人都希望能保持彼此之间的友好关系，以期继续进行经济交往。由于仲裁程序具有秘密性的特征，程序不对外公开，当事人可以在比较宽松友好的气氛下解决争议，这种方式比较容易缓和当事人之间的对立情绪，避免矛盾的进一步激化，为日后继续进行商业交往创造条件。

（二）仲裁功能的发挥对构建和谐社会的促进

仲裁的功能即仲裁在解决纠纷的过程中，所体现出来的功效和发挥的作用。《仲裁法》的颁布实施，使我国仲裁制度经历了从无到有的快速发展，仲裁机构的设立，确立了我国机构仲裁的纠纷解决制度，在我国的社会、经济生活中发挥了重要作用，产生了积极影响。市场经济主体的仲裁意识在逐渐觉醒，仲裁的社会认知度和公信力也在不断提高。仲裁功能的发挥也将进一步促进和谐社会历史使命的完成。

仲裁功能对构建和谐社会的促进，首先体现为仲裁的纠纷解决功能。在市场经济条件下，市场主体之间存在经济利益等方面的冲突在所难免，这些冲突如果不及时解决就很有可能扩大甚至演变为性质更为严重的社会矛盾，成为制约经济发展和社会和谐的重要因素，妨碍构建和谐社会的进程。因此，妥善化解各类民商事争议已成为构建和谐社会的重要课题。仲裁以其公正、及时、亲和、保密、便捷等独特优势，在解决市场主体之间的民商事纠纷，构建和谐社会方面正发挥着越来越大的作用。同时，纠纷的解决也调整了市场经济关系，维护了市场经济秩序，促进经济发展。通过仲裁规范经济活动，引导各类市场主体遵循市场经济规则，诚实守信，从而维护经济秩序，使市场经济步入健康发展的轨道。

其次，通过仲裁，维护了市场经济主体的合法权益。仲裁的这一功能主要通过仲裁庭行使仲裁权对当事人之间的争议作出公正裁决来实现。它不仅能够使双方当事人之间已扭曲的权利义务关系得到纠正，维护当事人的合法权益，而且能够维护社会稳定，实现仲裁的公正价值。此外，在经济全球化背景下，仲裁作为国际上解决民商事纠纷的通行方式，还发挥着保护我国企业在对外经济贸易活动中合法权益的作用。随着改革开放和现代化建设的不断推进，我国经济同国际经济的联系日益紧密，跨国贸易纠纷时有发生。因此，在日趋激烈的国际竞争中，充分运用仲裁手段解决涉外经济纠纷，对保护我国企业合法权益，维护我国经济利益，为社会和谐打下坚实的经济基础是十分必要且有益的。

最后，发挥仲裁权的社会功能，实现和谐社会的权力制衡状态。仲裁权作为一种新兴社会权力，必将在和谐社会的多元化治理结构中发挥重要作用。多元社会治理结构最根本的意义是调整公权力、社会权力和私权利的关系。在传统的一元化社会治理结构中，政府拥有的公权力完全控制了社会领域中社会群体和个人的活动取向，最终变成了一种僵化的社会控制方式，失去了必要的灵活性。而在多元化社会治理结构下，政府充分尊重社会团体和个人所拥有的各项合法权利，利用社会法的约束和道德自律完成社会的基础性整合，禁止公权力侵犯私权利领域，保护社会不同主体的合法行为。这样，一方面可以提高社会整体的运行效率；另一方面可以实现社会最多数成员的自由和人权。政府部门作为公权力的掌有者，对社会其他部门和领域始终具有扩大其权力的能力和倾向，只有赋予社会其他领域更多的权力，对政府的公权力进行有效的监督和制约，实现"以社会权力制约国家权力"，才能更好地保障社会其他部门的发展，最终实现社会整体的和谐发展。因此，发挥仲裁权的社会功能，对形成和谐社会合理的权力制衡状态具有积极意义。

（三）仲裁融合了公正与效率价值目标的和谐之美

公正和效率是人类谈论价值目标的永恒主题，也是仲裁所追求的主要价值目标。民商事仲裁作为一种纠纷解决机制，是市场交易救济保障手段的一种，以保障交易的平等、自由、效率、安全、秩序为目标，这些正是商品与生产要素在市场经济中自由流通与优化配置的前提。

仲裁无论追求公正还是效率，作为一种纠纷解决机制，最终目标都是恢复社会关系的安定，重塑或修复出现裂痕的商事关系。安定这一终极目标同样也是和谐社会所追求的，社会的和谐就意味着社会的安定和人与人之间关系的稳定性。换言之，安定的价值目标被和谐概括在内。首先，安定指的是社会构成的稳定性，是从宏观的角度出发，从整体的意义来看待，从社会系统论上提出的；和谐不仅描述了整体的稳定状态，更强调仲裁当事人及相关主体之间的衡平关系。其次，安定更多地指向一种静态的平衡状态，而和谐是动静结合，共生共存，注重互动中的平衡。和谐倡导的是不断更新中的平衡，是商人精神中灵活性与大局性的集中体现。再次，安定重在结果，而仲裁本身是过程与结果的统一。和谐的实现过程，可能更是商人实现长远利益的明智抉择。最后，安定可以说是中国传统文化中对国民意志最具影响的价值，和谐更凸显它的过程意义，甚至是为实现安定而生，但现代人文价值思想更多赋予和谐以终极意义，是平等、和平、自由、秩序的化身，是现代文明的支柱，是民主制度的标志。因此，仲裁的最终价值目标应该是和谐。那么，如何将仲裁的公正、效率、和谐这三大价值目标作一合理定位，追求和谐的价值取向是否会有违公正与效益的要求，如何在三者的协调一致中促进仲裁的发展与完善，这是我们在仲裁制度的改革和完善中需要考量的。

1. 和谐与公正价值的互动

如果说意思自治是仲裁的基石，仲裁的生命力则在于公正与效率。安宁、和谐与有序是社会生活的本质要求，保证仲裁公正，构建和谐的纠纷解决方式，使无序的矛盾重归于有序，不仅是公正的艺术，也是和谐社会本质的体现。虽然"由于文化和历史背景的大相径庭，一个时代的公正观念不可能同另一个时代的公正观念相吻合，寻求一个同等地适用一切时代的公正观念是一种错误"，但就主要意义而言，公正还是存在普遍认同标准的。公正是一种与社会理想相符合，足以保证人们利益与愿望的制度，是人与人之间的理想关系，此种理想关系伴随着人们之间权利或利益的合理分配。

美国法学家戈尔丁认为，公正的程序应该包括以下几个方面：一是裁判者的中立，结果中不应含纠纷解决者的个人利益，不应有针对某一方的偏见；二是对各方当事人的诉讼都应给予公平的注意，在另一方在场的情况下听取一方的意见，保证各方当事人都应得到公平的机会；三是解决的诸项条件都应理性推演。仲裁程序实际上是建立在自愿基础上，当事人之间合理分配程序性和实体性权利的过程，本质上即将公正作为最高价值目标。仲裁实际上由两部分构成，即仲裁过程和仲裁结果。两者密不可分，前者追求程序公正，后者则重点关注结果公正。仲裁结果公正即裁决公正，其标准是在程序公正的基础上做到案件事实的真实发现与法律法规的正确适用。换言之，裁决中认定的事实应尽可能与现实纠纷无限近似。尽管公正的分配在其本意上首先应该是结果公正，但结果公正存在不确定性，实体裁判上的个案正义有时较难达到，而程序公正则显而易见。还原真实，与纠纷完全一致，更多的是一种理想的追求。在现实生活中，学界通常研究形式真实，所要达到的是在形式真实中体现形式公正，设定公正的程序，给当事人提供平等的机会。程序公正既是仲裁公正的有机内容，也是仲裁公正的有力保障，更是具有独立研究价值的重要课题。

仲裁公正原则及制度的完善对和谐社会具有重要意义。首先，要确保仲裁员的独立性和中立性。仲裁程序的启动以当事人之间发生争议并申请仲裁为起点，争议意味着正常秩序有可能受到破坏，选择仲裁制度对此加以矫正，应给争议各方提供一个有序的环境，确保争议主体之间的权利义务关系回复到原态。有序的环境需要对争议各方一视同仁，因此，在仲裁中为实现公正原则，在当事人自愿选择仲裁后，仲裁庭和仲裁员应为当事人提供平等的充分参与仲裁过程的机会。进入仲裁程序，仲裁员应保证当事人平等举证、质证、辩护，并听取双方当事人的陈述；根据证据的多少，证明力的强弱认定事实，以中立的立场，最大限度保证形式真实符合实质真实，保障仲裁员的中立性。中立是现代程序的基本原则，是"程序的基础"。仲裁裁决一裁终局，相对于诉讼，仲裁员的中立性在仲裁程序中尤为重要。一旦仲裁员故意违背仲裁协议和仲裁规则，偏袒一方当事人，不公正地参与仲裁程序，仲裁庭有权解任该仲裁员并予以更换，以确保仲裁程序公正。此外，仲裁员的中立性不仅应该得到外在制度和规则的保障，还应得到内在的培育。对于居中解决纠纷的仲裁员，除了规定回避制度、任职资格等法律措施外，还应对其加强法律职业操守的培训。其次，应从当事人角度注重对公正的追求。如果说仲裁混合性质中的"司法性"决定了上述从终极意义而言的程序公正，仲裁"契约性"的一面则意味着必须从当事人角度出发考虑对公正的需求。因此，在这个层次上，仲裁程序公正原则并不排除当事人之间自由约定他们自己认为公正的程序和内容。例如，当事人自愿约定放弃辩护和表达意见的机会，自愿放弃仲裁员对裁决理由进行说明等。在这些情况下，只要当事人约定没有违反法律的强制性规定，都应被许可，都是仲裁公正原则的反映。最后，要完善对仲裁的监督机制。权力需要监督，失控的权力将导致不公正，仲裁同样如此，要想保证仲裁公正，监督机制必不可缺。除仲裁行业内自身监督外，法院对仲裁的司法监督也非常重要。虽然在保证仲裁独立性的指向下，减少法院对仲裁的制约是必然发展趋势，但弱化监督并非等于完全拒绝。一方面，仲裁机构无上级主管行政部门，相互之间也无隶属关系，在一些利益因素的影响下，行业内部监督很难真正实现；另一方面，仲裁权是一种权力，而非权利，在其未受到控制时，滥用往往具有极强的破坏性。"从事物的性质来说，要防止滥用权力，就必须以权力约束权力。"因此，对司法权让渡出来的仲裁权，有必要通过司法权对其进行一定的监督和制约，这是捍卫仲裁公正的最终防线。

仲裁公正原则与和谐社会的"公平正义"内涵是相一致的，通过采取相关措施来提高仲裁的公正性，公平地解决社会纠纷，不仅有助于提高仲裁的社会公信力和民众对仲裁的信任度，从而促进仲裁事业自身的发展；也有助于树立并强化社会成员的公平正义观念，在全社会营造崇尚和追求公平正义的良好氛围；还有助于增强社会成员对"公平正义"的和谐社会的向往和信心，提高社会的整体凝聚力和向心力，激发社会成员建设和谐社会的积极性和创造性，为早日建成社会主义和谐社会提供支持和动力。

2. 和谐与效率价值的互动

作为经济学上的概念，效率即投入与产出、成本与收益的关系，是单位时间内的有效产出量，高效意味着以最少的资源消耗取得最大的成果。在传统理解中，效率是考虑如何最大可能增加社会财富的经济学研究的主题，法学更多地关注公平。但随着法律越来越深地融入社会经济生活中，在经济分析法学崛起的影响下，经济学的效率观念逐渐植根于法学，并发挥着独特而重要的作用。在存在交易成本的前提下，如何设置相关体制使权利分配产生最优结果，以价值得以极大化的方式分配和使用资源，成为法的价值目标和宗旨之一。如果说公正是和谐社会应有的本质，效率则以其现实性与精确性，体现着社会发展对和谐之美的追求。

效率主要包括投入产出速度与费用支出两个方面，仲裁效率则体现于快捷和费用低廉。具体而言，可解构为以下三个方面：

首先，需要将仲裁效率原则理念贯彻到仲裁立法与实践中。任何一项法律制度都是社会文明演进的产物，体现着一种社会需求，承载一定的历史使命，仲裁也不例外。在倾力构建和谐社会的今天，在满足市场经济条件下对多元化纠纷解决机制的需求时，要充分体现其社会功能，必须探寻其价值取向，凸显仲裁的独特作用。效率，作为仲裁重要的原则及价值需求，对仲裁的发展产生极其重要的影响，树立正确的观念，将效率提到原则高度，是仲裁制度本质要求，也是构建和谐社会的必然抉择。

其次，需要完善仲裁规范。作为仲裁活动的法律依据，不论是实体性的还是程序性的仲裁规范，都对仲裁效率产生着基础性影响。如果在纠纷的解决中，所适用的规范体系完整，结构合理，那么在操作中，就会产生良性合力，促使纠纷更好地解决。反之，如果不同法律规范之间相互抵触，则必然会影响到仲裁的整体运行效果，增加成本，延缓速度。

最后，需要规制仲裁行为。法律规范是效率价值目标的静态支撑，仲裁行为则是实际效果的外化。在仲裁过程中，合理约束仲裁行为是保证仲裁效率的关键。程序规范的实际运用涉及仲裁行为程序意义上的效率，实体规范则产生实体意义上的效率，其实施与落实，需要理性规制，在仲裁制度各个方面有所反映。

和谐社会中的经济领域要求设置高效、合理配置社会资源的经济模式，从纠纷解决程序的价值层面思考，即需要追求公正和效率，提高资源优化配置水平。仲裁要在市场经济大环境下生存和发展，其基本价值目标就必须与社会经济领域的需求保持一致，在对公正的保证中体现效率。一裁终局制度正是仲裁跻身于社会纠纷解决体制的一个重要原因。一裁终局制的确立，使仲裁区别于两审终审的诉讼，终局裁决作出后即产生法律效力，即使当事人对裁决不服，也不能就同一案件向法院提出起诉，节省了不必要的费用支出，保证了仲裁的效率目标。同时，人民法院的监督，是一裁终局制度公正性的有力保障，仲裁员在裁决中为避免仲裁裁决被撤销，会加倍注重公正。因此，仲裁一裁终局制度兼顾了效率与公正，是仲裁民间性、自治性的有力保障，是仲裁优势的显著体现，也是仲裁区别于诉讼的明证。

现代化仲裁理念下的仲裁基本制度，充分体现了新的时代理念与精神。仲裁充分尊重当事人意思自治，贯彻自愿原则，最大限度地发挥现代人独立、平等、协商的自律精神，以通情达理的沟通与对话，平和磋商的庭审方式，通过法律、道德、情感、习惯等综合手段，公平合理地解决纠纷，及时、有效地化解社会矛盾。仲裁实现着当事人利益与效率的双赢，受到越来越多民众的承认与支持。由此可见，和谐社会为仲裁提供了生长的土壤，仲裁制度在运作过程中所体现出的相异于诉讼的特征，也正满足了和谐社会在纠纷解决方面的内在诉求。仲裁基本制度的建立顺应了现代社会自治性、契约性、私益性、效率性等特点，作为一种独立的纠纷解决机制，仲裁发挥着诉讼不可取代的作用。

3. 和谐之美：公正与效率在仲裁制度中的融合

公正与效率是一对矛盾统一体，公正与效率在相互依存、相互联系的同时也存在冲突。公正是法的古老价值命题，效率则是现代社会赋予法的新使命。不论是公正还是效率，在新的时代与仲裁结合时，都需要新的阐释，以体现具体的时代精神。当今社会以和谐为主题，和谐社会要求和谐的纠纷解决机制，要求构建和谐仲裁制度，在公正与效率的矛盾中寻找平衡。

效率本身包含着公正精神，效率以公正为前提，追求的是一种以最经济的方式来实现公正的结果。不符合公正的效率是一种对资源的浪费，而不是正效应的"产出"，不体现公正的仲裁当然谈不上符合效率原则。同时，作为仲裁制度灵魂的公正也是一种有效率的公正。仲裁的公正尤其是结果公正包括当事人付出的时间和成本，因此，公正本身也包含了效率的要求，迟来的公正和耗费过大的公正都不是真正的公正。仲裁作为纠纷解决机制，其目的是尽可能恢复当事人争议前的法律关系状态，将扭曲的社会关系恢复原状。众所周知，绝对真实并完全还原事实基本上不可能达到。从公正的角度出发，仲裁机制应当尽可能接近真实，接近原态。这样，仲裁在解决纠纷的投入上，也应当尽可能经济、便捷、高效，使当事人不至于为了追求公正，在纠纷解决中得不偿失。

应当看到的是，公正与效率在相互包容的同时，二者之间也存在冲突。追求效率虽然可以促进公正的实现，但同时也意味着对公正的潜在减损。任何公正，都依赖于特定的程序，提高效率则不可避免会对程序进行精简，对时限加以限制。这样一来，一方面无疑会在仲裁程序中对公正造成影响；另一方面因为时限的限制客观上减少了当事人举证质证和辩论的时间，出现法律真实与事实真实的矛盾。单纯强调效率会产生损害效率的结果，单纯强调公正也会造成不公正，高效发挥仲裁效率价值，必须寻找仲裁公正与效率合理的契合度，在仲裁公正的原动力下，充分体现与完善仲裁效率原则。

具体而言，仲裁的效率价值，在其与诉讼的博弈中表现得尤为明显。仲裁相对于诉讼，其效率原则显得更为重要。快捷、方便、成本低廉，是仲裁效率的体现，也是仲裁的特色。作为当事人通过理性判断、自愿选择的纠纷解决方式，仲裁如果丧失效率性原则，就极有可能失去当事人的信服与支持。正如仲裁一裁终局制度，裁决的终局性意味着当事人丧失通过上诉程序来纠正裁决所可能发生的错误，从而尽可能获得公正裁决的权利，但选择仲裁却能给当事人节省大量的时间、精力和金钱，带来巨大的潜在效益。以放弃诉讼为代价来获得简便快捷的终局性裁决在当事人看来是值得的，因为仲裁裁决是否比诉讼公正也许还不能或不好肯定，但仲裁裁决所具有的终局性，却能实际地带来更现实的效益。

实际上，仲裁一裁终局制度并不意味着仲裁出现不公正就失去了再救济手段，如果仲裁确实有显著的不公正行为，当事人依旧可以寻求司法撤销的救济途径。因此，为了仲裁效率的切实实现，应当尽量减少司法通过审查而撤销仲裁裁决情形的出现，那么仲裁裁决就必须做到更公平，使当事人真正信服，所以仲裁在追求效率的同时，也正是其不断提高公平的过程；而仲裁在体现公正时，也正是效率原则的实现。有学者曾指出，对仲裁而言，效率原则比公正原则更为重要。公正与效率作为矛盾统一体，在仲裁制度中相辅相成，可以说很难在价值上分清伯仲。但可以肯定的是，在仲裁高速发展的今天，在公正原则性引导下，仲裁效率原则凸显出更现实的作用，具有无可替代的积极价值。

无论是公正还是效率，都是一种相对的概念。一方面，作为一种纠纷解决方式，仲裁必须体现公正和规范；另一方面，它又要满足商人追逐效益的天性，因此必须符合效率效益的要求。因此，只有将和谐价值目标作为基础条件，才能促进经济更快、更好地发展，最终保障公民权利和自由。此外，和谐价值目标更容易通过当事人的意思自治得以实现，当事人最清楚自己更需要的是效益还是公正。因此，和谐价值目标在仲裁制度中具有天然优势，并且具有基础性地位和终极意义。

二、具体仲裁制度的完善

（一）对现行《仲裁法》第 16 条的改造

1. 现行法的规定及其问题

现行《仲裁法》第 16 条规定：仲裁协议包括合同中订立的仲裁条款和以其他书面方式在纠纷发生前或者纠纷发生后达成的请求仲裁的协议。仲裁协议应当具有下列内容：请求仲裁的意思表示；仲裁事项；选定的仲裁委员会。

《仲裁法》的这一规定是针对仲裁协议应当具有的内容和形式的规定。最高人民法院在相关司法解释中对上述规定进行了细化和解释。尽管如此，《仲裁法》第 16 条仍存在如下问题：一是现行《仲裁法》缺少对仲裁协议概念的界定。概念是对仲裁协议"是什么"的整体说明，是规定仲裁协议相关条款的基础。从立法角度对仲裁协议概念进行界定，易于统一对仲裁协议的理解和认识，有利于当事人订立仲裁协议、仲裁机构和仲裁庭以及人民法院审查仲裁协议有法可依。二是《仲裁法》采用将仲裁协议的形式和内容在第 16 条中进行概括性统一规定的体例，忽视了仲裁协议形式和内容的不同特点。仲裁协议的形式和内容体现的是仲裁协议不同的侧面，也是仲裁实践中出现问题最多的部分，有必要分别予以具体规定。三是对仲裁协议的形式要件，只用"以其他书面方式"明确了仲裁协议应具有的书面形式要求，但未明确何为书面形式。尽管仲裁协议要以书面形式订立，是世界上绝大多数国家仲裁立法普遍认可和适用的必备条件，属于仲裁协议有效形式的通用规则。但从世界范围的仲裁发展趋势来看，仲裁协议的书面形式在不断变化，正向着扩大化解释发展。因此，对仲裁协议的形式要件作出单独且明确的规定，特别是将书面形式的具体情形加以明确具有必要性。四是现行《仲裁法》对仲裁协议内容的规定过于严苛，使仲裁协议在实践中多基于内容的不完善而被认定为无效，有损仲裁应当充分尊重当事人意思自治原则的理念。特别是对临时仲裁，除了我国政府与其他一些国家在双边投资保护协定中有关于通过临时仲裁机构组成仲裁庭解决有关争议的规定，并没有认可临时仲裁的规定。应当说，这是立法上的一大缺憾。

基于《仲裁法》第 16 条存在的问题，有必要改造和完善现有规定，使之更符合仲裁理念，满足当事人对和谐社会中仲裁解决纠纷的意愿。

2. 对仲裁协议形式要件规定的改造

从我国的仲裁实践来看，对仲裁协议书面形式的理解基本停留在传统书面形式上，即经签署的仲裁协议，包括合同中的仲裁条款，对传统形式以外仲裁协议效力的态度是不同的，不论当事人还是法院，往往因无法可依而不敢超出传统书面形式的范围，这不仅不利于仲裁协议形式的多样化，也使仲裁在利用现代化观念和手段上处于滞后状态，影响了仲裁作为解决纠纷方式的运用。面对仲裁协议书面形式扩大化解释的发展趋势，有必要对现行法关于仲裁协议书面形式的规定进行修改和完善。对仲裁协议形式要件进行修改的依据，一是以示范法为范本，以先进国家仲裁立法关于仲裁协议书面形式的规定为参考，意欲对传统书面形式作扩大解释；二是根据我国的实际情况和现状，结合已有的司法解释和我国仲裁实践中常见的问题作出修订。

（1）立法中首先应当明确规定仲裁协议的形式要件，即仲裁协议应当具有的法定形式。仲裁协议作为契约的一种特殊形式，是约束双方当事人对纠纷解决方式选择的凭证，也是授予仲裁庭仲裁权的根据，不具有合法的形式必然导致仲裁协议无效。仲裁协议的形式应当是书面形式，这是国际条约、公约以及各国仲裁法和仲裁规则共同认可的形式和要求。书面形式与口头形式相对应，仲裁协议的书面形式即意味着凡是口头达成的仲裁协议均无效。

（2）如何理解书面形式。第一，书面仲裁协议首先表现为载于各方当事人签署的文件中，这是传统的书面形式，也为严格的书面形式，该书面形式的特点是必须有当事人的签署，如当事人签字的仲裁协议或仲裁条款。第二，无论当事人签署与否，载于各方当事人往来的书信、电传、电报或提供协议记录的其他电信手段中，也满足书面形式的要求。该情形不以是否签署为标准，而以是否交换为判断依据，经过当事人的往来或交换，视为达成书面协议。第三，有书面证据证明存在仲裁合意，即在当事人存在仲裁合意的前提下，只要仲裁意愿存在于某项能被证实的载体上，其形式要件就是合格的。换言之，只要能通过书面的证据证明当事人之间的仲裁合意，即可推断当事人间存在仲裁协议，并符合仲裁协议的"书面"要求。第四，在仲裁或者诉讼程序的文件交换中，一方当事人声称存在仲裁协议，对方当事人没有提出异议。即在各方当事人没有提交仲裁协议的情况下，认可当事人的默示行为，不论在仲裁中还是在诉讼中，如果一方当事人在文件交换中提出双方存在有效仲裁协议，对方当事人不提出异议的默示行为，则视为认可仲裁协议的存在。第五，通过援引符合上述规定的仲裁协议。当事人之间在没有直接订立仲裁协议的情况下，可以通过引用另一个合同、文件中所订立的仲裁条款或其他书面形式的仲裁协议，作为他们之间将纠纷提交仲裁的依据，即作为他们之间书面同意仲裁的一份协议。第六，其他可以认定为书面仲裁协议的形式。这属于兜底条款，即随着仲裁实践的发展，对上述没有穷尽的符合书面形式的情形进行规定。第七，在仲裁程序中，对争议实体进行答辩或辩论即可弥补仲裁协议形式上的任何缺陷。这是对默示仲裁协议予以认可的另一种形式，即以仲裁行为证明仲裁合意的存在。仲裁行为是指实施了以存在有明确仲裁协议为基础的行为。例如，一方当事人申请仲裁，另一方当事人参加仲裁并行使权利，履行义务，包括进行实体答辩、选择仲裁员、进行辩论等。这是以当事人对仲裁申请的实质问题予以默认的行为作为对该仲裁合意效力的确认标志。

（3）将仲裁协议的书面形式作扩大化解释是一种发展趋势。传统的书面形式界定为两种：一种是由双方当事人签字的仲裁协议或仲裁条款；另一种则是在双方当事人互换的函件、电文中的仲裁协议或仲裁条款，如《纽约公约》《法国民诉法典》等，在西班牙、葡萄牙、哥伦比亚等国家的商事仲裁立法中甚至要求商事仲裁协议必须以公证文书的形式作成。传统对仲裁协议"书面化"的要求强调的是仲裁协议必须具备法律规定的严格"书面"形式，这一形式不仅必须是纸张或称纸介质上的以文字表达的书面要求，而且双方当事人还必须以传统手书形式签字。这一对仲裁协议严格的书面形式的要求，无疑使仲裁协议成为强有力的证据证明仲裁协议的成立，证明双方当事人仲裁意愿的存在，并加强了仲裁庭行使仲裁权的确定性、仲裁的有效性，也使仲裁管辖权争议最小化。但随着社会经济和科技的发展，日益的全球化及立法理念、立法技术的改变与进步，突破仲裁协议书面形式的严格要求，创立新的标准和规则成为必然，包括我国在内的许多国家及国际性仲裁规范，随着客观情况的变化，相关立法的改变，对仲裁协议书面形式的要求也已发生了巨大的变化。《示范法》在某些方面实现了对《纽约公约》关于仲裁协议书面形式的突破，这主要表现在两个方面：第一，将书面的仲裁协议扩大解释为包括通过能够"提供协议记录的其他通信手段"订立的仲裁协议；第二，将双方当事人通过提交仲裁文件并不对仲裁管辖提出异议的行为，作为认定双方当事人之间存在书面仲裁协议的依据。当今对仲裁协议书面形式要求的最新发展，已由对仲裁协议书面形式的扩大解释发展为不要求有现实的书面仲裁协议，而只要求能书面证明有仲裁协议即为有效，这不失为对仲裁协议书面形式要求的一大突破。《示范法》第 7 条、《英国仲裁法》第 5 条、《德国民事诉讼法典》第 1031 条等都从尊重当事人意思自治的角度出发，为使争议通过仲裁程序迅速获得解决而尽可能地排除对仲裁协议书面形式的限制。只要当事人有仲裁合意，只要仲裁协议存在于某项能被证实的载体上，其形式要件就是合格的。换言之，只要能通过书面的及当事人的行为等证据证明当事人之间的仲裁协议，即可推断当事人间存在仲裁协议，并符合仲裁协议的"书面"要求。

仲裁协议作为一种当事人之间合意的体现，是证明仲裁合意的存在及其内容的形式。从根本上说，仲裁协议制度的设立就是要保证仲裁合意的确定性，从而排除司法对纠纷的管辖权。因此，仲裁的基础应当是当事人之间仲裁的合意，而不是仲裁协议。仲裁协议只是仲裁合意的表现形式，仲裁协议本身是否存在，或是以何种形式存在并不重要，只要能够证明存在仲裁合意，仲裁即应是有效的，即合意的可证明性原则。该原则具体是指当事人之间的仲裁合意具有可以证明的属性，即以任何形式的证据表明当事人之间存在仲裁合意时，仲裁即为双方当事人纠纷解决的方式。这一原则的理论依据在于：合意的形式并非决定合意效力的因素，而只是合意的表现而已，我们所倡导的应当是将合意形式由生效主义转变为证据主义，即只将合意形式作为合意存在的证据并加以证明，不论是书面证据还是行为证据。

（4）对仲裁协议形式要件的具体修改：

第××条　仲裁协议的形式

仲裁协议应当以书面形式订立。具备下列情形之一即为书面仲裁协议：

（a）载于各方当事人签署的文件中；

（b）无论当事人签署与否，载于各方当事人往来的书信、电传、电报或提供协议记录的其他电信手段中；

（c）有书面证据证明存在仲裁合意；

（d）在仲裁或者诉讼程序的文件交换中，一方当事人声称存在仲裁协议，而对方当事人没有提出异议；

（e）通过援引符合上述规定的仲裁协议；

（f）其他可以认定为书面仲裁协议的形式。

在仲裁程序中，对争议实体进行答辩或辩论即视为达成书面仲裁协议。

3. 对仲裁协议内容规定的改造

（1）对仲裁协议概念进行界定。概念的界定是对仲裁协议"是什么"的整体说明，是规定仲裁协议相关条款的基础。从立法角度对仲裁协议概念进行界定，易于统一对仲裁协议的理解和认识，有利于当事人订立仲裁协议、仲裁机构和仲裁庭以及法院审查仲裁协议有法可依。

仲裁协议是各方当事人同意将他们之间确定的具有可仲裁性的争议提交仲裁的协议。首先，仲裁协议是将争议提交仲裁解决的协议，是当事人仲裁合意的基本表现形式。仲裁作为纠纷解决的重要方式之一，是对意思自治原则的充分运用和发展。"商事仲裁法中的首要原则是当事人意思自治。"① 意思自治原则在民商事纠纷解决过程中的作用，主要表现为双方当事人对纠纷解决方式和内容的合意，尤其是根据双方当事人的仲裁合意，确定通过仲裁方式解决特定范围内的纠纷，更是意思自治原则的最充分体现。仲裁合意即双方当事人将纠纷提交仲裁的一致的意思表示。合意是一种意向，仲裁合意也就是当事人将纠纷提交仲裁解决的意向。一般来说，这种意向不能直接产生法律上的后果，必须通过仲裁协议加以确定才能最终实现。但是，仲裁合意却是意思自治原则的最直接体现，特别是在仲裁实践中，在仲裁协议不完备，或者是否存在处于不确定的情况下，仲裁合意往往能起到关键的作用。尽管合意是双方当事人意思表示一致的反映，承认合意、肯定合意的作用是意思自治原则在纠纷解决领域得以扩展的结果，但是，在仲裁实践中，如果以合意作为确定纠纷解决方式的依据，仅仅有双方当事人的合意还是不够的，合意这种仲裁的意愿只有通过一定的形式表现出来，才能被认可，而这种形式，这种仲裁意思自治的体现是仲裁协议。因此，仲裁协议最核心的是对当事人仲裁合意的肯定。其次，仲裁协议是各方当事人对争议解决方式共同的意思表示，各方当事人包括但不限于双方当事人。实践中通常是双方当事人达成仲裁协议，这也是最普遍的现象。但仲裁协议体现的是仲裁合意而非当事人的多寡，只要有共同的仲裁意思表示，多方当事人所达成的仲裁意愿也是仲裁协议。比如，在多方合同中，当事人签订的仲裁协议。最后，仲裁协议既可以针对已经发生的争议，也可以针对没有发生的争议达成纠纷解决方式。仲裁协议中请求仲裁的争议事项必须具有可仲裁性，既可以针对合同纠纷，也可以针对非合同纠纷；既可以针对确定的法律关系上的一切纠纷，也可以包括某些特定纠纷。

（2）对仲裁协议的类型进行规定。现行《仲裁法》对仲裁协

---

① ［英］施米托夫：《国际贸易法文选》，赵秀文选译，中国大百科全书出版社1993 年版，第 611 页。

议类型的规定为"合同中订立的仲裁条款和以其他方式在纠纷发生前或者纠纷发生后达成的请求仲裁的协议"。该条规定未能将仲裁协议的类型全面、准确地予以表述。

首先，综合《仲裁法》实施后最高人民法院的司法解释，参考其他国家的立法例，仲裁协议被认可最典型的类型是仲裁条款和单独的仲裁协议形式，因此，有必要将独立的仲裁协议形式加以明确和肯定并与仲裁条款并列，而且从鼓励当事人对合同中没有订立仲裁条款和非合同纠纷以仲裁方式解决的目的来看，明确单独的仲裁协议类型具有实践意义。

仲裁条款是指当事人在合同中约定的，表示愿意将他们之间将来可能发生的合同争议提交仲裁解决的一致的协议。由于这种协议一般订立在双方当事人所签订的合同中，构成合同的一个条款，故称为仲裁条款。仲裁条款是仲裁协议最普遍，也是最重要的类型之一。

单独的仲裁协议即仲裁协议书，是指当事人在争议发生之前或者争议发生之后订立的，一致表示愿意将他们之间已经发生或者可能发生的争议提交仲裁解决的单独的协议。由于仲裁协议书并非属于当事人在纠纷发生之前所订立的合同的一部分，因此其不受已签订合同的约束，具有更大的独立性。不论当事人所发生的是合同纠纷，还是其他财产权益纠纷，当事人均可以通过签订仲裁协议书，将所发生的争议提交仲裁解决。

其次，在仲裁实践中，当事人达成仲裁解决纠纷的意思表示，并非只有仲裁条款和单独仲裁协议的形式，通过电报、电传、传真、电子邮件等，以及通过援引达成的仲裁合意都可以表明当事人的仲裁意愿，应该在立法上予以肯定和鼓励。基于此，在《仲裁法》对仲裁协议的类型中增加概括性规定"可以采取能够表明各方当事人仲裁合意的其他形式"，可以使仲裁协议的类型更加完整、周延和具有灵活性，有利于实现当事人仲裁合意。

能够表明各方当事人仲裁合意的其他形式：一般是指各方当事

人在往来的信函和数据电文（包括电报、电传、传真、电子数据交换及电子邮件）中，就有关的事项所达成的，通过仲裁方式解决他们之间已经发生或者可能发生纠纷的共同一致的意思表示。这种形式的仲裁协议是现代通信技术发展的必然结果，其有别于仲裁条款和单独的仲裁协议书，即一方当事人提出仲裁解决纠纷的意愿，另一方当事人通过一定的通信手段表示接受，从而达成仲裁议。除此之外，当事人通过援引达成的仲裁协议是在仲裁实践中新近出现的一种仲裁协议的类型，它是指当事人之间并没有直接订立仲裁协议，而是通过引用另一个合同、文件中所订立的仲裁条款作为他们之间将纠纷提交仲裁的依据，即作为他们之间书面同意仲裁的一份协议。因此，该款所表达的是，只要能够表明当事人具有仲裁合意的任何形式，就应当是仲裁协议的类型。

（3）取消现行《仲裁法》第16条第2款。《仲裁法》第16条第2款是关于对仲裁协议必须具备的内容的规定，包括请求仲裁的意思表示、仲裁事项和选定的仲裁委员会。取消这一款的内容基于如下理由：①仲裁协议本身已经明确表示了双方当事人的仲裁意愿，即请求仲裁的意思表示，无须再将请求仲裁的意思表示作为仲裁协议的内容加以规定。②仲裁事项，即提交仲裁的具体争议事项。仲裁事项是当事人达成仲裁协议欲解决的争议客体，是仲裁协议本身的应有内容，无须作专门规定。③选定的仲裁委员会不应当成为仲裁协议的必要内容。从各国的立法例来看，几乎不存在将仲裁机构的选择作为仲裁协议的必要内容的情形。而且即使当事人没有选择仲裁机构，也不影响纠纷通过仲裁方式解决，特别是在鼓励临时仲裁的背景下，该项规定已经失去了意义。

（4）增加对仲裁形式的规定主要是基于如下考虑：机构仲裁和临时仲裁是仲裁的基本形式。在我国机构仲裁的背景下，必须由仲裁机构对争议进行审理和裁决，因此要确定当事人申请仲裁的仲裁机构。临时仲裁作为世界各国普遍认可的仲裁形式，随着我国仲裁的发展和人们仲裁意识的提升，有放开的必要性，但应当限于当事人在仲裁协议中有明确约定，没有约定、约定不明确或者无法执行的，应当适用机构仲裁。

关于机构仲裁。当事人可以在仲裁协议中约定仲裁机构。①将仲裁委员会修改为仲裁机构。仲裁委员会是我国对仲裁机构的特有称谓，随着仲裁事业的发展，会有越来越多的仲裁委员会与国际接轨，该称谓不利于国际化，也不利于对仲裁机构的整体性认识，现在如北京仲裁委员会同时使用北京国际仲裁中心的称谓，中国国际经济贸易仲裁委员会同时使用中国国际商会仲裁院的名称。因此，使用仲裁机构的概念更科学，更具包容性。②当事人可以约定仲裁机构。目的是鼓励当事人对仲裁机构进行明确约定，因为毕竟没有确定的仲裁机构无法实现当事人仲裁的意愿。但对仲裁机构的约定不是必须条款，当事人选择的是仲裁的纠纷解决方式，在仲裁的意思表示明确的前提下，不能因为没有选择仲裁机构或者仲裁机构选择不准确而抹杀当事人仲裁的意愿。仲裁法应当保护的是当事人协商一致的以仲裁解决纠纷的方式。因此，约定仲裁机构的意义是明确由当事人选择的确定的机构进行仲裁。

关于临时仲裁。当事人也可以在仲裁协议中约定临时仲裁。

第一，虽然现代商事仲裁中，机构仲裁已经迅速发展起来，并且成为应用最为普遍的一种仲裁方式，但从大多数国家的商事仲裁立法来看，临时仲裁作为商事仲裁制度在初始阶段的一种形态，目前仍然被广泛地接受和采纳，并在商事争议的解决中发挥着不可或缺的作用，显现出了强大的生命力，而更重要的是其作用与生命力远远不是机构仲裁所能够取代的。

第二，鉴于临时仲裁和机构仲裁各自的优势和缺陷，在现代商事仲裁实践中，多数国际仲裁公约和大部分国家的商事仲裁法都同时肯定了这两种仲裁形式的效力，规定当事人可以根据自己的具体情况和需要自由选择其中的一种。例如，《纽约公约》第 1 条规定："本公约所称仲裁判断者，不仅指个别实践由选定之仲裁人所作的判断，也指当事人交付常设仲裁机构所作出的判断。" 1961

年,《关于国际商事仲裁的欧洲公约》第 4 条规定,当事人可以自由决定将其争议提交常设仲裁机构或临时仲裁机构审理。联合国贸易法委员会 1976 年的《仲裁规则》本意就是为满足临时仲裁的需要制定的,许多商事仲裁机构都允许当事人选择适用该规则。因此,当事人约定通过临时仲裁方式解决争议,在国际上已得到普遍尊重。

第三,在商事仲裁实践中,临时仲裁的作用同样不容忽视。有专家指出,国际海事纠纷,绝大部分是通过临时仲裁解决的,仲裁地点较多的是在伦敦、纽约、新加坡和中国香港。例如,伦敦海事仲裁员协会中的五六个知名仲裁员每人每年的临时仲裁案件数量就高达六七百件。① 可见,临时仲裁作为仲裁的一种基本形式,不仅在商事仲裁制度的漫长发展历史上发挥了重要作用,而且在现代社会经济生活中同样扮演着不可替代的角色。

第四,我国现行仲裁法并未承认临时仲裁的合法性,根据《仲裁法》第 16 条和第 18 条的规定,仲裁协议必须明确约定仲裁委员会,仲裁协议对仲裁委员会没有约定或者约定不明确,当事人又不能就此达成补充协议的,仲裁协议无效。在我国的仲裁实践中,《仲裁法》实施 20 多年来,我国法院在对仲裁协议效力进行司法审查时,对约定仲裁但未明确选定仲裁机构的仲裁协议,基本均认定为无效。这种做法不仅与国际上的通行做法相悖,其所造成的弊端也是十分明显的,极大地影响了我国仲裁机构对商事争议仲裁管辖权的行使。主要表现在:①造成我国当事人在涉外商事仲裁中的不利地位。我国于 1986 年 12 月 2 日通过了《全国人民代表大会常务委员会关于我国加入〈承认及执行外国仲裁裁决公约〉的决定》,成为 1958 年《纽约公约》的缔约国。从此该公约即对我国发生法律效力。1987 年 4 月 10 日,最高人民法院向全国各级人

---

① 参见康明:《临时仲裁及其在我国的现状和发展》(上),载《仲裁与法律通讯》2000 年第 3 期。

民法院发出《关于执行我国加入的〈承认及执行外国仲裁裁决公约〉的通知》，要求对另一缔约国领土内作出的仲裁裁决予以承认和执行。该通知还要求"该公约与我国民事诉讼法（试行）有不同规定的，按该公约的规定办理"。而1958年《纽约公约》中所称的"外国仲裁裁决"既包含机构仲裁裁决又包含临时仲裁裁决。但是由于我国法律不承认临时仲裁的合法性，使我国当事人在有关外国仲裁裁决的承认与执行中经常处于不利地位。②无形中缩小了商事仲裁的适用范围。在商事仲裁实践中，经常会出现一些不规范的仲裁协议。其中，对仲裁机构约定不明的仲裁协议占有很大比例。如果法律承认临时仲裁的效力，对于这些不规范的仲裁协议，往往可以通过临时仲裁的方式予以解决，从而使当事人的仲裁意愿能够尽可能地成为现实，也有利于扩大仲裁的适用范围，促进仲裁事业的进一步发展。例如，1985年中国机械设备进出口公司与美国宝鑫尼亚公司（Bauhinia Inc.）在履行合同上发生了争议，宝鑫尼亚公司向美国加州法院起诉，中国机械设备进出口公司以合同中有仲裁条款为由向法院提出管辖权异议。加州法院认为合同中有仲裁条款，法院不予管辖，但仲裁条款不明确，以至于仲裁无法进行。因此，加州法院裁定，不进行法院诉讼审判程序，而指定双方当事人在美国加州按照当地的仲裁程序组成临时仲裁庭，进行仲裁。① 如果按照我国的《仲裁法》处理，情况就会完全不同。因为我国不承认临时仲裁的合法性，而在该仲裁协议中，由于没有明确约定仲裁机构，且当事人之间又不能达成补充协议的情况下，原来的仲裁协议只能归于无效，当事人之间的纠纷只能通过诉讼的方式加以解决。③对我国的投资软环境造成不良影响。在国际经济交往日益频繁的今天，商事活动的主体出于商事仲裁方式所具有的保守秘密、气氛宽松、高效便捷以及裁决的可执行性强等优势，更加倾

---

① 参见程德均、王生长、康明编著：《国际惯例和涉外仲裁实务》，中国青年出版社1993年版，第190页。

向于采用仲裁方式解决商事纠纷，从而使商事仲裁已经成为解决跨国合同的当事人之间争议的通常方法。赋予国际商事仲裁协议和仲裁裁决以强制执行力的《纽约公约》以及《联合国国际贸易法委员会仲裁规则》和《联合国国际商事仲裁示范法》，都宣告了国际商事仲裁作为解决国际经济贸易纠纷的通行做法的时代已经到来。随着经济全球化的趋势越来越明显，各国仲裁的做法也应逐步趋向一致，从而为国际经济交往提供一个更为宽松和便利的环境。因此，在大多数国家承认临时仲裁的效力的条件下，我国仲裁立法却将仲裁的方式限于机构仲裁，显然是不合适的，有时甚至会因此使外方当事人对我国的仲裁制度产生误解，给我国的正常国际经济贸易交往造成障碍。曾经美国纽约州的无船经营公共承运人 Cargo One Inc. 在与中国远洋运输公司 COSCO 的纠纷中，就因我国《仲裁法》中不承认临时仲裁而认为中国的仲裁机构受政府的指示和干涉，在中国进行仲裁难以保证结果的公正性，从而不愿意在中国海事仲裁委员会进行仲裁。而实际上，中国海事仲裁委员会完全是民间性的仲裁机构，其所进行的仲裁活动不受任何来自政府或法院的行政的和司法的干涉，仲裁的公正性是完全有保障的。可见，要促进对外经济贸易的发展，建立临时仲裁制度是改善我国投资软环境的一个重要步骤。①

总之，鉴于临时仲裁和机构仲裁各自的优势和缺陷，在现代商事仲裁实践中，多数国际仲裁公约和大部分国家的商事仲裁法都同时肯定了这两种仲裁形式的效力，规定当事人可以根据自己的具体情况和需要自由选择其中的一种。随着我国仲裁的发展和人们仲裁意识的提升，有必要放开临时仲裁。2016 年 12 月 30 日，最高人民法院印发了《关于为自由贸易试验区建设提供司法保障的意见》，该意见第 9 条第 3 款明确规定："在自贸试验区内注册的企

---

① 参见康明：《临时仲裁及其在我国的现状和发展》（下），载《仲裁与法律通讯》2000 年第 4 期。

业相互之间约定在内地特定地点、按照特定仲裁规则、由特定人员对有关争议进行仲裁的，可以认定该仲裁协议有效。人民法院认为该仲裁协议无效的，应报请上一级法院进行审查。上级法院同意下级法院意见的，应将其审查意见层报最高人民法院，待最高人民法院答复后作出裁定。"这是对临时仲裁制度的重大突破，本着尊重当事人意愿的原则，为创造和谐、友好的仲裁环境，进一步促进仲裁制度的发展作出积极安排。

如果仲裁协议中对仲裁形式没有约定、约定不明确或者无法执行的，如约定了机构仲裁但无法确定仲裁机构，申请人可以向合同约定的履行地、标的物所在地、申请人住所地、被申请人住所地等与争议有实际联系的地点的仲裁机构申请仲裁。

（5）对仲裁协议内容的具体修改：

第××条　仲裁协议的内容

仲裁协议是各方当事人同意将他们之间确定的具有可仲裁性的争议提交仲裁的协议。仲裁协议可以采取合同中的仲裁条款或单独协议的形式，也可以采取能够表明各方当事人仲裁合意的其他形式。

当事人可以在仲裁协议中约定仲裁机构，也可以约定由符合仲裁员资格的人士组成仲裁庭。没有约定、约定不明确或者无法执行的，申请人可以向合同约定的履行地、标的物所在地、申请人住所地、被申请人住所地等与争议有实际联系的地点的仲裁机构申请仲裁。

（二）以仲裁与司法关系的视角完善仲裁协议效力确认制度

仲裁与民事诉讼的关系是纠纷解决体系中不容忽视的问题，在"或裁或审"原则之下，"司法监督"制度决定了两种纠纷解决方式彼此之间的排斥与交叉，对仲裁协议效力的确认即为其中重要的法律问题。

1. 问题的提出

对仲裁协议效力的确认权实质上是对仲裁管辖权的决定权，但从司法的角度来看，对仲裁协议效力的确认权往往又是对司法管辖权的决定权。因此，当双方当事人因仲裁协议的效力发生争议，继而对纠纷案件解决方式的选择产生异议时，便首先引发了第一个问题：谁有权确定仲裁协议的效力，进而确定仲裁/诉讼管辖权？

依据我国现行法律规定，对这一问题的解答似乎并不困难，《民事诉讼法》中虽然没有具体规定，但《仲裁法》第 20 条明确规定："当事人对仲裁协议的效力有异议的，可以请求仲裁委员会作出决定或者请求人民法院作出裁定。一方请求仲裁委员会作出决定，另一方请求人民法院作出裁定的，由人民法院裁定。"这一规定赋予了仲裁委员会和法院共同享有对仲裁协议效力的确认权，但问题是这一原则性规定是否与被国际商事仲裁公约及各国仲裁立法普遍认可的自裁管辖权原则相违背？仲裁或司法实务中如何避免仲裁机构和法院共同行使管辖权或者共同排斥管辖权的情形发生？在此基础上，如果承认法院对仲裁协议效力的确定并不违背自裁管辖原则的话，现行法的规定还会引发第二个问题：如何划定法院与仲裁机构确定仲裁协议效力的权限？第三个问题：法院在什么情况下有权确认仲裁协议的效力？是当事人向法院提起确认之诉请求确认仲裁协议的效力，还是当事人向法院申请确认仲裁协议的效力？抑或是一方当事人向法院起诉后，对方声称有仲裁协议，原告请求法院认定仲裁协议无效？第四个问题：法院确认仲裁协议效力依据怎样的程序？是按照普通程序还是特别程序进行审理？当事人是否需要到庭参加辩论？不服法院裁判的一方是否可以上诉？等等。上述种种问题在现行法中是找不到答案的。也正是这些问题的困惑及法律规定的空缺，使实务操作中因不统一而导致混乱。

2. 对自裁管辖权原则含义的不同解读

作为现代商事仲裁的重要理论之一，对仲裁协议效力的确认及仲裁管辖权决定权的确认，被国际社会的仲裁实践普遍接受和认可的理论，以及世界各国作为法律依据的基础就是自裁管辖权原则。

自裁管辖权原则，也称"管辖权/管辖权原则"，其核心是主张由仲裁庭决定自己是否具备仲裁案件的管辖权。关于自裁管辖权原则，一直以来都认可国际商会1955年《仲裁规则》第6条第2款关于仲裁庭有权就当事人"对仲裁庭管辖权提出的异议作出决定"的规定，是仲裁庭可以就其管辖权作出决定最早的规定。该原则首先在欧洲大陆得到迅速发展并在仲裁实践中得到应用。随后，1961年《欧洲国际商事仲裁公约》、1966年《欧洲统一仲裁法》以及1965年《解决各国与他国国民间投资争端公约》《联合国国际贸易法委员会仲裁规则》等先后采纳了自裁管辖权原则。特别是1985年《联合国国际商事仲裁示范法》对自裁管辖权原则的肯定，进一步推动了该原则被主要国际商事仲裁机构及其所在国所接受，并成为现代国际商事仲裁法的一个重要原则。①

自裁管辖权意味着仲裁庭可以对仲裁协议的效力及/或管辖权异议问题作出判断，这是对自裁管辖权原则最基本的理解。大凡承认自裁管辖权原则的国家都必然认可仲裁庭的这一权力。然而，自裁管辖权原则是否意味着只有仲裁庭才能决定仲裁管辖权？法院是否可以行使对仲裁协议效力的确认权从而确认自己对纠纷案件是否具有诉讼管辖权？从对各国立法规定的分析中，可以看出在仲裁庭有权自裁管辖的基础上，自裁管辖权原则的含义还存在不同的解读空间。

（1）仲裁庭拥有对仲裁协议及/或仲裁管辖权异议问题的终局性和唯一性判断权，即自裁管辖权的"单一论"。② 基于这种理解，因为仲裁庭拥有裁决自己是否对某一案件享有管辖权的优先权力及终局效力，判断是否具有仲裁管辖权的权力属于仲裁庭，因此只要

---

① 《示范法》第16条第1款规定："仲裁庭可以对它自己的管辖权包括对仲裁协议的存在或效力的任何异议，作出裁定。为此目的，构成合同的一部分的仲裁条款应视为独立于其他合同条款以外的一项协议。仲裁庭作出关于合同无效的决定，不应在法律上导致仲裁条款的无效。"

② 参见高菲：《中国海事仲裁的理论与实践》，中国人民大学出版社2000年版，第213~214页。

有仲裁协议，即使当事人向法院提起诉讼，对方当事人没有提出管辖权异议，法院也必须将争议提交仲裁，而不能依据当事人提交实体答辩的行为认定其放弃了仲裁协议。①

（2）仲裁机构可以对仲裁协议效力及/或管辖权异议问题作出判断。即由仲裁机构作为商事仲裁管辖权的认定机构的做法在世界范围内的商事仲裁立法和仲裁规则中都是比较少见的。我国是采用这种做法的典型国家。现行《仲裁法》赋予了仲裁机构即仲裁委员会管辖权异议的决定权。在该法第 20 条作出了规定之后，最高人民法院 1998 年在司法解释《关于确认仲裁协议效力几个问题的批复》② 和 2006 年《仲裁法解释》③ 等中，都进一步涉及这一问题，但仅限于对仲裁机构和人民法院在确认仲裁管辖权异议时的关系作更具有可操作性的规定。上述规定的目的是要解决仲裁机构与法院之间可能出现的决定管辖权的管辖权冲突，以及两者就同一管辖权争议的决定的实质性冲突，弥补现行《仲裁法》中相关规定之不足。它进一步明确了仲裁机构对仲裁管辖权异议的认定权以及在特定情况下的最终决定权。

（3）法院可以对仲裁协议效力及/或管辖权异议问题作出判断。法院有权行使该项权利的情形包括两种：第一，与仲裁庭具有并存决定权。法院与仲裁庭对管辖权异议问题的管辖权并存，是指

---

① 如《法国新民事诉讼法典》第 1458 条规定："在仲裁庭根据仲裁协议而受理的争议被提交至国家法院时，该法院应该宣告无管辖权。如仲裁庭尚未受理案件，除仲裁协议明显无效之外，法院亦应当宣告无管辖权。"同时，根据该法典第 1466 条的规定，"如果一方当事人对仲裁员的裁判权力范围与原则向仲裁员提出异议时，由仲裁员本人就其授权之有效性或者范围作出裁判"。

② 该司法解释第 3 条规定："当事人对仲裁协议的效力有异议，一方当事人申请仲裁机构确认仲裁协议效力，另一方当事人请求人民法院确认仲裁协议无效，如果仲裁机构先于人民法院接受申请并已作出决定，人民法院不予受理；如果仲裁机构接受申请后尚未作出决定，人民法院应予受理，同时通知仲裁机构终止仲裁。"

③ 第 13 条规定："仲裁机构对仲裁协议的效力作出决定后，当事人向人民法院申请确认仲裁协议效力或者申请撤销仲裁机构的决定的，人民法院不予受理。"

当事人在仲裁过程中的管辖权异议，既可以交由仲裁庭决定，也可以将其作为一个单独的诉讼提交法院解决。即法院有权直接受理仲裁协议效力及/或管辖权异议，当事人可以对仲裁管辖权异议的决定者作出选择。第二，法院只可以对仲裁庭管辖权异议的判断进行事后审查。法院对仲裁庭管辖权异议的判断进行事后审查，又包括两种情形：一是法院只因当事人对仲裁庭作出仲裁协议效力及/或管辖权决定不服，而对仲裁庭的裁定进行审查，并作出有终局效力的裁定；二是法院在仲裁裁决作出后的审查，可以涉及管辖权异议问题。总之，法院对管辖权异议问题的直接干预权被排除了。

尽管对自裁管辖权原则存在不同的解读，对法院是否具有仲裁协议效力及/或仲裁管辖权的确认权认识不一，但自裁管辖权原则的核心是肯定仲裁庭对仲裁协议效力及/或仲裁管辖权的确认权，而不是排斥法院的相关权力。也就是说，仲裁庭有权对仲裁协议效力进行确认，从而决定自己是否具有仲裁管辖权。但对于法院来说，毫无疑问，法院是确定自己诉讼管辖权的唯一主体，其当然享有对司法管辖权的裁定权，只是当这一管辖权恰恰与仲裁协议的效力确认无法分割时，就会产生仲裁协议有效，法院则不具有诉讼管辖权，反之成立的命题，所以仲裁协议无效是法院具有诉讼管辖权的关键。因此，从确定诉讼管辖权的视角出发，显然，不可能将法院是否具有诉讼管辖权的权力交由仲裁庭来决断。基于此，明确肯定法院拥有以判断诉讼管辖权为前提的对仲裁协议效力的确认权，并不违背自裁管辖原则，这是民事诉讼立法应当推崇的正当的价值判断。在这个基础上，我们所要探讨的就是立法应当赋予法院在什么情况下行使这一权力以及权力行使所依据的程序。

3. 两种模式的选择

在肯定法院具有对仲裁协议效力确认权的前提下，结合相关仲裁国际公约及各国立法，我国法律对此问题有两种模式可以选择：第一，延续现行做法。法院可以单独受理对仲裁协议效力的认定申请；第二，打破现行做法。法院只能在诉讼中基于当事人提出的管辖权异议对仲裁协议效力进行认定。

（1）法院可以单独受理对仲裁协议效力的认定。这是我国现行法的做法，即当事人可以直接向法院申请确认仲裁协议的效力。该种模式可以具体划分为如下情形：①仲裁协议的双方当事人对仲裁协议效力存在异议，一方当事人向仲裁机构申请确认仲裁协议的效力，另一方当事人向法院申请确认仲裁协议的效力；②仲裁协议的一方当事人向仲裁机构申请仲裁，对方当事人向法院申请确认仲裁协议的效力；③仲裁协议的一方当事人向法院提起诉讼，并同时申请法院确认仲裁协议的效力。

采用这种模式的最大优势就是可以与现行法律及司法解释相衔接，当事人与法院都易于接受，只需要在修法时对具体程序问题加以细化规定。具体包括：①当事人申请。即当事人对仲裁协议的效力有异议，任何一方都可以向法院申请确认仲裁协议的效力。②管辖法院。当事人向人民法院申请确认仲裁协议效力的案件，由仲裁协议约定的仲裁机构所在地的中级人民法院管辖；仲裁协议约定的仲裁机构不明确或没有约定仲裁机构的，由仲裁协议签订地或者被申请人住所地的中级人民法院管辖。申请人向两个以上有管辖权的人民法院提出申请的，由最先立案的人民法院管辖。涉及国际民商事仲裁协议效力的案件，由仲裁协议约定的仲裁机构所在地、仲裁协议签订地、申请人或被申请人住所地的中级人民法院管辖。涉及海事海商纠纷仲裁协议效力的案件，由仲裁协议约定的仲裁机构所在地、仲裁协议签订地、申请人或被申请人住所地的海事法院管辖；上述地点没有海事法院的，由该地点相近的海事法院管辖。③管辖争议的解决。当事人因仲裁协议效力发生争议后，一方当事人向仲裁机构申请确认仲裁协议的效力，另一方向人民法院申请确认仲裁协议效力的，除非有证据证明仲裁机构已经受理，否则人民法院应当受理。④审理程序。人民法院审理仲裁协议效力确认案件，应当组成合议庭进行审查，并询问当事人。人民法院审理仲裁协议效力确认案件，应当在立案之日起 30 日内审结。⑤适用法律。对国际商事仲裁协议的效力审查，适用当事人约定的法律；当事人没有约定适用的法律但约定了仲裁地的，适用仲裁地法律；没有约定适用的法律也没有约定仲裁地或者仲裁地约定不明的，适用法院地法律。如果法院认定当事人约定的法律或仲裁地的法律违反法院地的社会公共利益和公序良俗的，双方当事人可以重新约定所适用的法律或者适用法院地法律。⑥禁止上诉。确认仲裁协议效力案件实行一审终审，当事人对人民法院作出的确认仲裁协议效力的裁定不得提出上诉。

（2）法院只能在诉讼中对仲裁协议效力进行认定。即仲裁协议的一方当事人向法院提起诉讼后，对方当事人向法院提出双方之间存在仲裁协议，原告请求法院对仲裁协议效力进行无效认定的情形。该种模式下法院对仲裁协议效力的确认同时要满足以下条件：第一，当事人没有向仲裁机构申请仲裁或者请求确认仲裁协议的效力；第二，法院已经受理当事人的起诉；第三，对方当事人主张有仲裁协议进而对诉讼管辖权提出异议；第四，原告请求法院确认仲裁协议无效。

上述条件的限制实际上排除了第一种模式下的三种情形，将法院确认仲裁协议效力的权限限制在狭小的特定的范围内，即法院不应当单独受理申请确认仲裁协议效力的案件。这一模式的核心在于，主张仲裁庭是确认仲裁协议效力及/或仲裁管辖权的当然主体，法院仅系于对直接且实际发生的诉讼管辖权问题，对仲裁协议的效力进行确认。

4. 对确认仲裁协议效力权限配置的思考

（1）理论上的思考。对仲裁协议效力的确认及/或仲裁管辖权的认定，从本质上可以看作一个权力的配置问题。认定的主体基本上可以穷尽为仲裁庭、仲裁机构和法院。再进一步进行归类，就可以将其视为仲裁协议效力及/或仲裁管辖权的认定权在司法主体和仲裁主体之间的配置，以及在仲裁主体范围内，在仲裁庭和仲裁委员会之间的配置这样两个问题。① 仲裁管辖权在司法主体和仲裁主体之间的配置，是指当事人就仲裁管辖权发生争议时，究竟应该由司法主体（法院）作出裁判，还是由仲裁主体（仲裁庭或者仲裁委员会）作出决定，以及在什么条件下由司法主体或者仲裁主体进行认定。

对于上述两种模式，笔者倾向于第二种模式，即在当事人起诉前的涉及仲裁协议效力的异议应当由仲裁机构作出判断，法院不应受理当事人单独提出的确认仲裁协议效力的起诉或者申请。而一旦一方当事人向法院起诉后，即使对方当事人以存在仲裁协议进行抗辩，应当向受理案件的法院提出诉讼管辖权异议，而不应当鼓励其向仲裁机构请求确认仲裁协议的效力。笔者的这种认识，主要是基于对如下问题的思考：

第一，来源于对自裁管辖权原则的理解。自裁管辖权原则应当包括两个方面的内容：其一，仲裁庭有权对自己是否拥有仲裁管辖权作出判断，包括对仲裁协议效力的确认及对当事人关于仲裁管辖权异议的判断；其二，仲裁庭的决定具有终局效力。

第二，来源于对仲裁理论的思考。（a）仲裁条款独立性原则是仲裁庭决定仲裁管辖权的理论基础。仲裁条款的独立性不仅说明仲裁条款（仲裁协议）与主合同的可分立性，还进一步表明，即使主合同无效，也不能排除仲裁庭享有的判定主合同无效的管辖权，除非仲裁庭认为仲裁协议无效。这实质上是对仲裁庭决定仲裁管辖权的肯定。仲裁协议独立性理论完善了仲裁庭决定自己权限的权力。（b）仲裁权的完整性是仲裁庭决定仲裁管辖权的权力基础。仲裁管辖权是仲裁庭固有的权力，是仲裁权的基本内容，更是仲裁庭行使仲裁权解决纠纷必不可少的基本权能。仲裁权的完整性体现了仲裁权的不可分割性，也体现了仲裁权行使的统一性。对当事人

---

① 本书是对民事诉讼立法中法院对仲裁协议效力确认权的探讨，故暂不探讨仲裁管辖权的认定权在仲裁主体范围内的配置问题，并将仲裁主体统称为仲裁机构。

提出的仲裁管辖权异议进行调查并作出决定，是仲裁庭与争议的审理权、裁决权一体的权力。仲裁庭要决定是否对案件进行审理，作出裁决，首先必须决定自己对该案是否有管辖权。承认仲裁庭拥有解决纠纷所必须的权力，承认仲裁管辖权是仲裁权的有机组成部分，其意义在于保证仲裁程序在无外来干涉的情况下独立进行，而不是鼓励在仲裁程序中将某些问题诉诸法院。(c) 及时、高效的仲裁原则是仲裁庭决定仲裁管辖权的经济基础。仲裁优于诉讼的特点之一就是它解决纠纷的迅速、及时和高效，而在很大程度上说，仲裁能否体现这一特点首先取决于如何确定仲裁管辖权以及确定仲裁管辖权的效率。根据最高人民法院颁布的相关司法解释的规定，实行由仲裁机构决定仲裁管辖权异议，并且仲裁机构的决定服从法院的终局决定，以及对于涉外仲裁和国际仲裁必须遵守"报告制度"等做法，都严重影响着仲裁效率优势的发挥。增加确定仲裁管辖权的复杂性程度，是一种对时间、金钱、人力等多种资源的浪费。为了提高仲裁解决纠纷的效率，真正实现迅速、及时、高效的仲裁原则及依此原则解决当事人之间争议的目标，消除影响仲裁效率，包括有碍于及时确定仲裁管辖权的因素和环节是必不可少的，而实现这一目标的关键就是使仲裁庭具有独立确定其自身仲裁管辖权的权力。同时，确定仲裁庭对仲裁管辖权的决定权，也可以有效地防止一方当事人利用法院具有裁定仲裁管辖权的权力，恶意拖延和破坏仲裁程序的进行，减轻当事人的负担，从而加速仲裁程序。

第三，来源于对法院确认仲裁协议效力目的的思考。法院之所以不应当单独受理当事人提出的仲裁协议效力认定的诉讼，是因为法院确认仲裁协议效力的目的不是确定仲裁机构有无管辖权，而是确定诉讼管辖权的存在与否。因此，作为诉讼管辖权的决定主体，法院只能在当事人提起诉讼，对方当事人主张有仲裁协议，法院无管辖权的情况下，对仲裁协议进行形式上的审查，目的是确定诉讼管辖权是否成立。

第四，来源于对司法权介入仲裁权的思考。法院是国家司法机构，行使国家赋予的司法审判权。尽管由于仲裁的民间属性，使法院对仲裁的介入不可避免，而且这种介入既包括法院对仲裁的支持，也包括法院对仲裁的监督。可仲裁与诉讼毕竟是两种不同的纠纷解决方式，仲裁如果过分地依赖法院的支持，或者过分地强调司法对仲裁的监督，都将使其自身失去应有的意义。仲裁协议表明了当事人对纠纷解决方式的选择，即通过仲裁解决纠纷的意愿。仲裁庭是行使仲裁权解决纠纷的机构，仲裁协议是否符合授权仲裁庭对纠纷进行裁决的法律条件，是仲裁庭能否对此案件行使权力的关键，如果赋予法院对仲裁管辖权认定的权力，则实质上导致了仲裁权依赖于审判权，从而限制了仲裁庭权力的行使。这与仲裁作为一种独立的解决纠纷的方式，仲裁权作为一种独立的对争议进行公正裁决的权力的现代仲裁观念不符。同时，也为那些有意回避仲裁，拖延纠纷解决的当事人提供了可乘之机。

（2）立法上的思考。对仲裁协议效力的确定问题必然涉及仲裁委员会、仲裁庭和法院的关系，《民事诉讼法》的立法也不可避免涉及与《仲裁法》的协调。在《仲裁法》中的规定相对简单清楚，即在仲裁庭组成前由仲裁机构进行确定，仲裁庭组成后由仲裁庭进行确定。仲裁庭既可以中间裁决的形式作出，也可以在终局裁决中作出。

而在民事诉讼立法中则可以从以下几个方面加以规定：

①立法体例。第一种体例：以专编规定民事诉讼中所涉仲裁问题。现行法关于民事诉讼与仲裁关系的调整规范散见于《民事诉讼法》《仲裁法》和最高人民法院的各类司法解释及有司法解释性质的批复。对法院确认仲裁协议效力的问题在现行民事诉讼法中没有任何规定，因此，在民事诉讼中涉及该问题时并没有法典层面的法律依据。鉴于仲裁协议效力的确认，包括对仲裁裁决的撤销和执行、不予执行仲裁裁决等问题实属民事诉讼的基本问题，同时又是民事诉讼中的特殊问题，并不是每一个案件都要经过和适用的，因此，有必要以专编形式对"涉及仲裁的特别规定"加以系统规定。

至于能否以专章形式规定于特别程序中，笔者认为并不适宜。首先，现行法中特别程序的特别之处，主要体现在法院适用特别程序审理的案件属于非民事争议案件，而涉及仲裁协议效力的确认案件，包括撤销及不予执行仲裁裁决案件本身均属于民商事争议案件，只是与其他民商事争议案件的审理存在些许区别，如对于仲裁协议效力的确认只是争议案件管辖权的确定，在确定了案件管辖权后的审理必须通过普通程序进行。其次，现行法对特别程序的设计特点，包括仅对某种法律事实进行确认、通常没有明确的被告、实行一审终审、免交诉讼费用等，而这些特点并不适用涉及仲裁协议效力确认等案件的审理程序。

第二种体例：以民事诉讼的视角进行规定。《仲裁法》和《民事诉讼法》的规范视角是存在区别的，《仲裁法》侧重于以仲裁机构及仲裁当事人为主体的规定，而《民事诉讼法》应当以法院、诉讼当事人的角度进行规定。现行《仲裁法》中的一些规定在笔者看来，实属《民事诉讼法》所应规定之内容，如《仲裁法》第5条、第26条、第62~64条等。同样，在《民事诉讼法》中对涉及仲裁的问题加以规定，应当从法院诉讼的角度切入，而不应单纯地将诉讼与仲裁关系问题一并在民事诉讼法中予以规定。如对仲裁协议效力的确认，在《民事诉讼法》中只规定法院确认仲裁协议效力的权限、条件、程序等，而将仲裁机构对仲裁协议效力确定的权限交由仲裁法规定。因此，虽然不可否认《仲裁法》与《民事诉讼法》的交叉使两者彼此渗透不可避免，但关键是以怎样的视角，来明确《民事诉讼法》与《仲裁法》规定的界限。

②立法内容。在《民事诉讼法》中应当（但不限于）对涉及仲裁协议效力确认问题进行如下规定：

首先，管辖法院。当事人向人民法院起诉的含有仲裁条款的合同纠纷案件以及双方当事人有仲裁协议的其他纠纷案件，当事人主张仲裁协议无效、失效或者无法执行的，由中级人民法院管辖。由中级人民法院管辖该类案件，实质上是由中级人民法院行使对仲裁协议效力认定的管辖权。这是我国多年来司法实践经验的总结，在以往的司法解释中也一直规定由中级人民法院对仲裁协议效力进行认定。沿用这样的规定，不仅是对原司法解释的衔接，也是对以往司法实践的肯定。同时，由中级人民法院行使对仲裁协议效力认定的管辖权，既体现了对仲裁管辖权的尊重，又保证了司法管辖权的正当性。

其次，管辖争议的解决。当事人因仲裁协议效力发生争议后，一方当事人首先向仲裁机构申请仲裁，或者请求确认仲裁协议的效力，另一方向人民法院起诉并主张仲裁协议效力异议的，人民法院不予受理。人民法院受理了当事人的起诉后，对方当事人有证据表明已经向仲裁委员会申请仲裁或者请求确认仲裁协议效力的，人民法院应当驳回起诉。人民法院对仲裁机构不予受理或者确认仲裁协议无效的案件，经审查符合起诉条件的，应当受理。

按照现行《仲裁法》的规定，人民法院和仲裁机构都有权认定仲裁协议的效力，但是一方向仲裁机构请求确认，另一方向人民法院请求确认的，由人民法院对仲裁协议效力作出是否有效的裁定。在此基础上，《仲裁法解释》进一步明确规定，如果仲裁机构先于人民法院接受申请并已作出决定，人民法院不予受理；如果仲裁机构接受申请后尚未作出决定，人民法院应予受理，同时通知仲裁机构终止仲裁。这一规定表明双方当事人分别向仲裁委员会和人民法院请求确认仲裁协议效力时，仲裁委员会是否先于人民法院接受申请并已作出决定成为关键，如果仲裁委员会先于人民法院接受申请并已作出决定，人民法院无权受理；反之，人民法院有权受理，仲裁委员会无权作出决定。因此从现行法来看，在确认仲裁协议效力问题上，人民法院仍然具有优先于仲裁机构的权力。

本书观点对两者关系作了改变，首先，肯定人民法院具有对仲裁协议效力的认定权。其次，人民法院只有在当事人向法院起诉的前提下，因涉及诉讼管辖权问题，才有权对仲裁协议效力进行确认。再次，只要当事人先于向仲裁机构申请仲裁或者请求确认仲裁协议效力，不论仲裁机构是否已经受理，人民法院都不应当受理当事人的起诉，对于已经受理的，应当驳回起诉。最后，人民法院在仲裁机构作出不予受理或者确认仲裁协议无效的情况下，对当事人的起诉经审查应当受理。

上述观点主要基于如下思考：其一，基于自裁管辖权原则所确立的仲裁庭有权决定自己是否具有案件管辖权的精神，在双方当事人存在仲裁协议的情况下，仲裁协议是否有效的确认首先应当由仲裁机构来判断。其二，为了实现仲裁机构优先确认仲裁协议效力的权限，避免仲裁机构与法院在管辖权上的冲突，有必要赋予人民法院仅在特定条件下确认仲裁协议效力的权力，即当事人向仲裁机构申请仲裁或请求确认仲裁协议效力之前向法院起诉，涉及确认仲裁协议效力时，法院有权认定。对于本条构想的仲裁机构不予受理或者确认仲裁协议无效后，经审查符合起诉条件应当受理的规定，意图说明法院对仲裁机构的决定不具有审查权，仲裁机构确认仲裁协议有效的，法院无权受理该纠纷案件；反之，仲裁机构确认仲裁协议无效的，法院只就起诉要件进行审查，而不应当审查仲裁协议的效力。

③管辖权异议的提出。人民法院受理案件后，当事人主张有仲裁协议并对管辖权提出异议的，应当在提交答辩状期间提出。当事人未单独提出及未在答辩状中提出管辖权异议的，视为放弃仲裁协议，人民法院应当继续审理。理由如下：

首先，当事人主张有仲裁协议并对管辖权提出异议的，应当在提交答辩状期间提出，这是一种普遍的并被广泛接受的做法，目的是督促当事人及时行使管辖权、抗辩权。

其次，《仲裁法》第26条将当事人达成仲裁协议后，一方向法院起诉未声明有仲裁协议，法院受理后另一方主张并提交仲裁协议期间规定为首次开庭前，笔者认为不甚合理。理由是，第一，首次开庭前从诉讼期间来看，既包括提交答辩状期间，也包括审理前的准备期间。法院开始审理前的准备，当然应当以确定了管辖权为基础。第二，当事人主张并提交仲裁协议的目的是抗辩法院管辖权，或者说是对管辖权有异议。而答辩正是法律赋予当事人对起诉的回答及辩解，当然应当包括对法院不具有诉讼管辖权的辩解。因此，提出管辖权异议的合理期间应当是提交答辩状期间。现行《民事诉讼法》第 127 条也明确规定："当事人对管辖权有异议的，应当在提交答辩状中提出。"笔者认为，《仲裁法》的这一规定实际上给予当事人超出提出管辖权异议的合理期间提出诉讼管辖权的异议权，不利于法院对异议及案件的审理。

最后，按照通常的做法，提出管辖权异议应当在答辩期间单独提出，而应诉答辩本身就意味着放弃管辖权异议权，那么如果当事人在答辩状中提出管辖权异议呢？我们是应当偏向于当事人对管辖权有异议还是放弃异议呢？从合理性角度分析，应当推断当事人对管辖权有异议。毕竟答辩状是当事人抗辩起诉书最规范的法律文书，是当事人表达异议的合法途径。因此，只要当事人在提交答辩状期间，不论单独提出还是在答辩状中提出双方存在仲裁协议，进而抗辩法院的诉讼管辖权，都应当被认可。只有当事人既未单独提出，也没有在答辩状中提出有仲裁协议并对诉讼管辖权异议的，才应视为放弃仲裁协议，人民法院应当继续审理。

④审理程序。人民法院对仲裁协议效力的审查，应当组成合议庭进行，并询问当事人。人民法院对仲裁协议的效力，应当依据《仲裁法》及相关司法解释关于仲裁协议有效性的规定进行审查，并在当事人请求确认仲裁协议效力之日起 10 日内审结。

首先，对仲裁协议效力的确认应当由合议庭进行审查。合议制是我国《民事诉讼法》重要的审理原则和制度，其在审判组织上的具体体现就是合议庭的审判形式。我国《民事诉讼法》第 39 条规定，人民法院审理第一审民事案件，由审判员、陪审员共同组成合议庭或者由审判人员组成合议庭。仲裁协议效力确认的案件应当由中级人民法院管辖，因此只能由审判员组成合议庭进行审理。而仲裁协议效力的确认直接关系到案件管辖权的归属，仲裁协议有效，仲裁机构具有仲裁管辖权；仲裁协议无效，法院具有诉讼管辖权。因此，对仲裁协议效力的认定关乎重要的案件"入口"问题。同时，在实践中，确认仲裁协议效力案件，特别是确认国际商事仲裁协议效力案件，当事人往往在法律方面分歧很大，案件具有很强的专业性，因此应当由合议庭进行审查。

其次，对仲裁协议效力的审查应当询问当事人。仲裁协议是双方当事人对纠纷解决方式的选择，没有双方当事人一致的意思表示，不会产生仲裁协议的法律后果。通过询问当事人以查清双方当事人是否具有共同的仲裁意愿，是确认仲裁协议是否有效的关键点。因此，合议庭在审理时不一定要开庭进行，但必须询问当事人，了解、核对相关的案件事实后，依法进行确认，以充分保障当事人的合法权利。

再次，人民法院审查仲裁协议效力的依据是《仲裁法》及相关司法解释关于仲裁协议有效性的具体规定。现行《仲裁法》第16条、第17条、第18条，《仲裁法解释》第5条、第6条、第7条等明确规定了仲裁协议无效的情形，为了法律的协调与统一，这些规定应当成为法院审查的法律依据。

最后，仲裁协议效力的确认只是法院是否具有诉讼管辖权的前提，只有及时确定管辖权的归属才能进一步审理案件，或者驳回起诉，由当事人通过仲裁方式解决纠纷。规定自当事人请求确认仲裁协议效力之日起10日内审结的目的就是尽快确定诉讼及/或仲裁的管辖权。

⑤适用法律。对国际民商事仲裁协议的效力审查，适用当事人约定的法律；当事人没有约定适用的法律但约定了仲裁地的，适用仲裁地法律；没有约定适用的法律也没有约定仲裁地或者仲裁地约定不明的，适用法院地法律。如果法院认定当事人约定的法律或仲裁地的法律违反法院地的社会公共利益和公序良俗的，双方当事人可以重新约定所适用的法律或者适用法院地法律。

首先，应将我国一直沿用的涉外案件的称谓改为涉及国际民商事案件。这是因为，第一，"涉外案件"的称谓只是我国对这类案件的特有界定，国际上几乎没有相同的称谓，而涉及国际民商事案件或者直接称为国际民商事案件是最为普遍的认知。第二，"涉外案件"并不准确。按照我国对"涉外案件"的解释，所谓"涉外案件"就是具有涉外因素的案件，包括主体、法律关系和法律事实的发生以及争执标的物具有涉外因素，而这实际上就是涉及国际民商事纠纷的案件。因此，统一称为"涉及国际民商事案件"更明确，也可以更好地与国际接轨。

其次，涉及向人民法院请求确认仲裁协议效力案件通常存在三种情形：对国内纠纷案件中仲裁协议效力的确认、对涉及国际民商事案件中仲裁协议效力的确认和对涉及海事海商纠纷案件中仲裁协议效力的确认。其中只有对涉及国际民商事案件中仲裁协议效力的确认面临准据法的选择。

准据法的确定有三种途径，即当事人约定的法律；当事人没有约定适用的法律但约定了仲裁地时的仲裁地法律；没有约定适用的法律也没有约定仲裁地或者仲裁地约定不明时的法院地法律。这三种途径是近年来多数学者比较认同的，在司法实践中也易于操作执行。

在当事人约定了仲裁协议效力准据法时，优先适用当事人约定的法律，是由仲裁协议契约性所决定的，充分体现了对当事人意思自治原则的尊重，也符合世界上多数国家和诸多国际公约的规定。例如，《纽约公约》和《联合国国际商事仲裁示范法》都明确规定，应当根据当事人指定适用于仲裁协议的法律裁定仲裁协议的存在或有效性。我国是《纽约公约》的成员国，应当承认并尊重该公约中赋予当事人对仲裁协议法律适用的选择权。

在国际商事仲裁中，仲裁地是仲裁重要的和最密切联系的因素，仲裁地法在仲裁协议效力确认中的适用，在国际商事仲裁中得到普遍认同。《纽约公约》第5条规定，在当事人未选择仲裁协议所适用的法律时，应根据仲裁地国的法律认定仲裁协议是否有效。

仲裁协议效力的确认不仅是确定仲裁机构是否具有仲裁管辖权，也同时决定法院是否具有诉讼管辖权。因此，以法院地法律作为确认仲裁协议效力的准据法存在其合理性。

如果法院认定当事人约定的法律或仲裁地的法律违反法院地的社会公共利益和公序良俗的，应当允许双方当事人重新约定所适用的法律或者适用法院地法律。

⑥法院裁定及当事人的救济途径。人民法院经过审查，认为仲裁协议有效的，裁定确认仲裁协议的效力，并驳回当事人的起诉；认为仲裁协议无效的，裁定驳回申请人请求确认仲裁协议效力的申请。当事人对法院确认仲裁协议效力的裁定有异议的，可以在收到裁定书之日起 10 日内向上一级人民法院上诉。

首先，法院对仲裁协议效力的审查结果必须以书面裁定方式作出，这是当事人进一步寻求司法救济的依据。在此基础上，法院在认定仲裁协议有效的同时，还应当在裁定中明确驳回当事人的起诉，而如果法院认定仲裁协议无效，在裁定中应当明确驳回申请人请求确认仲裁协议效力的申请。

其次，在理论层面的讨论上，对于确认仲裁协议效力案件当事人能否上诉存在不同的观点。如果以现行法的规定为依据，在法院可以受理当事人确认仲裁协议效力申请的前提下，确认仲裁协议效力案件实行一审终审制，当事人对人民法院作出的确认仲裁协议效力的裁定不得提出上诉。这种考虑主要基于如下两点：第一，确认仲裁协议效力案件是以当事人申请启动诉讼程序的，可以界定为非诉性质程序，我国《民事诉讼法》对非诉程序案件均规定为一审终审。第二，在公正与效率的权衡上，对仲裁协议效力的确认更注重效率的选择，更倾向于使当事人之间的纠纷迅速进入纠纷解决程序，并使纠纷尽快解决。因此不主张赋予当事人进一步的司法救济权。

将法院确认仲裁协议效力的权限限制在当事人提起诉讼的范围内，不论是确认仲裁协议消极效力认定自己有诉讼管辖权，还是确认仲裁协议积极效力认定诉讼管辖权不成立而驳回当事人起诉，实际上都是将仲裁协议效力的确认转化为法院诉讼管辖权的认定，这与现行《民事诉讼法》规定的当事人对不予受理、驳回起诉的裁定可以上诉的法理如出一辙。因此，赋予当事人对法院确认仲裁协议效力的裁定有异议的，可以向上一级人民法院上诉，是具有积极作用的。

（三）友好仲裁制度的确立

1. 友好仲裁的概念辨析

（1）友好仲裁释义。

①友好仲裁的词源。友好仲裁（amiable composition）源于法国法律用语"amiable compositeur"，即友好调停者（amiable 相当于英文中的 amicable，意为友好），在仲裁中指具有较大自由而不需遵从法律规则的仲裁员，能够依据公允善良原则（ex aequo et bono）作出裁决。① ex aequo et bono 为拉丁语，由 aequo 和 bono 两个词构成。aequo 即为英文的 equity，具公平、衡平之意；bono 则为英文的 good faith 或 good conscience，为善意、诚信之意。② 事实上，虽然 amiable compositeur 与 ex aequo et bono 经常被认为是同义词，如在法国法中友好公断人即被解释为依公平原则处理案件，但也有外国法（如西班牙法）、学者及判例认为，两者是有区别的，前者的含义广于后者。戈德曼（Goldman）曾指出，严格地说，decide ex aequo et bono 与 act as amiable compositeur 是不同的，因为当解决当事人的争议时，友好公断人可以决定当事人可能同意的一切（may decide all what the parties may agree），只有作为友好公断人的评判员才可以在法律范畴外解决争议。意大利的一个判决认为，arbitratiors amiable compositeurs 表示的含义较仲裁员依公平处理案件的含义广泛，前者授予了仲裁员依公平裁决时所没有的一种了结

---

① 张建华：《仲裁新论》，中国法制出版社 2002 年版，第 226 页。
② 张文彬：《论私法对国际法的影响》，法律出版社 2001 年版，第 23 页。

（问题）的权力（authority to settle）。在 amiable compositeur 情形下，仲裁员是了结（settle）问题，而在 ex aequo et bono 情形下，仲裁员是裁决（decide）问题。另有学者认为，amiable compositeur 为共同授权了结（joint mandate to settle），ex aequo et bono 为调整法律的裁量权（discretional authority to mitigate strict law）。①

②友好仲裁的立法例。大陆法系国家仲裁法一般规定，只要得到当事人的明确授权，允许仲裁员以他们对公平正义的理解裁决争议，如法国、德国、西班牙、荷兰、意大利和瑞士等，友好仲裁几乎是一种惯例。《法国民事诉讼法典》第 1474 条规定，仲裁员按照法律规则继续裁决，但如在仲裁协议中当事人委托仲裁员作为友好公断人进行裁决之情形，不在此限。随后在第 1482 条和第 1483 条中又规定，由友好公断人作出的裁决不可上诉，除非当事人在仲裁协议中已明示保留其上诉的权利。一旦当事人未放弃对友好调和人的裁决进行上诉的权利，受理上诉的法官也应以友好公断人的身份审理案件。《德国民事诉讼法典》第 1051 条第 3 款规定，仲裁庭仅在当事人明示授权时，按照公允善良原则裁决争议或充任友好仲裁员。仲裁庭作出裁决前，当事人可以作此授权。《荷兰仲裁法》第 1054 条、《意大利民事诉讼法典》第 882 条也都对仲裁庭进行友好仲裁或依公允善良原则进行仲裁作了明确规定。

在有着悠久仲裁传统的瑞典，1999 年仲裁法改革时没有设置关于友好仲裁的条款，但是根据 1999 年《斯德哥尔摩商会仲裁院仲裁规则》第 24 条第 3 款"只有在得到当事人明确授权时，仲裁庭才可以公允善良原则或以友好调和人身份裁决争议"，在瑞典的仲裁实践中仍然接受友好仲裁。友好仲裁也被阿根廷、墨西哥等拉丁美洲国家采用。

在英美法系国家，仲裁员一般应依法裁决而不能以友好调和人

---

① 郭玉军：《商事仲裁中的友好仲裁问题》，载《武汉大学学报》（哲学社会科学版）1999 年第 6 期。

的身份行事。这曾一度被认为是与大陆法系相区别的显著特征。施米托夫曾经指出："如果当事人可以授权仲裁员确定货物的合理价金，或者是提供服务的合理报酬，像在英国法上所许可的那样，我看不出仲裁员为什么就不能被授权对当事人之间发生的争议作出他认为是公平合理的决定，而如果严格适用法律标准将会导致什么样的后果。"然而，随着英国《1996 年仲裁法》的颁布，情形已经发生改变，友好调和的概念已被英国仲裁所采纳。英国《1996 年仲裁法》第 46 条第 1 款第 2 项规定："仲裁庭应对争议作出裁决：（b）如果当事人同意，根据当事人所同意的或仲裁庭所决定的其他方式。"这一规定允许当事人可以授权仲裁庭依据严格的法律规则之外的其他原则裁决争议。这也就是所谓的衡平条款或公允善良原则，即友好仲裁。在其他一些受英美法系影响的国家和地区，如澳大利亚和中国香港，仲裁员也可被授权以友好调和人的身份行事。虽然美国法对友好仲裁保持沉默，但是仲裁实践中类似的做法也很多见。

我国台湾地区 1998 年在修改原"商务仲裁条例"基础上颁布的"仲裁法"第 31 条规定："仲裁庭经当事人明示合意者，得适用衡平原则为判断。"2002 年修订之"仲裁法"，仍保留此条。此条所称"适用和衡平原则为判断"，是不以法律为依据而按照公允及善良原则进行裁决。由此可见，台湾地区已通过"立法"形式，对仲裁庭适用公允善良原则或衡平原则进行裁决的规定。

友好仲裁也被国际公约和一些国际仲裁机构的仲裁规则所确认。1985 年《联合国国际商事仲裁示范法》第 28 条第 3 款规定："只有经当事人明确授权，仲裁庭方可以公允善良原则或以友好调和人身份裁决案件。"1961 年《欧洲国际商事仲裁公约》第 7 条第 2 款中就规定："如当事人作出此种决定，而且仲裁员根据仲裁所适用的法律可以进行友好仲裁时，即可进行友好仲裁。"由于有 20 多个国家批准了该《欧洲国际商事仲裁公约》，那么，在这些国家中，可以认为友好仲裁已经得到了承认①。

友好仲裁制度起步较晚，无论是学界还是立法实践都对其精确含义没有一致的观点和表述，综合来看，可以从两个层面进行理解，一个层面，友好仲裁是指经当事人明确授权，仲裁员自仲裁开始之时，即以友好仲裁人的身份，依据公平善意原则进行裁决。在这一层理解中，仲裁员或仲裁庭作为友好调停者，被赋予更大的自由裁量权。另一层面，友好仲裁是指如果仲裁员经过当事人协议明示授权，在严格适用法律规则会产生不公平结果时，拒绝法律规则的适用，而根据公平善意的原则作出对双方当事人均有约束力的裁决。从这一角度来讲，友好仲裁的这种自由裁量权并非毫无限制，其建立的基础是在当事人授权上基于对更大的实质公正和善良、诚信的考虑。

笔者认为，友好仲裁是指依据双方当事人的授权，仲裁庭不以严格的法律规范为依据，而是以其所认为的公平的标准作出对当事人具有约束力的裁决。这种公平的标准包括自然公正的原则、商业惯例、公平善良的精神等。

（2）友好仲裁与依法仲裁的关系。要明确友好仲裁的含义和意义，必须厘清依法仲裁与友好仲裁的关系问题。友好仲裁和依法仲裁在仲裁制度体系中，是主次关系还是并列关系？如果是主次关系，那么谁主谁次？对这些问题的认识影响着友好仲裁在仲裁制度体系中的建构。就仲裁员依据何种规则作出裁决而言，仲裁可以分为两种：依法仲裁与友好仲裁。仲裁裁决的是一个既定纠纷，在仲裁庭依据有效途径开始仲裁之后，进行仲裁的依据就成为整个仲裁的关键。一般来说，仲裁员依据法律规则进行仲裁是依法仲裁，而如果他们经当事人协议明示授权以友好调和人身份裁决案件，或按公允善良的原则作出裁决，则是友好仲裁。由此可见，友好仲裁和

---

① 参见韩健：《现代国际商事仲裁法的理论与实践》，法律出版社 2000 年版，第 34~41 页。

依法仲裁的最显著差别就是依法仲裁在仲裁过程中，无论是实体还是程序问题，都必须依照法律进行。

探讨友好仲裁和依法仲裁的关系问题，首先要明确仲裁的性质。笔者认为，仲裁的性质是包含了民间性与司法性因素在内，并以民间性为基础，融入了一定的国家司法权性质的混合型纠纷解决方式。① 毫无疑问，仲裁是一种民间性与司法性的混合体，它巧妙地将"民间性"与"司法性"两种似乎并不相干，甚至彼此对立的权力融合在一起。但是在它们的结合上，不同的国家之间、一国的国内仲裁与涉外仲裁之间却不尽一致，甚至存在很大的区别。在有的国家，仲裁更多地表现为民间性特征，双方当事人的意愿在仲裁过程中占有主导地位；而在另外一些国家，仲裁则主要体现为司法性特征，即在司法权与双方当事人的意愿相冲突时，仲裁庭首先要遵循法律的意志，当事人的意愿也要服从于法律的意志。然而，不论仲裁所表现出来的哪种属性更多一些，仲裁都是以双方当事人的授权为基础，同时又从国家法律中获得法律效力的一种混合性权力。但是，从仲裁制度的发展趋势来看，仲裁的民间性将越来越突出，而其司法性将会被逐渐削弱。

仲裁性质中"民间性"和"司法性"的关系折射出友好仲裁和依法仲裁的关系至少是并列关系，从发展趋势上可以说以友好仲裁为主体，依法仲裁为补充。在仲裁立法实践中已有类似的规定。西班牙法律规定，仲裁员有权依公平原则裁决，除非当事人明确表示必须依法仲裁。西班牙法作出与其他大陆法国家的规定相反的论述，从其原意来看，似乎可以理解为仲裁中友好仲裁为主体，而依法仲裁则处于补充的地位。

此外，友好仲裁解决争议的过程比依法仲裁具有更高的便捷性，而仲裁之所以具有强劲生命力的重要原因之一就是程序的便捷性以及随之而来的经济性。一方面，国际商事友好仲裁省去了在当

---

① 乔欣：《仲裁法学》，清华大学出版社 2008 年版，第 14 页。

事人未就裁决适用的实体规则作出约定或选择时对有关冲突规则的适用。因为"在当事人未就可适用的仲裁实体法作出约定或者选择时……通常的做法有两种：一是由仲裁庭依有关的冲突规则来确定……这一方法在理论上得到了广泛的支持，在实践中得到了普遍的采用，时至今日，仍然可以说是仲裁庭确定仲裁实体法的主要方法"①，而在国际商事友好仲裁中，仲裁庭能够直接按照其对公平善意等标准的理解来对案件作出其认为公正合理的裁决，在裁决争端实体问题所适用的依据上可以一步到位。另一方面，仲裁庭在依公平善意原则进行裁决的整个过程中，不会过多地涉及各国具体法律规定的查明以及理解运用等方面的问题，从而降低了法律顾问和律师介入的概率，这样无疑可以为当事人解决争端减少成本，有利于实现国际商事争议解决程序的简约化。②

（3）友好仲裁的适用范围。友好仲裁制度是专属于国际民商事领域，还是国内、国际民商事领域均可适用，对此学界存在争议。一种观点认为，友好仲裁专属于国际商事仲裁领域，在国内商事仲裁中不能进行友好仲裁。"从长远看，从有利于国际间商业交流的考虑出发在涉外仲裁中建立友好仲裁的形式是可取的。国内仲裁却不一样。国内仲裁是由我国仲裁机构对国内当事人进行的仲裁，当事人之间的实体法律关系受我国法律约束，如果排斥法律的适用，则不仅可能出现法律与公平合理原则两个判断标准，还可能出现将判断标准指向国外、国际上的某些规范的情形，事关国家主权这是不能允许的。"③

此外，也有学者在界定友好仲裁的含义时直接将其限定在国际商事仲裁领域内，而不专门就友好仲裁的适用范围作具体分析。

---

① 邓杰：《伦敦海事仲裁制度研究》，法律出版社 2002 年版，第 450 页。

② 因为许多学者认为，法律顾问和律师的介入，往往使争议的解决不是变得简单、快捷，而是变得更为复杂和缓慢，并由此导致仲裁中出现不必要的延误和花费。参见邓杰：《伦敦海事仲裁制度研究》，法律出版社 2002 年版，第 449 页注释②。

③ 张建华：《仲裁公平合理原则不排斥法律》，载《法学杂志》2000 年第 1 期。

"在国际商事仲裁中，仲裁庭基于当事人的授权，可以作为友好调解人（amiable compositeur）基于公正与善意或衡平与善良的考虑作出裁决。这种仲裁，一般称之为友好仲裁（amiable composition）。"① 显而易见，这种做法将友好仲裁仅限于国际商事仲裁中。

另一种观点则认为，友好仲裁在国内商事仲裁和国际商事仲裁中都可以适用。"在我国进行的非涉外性质的仲裁应当适用我国法律，包括仲裁程序法及有关的实体法。不过，国内仲裁也有依法仲裁与友好仲裁之分。"②

笔者认为，无论是国内仲裁还是国际仲裁，均可以适用友好仲裁制度，主要是基于以下考量：

首先，意思自治和诚实信用原则在民商事领域的普适性是友好仲裁在国内民商事仲裁体系中存在的法理基础。当事人意思自治原则无论是在国内还是在国际民商事领域都具有普遍性，以意思自治原则为法理基础的友好仲裁制度理应成为国内、国际仲裁共同的制度。友好仲裁制度的另一个重要基础就是公平善意原则。公平善意原则是由两个原则："基于公平的考虑"即衡平原则和"善意"或"诚信"原则结合而成。公平善意原则本是国内民法上的概念。例如，在普通法国家有普通法与衡平法之分。其中，直接受惠于罗马法上的"裁判官法"的衡平法并不是一种独立的渊源，而是作为普通法的一种补助法，它以公平和正义为原则，"既为普通法填补弥缺，又为它纠偏补弊"③。而大陆法国家则通过设置诚信（善意）、公序良俗等一般原则达到填补法律缺漏、解决法规之间的冲突以及不拘泥于法律规定而实现真正的公平正义。因此，大陆法上的诚信原则与普通法上的衡平法不仅内容大致相同，而且性质也完

---

① 朱克鹏：《国际商事仲裁的法律适用》，法律出版社 1999 年版，第 194 页。

② 肖建华：《仲裁程序的公正观与主体性价值》，载《河南省政法管理干部学院学报》2002 年第 1 期。

③ 张文彬：《论私法对国际法的影响》，法律出版社 2001 年版，第 18 页。

全一样。① 2012 年 8 月我国新修改的《民事诉讼法》第 13 条增加一款，作为第 1 款："民事诉讼应当遵循诚实信用原则"，首次将诚实信用原则明确写进了民事纠纷解决的程序法。由此可见，诚实信用原则已经成为我国民商事纠纷解决的基本原则之一。因此，以诚实信用为基础的友好仲裁制度有必要也完全可以成为解决国内民商事纠纷的重要制度之一。

其次，有观点认为友好仲裁只适用于国际商事仲裁，不适用于国内，理由是"在涉外仲裁中，由于外国当事人对于中国法律不熟悉，有些法律事实发生在国外，当事人选择适用有一定连结因素的外国法律、国际惯例、国际公约是允许的……但国内仲裁却不一样"②。这一理由考虑到国内和涉外仲裁在法律规则适用上的区别，但是忽视了法律规则本身所具有的缺陷是二者共同面临的问题。法律规则具有概括性和一般性，表述上有抽象性和简洁性，具备稳定性的同时也有滞后性，对其调整对象采取的是一种规范性调整，而"规范性调整也有一个重大的弱点，就是它不可能充分考虑到每个具体情况的特点，作出符合每个具体情况的处理"③。法律规则这种内在的缺陷导致它不可能对每一个具体的案件都带来公平的结果，再加上当事人对效益的追求以及当事人意思自治愿望的期待性，友好仲裁就会有必然的需求。而这种需求无论是国内仲裁还是涉外仲裁都可能存在，也有存在的必要性。

（4）国际民商事友好仲裁与国际民商事调解。国际民商事调解，是指国际民商事关系中的各有关当事人在发生法律争议时，向有关机构提出申请，或者在有关机构提议后同意，由该机构从中协调、排除疏导，使各有关当事人在自愿协商的基础上，谅解让步，

① 何孝元：《诚实信用原则与衡平法》，（台北）三民书局 1977 年版，第 19 页。
② 张建华：《仲裁公平合理原则不排斥法律》，载《法学杂志》2000 年第 1 期。
③ 孙国华：《对法的性能和作用的几点认识》，中国政法大学出版社 1986 年版，第 3 页。

达成协议，从而使其法律争议得以解决的活动。基于有关调解机构性质的不同，国际民商事调解可以分为法庭调解、仲裁调解和民间调解。从实质意义上来讲，仲裁调解和法庭调解都具有严格的法律意义，都是一种法律程序；而民间调解这种程序只具有民间程序的性质，不属于法律程序。①

1980 年，《国际商业仲裁贸易法委员会调解规则修正草案》第 7 条（调解员的任务）第 2 款规定："调解员应在公平、公道与正义原则的指导下，尤其考虑当事各方的权利和义务，有关行业的惯例和争端的具体情况，包括当事各方以前的任何商业惯例。" 1980 年，《联合国国际贸易法委员会调解规则》第 7 条第 2 款也规定："调解员应遵循客观、公平和正义的原则，除其他事项外，应该越双方当事人的权利和义务，考虑有关的贸易惯例以及有关争议的各种情况，包括当事人之间以前的实际业务情况。" 另外，2002 年，《国际商事调解示范法》第 6 条（调解的进行）第 3 款也作了如下规定："在任何情况下，调解人都应当在进行调解程序时力求保持对各方当事人的公平待遇，并应当在这样做时，考虑到案件的情况。" 我国有学者进一步指出，从国际商事调解所达成的调解协议的内容来看，世界各国比较一致的做法是进行一般性审查，即审查有无明显的违法内容以及在程序和方式方面是否存在禁止的因素，而对当事人的权利处分和自主约定则不作具体审查和限制。由此可见，调解虽然必然受到法律直接或间接的影响，但并不是完全按照法律所确定的标准来进行调解活动，来确定当事人之间的具体权利义务，而只是在不违反法律的强制性和禁止性规定的情况下来进行调解。② 从这个意义上来讲，国际商事调解和依公平善意原则裁决的国际商事友好仲裁具有很大的相似性，再加上国际商事调解也具有程序启动上的当事人自主性、案件处理过程的快捷性、保密性以

---

① 黄进主编：《国际私法》，法律出版社 2005 年版，第 591~593 页。

② 谢石松主编：《商事仲裁法学》，高等教育出版社 2003 年版，第 256 页。

及在争端解决中所体现出来的友好性，便有学者将国际商事调解等同于国际商事仲裁中"依公平善意原则处断争议"①。

然而，国际商事友好仲裁与国际商事调解是分属不同范畴的两个概念，前者属于国际商事仲裁方式的一种，而后者则是调解制度在国际商事法律争议解决领域的运用，两者具有本质区别。首先，在调解中，任何一方当事人如果不愿接受调解，就可以立即终止调解程序，而友好仲裁一经授权，仲裁庭便有权根据其认为公平合理的原则作出对双方均有约束力的裁决；其次，调解须在法律框架内进行，而友好仲裁在适用严格法律可能导致不公正时，则可以暂时地背离法律；最后，仲裁中经调解制作的调解书不能依《纽约公约》在其他成员国获得执行，而友好仲裁裁决具有与依法作出的仲裁裁决完全同等的效力，其执行力可以得到充分的保证。因此，仲裁中的调解制度并不能完全取代友好仲裁制度，在中国的仲裁实践中，两者各有所长，可以并行不悖，共同发挥灵活解决争议的作用。②

2. 友好仲裁的程序主体性价值

（1）仲裁程序主体性的意义。把程序主体性作为程序的价值目标，是现代程序法的一个重要价值取向。有学者认为，程序主体性原则有三项基本要求：①司法裁判程序的构成及运作须以保障受裁判者之程序主体权即程序上基本人权为必要内容；②不论立法者还是法院均应致力于充实该项程序制度，巩固诉讼程序上当事人及利害关系人之程序主体地位；③在司法裁判上，其裁判所涉及之当事人及利害关系人应受尊重为程序之主体，而不应仅被当成程序之客体来处理或支配。③

在西方国家，程序主体的实现是通过两种途径进行的：其一是

①　林红梅：《论"解决投资争端国际中心"仲裁的法律适用问题》，载《解决"投资争端国际中心"述评——专论、文档选要》，鹭江出版社1989年版，第115页。

②　陈力、田曼丽：《友好仲裁初论》，载《当代法学》2004年第2期。

③　江伟：《当事人意思自治与现代仲裁法》，载《研究生法学》1996年第3期。

法律的正当程序，没有程序主体性保障的程序将被视为违反法律的正当程序；其二是在程序法上赋予被告人同法官（或检察官）同等地位的制度设计来保障被告具有自由的、自我决定的人的地位，前者主要为英美法系所采用，后者主要为大陆法系所采用。不过，在诉讼程序中，被告人的程序主体地位是相对的，而不是绝对的。被告人有时候成为司法警察、检察机关、法院所采取的诉讼行为的行为客体，成为刑事追诉机关逮捕、拘留、羁押、搜查、审判的对象。在民事诉讼中，国家审判权也处于当事人诉讼权利之上的公权地位，程序主体性的实现仍然受到公权救济方式及诉讼结构等因素的制约。但是在仲裁程序中，程序主体性原则得到了充分体现。仲裁的民间性、自治性、自愿性等本质特性，使充分的主体性成为仲裁制度设计和运行的价值目标，使现代法制的民主精神以及市场经济主体"人格主体性"在程序法中得到充分展现，使司法程序与私法秩序结合起来了。①

（2）友好仲裁程序的主体性。在现代仲裁法中，充分的程序主体性对防止裁判者的恣意和限制自由裁量权起到了重要作用。在诉讼中，程序主体性的实现，主要是通过纵向的审级即上级人民法院对下级人民法院的审判进行复审来防止恣意和限制自由裁量的，而仲裁主要是通过当事人在横向的合意中去寻求仲裁程序主体性来实现的。它的优点是不言而喻的。一些国家已经出现了从仲裁中借鉴当事人合意改进诉讼程序的做法。例如，意大利和法国的法律规定，当事人可以通过协议授予法官"友好裁决"的权利。这就是把"友好仲裁"的做法用于民事诉讼中，法官可以根据当事人的授权，不再受法律规则的拘束，而是根据"善良和公平原则（ex aequo et bono）"作出裁判。可以想见，当事人在诉讼中的合意和自决权已不再局限于传统的"协议管辖""和解"等方面，而是将

---

① 肖建华：《仲裁程序的公正观与主体性价值》，载《河南省政法管理干部学院学报》2002年第1期。

逐步扩大。无疑，仲裁程序主体意思自治和合意对司法审判改进程序将继续产生积极的影响。那么，仲裁程序如何使个体的事实感受与权益要求同裁决结果达到最大限度的一致呢？当事人双方进入仲裁程序具有不同的事实感受和权益要求，这是正常的，由于程序是一个动态的过程，在动态过程中让双方当事人都得到公平的对待是其认同裁判结果的前提条件。同时，在动态过程中，保持形式上单一的公平标准也是不可能的。因此，仲裁程序公正的唯一出路就是"衡平"。衡平意味着某种程序上的调和或妥协，即用妥协的办法来减少适用这种或那种标准的意见之间的分歧。因为程序中的主要事项是由当事人双方合意决定的，这就使双方当事人易于进入程序，并自由选择和交涉。程序主体的能动性得到充分发挥，为达成合意的裁决结果创造了条件。通过程序中自主交涉对事实感受和权益要求互相交换意见，当事人一旦在获得有关法律和事实的信息方面处于优势地位，那么法官的主导地位就会被削弱，当事人之间的横向关系就变得比当事人与仲裁员之间的纵向关系更加重要，如果当事者和利害关系者从各自所拥有的手段确认某个妥协点是能够得到的最佳结果，就有可能通过妥协的解决自动地实现"衡平"。[①]

3. 友好仲裁制度在我国的建立

（1）我国关于友好仲裁制度的现状。

①作为独立仲裁形式的友好仲裁制度在我国还未确立。我国《仲裁法》第 7 条规定："仲裁应当根据事实，符合法律规定，公平合理地解决纠纷。"《中国国际经济贸易仲裁委员会仲裁规则》（以下简称《贸仲仲裁规则》）第 49 条第 1 款也规定："仲裁庭应当根据事实和合同约定，依照法律规定，参考国际惯例，公平合理、独立公正地作出裁决。"这些规定都提到了公平合理解决纠纷的原则，但是并不意味着中国仲裁员可以友好调和人的身份进行

---

① 肖建华：《仲裁程序的公正观与主体性价值》，载《河南省政法管理干部学院学报》2002 年第 1 期。

仲裁。

确实，在依法仲裁过程中，仲裁员在很大程度上会适用衡平原则。以最为常见的合同仲裁为例，合同双方必须本着诚实信用和公平交易原则履行合同，该义务不得被当事人协议排除或限制。这是因为在现代立法中衡平原则扮演着重要角色，中国亦如此。《中华人民共和国合同法》（以下简称《合同法》）第6条规定："当事人行使权利、履行义务应当遵循诚实信用原则。"除此之外，我国与民商事交往相关的法律还包含了一系列条款，直接或间接地适用诚实信用及公平交易原则。可以说，诚实信用是法律所蕴含的基本原则。这很清楚地表明，即使在法律没有规定或规定不明的情况下，当事人的行为也必须符合诚实信用和公平交易原则。诚实信用作为法律所蕴含的基本原则如此重要以至于当事人不可以协议排除或对之施加限制，这正是仲裁员在依法仲裁时可以适用衡平原则裁决争议的法律基础。但实际上，在这种情形下仲裁员仍是依法仲裁，因为诚实信用是一国立法的基本原则，衡平原则不仅是法律规则的补充，还体现在法律规则中。而且，仲裁时裁决的作出无论如何已经包含了仲裁员诚实信用和公平交易等衡平原则的理解。

根据接受友好仲裁国家普遍认同的观点，一旦仲裁员被授权以公允善良原则裁决争议，他们就可仅仅以衡平原则作出裁决。友好调和人不必依法仲裁，如果他们认为依平原则就能达到更加公正的结果，他们可依据自己对案件公正性的理解自由裁断，只要衡平能更好地解决争议，友好调和人可背离法律协议性条款。有时甚至于倾向背离强制性规定，除非强制性法律规则已构成一国公共政策的一部分。友好仲裁如违背公共秩序也可导致被撤销。被授权以友好调和人身份仲裁的仲裁员，在当事人未约定法律适用的情况下，甚至可直接根据商人习惯法作出裁决，而不必适用国内法冲突规则。因此，在接受友好仲裁的国家，依法仲裁和友好仲裁同时独立存在。

然而中国的情况并非如此。在中国，无论仲裁员被授权以衡平原则或公允善良原则裁决与否，他们都必须依法仲裁，尽管在依法仲裁中可以适用衡平原则。中国法律并未像承认友好仲裁的法律那样，在规定法律适用的同时，规定当事人可授权仲裁员仅以公允善良原则或衡平原则进行裁决。由此可见，中国立法未给仲裁员提供仅以衡平原则裁决案件的可能性。在这个意义上可以说中国只允许依法仲裁。无论如何，友好仲裁不可单独存在。

根据我国现有法律，仲裁员也可以友好调和的方式就所涉事项作出裁定，然而这只能在法律对争议没有规定或规定不明的情况下，就作为与依法仲裁相伴而生的一个独立的仲裁形式而言，友好仲裁在中国并没有明确存在。

②我国仲裁法律和规则给友好仲裁制度预留了空间。虽然我国《仲裁法》没有明确友好仲裁制度，但是该法第54条的规定似乎为仲裁庭适用公允善良原则进行仲裁留下了一定的空间。第54条规定，"裁决书应当写明仲裁请求、争议事项、裁决理由……当事人协议不愿写明争议事实和裁决理由的，可以不写"。按此规定，仲裁庭根据当事人的合意授权，在裁决书中可以不写明裁决的理由，自然也可以不写明裁决的法律依据，而不写明裁决的法律依据，则意味着仲裁庭可以按照公允善良原则进行裁决。《贸仲仲裁规则》第49条第2款、第3款也有类似的规定："当事人对于案件实体适用法有约定的，从其约定。当事人没有约定或其约定与法律强制性规定相抵触的，由仲裁庭决定案件实体的法律适用。仲裁庭在其作出的裁决书中，应写明仲裁请求、争议事实、裁决理由、裁决结果、仲裁费用的承担、裁决的日期和地点。当事人协议不写明争议事实和裁决理由的，以及按照双方当事人和解协议的内容作出裁决书的，可以不写明争议事实和裁决理由。"上述规定表明，我国的仲裁立法和仲裁规则并不禁止仲裁庭适用公允及善良原则进行裁决，只是对该原则的适用在表述上不够明确。

③天津市友好仲裁制度评析。实践中，各地仲裁委员会纷纷出台相应的暂行规则，召开友好仲裁工作会议，探讨友好仲裁制度。

天津仲裁委员会于 2005 年 7 月 21 日通过，同年 9 月 1 日起实施的《天津仲裁委员会友好仲裁暂行规则》（以下简称《暂行规则》）中所称的友好仲裁与国际上的友好仲裁可谓异曲同工。其所称的友好仲裁，是指平等主体的公民、法人和其他组织自愿将其经济纠纷提交天津仲裁委员会，在仲裁庭的主持下，以互谅互让的方式解决，其结果对双方当事人具有约束力的活动。其实质是双方当事人在仲裁庭主持下的让步与妥协；没有当事人的授权，仲裁庭不进行强制裁决。天津仲裁委员会的友好仲裁制度，其特色表现为：邀请仲裁制度、报价制度、仲裁庭经授权裁决、特殊的程序终止规定。① 天津的友好仲裁规则主要内容和特点是针对当事人债权债务关系的灵活解决，设置报价制度，缺乏对整个友好仲裁制度的关注。因此，建构适合我国和谐社会的友好仲裁制度体系，是仲裁制度发展的必然选择。

④上海自由贸易区友好仲裁制度评析。《中国（上海）自由贸易试验区仲裁规则》（以下简称《自贸区仲裁规则》）第 56 条首次在仲裁规则中明确引入了友好仲裁制度，顺应了国际仲裁立法和实践的潮流。《自贸区仲裁规则》清晰规范了友好仲裁的适用条件：第一，友好仲裁需以当事人达成合意为前提要件。根据《自贸区仲裁规则》的规定，当事人既可以在仲裁协议订立时选择适用友好仲裁制度，也可以在仲裁程序启动后对此达成约定。需要注意的是，当事人的此种合意需以书面形式作出。第二，仲裁庭在进行友好仲裁时，应当依公允善良的原则作出裁决，这是仲裁庭在裁决过程中的唯一标准和要求。公允善良原则要求仲裁员从社会公平正义的角度，以人们公认的价值观和是非观作为标准，形成公正合理的裁决结果。第三，仲裁庭对公允善良原则的适用不能违反法律的强制性规定和公共秩序。由于友好仲裁本身可能带来较大的灵活

---

① 李树盈：《"友好仲裁"在天津》，载《法制日报》2007 年 6 月 24 日，第 011 版。

性和不确定性，因此仲裁规则施加了一定限制，避免友好仲裁成为当事人违背强制性规定的手段。而所谓强制性规定，是指不能根据当事人事先的协议选择、修改以排除或变通其适用的法律规则，这些规则的识别和界定需要结合制定该法律规则的宗旨、该法律规则所在法律文件的上下文及违反该法律规则的后果等多方面因素进行考量。同时，公共秩序则是体现在一国政治制度、经济制度、法律制度和主流道德习俗中的根本利益。通过此种限制，法院得以对友好仲裁进行底线控制和监督，也避免仲裁庭权力的滥用。

（2）我国友好仲裁制度的构建。随着社会的发展，仲裁制度国际化趋势逐步加强，作为与依法仲裁相伴而生的一种独立的仲裁形式，友好仲裁以其对当事人意思自治原则的尊重，对实质公正及效率的追求成为仲裁制度发展的内在要求。

第一，在立法中考虑明确友好仲裁定义。在双方当事人明确授权下，仲裁庭可以作为友好公断人或依公正合理原则解决纠纷。当然，如果在立法中进行明确规定尚需时日进行论证，也可先通过司法判例进行探索，再经由司法解释进行确认。

第二，在程序上必须经过当事人的明确授权。友好仲裁是当事人自愿原则的体现，几乎所有国家的国内仲裁法及仲裁机构的仲裁规则都对当事人授权进行了规定。当事人明确授权，不仅使仲裁庭获得了友好仲裁的权力，同时也对仲裁员的自由裁量权进行监督，在一定程度上防止自由裁量权的滥用。

第三，明确规定仲裁员的任职资格。由于公平善意原则的实际适用在很大程度上取决于仲裁员的主观判断，因此仲裁员的个人素质对裁决结果起着举足轻重的作用。1965 年，《解决国家与他国国民间投资争端的公约》（《华盛顿公约》）第 14 条第 1 款就作了如下规定："指派在小组服务的人员应具有高尚的道德品质，并且在法律、商务、工业或金融方面有公认的资格，他们可以被信赖作出独立的判断。对仲裁员小组的人而言，在法律方面的资格尤其重要。"

第四，明确合同条款和国际贸易惯例在国际商事友好仲裁中的作用。确立了国际商事友好仲裁的各国国内法、国际条约和仲裁规则都规定，仲裁庭在任何情况下都应当按照合同的条款作出裁决，并应当考虑适用于有关交易的国际贸易惯例。但是，相关条款对合同的具体适用规定得都不够严密，导致了国际商事仲裁理论研究上的争议和实践上的混乱。合同条款在国际商事友好仲裁中并不应当具有严格适用的法律效力，它只有在不违背仲裁庭的公平善意观念的前提下才能得到适用；而从现有相关规定的文字表述上来看，却给仲裁庭施加了严格适用合同条款的法律义务，这有悖于当事人授权仲裁庭进行国际商事友好的根本目的。因此，我国在规定国际商事友好仲裁时应当明确规定，仲裁庭应当按照合同条款作出决定，只要所适用的合同条款内容不违背其公平善意的观念。①

第五，对友好仲裁的限制。在明确友好仲裁规则的同时，对其适用条件、裁决依据进行限制，这也是制度设置中最关键的核心。毫无疑问，相对于具有普遍逻辑适用性的法律，友好仲裁裁决多依据的"公允善良"原则偏于抽象，没有严格的制度程序，也没有严密的成文形式，在具体案件中由仲裁员根据自己的主观认识进行解释应用，缺乏统一标准，仲裁员的自由裁量权偏大容易使仲裁结果具有不可预见性，甚至游离于其价值初衷之外，造成对公正的破坏。因此，合理建构友好仲裁制度，必须对仲裁员的自由裁量权进行双重限制。其一，仲裁庭进行友好仲裁不得违反公共秩序和强行法规定。以 1961 年《关于国际商事仲裁的欧洲公约》为例，其第7 条第 2 款规定，在当事人的明确授权下，还必须在适用于仲裁程序的法律允许这样做时，仲裁庭才可作为友好仲裁人进行仲裁。因此，即便有当事人的授权，如果仲裁地法律不承认友好仲裁，那么当事人的授权就无效，该友好仲裁的采用也无效。同时，根据

---

① 朱成云：《国际商事友好仲裁的几个基本问题研究》，西南政法大学 2006 年硕士学位论文。

1958年《纽约公约》的规定，公共秩序是一项拒绝承认和执行仲裁裁决的理由，因而，如果友好仲裁违背公共秩序的要求，其裁决将被撤销或被拒绝承认和执行。其二，友好仲裁只是排除了实体法的适用，不能根据公允善良原则确定仲裁的程序法。在仲裁实践中，由于仲裁员的文化背景、价值观念、知识层次等存在差异，程序正式就显得尤为重要，法院对仲裁的监督也更多地体现在程序上，这对程序严格性的保障，对防止仲裁员滥用自由裁量权有着重要作用。

三、仲裁相关问题的分析与解决

（一）仲裁与调解相结合

仲裁与调解相结合是20世纪50年代中国仲裁机构创立的一个特殊的程序安排，作为一种复合型纠纷解决方式，是多元化纠纷解决机制的重要组成部分。不同于诉讼、仲裁、调解等传统的纠纷解决方式，仲裁与调解相结合更加重视当事人的意思自治，同时又以其强制效力作为解决纠纷的最终保障，被当事人所认同，也被世界众多国家的仲裁机构所借鉴。

1. 仲裁与调解相结合的特点及其价值

仲裁与调解相结合解决纠纷的形式具有不同的样式。资料显示的模式主要包括"先调解后仲裁（Med-Arb）"模式①、"影子调解（Shadow Mediation）"模式②、"仲裁中调解（Arb-Med）模

① 这种模式是指当事人为解决争议，先启动调解程序，调解不成后或调解成功后再进行仲裁程序，将调解成功所达成的协议以仲裁裁决确定下来。在"先调解后仲裁"方式中，一般来说，调解员和仲裁员不是同一人士，甚至调解机构和仲裁机构是两个不同的机构。（但也有国家的Med-Arb允许中立第三人先做调解人，调解不成的，该中立人作为仲裁员进行裁决。）

② 这种模式是指当事人为解决争议，先启动仲裁程序，在仲裁阶段的恰当时候，启动平行的调解程序，由调解员对当事人的争议进行调解。如果调解成功，则了结当事人之间的争议；如果调解不成，平行进行的仲裁程序可以确保争议的最终解决。在"影子调解"中，调解员和仲裁员不是同一人士，调解机构和仲裁机构是两个不同的机构。

式"、"调解仲裁共存（Co-Med-Arb）"模式①、"仲裁后调解（Med-Post-Arb）"模式②和"最终方案式"③。这里所探讨的仲裁与调解相结合是指仲裁中调解的模式，即当事人为解决争议申请仲裁后，在仲裁程序进行过程中，经双方当事人同意，由仲裁员对案件进行调解，调解不成或调解成功后再恢复进行仲裁程序。

（1）仲裁中调解模式的特点。首先，仲裁中调解的核心是当事人合意。无论在仲裁中调解程序的启动，还是调解的方式以及调解结果和结案方式上，当事人的合意都具有决定性意义。其次，仲裁中调解是一种复合型争议解决方式，以仲裁为依托，调解依附于仲裁程序之中。调解不是一种独立的程序，与仲裁不可分离，调解也不是仲裁的必经程序，仲裁程序中是否引入调解方式具有因案而定、因当事人意愿而定的特性。仲裁中调解将仲裁与调解紧密联合起来，能够发挥其整体功效，使当事人既可以通过仲裁解决争议，也可以通过调解解决争议，还可以交叉利用仲裁和调解两种方式的综合力量解决争议。仲裁与调解相结合的复合型是其与单独的调解或仲裁的最大区别。再次，调解员与同案仲裁庭合一，即仲裁员可以同时担任本案的调解员和仲裁员，履行仲裁和调解的双重功能。仲调合一确保了制度结合的效率性和实效性，避免了另开调解程序、更换调解员造成的拖延以及难以达成调解结果的情况。但也正是两者的合一，产生了仲裁员和调解员的身份是否混淆、能否混

---

① 它是一种结合了调解、影子调解、小法庭和仲裁诸因素的程序变体。在这种程序中调解员和仲裁员相分离，但他们都参加法庭听证。仲裁员不参加调解员的私下会晤，调解员向仲裁员披露在调解中所获悉的秘密。随着仲裁程序的发展，调解员旁听全过程，并可在适当的时候对当事人进行调解。

② 它是指当事人在仲裁程序终结后利用调解程序解决仲裁裁决执行中的问题。仲裁裁决确定的内容具有法律上的强制执行力，但是当事人在申请执行仲裁裁决的过程中遇到各种各样的困难和阻力的情形时有发生。在特定的情况下，当事人愿意在执行过程中寻求调解以达成执行和解。

③ 调解失败后，仲裁庭根据双方当事人的两种方案选定一个，使这种方案产生效力。这种形式为美国仲裁协会所采用。

淆、会不会影响仲裁的中立等问题。最后，调解程序和仲裁程序相互具有兼容性。调解程序虽然相对独立，但它包含于仲裁程序之中；仲裁程序虽然具有连续性，但调解会导致仲裁程序暂停。调解的标的和仲裁的标的相互之间也具有兼容性。调解的范围可以和仲裁的范围等同，可以小于仲裁范围而仅调解争议之一部分，也可以超出仲裁范围而触及其他。调解结果和仲裁结果之间具有兼容性。调解成功，仲裁庭可以依据和解协议作出裁决书结案，当事人也可以申请撤案而由仲裁庭作出撤案决定；调解不成时，仲裁庭可以恢复仲裁程序，继续进行仲裁审理，不因调解而妨碍仲裁。

（2）仲裁中调解的制度价值。首先，可以提高程序效率。仲裁中的调解是将仲裁、调解两种独立的纠纷解决方式相结合适用于一个程序，价值在于为当事人提供了一个节省程序，从而提高程序效率的机会。程序效率的提高意味着在各种费用、时间成本节约的基础上同时享有两种程序的优势。其次，由于有仲裁程序作为保障，在仲裁程序中由仲裁员进行调解，成功率更加突出。仲裁员不仅掌握案件实际审理情况，了解争议可调解的关键点，而且不同于一般的调解，仲裁程序也带给当事人解决纠纷的紧迫感。当事人在明确纠纷一次性解决的前提下会更加珍惜对解决方案的决定权，也会更积极地投入仲裁中的调解程序。最后，将调解程序融入仲裁程序更有利于仲裁程序的改革，使仲裁原本尊重当事人意思自治、程序灵活等特点能够得到更充分发扬，并可在一定程度上抑制仲裁诉讼化的趋势。相较于调解，仲裁程序开始后，鉴于仲裁法和仲裁规则的相关规定，仲裁的进行往往会趋向更规范化，有时朝更诉讼化的方向发展。仲裁员的权力虽然是当事人合意赋予的，但其职责在当事人无法达成合意时，是由仲裁法和仲裁规则规定的，这就使仲裁员的权力更倾向于法官。调解程序给了当事人互谅互让，根据自己的意愿解决纠纷的机会，也为仲裁制度注入了一股新的力量，散发着灵活、自治的气息。调解程序的灵活和它对当事人意思的充分尊重，重新激发了仲裁制度中正逐渐被埋没的自治优势，焕发了新的生机。

2. 仲裁与调解相结合的基础

（1）和谐社会对调解型纠纷解决机制的需要。《中共中央关于构建社会主义和谐社会若干重大问题的决定》中指出，"构建社会主义和谐社会是一个不断化解社会矛盾的持续过程"。就解决社会矛盾的类型而言，可以大致分为裁判型纠纷解决机制和调解型纠纷解决机制。前者"指的是第三者就纠纷应当如何解决作出一定的指示并据此终结纠纷的局面"①，它以裁判者对权利义务关系的法律判断为基础，作出"一刀两断"式裁判为方式，包括诉讼审判、仲裁裁判等；后者以当事人对权利义务关系的合意为纠纷解决的基础，由第三方在纠纷解决过程中充当或积极或消极的调和人作用，如调解、斡旋等。裁判型纠纷解决机制是一种刚性纠纷处理机制，裁判者在纠纷解决过程中发挥着决定性作用，对纠纷处理结果的意见具有权威性，因而在纠纷处理过程中处于强势地位，会对双方当事人产生实质性影响。尽管与诉讼相比，仲裁更尊重当事人的合意性，但在仲裁裁决的作出上，仲裁员具有独立的裁量权，与法官无异。调解型纠纷解决机制可以看作柔性的纠纷处理机制，通过第三方的介入，为双方营造一个平等协商的环境，促使双方当事人以对话的方式解决争议。在纠纷解决过程中，调解型纠纷解决机制以平等对话取代了对立对抗，对于修复双方当事人关系，促进纠纷的平和解决，构建和谐社会，具有独特的优势。通过仲裁与调解相结合，发挥裁判型纠纷解决方式和调解型纠纷解决方式的互补优势，对妥善处理社会矛盾、共同促进纠纷解决、构建社会主义和谐社会有巨大而独特的现实意义。

（2）多元化纠纷解决机制的发展是仲裁与调解相结合的制度背景。仲裁与调解相结合能够在世界范围内被采纳和运用，与现代

---

① ［日］棚濑孝雄：《纠纷的解决与审判制度》，王亚新译，中国政法大学出版社2004年版，第14页。

型 ADR 在全世界如火如荼地进行密不可分。西方纠纷解决模式带有极强的对抗性，十分强调正当程序、自然公正原则。而现代型 ADR 所体现的则是一种协作、对话的精神，它所倡导的是避免纠纷解决过程中双方的紧张关系，通过建设性、协商性的解决方法实现双方的利益救济，达到双赢的目的，并结合成本、时间、压力等因素，强调从实效解决当事人争议出发改进纠纷解决方式。调解是现代型 ADR 中最主要的方式之一。可以说，正是 ADR 的蓬勃发展使调解在西方国家焕发了生机，而仲裁与调解相结合制度也正是在这样的背景下发展起来的。

仲裁自建立之初，就暗合了现代 ADR 的某些追求。商人阶层为能快速有效地解决纠纷而创制了仲裁这种替代诉讼的纠纷解决机制。经过多年的实践和发展，仲裁以其专业、便捷、灵活、保密等特点，在民商事领域起到了不可替代的作用，并因此得到了国家权力机关的确认，成为由国家强制执行力保障的民间纠纷解决方式。然而随着仲裁制度的不断发展，仲裁程序在不断走向法律化、程序化的同时，也正在被一种力量推向诉讼模式，从而逐渐失去了自己的个性，也失去了其对于诉讼的比较优势。仲裁与调解相结合是纠纷解决机制向多元化、复合型发展的需要和结果。通过两者的结合，发挥合力作用，达到高效解决争议的目的；通过在立法上赋予两者结合的制度基础，使当事人具有更多纠纷解决机制的选择，增加纠纷解决机制的可信赖性。

（3）重视调解和倡导无讼文化的传统价值观是两者结合的历史背景。美国学者科恩曾说："中国法律制度最引人注目的一个方面就是调解在解决纠纷中不同寻常的重要地位。"[①] 中国的仲裁与调解相结合制度，根植于中国深厚的调解文化所沉淀的沃土。调解被西方学者称为"东方经验"，它以儒家文化倡导的"无讼"作为

---

① ［美］科恩：《现代化前夕的中国调解》，强世功译，载《调解、法制、现代性：中国调解制度研究》，中国法制出版社 2001 年版，第 88 页。

价值取向。在古代中国，由于儒家"和谐"的伦理思想以及"以讼为耻"的文化传统的影响，诉讼并非解决纠纷的首选方式，社会纠纷主要是通过和解或调解来解决的，调解成为中国传统社会的主要纠纷解决方式，整个社会充斥着以"和"为基础的调解文化。在这种背景下，我国仲裁制度的建立和发展只有与传统文化和纠纷解决机制相结合，才能得以生存和具有生命力。因此，将调解的理念、方式融入仲裁制度也就非常自然了，而且具有一种天然的契合。可以说，仲裁与调解相结合在中国的产生是由中国的传统文化和国情共同作用的结果。

（4）仲裁制度与调解制度的相似性是两者结合的基础。众所周知，事物的性质是其存在的基础，而只有性质相同的事物才能相互融合且当它们结合时阻力最小。仲裁与调解作为当今两种主要的纠纷解决方式，相同的契约性质使它们有很多共同之处，也为它们的结合奠定了基础。

合意性。仲裁的性质问题一直是理论界争论的焦点，关于其性质的学说我国的主流观点是混合理论，即仲裁具有契约性与司法性的双重性质。但仲裁作为一种纠纷解决机制的特点，是具有以当事人意思自治为核心的契约性，即契约性代表了仲裁的根本属性。与仲裁相比，调解的性质比较明晰，契约性作为调解的根本属性，在世界各国的法律中也得到了一致确认。由此可见，仲裁与调解都是契约性质的争议解决方式，即当事人意思自治原则居于主导地位，只是当事人自治的程度有所不同，即调解中当事人的自治权更高，这就为两者的结合奠定了基础——只要当事人之间形成了合意，则两种争议解决方式的结合就取得了正当性。另外，由于性质相同，这两种制度在调整范围、标的、程序、结果等方面都具有兼容性，这为仲裁与调解相结合扫清了障碍。

效率性。仲裁优于诉讼的一大特点在于其效率性。仲裁制度在诞生之初，就包含了商事主体对迅速解决纠纷的追求。调解也十分看重效率，当事人选择调解也是为了更快地、更彻底地解决纠纷，且从结果的执行角度看，调解的效率性甚至是几种纠纷解决方式中最高的。共同的价值追求也令两种制度易于结合。选择仲裁作为纠纷解决方式的主体十分重视纠纷解决的效率，通过仲裁与调解的结合，高效快捷地解决纠纷，不失为尊重当事人利益的选择。

保密性。保密性是仲裁的另一大特点，也是其吸引纠纷主体选择仲裁重要的优势所在。在现代社会中，越来越多的纠纷主体希望发生的争议仅仅限定在极小的范围内，既维护自己的声誉，也避免泄露商业信息。调解的保密性原则在制度上并不像仲裁规定那么明确，但调解作为双方主体磋商让步的过程，似乎更没有让外界知晓的必要。保密性可以作为仲裁与调解共同的原则，也可以成为它们的共同语言。

（5）仲裁与调解制度各自的不足与局限是两者结合的客观要求。如前所述，相同的性质是事物相互结合的基础，然而真正使它们相结合的却是各自的不同。将两种事物结合使之相互配合、相互弥补各自的不足，发挥出各自单独运作时无法达到的效果是一种理想状态。

调解被认为是解决纠纷的首选方式，首先，它能够在和谐的对话模式下解决纠纷，得到当事人都认可的解决方案，从而维系当事人之间的友好关系；其次，由于在调解中实行完全的当事人自决原则，使最终达成的解决方案更容易被当事人接受并自觉履行。然而调解也有其自身无法克服的缺陷，即由于缺乏强制力的约束，一旦当事人无法达成合意，则调解中的所有努力将付之东流，造成当事人对纠纷解决的反感和纠纷解决成本的增加。同时，因为调解协议缺乏强制性，若当事人一方或双方在达成调解协议后反悔，同样将使调解的努力前功尽弃。

仲裁一直都被认为是一种灵活、专业、迅速、经济的终局性纠纷解决方式。它对当事人意思的尊重、程序的灵活性、解决纠纷的专业性以及保密性等特点都受到了民商事纠纷当事人的青睐。然而经历了几个世纪的发展，为了保障当事人的权益而制定的规则却使仲裁原有的优点正逐渐丧失，仲裁正在逐步地走向诉讼化，仲裁的发展面临着困境。"许多人意识到，如果仲裁继续朝这样的方向发展，那么它终将成为'第二个法院'，面临枯萎的命运。"① 而且，仲裁本质上属于裁判型纠纷解决方式，无论怎样改善，都无法摆脱在裁决作出上的仲裁员决定性，当事人都被迫接受结果，很难做到胜败皆服。仲裁虽然以合意性、契约性为其特色，但这种契约性主要是与诉讼相比而言的，如果和调解的合意性相比，则仲裁在双方当事人合意方面是有局限的。

仲裁与调解相结合能够较好地克服单纯的调解或仲裁所存在的问题，该制度的存在符合了多元化纠纷解决机制的需要，结合了仲裁与调解两家之长，融合了调解灵活、便捷与仲裁的决定性和终局性的优势，在体现当事人意思自治的同时，又以仲裁的终局性作为保障，既维护了当事人间的关系，又降低了纠纷解决成本，迎合了现代商业社会中人们对纠纷解决方式的需求。②

3. 仲裁与调解相结合的理论观点及其分析

仲裁与调解相结合在理论界存在不同的观点和声音，并各自有相关的理论支持。

（1）支持者的观点及理论。支持仲裁与调解相结合主要有如下理论：①财富论。财富论的支持者是从调解员和仲裁员由一人担当的角度分析，认为在当事人双方都同意的情况下，由调解员在调解不成后担任仲裁员，或者仲裁员参与之前的调解程序担任调解人，并不是不利条件，而是一种财富，其对争议的了解以及对争议核心问题的接近都有利于其协助解决当事人之间的纠纷。而且从减少不必要的费用和加快争议最终解决的角度来讲，这种结合也是一笔财富。②效益论。持这种理论的学者是从仲裁与调解相结合会产生良好效益的角度出发，对仲裁与调解相结合的方式予以肯定。他

---

① 范愉主编：《ADR 原理与实务》，厦门大学出版社 2002 年版，第 429 页。
② 范愉主编：《ADR 原理与实务》，厦门大学出版社 2002 年版，第 435 页。

们认为对通过仲裁、调解等 ADR 方式解决纠纷的当事人来说，其最关心的问题之一就是解决争议的效率和所花费的时间，而通过实践证明"这样将两种解决争议的方法联系起来而创制的 ADR 可以使得整个机制比单独使用其中一项技术更有效率"[1]。两者的结合将令当事人实际获益。③职责论。与那些认为仲裁员调解案件会造成职责和角色混淆论者的观点相反，持职责论的学者认为仲裁员调解案件是其职责范围内的事情。仲裁作为一种为当事人解决纠纷提供服务的行业，向当事人推荐并合理运用调解方式解决纠纷本身就是一种责任。④信任论。信任论认为，仲裁与调解相结合是当事人通过口头或书面的协议所作出的自愿选择，而当事人对仲裁员的信任正是使他们愿意将仲裁中的争议交给仲裁员进行调解的最重要因素。即当事人对仲裁员的信任是使仲裁员与调解员能由一人担当的基础。无论仲裁还是调解都是当事人的私人事情，因此只要是当事人自愿协议选择同一个人调解和仲裁他们的争议，就应该得到尊重。⑤渐进论。渐进论的支持者认为，仲裁员在进行调解时，不是在当事人完成陈述后立即就对争议事项作出决定，其对于案件的认识和对于争议的决定是渐进的，需要一个过程。仲裁程序中的各个环节都可能改变仲裁员对案件的看法，而其在调解中所表露出的观点同样是临时性的，不能因此就认为仲裁员在调解过程中就泄露了最终的结果。仲裁员在调解过程中与当事人双方或一方进行会见，谈论自己对有关问题的看法，有助于当事人进一步认识到自己在案件中所处的位置和弱点，有利于纠纷的最终解决。

（2）反对者的观点及理论。反对仲裁与调解相结合的理论主要包括：①侵害论。这种观点认为，仲裁与调解相结合是对自然公正原则或正当程序原则的侵害。认为即使当事人选择了这种纠纷解

---

[1] The R1. Hon. Sir Michael Kerr, Reflections on 50 Years' Involvement in Dispute Resolution, 64 Arbitration（August 1998），p. 175，转引自王生长：《仲裁与调解相结合的理论与实务》，法律出版社 2001 年版，第 109 页。

决方式，也不应当选择同一人士担任仲裁员和调解员两个角色。对自然公正或正当程序原则的关注使侵害论者无法接受在一个案件中由同一人士既担任仲裁员又担任调解员，他们认为仲裁员在调解程序中作为调解员与当事人私下会见而取得的信息，会使对方当事人没有机会进行辩论，若将此信息直接或间接地用于以后的仲裁，则严重侵害了正当程序的要求，也侵害了对方当事人的合法权益。同时，即使没有发生上述那种情形，这种由仲裁员进行私访的行为也会引起当事人对程序正当性的怀疑，不符合"正义要以看得见的形式实现"的要求。②混淆论。这种观点认为仲裁程序和调解程序是两个完全不同的程序，调解员的职能和仲裁员的职能有着本质的区别。调解员的任务是促使当事人达成和解协议，找到解决纠纷的方案；而仲裁员则好像法官一样要对当事人之间的争议作出有拘束力的裁决。他们认为将仲裁与调解相结合将混淆"仲裁员"和"调解员"的职责，而这将损害调解的效果和仲裁决定的独立性。③失控论。失控论者的担心主要表现在两个方面：第一，程序上的失控。相对于诉讼程序和仲裁程序的有序性，在调解程序中，当事人及其代理人可以随时自由地发言，调解员欢迎他们这么做并且会用心地倾听。这种无序和自由可能会使律师感到不安。第二，实质上的失控。在调解程序进行时，为了最大限度地发掘和解的可能性，调解员可能会促使当事人说出他们在仲裁程序中不想揭示的内情，而一旦调解失败调解员转化为仲裁员后，当事人将为该内情暴露而感到不安和担忧。另外，有人提出，对上述可能性的考虑将妨碍当事人坦率地讲出他们所知道的事情，从而损害调解的效果。④危险论。这种观点认为，仲裁与调解相结合必然导致某种形态的调和的危险。持这种观点的学者同样是出于对仲裁员在调解程序进行私访而获得信息的疑虑，认为仲裁员在调解程序时接收了当事人单方面提供的材料或探知了当事人出价的底线，在裁决时难免会有感性的或实际的偏袒。①

（3）仲裁与调解相结合的理论分析。综上分析，反对者拒绝仲裁与调解相结合的原因主要有以下两点：第一，认为仲裁与调解相结合违反了正当程序原则；第二，认为由同一人士担任仲裁员和调解员会因职责的混淆而影响这两种方式各自的效果。

①仲裁与调解相结合制度与正当程序原则。正当程序原本是西方国家对诉讼程序的要求，具体内容包括：第一，裁判者的独立和中立；第二，程序的合理性，即整个司法过程都必须具备一整套合理的、固定的、便于操作的程序，使裁判体现公正性、判决具有可靠的可预测性；第三，程序的公开性；第四，程序的平等性，即平等地对待程序参与者是程序公正的基本要求；第五，程序的民主性，即当事人充分地表达自己的请求和意见，而裁判者要认真、耐心地听取各方面的意见，仔细分析其提供的证据，并在此基础上形成公正的裁判；第六，程序的便利性和及时性。②

基于西方国家对正当程序理念的崇尚，加之传统的仲裁制度与诉讼制度一样，是对抗性的纠纷解决方式，仲裁员对当事人之间的争议有权作出有强制执行力的裁决，因此正当程序原则也被认为是对仲裁程序的基本要求。然而，仲裁制度中的正当程序所侧重的内容与诉讼制度有所不同。这是因为：首先，作为现代 ADR 的一种，仲裁制度最大的功能就是解决纠纷，使当事人对解决结果感到满意。仲裁机构具有民间性，仲裁庭是当事人协议选择的，这就使仲裁制度区别于代表着国家公权力的诉讼制度，使仲裁不必像诉讼那样承担着某些更为深刻且不可或缺的社会功能。其次，仲裁的保密性特征也使传统正当程序原则的相关要求在该程序中无法得到实现，如正当程序原则中要求的公开性。仲裁程序之正当程序原则的

① 参见王生长：《仲裁与调解相结合的理论与实务》，法律出版社 2001 年版，第107~113 页。

② 王利明：《程序公正的内容》，载 http://www.civillaw.com.cn/article/default.asp? id=26476，最后访问日期：2006 年 5 月 18 日。

核心是当事人双方的合意，只要是当事人双方都认同的程序设置就应视为符合正当程序的精神。而仲裁中的正当程序原则具体体现为以下几点：第一，裁判者的独立和中立；第二，程序的平等性；第三，程序的民主性；第四，程序的便利性和及时性。

对于仲裁与调解相结合之程序符合正当程序的要求，理论界的质疑主要集中于以下两方面：首先，仲裁员的独立和中立是否会被损害？仲裁与调解相结合是建立在双方当事人都自愿接受的基础上，也就是说，当事人双方都认可了仲裁员的中立和独立，对仲裁员的信任使他们愿意接受这样的程序安排。这种情况下，我们可以认为仲裁员的中立和独立是被认可的。其次，仲裁员在调解程序中得到案件信息的情形是否违反程序的平等性，即是否给予了当事人平等的听审权和陈述权？第一，仲裁员在调解程序中所获得的信息是有限的，仲裁员在调解程序中倾听当事人的陈述，是为了能通过这种沟通促进当事人之间的和解，而不是为了在仲裁程序中作出决定，这也是当事人向仲裁员作出陈述的目的，同时仲裁员也会尽量将自己从一方当事人处得到的信息告知对方，以使双方能够互相谅解和理解。第二，仲裁员在调解程序中获知的信息并不能作为之后仲裁裁决的基础。因此即使当事人曝出在仲裁程序中未说出的"内幕"，也只能有助于调解而无助于仲裁。如果仲裁员违背了这一规则，将构成严重的程序违法，从而导致仲裁裁决被撤销或不予执行。

总之，要使仲裁与调解相结合不违反正当程序，关键是要赋予当事人双方对于程序的选择权。只要能确保当事人平等而自主地掌握程序选择权，当事人双方合意对仲裁程序所作出的安排就应被视为符合正当程序原则。

②仲裁与调解相结合不会混淆仲裁员和调解员的职能。仲裁与调解相结合会导致仲裁员和调解员身份混淆是反对者的另一主要意见。反对者认为，仲裁程序和调解程序是两个完全不同的程序，仲裁员的职能是根据当事人提供的证据材料和开庭审理的情况以中立

第三者的身份对当事人之间的争议作出决定，而调解员的职能只是促进双方达成和解，两者有着本质区别，因此仲裁和调解的结合将混淆这两种不同的角色，从而影响到这两种方式的效果。

首先，仲裁与调解相结合要求仲裁员意识到仲裁员与调解员这两个角色的区别，自觉转换角色，并在调解程序开始之时将此区别告知双方当事人。正是因为仲裁员和调解员的职责存在本质的区别——仲裁员对争议有决定权而调解员仅有对争议事项的建议权，这使仲裁员的职能和调解员的职能可以清楚地加以区分，而不易于混淆。

其次，仲裁与调解相结合是指仲裁、调解作为两种纠纷解决方式的有机结合，是功能上的结合，使其形成一种复合型的纠纷解决方式。然而在程序安排上，仲裁和调解作为程序是相对独立的，调解程序和仲裁程序不是两个平行的程序，两者不可能同时进行。这就使得仲裁员和当事人更易于区分在不同程序中仲裁员的职能和权力。

最后，反对者对"职能的混淆"产生恐惧的另一个原因，是担心仲裁员调解不成后，有可能会利用从一方当事人处得知的信息作出对一方或双方当事人不利的裁决。① 这一点是反对者对"职能的混淆"所产生后果的担忧。这种担心是没有必要的，因为仲裁与调解相结合的一项基本原则就是仲裁员不得将调解中获得的信息径行作为仲裁裁决的依据，而且调解不成的，仲裁庭仍然要给予当事人继续辩论的机会，若仲裁庭的裁决理由使用了不得使用的资料，当事人可以提出异议，直至请求法院撤销仲裁裁决。

4. 仲裁与调解相结合的实务问题探讨

（1）仲裁与调解相结合的程序。当事人在众多纠纷解决类型中之所以会选择仲裁与调解相结合的方式，其目的主要是更有效、

---

① 王生长：《仲裁与调解相结合的理论与实务》，法律出版社 2001 年版，第 110 页。

更妥善地解决纠纷，取得比单纯的仲裁、调解和诉讼所能达到的更好的结果。因此，仲裁与调解相结合的程序是实务中的首要问题。

调解建议的提出。仲裁与调解相结合制度建立在当事人意思自治的基础之上，因此在仲裁程序开始后，是否进行调解、何时进行调解的决定权完全掌握在当事人双方手中，没有当事人双方的同意仲裁庭无权启动调解程序。然而，在实践中，当事人进入仲裁程序后一般是处于对抗状态，各方出于种种考虑，都不会主动提出调解的意愿。而现代的仲裁被看作一种维护当事人利益的服务行业，仲裁员作为仲裁服务的提供者为了更好地维护当事人的利益，使选择了仲裁方式解决纠纷的当事人之利益能够达到最大化，在适当的时机提出调解建议，不失为一个仲裁员所应尽的职责。但在仲裁与调解相结合制度中，调解既不是仲裁的必经程序，也不是仲裁员的必然责任，且每个案件的具体情形不尽相同，并不是所有纠纷都适合用调解的方式解决，因此在仲裁程序进行中，仲裁员应该根据每个纠纷各自的特点适时地提出调解建议。仲裁员在决定是否提出调解建议时主要应考虑下列相关因素：第一，纠纷双方当事人的关系。如果当事人属于长期合作伙伴，并且还希望维持这种合作关系，争议的可调解性就比较大，适合运用调解的方式进行解决。对于双方只是暂时性、短期的生意来往，各自的利益要求相去甚远，分歧较大，且态度比较强硬的，争议的可调节性就相对较小。第二，当事人对自身立场的认识。刚进入仲裁程序时，很多当事人都因为对自己在争议中所处的位置不了解而盲目地乐观于自己的案件，这也是使双方当事人的权利要求相去甚远的原因之一。在这种情况下，通过仲裁程序中案件事实的逐步显现和双方当事人在相互辩论中对争议事项的进一步了解，当事人对权利要求的态度可能会发生变化，仲裁员应密切关注当事人态度的转变，其态度的变化通常暗示着争议的可调解性。第三，当事人对权利要求所持的态度。有时当事人对自己的权利要求持有不可改变的立场，或是对于争议双方的过错分配十分执着，不愿接受不应当由自己承受的损失。在这种情况下，调解的过程就是不必要的，仲裁员根据当事人双方提供的证据材料和其在仲裁庭面前的辩论结果所作的对双方过错的认定及关于双方权利义务的决定，才能满足当事人的意愿。

调解建议的提出时机。何时进入调解是决定调解能否成功的重要因素之一。在仲裁程序中，仲裁员在何时提出调解建议主要取决于当事人的态度和案件审理的进程。有的当事人已经有了前期的沟通，一进入仲裁程序就可以直接调解，甚至主动要求调解；而有的当事人存在一定的不信任感，或者对立情绪较大，要求其过早地进入调解可能会导致失败，但是在稍后的阶段，随着当事人态度的改变则可能会成功。使当事人态度改变的因素有很多，其中包括当事人对仲裁员信任感的增强、对案件事实了解的加深以及通过在仲裁程序中的接触对对方当事人希望解决纠纷的真诚意愿的感知等。正因如此，仲裁员一般不宜过早提出调解建议。当事人对仲裁员的期望是判断纠纷的是非对错，并决定当事人双方的权利义务。如果调解建议提出得过早，会使当事人产生仲裁员是对解决争议有畏难情绪、利用调解来回避履行其主要职责的印象。因此最好的办法是仲裁员在仲裁进行的过程中，积极、有效地推动仲裁程序的进行，培养当事人对仲裁员的信赖，建立起当事人与仲裁员之间的信任关系，同时在基本查明案件事实的基础上，密切关注当事人的态度变化，抓住最佳时机提出调解建议。

告知义务。告知义务是对强制调解的否定，仲裁员必须在启动调解程序时履行告知义务，明确告知调解的原则和当事人享有的权利、仲裁员的责任等。第一，告知双方当事人，调解不是仲裁的必经程序，须根据各方当事人的要求或明确同意才能进行调解，在调解过程中，任何一方都有权自行决定是否继续、中止或终结调解。第二，明确最后的仲裁裁决的作出将建立在当事人向仲裁庭提交的证据材料和当事人辩论的基础上，与当事人对调解的态度无关，与当事人是否接受调解或调解协议无关。第三，说明调解具有保密性，仲裁庭在调解过程中可以不做记录，当事人各方和仲裁员在调解过程中所作的所有陈述和提出的任何意见、建议和方案，均不能作为以后仲裁的依据。第四，告知当事人调解的程序是灵活的。仲裁庭在尊重当事人各方的意愿的基础上，决定使用适当的程序和方式，包括仲裁员与当事人一方单独会面（即"私访"）、仲裁员与双方当事人共同会面以及在仲裁员的主持下由双方当事人直接谈判的方式等，但最终当事人对这些程序的选用有绝对的发言权。第五，重申当事人自主原则，确保当事人是在完全自愿的情况下进入调解程序，根据双方的合意决定调解协议的内容。

（2）仲裁中调解对争议外事项的解决。仲裁应当严格按照仲裁协议的约定审理争议事项并作出裁决，若裁决超出仲裁协议约定的范围则可能导致仲裁裁决被撤销。但仲裁中的调解是否可以涉及仲裁协议之外的争议事项，是仲裁实务中必须面对的问题。一般认为，仲裁中的调解是在双方当事人完全自愿的基础上，在仲裁庭的主持下，以友好协商的方式灵活地解决争议的过程。因此，只要当事人愿意在调解中就争议事项，包括协议内或协议外的，进行一揽子沟通并解决，仲裁中的调解就可以不受仲裁协议的严格制约。

"只要当事人同意，仲裁员在调解过程中超出仲裁请求的范围进行调解应当是许可的。""这是因为，仲裁员决定的事项和调解员调解的事项在性质上有所不同。仲裁员基于当事人仲裁协议的授权，只应在仲裁协议约定的范围内仲裁，同时也应当在当事人请求仲裁的范围内进行裁决，也就是说，仲裁员仲裁的范围受到了仲裁协议和当事人请求的双重限制，超出这双重限制所划定的范围则构成仲裁员越权裁决……但仲裁员进行调解时其身份转化为调解员……由于调解成功后各方当事人还要签订和解协议，该和解协议将产生修改仲裁协议的法律效果。因此最终的和解结果都会在各方当事人的协议范围内，不会产生超范围调解的问题。"[①] 这种灵活

---

① 参见王生长：《仲裁与调解相结合的理论与实务》，法律出版社2001年版，第141~142页。

性正是调解成功的关键，也是仲裁中调解的优势，除非此调解协议违反了自愿原则或法律的强制性规定。对仲裁员来说，当事人提出调解协议外的新主张时，仲裁员在接受该主张事项时应当明确告知各方当事人对于将该事项提交调解的法律后果，并取得各方当事人的同意。此外，在调解程序中仲裁员不但是程序的推动者，还是调解协议或和解协议的把关人，特别是仲裁请求中未包含的新的主张事项，仲裁员应当关注该事项的复杂程度和当事人的真实意愿，一旦发现该事项牵连甚广，调解协议的达成可能会引发新的纠纷，仲裁员就应当及时提醒当事人注意将来要面对的风险和一系列相关联的问题，避免给当事人将来的法律关系造成不利影响。

（3）仲裁员在仲裁中的调解程序中应具备的能力。仲裁与调解是两种截然不同的纠纷解决方式，分寸把握十分关键。仲裁员想要通过调解方式解决当事人的争议，仅有争议事项的可调解性和当事人的调解诚意是不够的，仲裁员自身还应具备所有调解员应当具有的能力。

与仲裁员不同，调解员的任务不是裁决当事人之间纠纷的是与非，而是要促进双方交流并解决问题。这个阶段仲裁员应当时刻注意自己的角色是一个中立、不偏不私的辅助者。在调解过程中，仲裁员是主导调解程序的主体，而当事人才是主导调解内容与结果的主体。因此仲裁员作为调解员应具备的能力主要有以下几点：第一，获得信任的能力。仲裁程序中的当事人选择接受调解，可能是出于种种考虑，并不意味着他们从一开始就完全信任仲裁员和这种仲裁与调解相结合的程序。信任是赢得的。在调解过程中，调解员与当事人之间建立一种相互尊重、相互信任的氛围对调解成功是至关重要的。[1] 信任能够使当事人对调解员更加坦诚，而当事人越坦诚，调解成功的可能性就越大。第二，保持公平、中立的能力。公

---

[1] [英] 迈克尔·努尼：《法律调解之道》，杨利华、于丽英译，法律出版社2006年版，第32页。

平和中立是仲裁和调解的共同要求，也是仲裁和调解结果使当事人信服的基础。在调解中，使当事人感觉到调解员在程序进行中没有偏向任何一方非常重要。公平，意味着在调解的各个阶段对双方当事人都秉持公平态度，不偏向任何一方。中立，是指在调解过程中调解员与当事人之间关系的性质以及调解员行为的性质。① 在仲裁的调解中，调解员与当事人之间关系的中立性，通常是仲裁员回避事项的管辖范围。调解员行为的中立性是在调解程序中调解员必须确保给予当事人双方以同等的待遇，即调解员应确保当事人双方在程序中拥有平等的地位，同时与双方当事人保持相同的距离，使其可以通过相同的通道接近调解员，向调解员说明案件情况及权利请求。第三，交流能力。交流能力首先表现为倾听能力。倾听是调解的必要技巧，成功的调解员应当懂得倾听并且理解当事人的需要。倾听可以帮助仲裁员准确判断当事人表达的意愿，甚至是隐藏在字里行间的想法，对适时提出调解建议，并找到契合点很重要，也是赢得当事人信任和尊重的重要能力。调解员的专心倾听不仅能进一步了解当事人在某一问题上的立场和看法，也给当事人提供了一个宣泄情绪的渠道。在这种倾听与被倾听的过程中，当事人能够感受到调解员对其的重视和理解，会更加信任调解员，从而促使调解得以成功。其次，询问是调解中必须具有的能力。询问不是调解员的主要责任，却对仲裁中调解程序的顺利进行起着重要的作用。在调解程序开始之初，当事人往往还存在一定的对抗情绪，很难马上就进入友好协商的状态，这时仲裁员的恰当询问可以在一定程度上帮助当事人认清调解的目的和重点，尽快进入调解的状态。询问的主要目的是关注当事人对抗式辩论语言背后的利益需求。所以调解员应当避免仅仅为了满足对事实的好奇心而询问，因为调解关注的焦点不是调查事实。在与各方当事人进行私下会议时，调解员可以就

---

① ［英］迈克尔·努尼：《法律调解之道》，杨利华、于丽英译，法律出版社 2006 年版，第 34 页。

范围更广的问题进行询问，以便更好地了解纠纷的内情。但是这样的询问应当以澄清问题、揭示当事人心中隐藏的议程或者推进程序、探讨最终协议的可行性方案为目的，而不应当仅仅以获取更多的事实信息为目的。①

5. 仲裁与调解相结合的立法构建

（1）我国的立法现状。我国《仲裁法》首次以基本法律的形式确认和规定了仲裁中的调解制度。虽然《仲裁法》对仲裁中调解制度的确认功不可没，但从发展该制度的角度来看，《仲裁法》的规定还存在着许多问题，制约其进一步的发展。

①我国仲裁中调解制度的规定完全脱胎于法院调解。在仲裁中调解制度建立之初就借鉴了诉讼中的调解模式，《仲裁法》第51条、第52条的规定也与《民事诉讼法》中关于调解的规定基本一致。② 然而仲裁中的调解制度与法院调解是性质完全不同的两种纠纷解决方式，二者在权力的性质、来源、调解人的身份选择等很多方面都有着本质的不同。《仲裁法》中这种照搬《民事诉讼法》对法院调解规定的做法，充分说明了立法者并未明确仲裁的性质以及仲裁中调解制度的性质，也未以仲裁的基本原则——当事人意思自治原则为指导来构建仲裁中的调解制度，这样的规定不仅无益甚至有害于该制度的发展。

②《仲裁法》中关于仲裁中调解制度的规定过于简陋，且缺乏可操作性。整部《仲裁法》中只有两个条文对仲裁中的调解制度进行了规定，这样的条文比例与其在实践中被广泛应用的现实形

①　[英] 迈克尔·努尼：《法律调解之道》，杨利华、于丽英译，法律出版社2006年版，第39页。

②　《民事诉讼法》第9条：人民法院审理民事案件，应当根据自愿和合法的原则进行调解；调解不成的，应当及时判决。第97条：调解达成协议，人民法院应当制作调解书。调解书应当写明诉讼请求、案件的事实和调解结果。调解书由审判人员、书记员署名，加盖人民法院印章，送达双方当事人。第99条：调解未达成协议或者调解书送达前一方反悔的，人民法院应当及时判决。

成了鲜明对比。同时由于《仲裁法》对于仲裁中调解程序启动的程序、时间、调解人员的选任、调解的方式以及调解程序中仲裁员对信息的保密与披露等问题都未加规定，使原本就很单薄的法律条文因为缺乏可操作性，也在实践中被束之高阁，取而代之的除了一些仲裁规则的规定，就要依靠仲裁员自身的素质了。这使得仲裁中调解制度在实践应用中仲裁员权力过大，易造成了当事人权益的损害。

③现行《仲裁法》中的相关规定未能体现仲裁中调解的特色。这一点可以说与①是相互呼应的，但①所强调的是仲裁中调解制度与法院调解的区别，而这里更关注如何在立法构建中体现仲裁中调解自身的特色。仲裁中的调解制度，首先要强调的是，在仲裁制度中的调解，仲裁的基本特征当然不能丢，当事人意思自治及结果的强制性是肯定的；其次，程序的灵活、简便也在很大程度上为仲裁中的调解制度贴上了标签。这一点其实是从当事人意思自治延伸而来的，既然当事人合意可以选择自己需要的程序，那么那些灵活、简便的程序当然会成为首选。

总之，现行的仲裁立法对于仲裁中调解制度的规定还很不尽如人意，且随着仲裁制度的不断发展及实践中对该制度的广泛应用，立法上的缺陷对实务的影响，使我们不得不正视问题的严重性与仲裁立法修改的紧迫性。

（2）问题与思考。虽然仲裁中的调解制度曾在相当长的时期内为中国仲裁事业的发展做出了很大的贡献，并在世界范围内推动了仲裁与调解相结合制度的发展。但我们更应该看到在成绩的背后，由于理论准备的不足以及立法上的缺陷，使得仲裁中的调解制度在我国的发展面临着极大的问题。

首先，仲裁员与调解员身份重合问题。

同一人士可以同时担任同一案件的仲裁员和调解员是我国仲裁中调解制度的特点。尽管认为仅仅由于仲裁员与调解员由同一人士担任并不能认定该程序就违背了自然公正和正当程序原则，但在实践中，由于立法不完善、仲裁员自身素质参差不齐以及当事人对于仲裁中调解制度的认识不足等种种原因，的确出现了由于仲裁员同时兼任调解员而未正确适当地把握程序致使当事人的利益在该程序中受到损害的情形。第一，仲裁员将调解过程中获悉的信息在未经过质证的情况下予以采纳并作为裁决的基础，剥夺了另一方当事人对于该信息进行反驳和提出主张的机会，损害了当事人的利益。第二，为了促使当事人达成调解协议，仲裁员利用其有权裁决的身份，对一方当事人施加压力，迫使其作出让步从而与对方达成调解协议。第三，当仲裁员兼任调解员时，由于何时启动调解程序或仲裁程序、如何进行调解都完全取决于仲裁员，导致纠纷的解决过分依赖于仲裁员的个人素质和经验。

其次，仲裁程序与调解程序衔接问题。

在实践中，由于《仲裁法》未对仲裁中的调解程序作出规定，因此该程序的启动和如何进行实际上都掌握在仲裁员的手中。实践中的做法是，在当事人没有提出调解请求的情况下，仲裁庭会先进行《仲裁法》及仲裁规则规定的相关程序，直到仲裁庭庭审质证辩论结束后，仲裁员会询问当事人双方有无调解的意愿，有则进行调解程序，无则令双方发表最后意见后结束庭审，等待裁决。这种做法长期以来都在实践中被提倡，因其是在查明是非的基础上进行的调解，避免了一直以来被人们抱怨的"和稀泥"的情形。除此之外，这种做法的优点还在于：通过庭上的质证和辩论程序，当事人双方都更加了解了自身所处的位置，对自己的权益有了更为客观的预期，更有利于调解协议的达成。但这种做法体现的是当事人意思自治原则在我国仲裁的调解制度中贯彻得不彻底，仲裁员将调解看作仲裁权的一部分，虽然也尊重当事人自愿原则，但主动权一直掌握在仲裁员的手中。在这样的程序中，当事人的意志难以充分实现，当事人的选择权旁落，仲裁中调解制度的优势也难以得到完全的发挥。

再次，调解方式问题。

实践中，仲裁员在调解过程中和一方当事人单独会面，听取当事人的陈述与和解方案的调解方式被称为"私访"。而仲裁庭的私访往往是受到质疑最多的环节。一方面，个别仲裁员因为没有程序、规则约束，利用该程序迫使双方当事人违背真实意思接受调解达成协议，使当事人对仲裁中调解的公正性有所质疑；另一方面，由于我国立法中对于该环节没有相应的规定，使仲裁员面对指责一直处于尴尬境地。

最后，信息的保密与披露问题。

这主要是指仲裁员在私访过程中从当事人处获得信息的处理问题。实践中，仲裁员一般自己视情形向对方当事人进行披露，但当事人要求保密的除外。由于立法上没有相关规定，仲裁员在这方面有很大的裁量权，这一点与单纯的调解程序相同。然而，作为仲裁中的调解程序，仲裁员在私访中获得的信息不仅关系着调解程序，也对调解程序失败后的仲裁程序产生影响。因此，该信息披露制度的不健全，也严重威胁着仲裁程序的公正和当事人权益的保护。

由此可见，如何通过恰当的程序设计及完善的立法规定减少甚至消除可能出现的弊端，保障自然公正和正当程序原则得以实现，使仲裁中的调解制度能够发挥最大功效是《仲裁法》修改不能忽略的任务之一，即问题的解决蕴含于立法的构建之中。

（3）立法构建。

①程序构建的指导思想。程序构建的指导思想统率全局，它关系着在《仲裁法》中，对于仲裁中调解制度规定的内容和力度，即需要对仲裁中的调解程序的哪些方面进行规定，规定的内容是具体化还是原则化。只有对程序构建的指导思想有了清晰的认识，才能在其指导下构建完善又恰当的程序。

仲裁中调解制度的设立首先要符合仲裁制度的基本理念，即当事人意思自治原则。这是因为仲裁中调解制度的程序虽然是相对独立的，但从整体上看，它始终是仲裁制度的一部分。其次，调解的根本宗旨是当事人的自决原则。这意味着授权于当事人使得他们能够在受控的情况下担负起作出他们自己的决定从而化解冲突的责任。① 即使是仲裁中的调解程序也不能违背该宗旨，否则就失去了调解的意义。同时，调解是一个法律程序，因此设计一个公平的过程是成功调解的关键。此外，由于调解程序包含在仲裁程序中，理论界和实务界对该程序进行的正当性仍存有质疑，因此在程序的设计过程中赋予该制度存在和进行的正当性。综上，仲裁中调解制度构建的指导思想应该是：贯彻当事人自治的理念，将程序的自主权交回当事人的手中，保障程序的灵活性，并且设定必要的规则保障调解程序的公平和正当性。

②具体程序规则的构建。第一，设立建议调解制度，将适宜调解的案件在立案时就纳入调解程序。有些案件的当事人可能在进入仲裁程序之前已经有过沟通，双方的矛盾并不尖锐，如果有第三方居中调和，争议很容易得到解决。此种类型的案件，在仲裁庭受理案件之时即可征询当事人是否有调解的意愿，如果双方当事人愿意接受调解，则可以不进入仲裁程序直接进入调解程序。因为如果所有的案件都必须在进入仲裁程序之后才有可能进行调解，则可能会给当事人在时间、精力、费用等方面带来不必要的损耗。而如果允许当事人直接进入调解程序，则可以让当事人体验一种时间更短的纠纷解决方法，也可以让调解贯穿仲裁与调解相结合制度的始终。同时也可以分流出一批案件，节省仲裁资源。此外，如果当事人在仲裁庭之外已经达成和解协议，那么当事人可以在该程序中请求仲裁员依据和解协议的内容作出仲裁裁决。

第二，明确赋予当事人对调解程序的选择权。仲裁协议是仲裁的基础，仲裁员权力的获得、仲裁程序的安排等事项的正当性基础都是当事人之间的协议，而对于仲裁中的调解程序也不例外。仲裁员的权力来自当事人的授权，仲裁员能否在仲裁程序中拥有调解的

---

① ［英］迈克尔·努尼：《法律调解之道》，杨利华、于丽英译，法律出版社2006年版，第22页。

权力也应由当事人自行决定。虽然立法中规定了仲裁中调解程序进行的条件之一就是要征得当事人的同意，然而由于立法的缺陷，实践中仲裁员对调解程序的启动常常表现出强势的主导性，而使当事人同意环节形同虚设。为了突出当事人在调解程序中的主导作用，确保仲裁中调解的正当性，《仲裁法》中应当明确赋予当事人对调解程序的选择权。这有助于仲裁员与当事人在仲裁的调解程序中找准定位，使当事人明确自己在调解程序中的主体性，让仲裁员认识到自己在调解程序中的辅助地位。

第三，调解程序的启动。鉴于调解与仲裁是两种不同的解纷方式，应该在具体程序中为调解程序和仲裁程序设置一条明确的分界线。①确定调解程序启动的时间。不同于仲裁是对是与非的判定，调解实际上是在双方中寻求一种妥协，因此调解能否成功，双方当事人当时的心理因素十分重要。调解程序启动时间的设置应该尽可能地以鼓励当事人选择调解为导向，即将调解启动的最早时间提前到仲裁庭组成之时。②明确启动调解程序的主体是当事人，而非仲裁员。调解的选择与很多因素有关，如当事人是否希望继续维持关系、纠纷的性质和对象等，而当事人通常对于这些方面是最了解的，也是根据这些情况的改变最快作出反应的，因此将启动调解程序的权利交到当事人手中才更有利于当事人权益的保护和调解的成功。这与前面所说的当事人对调解程序享有选择权是相呼应的。当然在仲裁程序中，仲裁员在认为恰当的时候，可以建议进行调解，但决定权仍在双方当事人。③明确当事人应向哪个主体提交调解申请问题。由于我国的仲裁与调解相结合是以仲裁中的调解为形式，由仲裁庭全体成员或当事人约定的仲裁庭成员进行调解，因此，当事人应当直接向仲裁庭提出调解申请，当事人双方都同意调解的，仲裁庭应当进行调解。

第四，调解程序中问题的处理与完善。调解本身是一种以灵活多变、非正式性为特征的解纷机制，程序概念在其中并不清晰。然而身处仲裁程序中的调解，有着不同的命运。在国家强制力为其坚强后盾的情况下，程序的正义也在其中闪烁着点点光芒。虽然仲裁中的调解程序对于程序的要求严于一般调解，但其本质仍是调解，其灵活、便捷的特性不能被抹杀。因此，在程序的设计上，还应以灵活、便捷为方向，仅在一些关系重大的程序问题上作出必要的规定。这些重大的程序问题包括以下几点：①关于"私访"。仲裁程序中仲裁庭通常会采取两种方式进行调解：第一种，"面对面"调解，即当事人双方与仲裁员一同采取联合会议的方式进行调解；第二种，"背对背"调解，即"私访"。私访是一种必要的调解技巧，它能使当事人敞开心扉，让调解员获得尽可能多的信息，有利于促进调解的成功。然而在仲裁员与调解员重合的情形下，这种技巧受到了很大的质疑。但在仲裁实践中如果拒绝私访，调解的优势就会受到很大削弱。为了使该问题无可置疑，《仲裁法》应当规定，在仲裁中的调解程序中，仲裁员可以与当事人一方或双方共同或分别举行会谈或进行调解，当事人另有约定的除外，从而使仲裁员在调解程序中的私访在法律上得到保障。②信息披露制度。信息披露制度是指仲裁员在私访中所得到的当事人一方的信息，除当事人要求保密的外，应向对方当事人进行披露的制度。仲裁中的调解制度基于自身特点，即对程序公正较强的要求，应当规定仲裁员在调解程序中获得的一方当事人的信息，除当事人要求保密的外，应向另一方当事人进行披露，使该方当事人有答辩和反驳的权利，并明确规定，未经披露的信息不能作为日后仲裁裁决的依据。

第五，调解程序的终结。经过调解不外乎有两种结果：调解成功，当事人达成了调解协议，或者调解失败，继续进行后续的仲裁程序。①若调解成功，当事人达成了调解协议，仲裁庭可否直接按照其内容制作裁决书呢？现行《仲裁法》规定，仲裁庭可以按照调解协议制作裁决书。追溯到立法之初，这种规定完全是为了实践中执行的方便而定。由于《纽约公约》中仅规定了仲裁裁决的承认与执行问题，因此调解书的执行问题就遭遇到了尴尬，为了解决这个问题，我国《仲裁法》中规定，仲裁庭有权依照调解协议制作裁决书。但从调解的灵活性及主要尊重当事人的意愿等特点来看，调解的基础并不是判断是非，而是妥协，因此《仲裁法》应当取消按照调解协议制作裁决书的规定。至于执行问题，一是以当事人自觉履行为原则；二是随着调解协议和调解书的执行力越来越多地得到各国立法的支持，即使存在一方不履行调解协议的情形，执行调解书也不存在障碍。②若调解失败，继续后续的仲裁程序。这里的程序相对简单，但仲裁程序的继续与调解程序的启动不同，不需当事人申请，是调解失败后仲裁庭的义务，即调解程序的终结与仲裁程序的启动中间不应有时间差。

（二）仲裁第三人制度的理论探讨与制度架构

1. 问题的提出

仲裁是仲裁机构以当事人仲裁协议授权为基础解决当事人之间争议的一种纠纷解决机制。由于客观现实和法律关系的复杂性，仲裁程序需要解决的争议可能会不可避免地同案外人产生一定的利害关系，涉及案外人的相应利益，如何对案外人的利益进行相应的程序性保障便成了一个重要问题：是直接允许其加入已经开始的仲裁程序，还是要求其另辟蹊径，通过仲裁外的程序加以解决？这种选择便是仲裁第三人理论与制度需要回应的核心。

仲裁第三人是我国仲裁理论界争论最为激烈的问题之一，支持和反对的声音形成鲜明对立的两大阵营，各种有关仲裁第三人的理论层出不穷，但首要问题是，对阵双方是否已经厘清了争议对象的内涵和范围？其次，在争议仲裁第三人问题的过程中，双方不约而同地混入了仲裁协议的第三人、仲裁协议效力的扩张、仲裁协议对未签署人的扩展等相类似的概念，在这种"云遮雾绕"的理论环境下仲裁第三人的概念是否得到了良好的区分？再次，在解决仲裁第三人的问题时引入外国司法实践形成的相应理论作为支撑，如"刺破公司面纱""集团公司""第三方受益人"等，这些域外理论是否恰如其分？最后，为什么在诉讼第三人的问题上我们的相应理论远没有仲裁第三人这般令人眼花缭乱？是仲裁的客观实际使然，还是我们在其他某个方面的理解上发生了问题？同时近几年北京仲裁委员会、中国国际经济贸易仲裁委员会等国内知名仲裁机构纷纷修订自己的仲裁规则①，它们是否在实务上真正确立了理论界所描绘的"仲裁第三人"制度？

2. 仲裁第三人的内涵界定

仲裁第三人的内涵界定是无可回避的理论问题，也是一切相应理论的基础，先列举几种具有代表性的观点：

观点一：仲裁第三人是指在已经开始的仲裁程序中，因符合一定的条件而参加或介入仲裁程序中的、仲裁协议签约方以外的人。② 观点二：仲裁第三人制度就是把对未签署人合并仲裁在法律上进行制度化，在一定程度上允许法院和仲裁庭在缺乏当事人明确同意的情况下对未签署人合并仲裁。③ 观点三：仲裁第三人可以包括以下三个意义："仲裁协议的第三人，指非仲裁协议的签订者，由于某种原因接受了仲裁协议一方当事人权利义务的转移，由案外人变为当事人直接提起或者被提起仲裁；执行裁决过程中的第三人，指仲裁裁决作出后，被执行裁决的非仲裁当事人；仲裁程序进行过程中的第三人，即作为非仲裁程序的当事人申请参加到或者被他方申请追加到或者被仲裁庭通知加入到已经开始的仲裁程序中的当事人。"④ 观点四：仲裁第三人可以将其简单地定义为："仲裁第三人是指仲裁协议当事人以外的人。"⑤

观点评析：观点一认为仲裁第三人具有两个基本特性：一是没有在仲裁协议上签字；二是在仲裁程序开始后加入，但举一个反例

---

① 北京仲裁委员会于 2015 年 4 月 1 日开始实施新的仲裁规则，中国国际经济贸易仲裁委员会于 2015 年 1 月 1 日开始实施新的仲裁规则。

② 齐树洁、顾佳：《论仲裁程序中的第三人》，载《仲裁研究》2005 年第 2 期。

③ 池漫郊：《多方多合同仲裁的主要法律问题研究》，厦门大学出版社 2006 年版，第 181 页。

④ 屈广清、周清华、吴丽婧：《论仲裁制度中的第三人》，载《中国海商法年刊》，大连海事大学出版社 2000 年版，第 227 页。

⑤ 宋连斌、杨玲：《论仲裁第三人》，载《仲裁研究》2005 年第 3 期。

便可说明这个定义问题之所在。A 公司与 B 公司签订仲裁协议，后发生争议，在仲裁程序进行中，B 公司被合并入 C 公司，这时，根据《仲裁法解释》第 8 条第 1 款，"当事人订立仲裁协议后合并、分立的，仲裁协议对其权利义务的继受人有效"，C 公司可以作为 B 公司权利义务的继受人替代 B 公司同 A 公司进行仲裁。虽然 C 公司没有签署仲裁协议，并且在仲裁程序开始后加入，但是，现在仲裁程序只有 A 公司和 C 公司作为两方主体参与和对抗，那么 C 公司能被称为"仲裁第三人"吗？如果可以，那么 B 公司现已因合并而终止，这个"仲裁第三人"的称谓所对应的另外两方主体又是谁呢？再者，如果认可这样的论断，那么同理可得在诉讼过程中当事人的合并、分立也应当属于"诉讼第三人"理论的范畴，这一点显然是诉讼法理论所没有接受的，诉讼当事人的变更同诉讼第三人是泾渭分明的两个法律问题。当事人的变更是原来的案外一方取代了原来的争议一方当事人的位置，最终在程序中仍是利益对立的双方，而非三方。因此，观点一的核心错误是将仲裁当事人的变更问题同仲裁第三人问题相混淆。[1]

观点二认为仲裁第三人制度的本质，就是对仲裁协议外的未签署人进行合并仲裁，并且还是强制性的合并仲裁。仲裁第三人是否只能强制而不能合意引入姑且不论，但将仲裁第三人视为合并仲裁的一种情形是很值得商榷的。合并仲裁是指将彼此独立的纠纷案件基于各自的仲裁协议，合并适用同一仲裁程序一并解决的方式和制度，其实质是仲裁程序的合并。[2] 既然是仲裁"合并"，那么一定包括两个独立的仲裁协议，一定还可以"分立"为两个独立的仲裁案件，用独立的仲裁程序分别加以解决。但是，仲裁第三人的基

---

[1] 有学者在论述仲裁第三人问题时，开篇就强调了必须将"仲裁第三人"问题同仲裁当事人的变更进行区分，参见乔欣：《仲裁权论》，法律出版社 2009 年版，第 279 页注释①。遗憾的是，目力所及的范围内，能够强调这种区分，并在理论分析中实际注意这种区分的学者还相对较少。

[2] 乔欣：《仲裁权论》，法律出版社 2009 年版，第 287 页。

本特点便在于他同原来的仲裁当事人双方可能并不都有同涉案纠纷有关的独立仲裁协议，这正是仲裁第三人之所以成为问题之所在的原因。并且，按照理论界的通常理解，合并仲裁只是仲裁程序的合并，最终仲裁庭还要针对两个相关纠纷作出两个独立的仲裁裁决，但仲裁第三人引入后，仲裁庭只需作出一个针对三方纠纷的仲裁裁决，可见，合并仲裁同仲裁第三人具有比较明显的区别，认为它们"并没有本质区别"① 的论断难以成立，观点二将上述两个不同的问题相混淆。

观点三则将仲裁第三人分为三种：仲裁协议的第三人、执行裁决过程的第三人和仲裁程序进行中的第三人。首先，执行是同仲裁互相独立的程序，执行程序不具备仲裁程序的基本特点，如同诉讼第三人从不研究所谓判决执行过程中的第三人一样，仲裁裁决执行过程中的第三人不应属于仲裁第三人理论的范畴。② 其次，对于仲裁协议第三人的定义，属于"张冠李戴"，非仲裁协议的签订者，由于接受了仲裁协议一方当事人权利义务的转移，由案外人变为当事人，这是对上述仲裁当事人变更所作的定义。当然，变更为当事人的案外人属于仲裁协议的第三人，但并不意味着仲裁协议的第三人仅包括这一种情况，如果非仲裁协议的签订者没有接受权利义务转移而成为当事人，而是直接加入仲裁程序成为权利义务独立的第三方主体，难道他就不是"仲裁协议第三人"了吗？显然，观点三的分类具有一定问题，它既同观点——样将仲裁当事人的变更问题混同为仲裁第三人问题的一部分，又错误地界定了"仲裁协议

---

① 林一飞编著：《最新商事仲裁与司法实务专题案例》（第一卷），对外经济贸易大学出版社 2008 年版，第 20 页。

② 执行程序同诉讼程序和仲裁程序从价值理念到实际功能都具有明显区别，因此在学界将执行程序进行单独立法的呼声越来越高，参见杨荣馨、谭秋桂：《标本兼治，解决"执行难"——民事强制执行法专家建议稿起草问题研究》，载《政法论坛》2004年第 4 期；席锋宁：《王利明代表：制定〈民事强制执行法〉破解执行难》，载《法制资讯》2009 年第 3 期。

第三人"的内涵，但它的可取之处在于，看到了仲裁程序进行过程中第三人的独立意义，实质上也将它同仲裁当事人变更进行了区分。

观点四则简单地将仲裁协议当事人以外的人统归于仲裁第三人，必然会造成其同仲裁协议第三人、仲裁当事人的变更等一系列概念的混同，如同将诉讼中起诉状所确定的原告和被告之外的人一概确定为诉讼第三人一样，令人难以接受。这一观点使"第三人"的概念简单等同于"其他任何人"，让"第三人"的概念基本丧失了理论意义，应为我们所不取。①

经过以上层层剖析，我们可以对仲裁第三人所应具有的基本特征进行界定：一是"仲裁"第三人，一定是在仲裁程序中产生的第三人，脱离了仲裁程序，在仲裁程序开始前或结束后，都不存在仲裁第三人的问题；二是因为其是"第三人"，所以在加入程序后应具有相对独立的主体权利，而原来已在仲裁程序中的另外两方仍继续参与程序，并没有被排除或替代，这样才能形成主体地位相互独立与对抗的"三足鼎立"局面，第三人加入后如果顶替原来当事人的一方，仍旧是两造对抗的局面，那便是仲裁当事人的变更问题，并不是所谓的"仲裁第三人"问题；三是"第三人"的概念决定了不是"其他任何人"都可以介入原有的仲裁程序，他必须具有一定介入程序的依据，而这种能成为仲裁程序中"三足鼎立"的一方的依据则完全可以借用诉讼中的相应概念，即具有独立的请求权和同涉案结果有法定利害关系。以上三个基本特征共同构成了

---

① 比如，合同中的"第三人"应当是同合同确定的权利义务关系具有一定联系的第三方，是相对确定和有限的，不能认为签订合同的当事人双方外的"其他任何人"都是合同"第三人"。

仲裁第三人概念的内涵。①

综上，仲裁第三人是指因对仲裁争议标的具有独立请求权或对仲裁结果具有法律上的利害关系，而加入即将开始或已经开始的仲裁程序中，具有独立于原程序两造当事人的主体地位，独立享有主体权利，承担主体义务的当事人。② 以仲裁第三人加入仲裁程序的渊源划分，仲裁第三人应该包括两种形式：一种是同原两方当事人已经签订或重新签订了仲裁协议，从而加入仲裁程序中的第三人，我们称之为"合意仲裁第三人"；另一种是同原两方当事人没有达成统一的仲裁协议，第三人介入仲裁程序没有得到三方的一致认可，我们称之为"非合意仲裁第三人"。

3. 仲裁第三人的理论定位

首先我们还要再引入一个类似概念，即仲裁协议效力的扩张，它是指"仲裁协议的效力可以在某些情况下扩张至仲裁协议的非表面签订人，从而对该非表面签字人产生约束力"③。这个概念同上述"仲裁协议第三人"的概念紧密相连，"仲裁协议第三人"正可能是被仲裁协议效力的扩张所"辐射"的非表面签字人（显然，它并不等同于没有在仲裁协议上签字的"其他任何人"）。有论者认为，仲裁协议效力的扩张同仲裁第三人之间存在适用上的竞合，

① 在相关仲裁第三人概念界定的文献中，大都没有明确仲裁第三人应当是仲裁程序中的第三人，并且也没有从程序中"第三人"的基本特征入手来解析仲裁第三人的内涵，邹渊教授在《走出设立仲裁第三人制度的禁区——写在仲裁法颁布十周年之际》（载《贵州民族学院学报》2005 年第 5 期）一文中指出了这一研究路径，但没有作更深入的探讨，笔者对仲裁第三人的内涵界定即来源于这一路径的启发。

② 因为我们将仲裁第三人严格限定为在仲裁程序进行中享有独立地位的第三方权利义务主体，所以它应当属于仲裁程序中当事人的一种，二者在仲裁中并非相互对立的概念。如上所述，"第三人"并不等于"其他任何人"，如果将仲裁第三人理解为仲裁协议以外的"其他任何人"，则必然会得出其加入仲裁程序，成为当事人后便不再是"第三人"的结论。

③ 参见萧凯、罗骁：《仲裁第三人的法理基础与规则制定》，载《法学评论》2006 年第 5 期。

后者是前者的"兜底条款"，在前者无法解决实际问题时起弥补作用，非表面签字人同原当事人法律关系紧密程度高的，适用前者，紧密程度低的，适用后者加以解决。[①] 这一论断是难以成立的，因为仲裁第三人包括合意和非合意两种情况，合意仲裁第三人由于已经签订了仲裁协议，故根本无须借助仲裁协议效力扩张的理论即可介入仲裁，而对于非合意仲裁第三人，作为仲裁协议的非表面签字人，能够嗣后参加到仲裁程序中，受仲裁裁决约束，这一过程本身就是对原仲裁协议效力的一种扩张，完全符合仲裁协议效力扩张的定义，因此，非合意仲裁第三人属于仲裁协议效力扩张的情形之一，并非效力扩张的"兜底条款"，如果一种情况不能适用仲裁协议效力扩张的理论进行解释，也就意味着同样不能适用非合意仲裁第三人的理论进行解释。除此之外，笔者认为，仲裁协议效力扩张还应包括两种情形，即仲裁当事人的变更和合并仲裁。

综上，我们对仲裁中涉及三方主体的理论加以整合，其逻辑体系如图 8-1 所示：

分析与说明：涉及三方主体的仲裁纠纷，首先分为三方均签署同一仲裁协议和有一方未签同一仲裁协议两种情况，对于前者较为明晰，发生三方争议时除了申请人和被申请人，也有可能会出现合意仲裁第三人（当然也可能有两个申请人或两个被申请人，而没有合意仲裁第三人），这种合意第三人包括初始合意和嗣后合意两种情形。初始合意是三方在仲裁程序开始前已经达成了相同的仲裁协议，如房屋买方、卖方、中介机构在同一份具有仲裁条款的房屋买卖经纪合同上签字。嗣后合意是在仲裁程序开始后，之前没有同原两方当事人达成过相同仲裁协议的第三人同两方补签了仲裁协议进行仲裁，如产品供货商与代理商因双方签订有仲裁协议的代理销售合同而启动仲裁程序，产品实际使用方出于自身利益考虑，经供

[①] 参见萧凯、罗骁：《仲裁第三人的法理基础与规则制定》，载《法学评论》2006 年第 5 期。

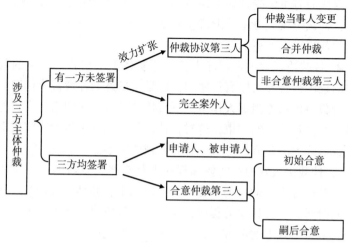

图 8-1　仲裁第三人理论定位示意图

货商与代理商同意补签仲裁协议，从而加入之前已经开始的仲裁程序中参与仲裁。特别需要注意的是，嗣后合意需要三方对于第三人的介入达成合意，而不是仅仅第三人自愿接受仲裁管辖，而不过问其他原程序两方当事人的意见即可。①

需要讨论的主要问题在有一方未签署同一仲裁协议的情形上，这时，如果未签署方可以成功援引仲裁协议效力扩张的理论，那么他将成为"仲裁协议第三人"，否则便只能成为完全的仲裁案外人，通过其他途径来解决相应纠纷，而仲裁协议效力的扩张应包括三种情形：

A. 仲裁协议效力在实体上扩张，程序上不扩张，有新的一方

---

①　有论者对此提出了错误的理解，认为第三人通过申请参加他人的仲裁程序，表明第三人"自愿接受仲裁"，体现了"意思自治"的原则。事实上，意思自治的原则应当是尊重全体仲裁当事人的意见，需要原仲裁当事双方亦同意"三方仲裁"而非仅第三人自愿申请要求参与仲裁即可，此时虽然各方都有仲裁的意思表示，但却没有在同一个案件中仲裁解决的意思表示，如果第三人自愿接受仲裁即可加入恰恰违背了意思自治的基本原则。参见徐峥：《论民商事仲裁第三人》，载《法制博览》2016年第12期。

主体取代原有主体受仲裁裁决约束，但是原有程序依旧继续进行，这时，仲裁争议三方主体形成实质上的两方，形式上的两方。① 这便是仲裁当事人变更的情形。

B. 仲裁协议效力在程序上扩张，实体上不扩张，有新的其他案件的程序被合并入原有程序中，但是，最终的仲裁裁决仍旧只针对原仲裁协议双方当事人作出，不直接涉及被并入的第三人，他应受另一个仲裁裁决的约束，这时，仲裁争议三方主体形成实质上的两方，形式上的三方。这便是合并仲裁的情形。

C. 仲裁协议效力在实体和程序上都扩张，有新的一方主体加入到原有两方主体的行列中受仲裁裁决约束，并且原有仲裁程序扩张为同时解决三方纠纷的程序，这时，仲裁争议三方主体形成实质上的三方，形式上的两方。这便是非合意仲裁第三人的情形。

另外，在合意仲裁第三人的情形下，第三人作为仲裁协议签署人介入仲裁无须借助仲裁协议效力扩张的理论，故仲裁协议效力在实体和程序上都不扩张，而三方都签署了仲裁协议，仲裁裁决对三方都具有约束力，此时的争议三方主体形成实质上的三方，形式上亦为三方。

上述仲裁协议效力扩张的三种情形和合意仲裁第三人情况的理论化分析如图 8-2 所示：

---

① 实质上的主体以仲裁裁决直接约束为标准，形式上的主体以在仲裁协议上签字为标准。

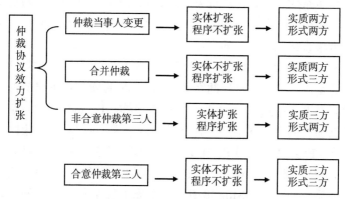

图8-2　仲裁协议效力扩张和合意仲裁第三人理论化分析示意图

4. 域外仲裁第三人理论重视与检讨

我国学者在研究仲裁第三人问题时，还引用了大量域外理论作为支撑。[①] 在界定了仲裁第三人的理论内涵和定位后，我们不禁要问，这一系列令人眼花缭乱的域外理论确实是针对仲裁第三人问题的吗？我们会不会因为一些理论上的混淆而错误地将它们同仲裁第三人问题"牵线搭桥"？有必要对这些理论同仲裁第三人问题的关系进行重新审视。

（1）刺破公司面纱。刺破公司面纱是指股东、董事、高管人员甚至下属职员，对公司责任的个人承担，大陆法系也称之为直索责任，意味着可以直接向面纱后的股东或者高管人员要求承担责任。[②] 它立足于阻止公司独立人格的滥用，在发生一些特定事实，如在公司成为股东代理或工具，公司间存在不公正的关联交易，公司不遵守公司程序等情况下，否定公司与其背后的股东各自独立的

---

① 如齐树洁、顾佳所撰写的《论仲裁程序中的第三人》（载《仲裁研究》2005年第2期）一文中，便引用了十种美国理论作为支持。石育斌、史建三也撰文指出要用域外的"刺破公司面纱"原则来引入仲裁第三人，参见《运用"刺破公司面纱原则"引入仲裁第三人——兼论对我国〈仲裁法〉的完善》，载《法学》2008年第10期。

② 邓峰：《普通公司法》，中国人民大学出版社2009年版，第204页。

人格及股东的有限责任，责令股东对公司债权人或公共利益直接负责。① 从中可以看出，刺破公司面纱的目的是找出"真正的"利害关系方来直接承担相应的责任。②

有论者认为，"刺破公司面纱"原则可以作为引入仲裁第三人的理论基础，并举了这样的案例：③ Taixtile 集团公司下属的四个独立公司与 P. and P. Georges Inc.（以下简称"P. and P."）签订了三个交易合同，合同中都含有 ICC 仲裁条款。而 Georges 集团内另一公司 PPGI 同 P. and P. 在事实上是同一家公司：它们具有共同的所有权、共同的营业场所，进行共同的营业活动。后来，当事人之间发生了纠纷，Taixtile 集团公司下属的四个公司依据仲裁条款在 ICC 对 PPGI 提起了仲裁程序。而 PPGI 则辩称，合同是 P. and P. 与这四个公司签订的，PPGI 并不是这三个合同的当事人，因此不应该受到仲裁条款的约束，所以 PPGI 有权不参加该仲裁程序。但仲裁庭依据"刺破公司面纱"原则，认为仲裁条款的效力应从签字方的 P. and P. 延伸到非签字方的 PPGI，要求 PPGI 同 Taixtile 集团公司下属的四个公司进行仲裁。

从这个案例中可以清晰地看出，事实上，"刺破公司面纱"原则是有关仲裁当事人变更的理论，在 P. and P. 公司滥用公司独立人格的情况下，仲裁庭将仲裁协议的效力扩张到同 P. and P. 发生人格混同的 PPGI，由未签字的 PPGI 代替实际签字的 P. and P. 受仲裁条款的约束，并没有使仲裁程序中产生地位独立的第三方主体。因此"刺破公司面纱"理论并非针对仲裁第三人的问题，而

---

① 参见朱慈蕴：《公司法人格否认法理研究》，法律出版社 1998 年版，第 75 页。

② 参见［英］艾伦·雷德芬、马丁·亨特等：《国际商事仲裁法律与实践》，林一飞、宋连斌译，北京大学出版社 2005 年版，第 158 页。

③ See Bernard Hanotiau, Complex Arbitrations——Multiparty, Multicontract, Multi-issue and Class Actions, Kluwer Law International 2005, p. 43, 转引自石育斌、史建三：《运用"刺破公司面纱原则"引入仲裁第三人——兼论对我国〈仲裁法〉的完善》，载《法学》2008 年第 10 期。

是针对将滥用独立人格和有限责任的仲裁当事人加以变更的问题。将这一原则作为引入仲裁第三人的理论基础是对仲裁当事人变更和仲裁第三人问题相混淆的错误的又一次体现。

（2）公司集团。晚近，外国仲裁庭和法院还发展了"公司集团"理论来将仲裁协议的效力向未签署方进行扩张。依据该理论，如果多个公司之间形成了一个利益整体，在特定情况下法院和仲裁庭便可以将仲裁协议的效力从签署协议的公司扩展至该整体内的其他公司。①

关于"公司集团"的理论由国际商会仲裁院在 Dow Chemical 案中第一次明确提出②，该案案情可简要概括为法国 I 公司同美国 D 公司的两个子公司签订仲裁合同，发生争议后，I 公司在法院起诉 D 公司及其各子公司，而签署仲裁协议的 D 公司的两个子公司则提请仲裁。仲裁庭认为，虽然 D 公司表面没有直接参与合同缔结与履行，但它对产品的生产和销售完全知悉并具有决定权，同自己的子公司形成了一个"事实的经济实体"③，即"公司集体"，这个集体的成员所签订的仲裁协议对其他未签署的成员也具有约束力。因此 D 公司及其子公司要受仲裁协议的约束。

可见，"公司集团"理论仍旧没有使仲裁程序中出现地位独立的第三方主体，只是扩大了一方当事人的数量范围，将一个公司集团中的其他公司拉入仲裁程序，而这些公司的利益是一致的，共同作为一个"事实的经济实体"来对抗另一方当事人。"公司集团"理论并没有改变仲裁程序的两造当事人架构，仍旧是同仲裁当事人

---

① 参见池漫郊：《多方多合同仲裁的主要法律问题研究》，厦门大学出版社 2006 年版，第 123 页。

② ICC 4131/1982（Interim Award）in Dow Chemical France v. ISOVER Saint Gobain（France）（1983）110 Journal du Droit International 899, 注 Derains,（1984）9 Yearbook Commercial Arbitration 131.

③ 参见池漫郊：《多方多合同仲裁的主要法律问题研究》，厦门大学出版社 2006 年版，第 124 页。

的变更密切相关的理论，而同仲裁第三人没有直接的关联。①

（3）第三方受益人。该理论认为，如果仲裁协议的未签署人是基础合同的第三方受益人，那么仲裁协议也应对其有效，② 仲裁协议被视为第三方受益人合同权利的一部分。英国1999年《合同（第三人权利法）》明确了这一观点，该法第8条规定，如果第三人对合同享有实体权利，那么他应该可以实施合同中的仲裁条款。③ 该立法的目的是"绕过'合约相互关系'，让合约有关的第三者去直接强制合约内的条文"④，同时，第三人本身也要受仲裁条款的约束，即如果他主张合同上的权利，则必须采取仲裁而不是诉讼的途径。

责任保险合同是"第三方受益人"理论一个很好的例子。⑤《保险法》第65条第4款规定，"责任保险是指以被保险人对第三者依法应负的赔偿责任为保险标的的保险"。一旦保险事故发生，责任保险的被保险人给第三者造成损害并应负赔偿责任，保险人应当根据被保险人的请求，"直接向该第三者赔偿保险金"。如果被保险人怠于请求，"第三者有权就其应获赔偿部分直接向保险人请求赔偿保险金"⑥。这里的第三者便是责任保险合同的第三方受益

---

① 而且，公司集团理论的本身也存在着巨大的争议，瑞士等国家拒绝承认该学说，法国、美国、英国的法院则采取模棱两可的态度，比如，英国法院在Peterson Farms v. C&M Farming Limited（2004）EWHC 121 一案中，便否认了"公司集团"理论，参见[英] 艾伦·雷德芬、马丁·亨特等：《国际商事仲裁法律与实践》，林一飞、宋连斌译，北京大学出版社2005年版，第160页；杨良宜、莫世杰、杨大明：《仲裁法——从1996年英国仲裁法到国际商务仲裁》，法律出版社2006年版，第431页。

② See e. g., Johnson v. Pennsylvania National Insurance , Pa. Sup. Ct. West Dist, No. J-46-1991, July 12, 1991

③ See 1999 Contracts（Rights of Third Parties）Act of U. K. , Art. 8.

④ 杨良宜、莫世杰、杨大明：《仲裁法——从1996年英国仲裁法到国际商务仲裁》，法律出版社2006年版，第417页。

⑤ 参见朱嵬：《论责任保险合同中仲裁条款对第三人的效力》，载《法学评论》2009年第5期。

⑥ 《保险法》第65条第2款。

人，如果原责任保险合同包含仲裁条款，那么根据"第三方受益人"理论，第三者在主张保险赔偿金的合同权利发生纠纷时，可以直接实施合同中的仲裁条款，要求同保险人进行仲裁。

可以看出，"第三方受益人"理论仍旧是关于仲裁当事人变更的理论，第三者作为责任保险合同受益人可以取代在仲裁协议上签字的被保险人的位置直接同保险人进行仲裁，而并不同保险人和被保险人之间形成"三足鼎立"的关系，仲裁裁决只针对第三者和保险人这实质上的两方作出，将"第三方受益人"理论作为仲裁第三人的理论基础是又一次曲解和误读。

从对以上三个理论的分析可以看出，这些理论都是同仲裁当事人变更有关的理论，他们关注的是仲裁双方当事人的实际确定，力图找出真正的"利害关系方"，而不是通过增加权利义务独立的第三方主体来一次性解决三方之间的争议，至于学者们引用的其他所谓有关仲裁第三人的理论，如代理理论、合同转让理论、代位求偿理论等，无须详细分析，一望即知这些理论所针对的仍旧是仲裁当事人的变更问题。在有关仲裁的外国著作中，外国学者对此类理论的研究都放在"仲裁协议的第三人"（不是仲裁第三人）的标题之下，比如，在国际商事仲裁界最负盛名的著作，由艾伦·雷德芬、马丁·亨特等律师撰写的《国际商事仲裁法律与实践》一书便是如此。也就是说，他们关注的是仲裁协议效力向未签署人扩张的整体问题，其中，用各种理论重点研究的是仲裁当事人的变更（但并没有详细指明变更的概念），而我国的一些学者却误以为仲裁协议第三人同仲裁第三人是一个概念，认为外国学者的这些理论都是解决仲裁第三人问题的理论而直接加以援引，结果导致"张冠李戴"，使得我国仲裁第三人的理论体系异常复杂与混乱。

这时，或许已经可以回答本文开头提出的问题，即为什么诉讼第三人的理论体系远没有仲裁第三人这般令人眼花缭乱，答案也非常简单，因为我们在诉讼法理论中明确区分了诉讼当事人的变更和诉讼第三人这两个不同的理论问题，上述的那些复杂情形当事人的确定都归入了诉讼当事人变更的理论框架下，同诉讼第三人制度"井水不犯河水"，基本没有影响诉讼第三人的理论体系。同理，在仲裁中，我们也应当严格区分这两种泾渭分明的理论，将属于仲裁当事人变更的内容剔除出仲裁第三人理论的框架，集中研究"纯正"的仲裁第三人问题。总之，把以上这些外国理论直截了当地同仲裁第三人制度"牵线搭桥"，是研究该问题的部分学者的一个"重大误解"。①

虽然还没有发现域外直接针对仲裁第三人问题进行诠释的概括性理论，但是在国际上已经有一些国家和地区，在立法层面一定程度上确立了"纯正"的仲裁第三人制度，其中，荷兰既规定了合意仲裁第三人，也规定了非合意仲裁第三人，是仲裁第三人立法的最杰出代表。② 比利时则只规定了合意仲裁第三人。③ 此外，一些仲裁规则也对此问题有所涉及，如《伦敦国际仲裁员仲裁规则》《日本商事仲裁协会商事仲裁规则》等。这些立法规定基本都对合意仲裁第三人制度不持异议，其主要分歧在于，应不应该承认非合意引入仲裁第三人？可不可以通过一些制度设计将没有签订仲裁协议的相关方引入仲裁程序受仲裁裁决约束？

---

① 遗憾的是，在笔者目力所及的外国法理论范围内，还没有发现真正直接针对非合意仲裁第三人问题进行诠释的概括性理论。

② 《荷兰民事诉讼法典》第 1045 条规定：（1）根据与仲裁程序的结果有利害关系的第三人的书面请求，仲裁庭可以允许该第三人参加或介入程序。仲裁庭应毫不迟延地将一份请求发送给当事人。（2）声称第三人应予赔偿的一方当事人可以将一份通知送达该第三人。一份通知应毫不迟延地发送给仲裁庭和其他当事人。（3）如果第三人根据他与仲裁协议的当事人之间的书面协议参加仲裁，其参加、介入或联合索赔仅可由仲裁庭在听取当事人意见后许可。（4）一旦准许了参加、介入或联合索赔的请求，第三人即成为仲裁程序的一方当事人。除非当事人另有协议，仲裁庭应决定程序上如何进一步行事。

③ 《比利时司法法典》第 1696 条规定：仲裁的一方当事人可以要求第三方参加仲裁程序，第三方也可以自动请求加入仲裁程序，仲裁庭必须一致接受第三人的加入，而且，原先的当事人和新加入的当事人必须签订一份仲裁协议。

5. 非合意仲裁第三人制度的分析与质疑

（1）非合意仲裁第三人制度支持理由质疑。对于仲裁第三人问题，最大的理论和实践争议即在于对非合意仲裁第三人制度的承认与否问题。虽然我们之前已经澄清了非合意仲裁第三人同仲裁当事人变更的根本区别，明确了它的基本内涵和理论定位，但是，这同实践中是否应当采用这种制度是两个不同的问题。有相当数量的学者支持在我国确立这一制度①，认为可以在一定条件下，在各方没有达成一致仲裁协议的情况下引入仲裁第三人加入仲裁程序受仲裁裁决结果的约束，我们先对这些学者的支持理由作一分析。

观点一：意思自治原则不是绝对的，应当进行限制。支持者认为，"意思自治不过是当事人为了实现仲裁价值取向而选择的一种制度性安排，这种安排服从于当事人选择仲裁的目标——获得体现效益和公正的裁决。因此，当不允许第三人参加仲裁可能导致无效益或者不公正的裁决时，'意思自治'就应当退而居其次，服从于仲裁的价值取向"。它并不是一项绝对的原则，从国际商事仲裁的历史发展阶段来看，对"意思自治"进行逐步限制是一种不可逆转的趋势，"现代民法社会已经从个人本位过渡到了社会本位，当事人在通过仲裁实现自己的权利时，必须考虑到社会利益和个人利益的平衡"。因此，"当第三人参加仲裁有利于实现整体社会利益、迅速解决纠纷、避免相互矛盾的裁决时，原仲裁协议当事人的个人利益就应适当让位，以谋求社会利益和个人利益的平衡，允许第三人参加仲裁"②。

---

① 支持论的观点参见萧凯、罗骁：《仲裁第三人的法理基础与规则制定》，载《法学评论》2006 年第 5 期；齐树洁、顾佳：《论仲裁程序中的第三人》，载《仲裁研究》2005 年第 2 期；王文双：《我国仲裁第三人存在的实践探讨》，载《法制与社会》2009 年第 10 期；石育斌：《国家商事仲裁第三人新论》，华东政法大学 2004 年硕士学位论文，第 22 页；陈静：《设立仲裁第三人制度的必要性》，载《法制与社会》2015 年第 21 期。

② 参见萧凯、罗骁：《仲裁第三人的法理基础与规则制定》，载《法学评论》2006 年第 5 期。

必须承认，意思自治不是绝对的原则，它的适用范围和作用程度必然会受到一些限制，但问题在于，通过什么路径来进行限制，如果不对这种限制进行"限制"，借着一些冠冕堂皇的口号肆意限制和贬损意思自治，那么意思自治原则便会完全失去意义，社会将会沦为一个随处充盈公权强制力的社会。支持者认为意思自治需要服从于效益和公正，这是一种本末倒置的论断。按照他们的逻辑，如果仲裁庭认为当事人合意选择的程序（如质量鉴定）会造成仲裁程序的拖延，那么仲裁庭便可以径行予以驳回，直接采用自认为效益更高的程序加以适用，如果当事人自愿大幅降低索赔数额，仲裁庭便可以认为仲裁裁决可能"显失公正"而径行追加赔偿数额。上述做法显然是我们所不能接受的。法谚有云："自愿的不公平也是公平。"在私法领域，包括以民间性和契约性为主要性质的仲裁领域，意思自治是核心原则，不是意思自治去服从效益和公正，恰恰相反，应当是效益和公正首先尊重意思自治，尊重争议当事人之间的哪怕是"不效益""不公正"的选择，这样才能保证仲裁区别于诉讼甚至是行政方式的特色，它才具备自己存在的独立价值。因仲裁当事人与第三人未达成合意，而没有引入第三人，无论这么做是多么丧失效益、有损公正，我们都应当予以足够的尊重，因为它坚定捍卫了仲裁制度意思自治的核心价值，"两害相权取其轻"，如果动摇了仲裁意思自治的根基，那么最终所谓效益和公正可能在仲裁中也会荡然无存。毕竟，仲裁的权力来源是纠纷当事人通过仲裁协议的共同授权，没有这种共同授权，任何以效益或公正等理念为代表的理由都不应成为仲裁裁决对全体当事人产生约束力的正当依据。

当然，上文已经强调过，意思自治是应当受到限制的，但并不是通过支持论者所谈及的上述的那些理念来进行限制，进行限制的一般情况便是当事人的意思自治超出了当事人之间可以自由处分的范围，严重影响了社会公共利益，这时便可以对意思自治加以限制或否定。但是，仲裁第三人的问题充其量也只是发生在三方主体之间的纠纷，充其量也不过是纠纷解决方式的不同选择而已，一般不可能严重到影响社会公共利益，是否引入仲裁第三人加入仲裁程序同社会公共利益基本无关，不能说引入了仲裁第三人便符合社会公共利益，拒绝引入就是同社会公共利益相对立。支持论者是对社会公共利益的概念进行主观泛化，将当事三方的小范围争议抬到了社会公共的高度，略有些危言耸听。总之，限制意思自治并不是可以非合意引入第三人的有效理由。

观点二：将第三人的纠纷一并进行裁判，可以防止矛盾裁决，促进公正。支持者认为，在第三人不能参加仲裁，而另案提起仲裁或诉讼的情况下，就很有可能出现矛盾的判决。造成这种结果的原因很多，"可能是因为割裂了有内在联系的法律关系，造成了仲裁庭查明案件全部事实客观上的困难，也可能是因为在不同案件中当事人的举证责任有所不同，证据表现得不一样。当事人的律师也有优劣之分，还可能是因为不同的仲裁员或法官受理而造成的裁决结果不一致"。相互矛盾的裁决不仅使得仲裁委员会和法院处于被动尴尬的局面，而且意味着对各权利人利益的保障的不公平保护或者对各方义务责任承担上的不公平分配。①

保证法律适用的统一性，坚持"同案同判"是法律体系不言自明的重要目标。但问题在于，什么制度承担着统一适用法律的功能？仲裁制度承担这一功能吗？答案可能倾向于否定。仲裁制度，包括民间调解等以当事人意思自治为核心内容的纠纷解决方式，因为在制度和程序的各个方面都带着当事人意思自治的烙印，所以裁判机构必须在充分尊重当事人意思自治的前提下推进程序，作出裁决。相同或类似情况的案件，由于当事人不同，意思自治的结果很可能会有差异，也可能直接导致裁决结果的差异，甚至可以说，出现相互矛盾的裁决也都是在可以容忍的范围之内的，这并不是所谓

---

① 参见丁伟、石育斌：《国际商事仲裁第三人之理论建构与实务研究》，载《中国国际私法与比较法年刊》2003 年第 6 卷，第 343 页。

"对各权利人利益的保障的不公平保护或者对各方义务责任承担上的不公平分配"，而恰恰是尊重当事人意思自治，根据每一案件意思自治的具体情况的"有针对性的公平"。其实，只有诉讼中的判决（不包括诉讼中的调解）才有统一适用法律，保证"同案同判"的功能，因为司法权具有高度统一性，所有法院不论级别高低、地域所处都是国家统一司法权的代表，因此必须保证司法权的"意志"高度统一，防止相同或类似案件判决有所差异甚至相互矛盾的情况出现，如北京高院和上海高院的"同案不同判"则必然会损害司法权的权威性和统一性。而仲裁权显然不具有这种统一性，全国范围内并不存在统一的仲裁权，而都是各自独立的，例如北京仲裁委员会和中国国际经济贸易仲裁委员会两家机构行使仲裁权便不是代表一个"统一"的意志，甚至同一仲裁机构的不同仲裁庭，基于仲裁庭独立仲裁的基本原则，相互之间也不存在一个相对"统一"的意志，因此，他们之间出现"意志"的差异并非不能容忍，没有理由强制他们作出绝对一致的裁决，这是诉讼和仲裁的一项重大差别。归根结底，是仲裁权来源于当事人的授权，是意思自治的结果，意思自治要求仲裁庭"意志"的相互独立，没有必要"高度一致"。显然，同理可知，相同或类似案件的仲裁裁决和诉讼判决之间更加没有必要"高度一致"。故而，防止出现矛盾裁决并不是可以非合意引入第三人的有力理由，在仲裁制度中，矛盾裁决是可以被一定程度容许的，相反，难以容许的，恰恰是为避免矛盾裁决，来引入非合意第三人而抛弃意思自治。

支持者们经常举出因不引入仲裁第三人而导致矛盾裁决的

"The Vimeira"案①作为支持依据，但笔者认为，这两个仲裁裁决的结果都是合理的，租船人在先前仲裁中败诉完全是因其没有尽到举证责任的结果，对于这一结果，租船人自然应当自行承担责任，而分租船人充分举证，推翻了之前的事实认定，理应不承担责任，由举证不利的租船人承担最后的损失并没有什么不妥之处，换言之，如果租船人在先前仲裁中便像后续仲裁的分租船人一样充分举证，证明码头曾经有许多比"Vimeira"轮更大的船只安全使用并没有出现过问题的事实，就会在先前仲裁中胜诉，而根本不会出现矛盾裁决的问题。如果引入仲裁第三人是为了中间人举证能力不足来"埋单"，那么，虽然一定程度上在个案中可能会避免矛盾裁决，但它的积极意义大可质疑。它在客观上鼓励了中间人消极举证，向两头推卸责任，将自己置身事外，反而不利于仲裁庭对事实的察知。总而言之，将防止矛盾裁决作为引入非合意第三人的理由并不充分。

观点三：实体法和程序法要具有对应关系，实体法上的规定必须要在程序法中得以体现。支持者认为，"实体法中的规定只有在程序法中得以体现，才能使实体法中确定的权利义务关系得到实现，同时程序法也必须以实体法为核心为实体法服务，否则便失去了存在的依据和合理性"。因此，"实体法中关于第三人权利、义务的规定必然要在程序法中得以体现，否则当人们选择仲裁作为解决其纠纷的方式时，实体法中的关于第三人的权利义务就无法在现

---

① "The Vimeira"案是一起典型的涉及中间商（middleman）的租船纠纷，Vimeira轮的船东因向租船人索赔而提起仲裁，仲裁庭裁定租船人败诉，理由是该港（Rodenhuizedok）不安全，码头区太窄无法让船舶安全转弯；其后，租船人再向分租船人寻求补偿提起仲裁，分租船人了解到原船东与租船人的裁决原因后，举证此码头曾经有许多比"Vimeira"轮更大的船只安全使用过，并未出现问题。这一举证改变了第二案仲裁庭（与第一案仲裁庭的组成人员基本相同）原先裁定的依据，即以为"Vimeira"轮是停泊该港最大的船舶，最后裁定分租船人胜诉。参见杨良宜：《国际商务仲裁》，中国政法大学出版社1997年版，第451页。

实生活中得以体现"①。

这是一种略显僵化的思维，实体法的确是规定了关于第三人的权利义务，但是不是说，程序法不把第三人放进同一个程序里解决问题，就会使"第三人的权利义务无法在现实生活中得以体现"呢？这显然是站不住脚的，程序法完全可以用前后两个程序分别加以解决，这并不会有损实体法中关于"第三人权利、义务的规定"的充分实现，实体法规定了若干方的争议，程序法就要让这些争议在一个程序里一并解决，这样的推论未免太过荒唐。程序法确实要为实体法的最终实现服务，但绝对不是僵化机械地服务，这种同实体法"生拉硬拽"的"对应关系"反而会损害程序法自身的独立价值。

毫无疑问，程序法确实是要为实体法服务，但程序法的运作过程仍要遵循程序法自身的一些基本原则，绝不能为机械"对应"实体法而偏离这些原则。对诉讼和仲裁程序来说，程序的一大原则便是"不告不理"，也就是说，审判权和仲裁权的发动都是被动的，必须以"告"为依据才可以"理"。在诉讼中，"告"体现为起诉状，法院不应处理起诉状所确定的对象以外的相关纠纷。② 在仲裁中，"告"便体现为以仲裁协议为基础的仲裁申请，同理，仲裁庭也不应处理仲裁协议所确定对象以外的纠纷事项，否则便是"超裁"。非合意仲裁第三人同原当事人双方没有统一的仲裁协议，如果仲裁庭为"实现实体法的价值"对涉及该第三人的纠纷在仲裁程序中进行一并处理，便违反了程序法"不告不理"的基本原则，这样的裁决自然丧失了正当性的基础。总之，支持论者的这一

---

① 参见丁伟、石育斌：《国际商事仲裁第三人之理论建构与实务研究》，载《中国国际私法与比较法年刊》2003年第6卷，第343页。

② 诉讼中法院主动追加无独立请求权第三人并判决其承担责任的做法便严重违背了"不告不理"原则，因此，学界的一些学者主张取消这一做法，将追加无独立请求权第三人的首要决定权赋予当事人，建立"被告型第三人制度"，参见张卫平：《民事诉讼：关键词展开》，中国人民大学出版社2005年版，第159~166页。

理由同样无法成立。

（2）结论及仲裁规则实务考察。总之，支持者赞同非合意仲裁第三人制度的理由都很难立足，我国不应当效仿荷兰等几个屈指可数的国家设立该制度。虽然，非合意引入仲裁第三人可能会在一定程度上促进效益和公正的实现，但它的代价却是抛弃意思自治这一仲裁核心原则，彻底改变仲裁制度的鲜明特色，使仲裁裁决丧失由当事人合意授权这一正当性基础，① 其结果无异于釜底抽薪，让仲裁制度走向异化。"仲裁有一个契约上的依据；仅缔约方的共同意愿可以授权某人向仲裁庭针对其他人提出程序，并约束其他人出席庭审。此类的人数越多，越应当注意确保他们当中没有人是在违背本人意志的情况下被合并进程序。"② 可见，面对的问题越复杂，我们越应当坚持程序法体系下的基本原则，在不动摇程序正当性基础的前提下解决问题，而不是为了解决一个问题就去异化一个程序的根基。况且非合意仲裁第三人制度并不是保障相关当事人和第三人权益的"华山一条路"，这些权益通过提起诉讼和另行仲裁等方式仍能得到维护。综上所述，非合意仲裁第三人制度应当在实践中予以彻底否定。

值得欣慰的是，近来北京仲裁委员会、中国国际经济贸易仲裁委员会等国内知名仲裁机构纷纷修订了自己的仲裁规则，具有国际接轨性的《自贸区仲裁规则》也在 2015 年 1 月 1 日施行，这些规则虽然都在仲裁第三人的问题上有新的修订和完善，但都没有确立"非合意仲裁第三人"的制度，还是把约束的范围严格限制在多方

---

① 并可能导致仲裁裁决在外国得不到承认与执行，因为这同《纽约公约》第 2 条的规定形成"强烈反差"，参见［西］帕德罗·马丁内兹-弗拉加：《国家商事仲裁——美国学说发展与证据开示》，蒋小红、谢新胜等译，中国社会科学出版社 2009 年版，第 143 页。

② Commission on International Arbitration，Final Report on Multi-party Arbitrations，Paris，June 1994，by the Working Group under the Chairmanship of M. Jean-Louis Delvolve，para 5，转引自艾伦·雷德芬、马丁·亨特等：《国际商事仲裁法律与实践》（第四版），林一飞、宋连斌译，北京大学出版社 2005 年版，第 180 页。

对于仲裁协议一致"初始合意"或"嗣后合意"的基础上，没有突破仲裁协议的约束界限，仅仅针对"合意仲裁第三人"的具体程序进行制度规定。

例如，2015版《北京仲裁委员会仲裁规则》（以下简称《北仲仲裁规则》）第13条新确立了"追加当事人"制度，该条款规定如下："（一）仲裁庭组成前，经本会同意，当事人可以依据相同仲裁协议在案件中申请追加当事人。（二）申请追加当事人应当提交追加当事人申请书，申请书的内容及受理、答辩等事项，参照本规则第7条至第10条的规定办理。（三）仲裁庭组成后，除非申请人、被申请人及被追加的当事人均同意，否则不再接受追加当事人的申请。"

正如《〈北仲仲裁规则〉释义》所言①，本条文最需注意的要件就是"相同仲裁协议"，也就是说，被追加的当事人已经同原来的当事人双方初始达成了相同的仲裁协议，"追加当事人需要有仲裁协议为基础，这使得本条文中的追加当事人区别于广义的仲裁第三人，避免了实践中可能产生的管辖混乱"，也就杜绝了非合意仲裁第三人的可能性，追加当事人必须以之前各方达成的相同仲裁协议为基础，被追加的当事人之前有同各方用仲裁方式解决纠纷的一致意思表示，意思自治的根基并没有受到挑战。

---

① 北京仲裁委员会2015版仲裁规则释义第13条，载北仲网站，http：//www.bjac.org.cn/news/view？id＝2523，最后访问日期：2016年5月29日。

同《北仲仲裁规则》类似，贸仲的追加当事人制度①也明确限制在依据"表面上约束被追加当事人的案涉仲裁协议"的范围内，"案涉仲裁协议表面上不能约束被追加当事人或存在其他任何不宜追加当事人的情形的，仲裁委员会有权决定不予追加"。同样也没有"非合意仲裁第三人"制度的生存土壤。

有论者认为，《自贸区仲裁规则》为了与外国仲裁机构竞争、吸引更多当事人，其中一大创新就是确立（非合意）仲裁第三人制度，只不过是因为《仲裁法》尚未确立第三人制度，该规则中并未使用第三人的表述，而是"案外人"一词。② 这一论断可能有所偏颇。《自贸区仲裁规则》第 37 条规定："其他协议方加入仲裁程序：（一）在仲裁庭组成前，申请人或被申请人请求增加同一仲

---

① 2015 年版《中国国际经济贸易仲裁委员会仲裁规则》第 18 条亦规定了"追加当事人"制度："（一）在仲裁程序中，一方当事人依据表面上约束被追加当事人的案涉仲裁协议可以向仲裁委员会申请追加当事人。在仲裁庭组成后申请追加当事人的，如果仲裁庭认为确有必要，应在征求包括被追加当事人在内的各方当事人的意见后，由仲裁委员会作出决定。仲裁委员会仲裁院收到追加当事人申请之日视为针对该被追加当事人的仲裁开始之日。（二）追加当事人申请书应包含现有仲裁案件的案号，涉及被追加当事人在内的所有当事人的名称、住所及通信方式，追加当事人所依据的仲裁协议、事实和理由，以及仲裁请求。当事人在提交追加当事人申请书时，应附具其申请所依据的证据材料以及其他证明文件。（三）任何一方当事人就追加当事人程序提出仲裁协议及/或仲裁案件管辖权异议的，仲裁委员会有权基于仲裁协议及相关证据作出是否具有管辖权的决定。（四）追加当事人程序开始后，在仲裁庭组成之前，由仲裁委员会仲裁院就仲裁程序的进行作出决定；在仲裁庭组成之后，由仲裁庭就仲裁程序的进行作出决定。（五）在仲裁庭组成之前追加当事人的，本规则有关当事人选定或委托仲裁委员会主任指定仲裁员的规定适用于被追加当事人。仲裁庭的组成应按照本规则第 29 条的规定进行。在仲裁庭组成后决定追加当事人的，仲裁庭应就已经进行的包括仲裁庭组成在内的仲裁程序征求被追加当事人的意见。被追加当事人要求选定或委托仲裁委员会主任指定仲裁员的，双方当事人应重新选定或委托仲裁委员会主任指定仲裁员。仲裁庭的组成应按照本规则第 29 条的规定进行。（六）本规则有关当事人提交答辩及反请求的规定适用于被追加当事人。被追加当事人提交答辩及反请求的期限自收到追加当事人仲裁通知后起算。（七）案涉仲裁协议表面上不能约束被追加当事人或存在其他任何不宜追加当事人的情形的，仲裁委员会有权决定不予追加。"

② 陈静：《设立仲裁第三人制度的必要性》，载《法制与社会》2015 年第 21 期。

裁协议下其他协议方为申请人或被申请人的，应当提交书面申请，由秘书处决定是否同意。秘书处作出同意决定的，多方申请人及/或多方被申请人不能共同选定该方仲裁员的，则该案仲裁员全部由仲裁委员会主任指定，即使当事人之前已选定仲裁员。（二）仲裁庭已组成的，申请人及/或被申请人请求增加同一仲裁协议下其他协议方为被申请人，且该协议方放弃重新选定仲裁员并认可已进行的仲裁程序的，仲裁庭可以决定是否同意。"第 38 条规定："案外人加入仲裁程序：在仲裁程序中，双方当事人可经案外人同意后，书面申请增加其为仲裁当事人，案外人也可经双方当事人同意后书面申请作为仲裁当事人。案外人加入仲裁的申请是否同意，由仲裁庭决定；仲裁庭尚未组成的，由秘书处决定。"

　　该规则第 37 条和第 38 条其实仍旧只是规定了合意仲裁第三人制度，只不过针对初始合意和嗣后合意两种情况分两个条文进行规定，比北仲、贸仲的规则范围更为宽泛，前一条文同之前类似，要求依据"同一仲裁协议"来引入其他协议方，后一条文则是要求仲裁程序开始之后，原双方当事人同"案外人"达成新的仲裁协议，一致认可"案外人"加入仲裁程序，才可以引入"案外人"，案外人本身或者原双方当事人中的任何一方不同意"案外人"进入仲裁程序，"案外人"就无法加入仲裁。这一规定并没有突破"合意"引入仲裁第三人的范畴，没有各方达成一致的共同仲裁协议，相关争议仍不可能在同一仲裁程序中解决，不能得出有些论者说的，从《自贸区仲裁规则》的制定就能看出"我国承认（非合意）仲裁第三人制度是早晚的事"的结论，更不应如其所言，脱离仲裁协议，将与争议合同联系的紧密性作为能否引入第三人的标准之一①。

---

　　① 参见周影珠：《从〈上海自贸区仲裁规则〉看仲裁第三人制度在我国的应用与展望》，载《法制与社会》2015 年第 20 期。

6. 合意仲裁第三人的制度架构

从理论和实践层面彻底否定了非合意仲裁第三人后，剩下的便是合意仲裁第三人制度。上述各大仲裁机构关于仲裁第三人的仲裁规则也都是囿于"合意仲裁"的制度范围。这一制度在理论解释上并没有太大的困难，三方一同（初始合意或嗣后合意）签署仲裁协议，并一同进入仲裁程序，完全符合仲裁当事人意思自治的根本原则，只有一些具体实践操作上的技术性问题需要探讨，我们对此稍作分析。

对于初始合意而言，主要存在以下技术性问题：一是各方如何选择仲裁员以确定仲裁庭。《北仲仲裁规则》对组庭前和组庭后的规定有所不同。组庭前，根据《北仲仲裁规则》第 19 条第 6 款："在追加当事人的情况下，被追加的当事人可与申请人或被申请人作为一方选定仲裁员；未能共同选定该方仲裁员的，则仲裁庭全部成员均由主任指定。"即在仲裁员选择的问题上由第三人选择"站队"，站在哪一方就同哪一方一起共同选定仲裁员，如果未能"站队"成功，则仲裁庭全部成员，都需要由主任指定，也就是原来申请人和被申请人自行选定的仲裁员一律作废。组庭后再追加当事人的，由于该规则第 13 条限定了被追加当事人对此同意的条件，言外之意就是被追加当事人也同时认可之前的仲裁庭组成，加入之后将继续由之前的仲裁庭审理，如果被追加当事人不认可这一仲裁庭组成，就可以径行拒绝加入。也就是说，组庭后被追加当事人对仲裁庭组成只有认可与否的权利，而没有选择的权利。

《贸仲仲裁规则》第 18 条第 5 款前段规定："在仲裁庭组成之前追加当事人的，本规则有关当事人选定或委托仲裁委员会主任指定仲裁员的规定适用于被追加当事人。仲裁庭的组成应按照本规则第 29 条的规定进行。"第 29 条规定："多方当事人仲裁庭的组成：（一）仲裁案件有两个或两个以上申请人及/或被申请人时，申请人方及/或被申请人方应各自协商，各方共同选定或共同委托仲裁委员会主任指定一名仲裁员。（二）首席仲裁员或独任仲裁员应按照本规则第二十七条第（二）、（三）、（四）款规定的程序选定或指定。申请人方及/或被申请人方按照本规则第二十七条第（三）款的规定选定首席仲裁员或独任仲裁员时，应各方共同协商，提交各方共同选定的候选人名单。（三）如果申请人方及/或被申请人方未能在收到仲裁通知后15天内各方共同选定或各方共同委托仲裁委员会主任指定一名仲裁员，则由仲裁委员会主任指定仲裁庭三名仲裁员，并从中确定一人担任首席仲裁员。"该规则事实上并没有明确被追加当事人在选定仲裁员的过程中如何行使权利，是在申请人和被申请人之间"站队"还是自己独立选择，如果"站队"不成该怎么处理，贸仲的规则并没有对被追加当事人选择仲裁员的问题给予前后衔接的清晰答案。而《贸仲仲裁规则》第18条第5款后段规定："在仲裁庭组成后决定追加当事人的，仲裁庭应就已经进行的包括仲裁庭组成在内的仲裁程序征求被追加当事人的意见。被追加当事人要求选定或委托仲裁委员会主任指定仲裁员的，双方当事人应重新选定或委托仲裁委员会主任指定仲裁员。仲裁庭的组成应按照本规则第二十九条的规定进行。"与《北仲仲裁规则》不同，《贸仲仲裁规则》在仲裁庭组成后，仍给予了被追加当事人重新选定仲裁员的权利，但是如何行使这一权利，如上所述，《贸仲仲裁规则》第29条并没有给予清晰的回答，同时，这一赋权还可能直接导致仲裁庭成员的更换，有可能被一方当事人在仲裁程序中加以不当利用（组庭之后，一方了解了仲裁庭的人员构成，通过追加当事人的方式达到仲裁庭更换的目的，将另一方原本选定的仲裁员排除在外）。两相比较，北仲在这方面的程序设计明显更为合理，组庭前赋予被追加当事人对仲裁员的站队选择权，选择不成仲裁庭全员指定，组庭后只赋予被追加当事人对原仲裁庭的认可与否权，保障了原有已进行的仲裁程序的合法效力，使整个仲裁程序可以相对稳定高效地运行，避免被一方当事人通过其他方式加以不当利用。北仲的规则可以成为这一问题的解决范本。

　　第二个技术性问题是已经签订共同仲裁协议的仲裁第三人是否

可以通过直接向原仲裁程序的申请人或被申请人或双方当事人直接提出仲裁请求的方式介入原有仲裁程序。在上述追加当事人的方式中，仲裁第三人是"被动"地被申请人或被申请人一方通过追加申请介入仲裁程序的，而其是否可以"主动"介入，以上规则对此均无明文规定。北仲在《〈北仲仲裁规则〉释义》中则对此予以否定回答："（第十三条）第一款在适用中还需要注意的一点是，申请追加当事人的主体为已经开始的仲裁程序中的'当事人'（任意申请人或被申请人或申请人与被申请人），案外人不能向本会提出追加当事人的申请。"① 笔者则认为，对此问题持更为开放的态度为妥，既然三方可以共同签订仲裁协议，那么，各方在签约时对此产生的风险和后果都是事先明知的，即签订仲裁协议时各方就应该预见到日后在程序中会产生多方争议的可能，如果仲裁第三人通过提出仲裁请求直接介入仲裁程序，即便会对原有仲裁程序的效率或者复杂程度产生影响，这一影响也应当在原仲裁程序的申请人或被申请人的可预料以及可控的范围内，假若他们不愿发生这样的复杂争议，那么当初可以选择只签订两方间的仲裁协议，同时，仲裁第三人通过相同仲裁协议主动介入仲裁程序，既不动摇仲裁意思自治的制度根基，从整体来看，也可以促进相关争议的一次性协调解决。因此，对上述技术性问题应当给予相对肯定的回答，但为防止个别案件可能产生的对之前程序的不利阻碍，在是否准许介入的问题上，可以加入仲裁委员会或仲裁庭的审核同意权，而一概从制度上予以根本否定可能并非充分发挥仲裁第三人制度优越性的完满之举。

而对于嗣后合意的情况而言，可能存在以下技术性问题：第一，在原程序进行中，三方达成新的仲裁协议，将第三人引入仲裁是否需要仲裁委员会或仲裁庭的同意？《自贸区仲裁规则》第38

---

① 北京仲裁委员会 2015 版仲裁规则释义第 13 条，载北仲网站，http：//www. bjac. org. cn/news/view? id = 2523，最后访问日期：2016 年 5 月 29 日。

条对此予以肯定回答，该条规定："案外人加入仲裁程序：在仲裁程序中，双方当事人可经案外人同意后，书面申请增加其为仲裁当事人，案外人也可经双方当事人同意后书面申请作为仲裁当事人。案外人加入仲裁的申请是否同意，由仲裁庭决定；仲裁庭尚未组成的，由秘书处决定。"笔者认为，这一限制大可不必，涉案各方都已经同意第三人介入仲裁程序，这是各方之间意思自治的范畴，无论是仲裁委员会还是仲裁庭都应该给予最充分的尊重，只要三方新形成的仲裁协议合法有效，仲裁委员会和仲裁庭便对各方合意引入的仲裁第三人不享有否决权。第二，在仲裁第三人介入仲裁程序后，原仲裁程序是继续进行还是重新开始？笔者认为，这一问题的决定权应当交给当事人，三方一致同意继续的，则程序继续进行，一致同意重新开始的，则程序重新开始，若各方对此问题达不成一致的以及是否加入仲裁程序是仲裁第三人的意思自由，基于对仲裁程序效率的考虑，以不重新开始程序为妥，但仲裁第三人获取之前仲裁程序的信息的权利（如调阅证据和笔录）应当予以保障，为求稳妥，在这种情况下也可以赋予仲裁委员会和仲裁庭是否重新开始程序的审核决定权。

总之，设立合意仲裁第三人制度并没有太大的原则性障碍，只有一些技术性问题需要予以明确，我国应当在广泛参考相关域外规定的基础上，将此制度补充进仲裁法的制度体系当中。

（三）关于合并仲裁

1. 多方当事人争议与合并仲裁

（1）多方当事人争议。合并仲裁是用于解决多方当事人争议的一项制度。从某种程度上讲，多方当事人争议的范围决定了合并仲裁的适用范围。随着社会经济的发展，现代民商事纠纷中涌现出越来越多的多方当事人争议，无论是在诉讼还是在仲裁理论中，"多方当事人争议"这个词语都频繁出现。例如，在贸易领域，由于科学技术的进步，信息流通速度往往快于货物流通速度，于是经常会出现这样的情况：A 将货物出售给 B，而 B 在实际收到货物之前又出售给 C。此时，如果 A 交付货物出现瑕疵，则不仅会造成 A 对 B 直接违约，还会间接导致 B 对 C 违约。这便是一个简单的以 A、B、C 为主体的多方当事人争议。然而，"争议"这一概念并不是法律专门术语，而是一个社会概念。以下探讨的是仲裁程序中的多方当事人争议。

多方当事人争议（Multi-party Dispute）与双方当事人争议相对应，在仲裁程序中是指两方以上当事人由相互关联的法律关系引起，且民事法律关系主体之间存在仲裁协议的民商事纠纷。其严格区别于多数当事人争议。多数当事人争议以争议本身为立足点，只要发生争议的主体为两方以上，就是一个多数当事人争议。而多方当事人争议是以仲裁程序中的争议为立足点，研究的是进入仲裁程序的主体为两方以上的当事人。仲裁中的多方当事人争议至少应当满足以下两个条件：一是直接发生法律关系的当事人之间存在仲裁协议；二是两方以上的当事人基于仲裁协议，已经向仲裁机构申请仲裁，并被受理。上例中，如果只有 B 和 A 之间达成仲裁协议并申请仲裁，而 B 和 C 之间没有仲裁协议，则仲裁庭对 B、C 之间的争议不享有管辖权，那么这个以 A、B、C 为主体的争议就仲裁程序意义而言，只能是一个双方当事人争议，而不是多方当事人争议。

实际上，多方当事人争议也是以双方当事人争议为基础，任何一个多方当事人争议都可以划分为多个双方当事人争议。之所以能够被称为多方当事人争议，是因为这几个双方当事人争议之间存在法律关系上的内在联系，使各个双方当事人争议联结成一个具有内在关联性的多方当事人争议。上例中，A 和 B 之间是一个买卖合同关系，而 B 和 C 之间是另一个买卖合同关系，如果发生纠纷，则可以将其看作两个双方当事人争议，但是由于二者合同标的物相同，且前合同的履行会影响后合同的履行，因此 B 对 C 承担赔偿责任之后必然要求 A 承担责任。因此，只有当这类案件作为一个整体进入仲裁程序时，这才是一个多方当事人争议，但它仍以双方当事人争议为基础，仍可以划分为多个双方当事人争议。具体来说：①基于同一合同产生的和基于不同合同产生的多方当事人争议。根据基础合同数量的不同，可以将多方当事人争议划分为基于同一合同产生的和基于不同合同产生的多方当事人争议。在性质上，有的合同只有两方当事人，如买卖合同；有的合同涉及多方当事人，如融资租赁合同。如果两方以上的当事人因某合同陷入纠纷就是基于同一合同的多方当事人争议。但实践中发生的多方当事人争议更多的是基于两个或两个以上的合同产生的。这样分类的意义在于可以帮助我们认定多方当事人争议，一般在同一合同的情况下比在不同合同的情况下更容易认定多方当事人争议，对后者应当谨慎地审查争议之间的关联性。而且，一般来说，基于同一合同产生的多方当事人争议仲裁案件也都是基于同一仲裁协议而提起的。②平行多方当事人争议、连锁多方当事人争议和三角多方当事人争议。根据各争议主体之间关系的不同，可以将多方当事人争议划分为平行争议、连锁争议及三角争议。平行争议，也被称为"V"形争议，是指两个或两个以上基于同一事实而产生的一方当事人分别与多方当事人之间发生的争议。平行争议的特点在于争议发生于一方当事人与多个另一方当事人之间，而且各个争议的基本事实相同。这种类型的争议最常见于格式合同。比如，在房屋买卖合同中销售商与多个购买人之间发生的争议。连锁争议是指两个或两个以上产生于条款内容基本相同的连锁合同的争议，这类争议的最大特点在于一方当事人承担责任后，可以顺着合同的锁链向其上家或下家行使请求权。① 这类争议在商事争议中较为常见，如前文所举买卖合同的例子。三角争议是指存在两个或两个以上的争议，且任何一方当事人都既是请求者也是被请求者的争议，如转承租人向船东

---

① 邓杰：《伦敦海事仲裁制度研究》，法律出版社 2002 年版，第 296 页。

和航次承租人提出索赔，船东与航次承租人之间有相互索赔的情形。①

（2）合并仲裁。

①合并仲裁的概念界定及辨析。当多方当事人之间发生纠纷并分别向仲裁机构申请仲裁时，我们就会思考一个问题，仲裁能否像诉讼一样将多个相互关联的仲裁程序合并审理。合并仲裁是指一个仲裁机构受理多个关联案件后，通过一个仲裁程序一并解决多个仲裁案件的一种多方当事人争议解决方式。涉及合并仲裁问题的各个案件在仲裁申请和受理环节上与普通案件完全相同。具体来说，合并仲裁是一个在当事人之间已经存在有效仲裁协议的情况下，能否将多个关联争议在同一程序中一并解决的问题，而不是一个非仲裁协议当事人能否参加仲裁的问题。

首先需明确，合并仲裁实质上是案件仲裁程序的合并，即在当事人已经达成各自不同的仲裁协议的情况下，将几个相互关联的争议合并在同一程序中加以处理②。更进一步讲，合并仲裁是案件审理具体程序的合并。合并仲裁案件在案件的申请、受理以及受理案件的标准等问题上都与普通仲裁案件没有区别，只不过是在审理环节，将多个案件一并进行，以求快速、高效、公正地解决纠纷。其次，合并仲裁的前提是多方当事人争议的存在，即当事人已经就相关联的争议，依据仲裁协议的约定，向同一仲裁机构提起仲裁。如果只有一方当事人申请仲裁，那么仲裁机构只受理了一个案件，自然也就没有合并仲裁的问题；如果当事人约定了不同的仲裁机构并向不同的仲裁机构申请仲裁，那么这不是某一个仲裁机构能够解决的问题，不属于我们讨论的范围。

---

① 梅秋玲：《多方当事人仲裁问题研究》，武汉大学 2004 年硕士学位论文，第 5 页。

② 吴新明、郭锡昆：《瑕疵与补正：我国仲裁程序之架构论略》，载《仲裁与法律》2003 年第 5 期。

综观世界各国的合并仲裁制度，最重要的一种分类方法就是根据合并仲裁的依据不同，将其分为合意合并仲裁和非合意合并仲裁两类。合意合并仲裁是指经双方当事人同意而将多个仲裁程序予以合并的仲裁制度；而非合意合并仲裁，也被称为强制合并仲裁，是指在双方当事人的仲裁协议未涉及合并仲裁问题或者双方当事人未一致同意合并仲裁时，由仲裁庭或者法院决定将多个仲裁程序予以合并的仲裁制度。前者由于最大限度地体现了仲裁尊重当事人意思自治的原则，因此与非合意合并仲裁相比，其法律障碍要小得多，更容易解决。但对于后者，各国的态度则更为谨慎。非合意合并仲裁对传统仲裁理论提出了一定的挑战，是我们解决合并仲裁问题的关键。

合并仲裁不同于集团仲裁。集团仲裁（class arbitration）是仲裁借鉴集团诉讼的优点而创设的新制度，是指在合同为某公司提供的格式合同、载有相同仲裁条款的情况下，法律允许多个同性质争议由一个仲裁庭一次性解决的仲裁方式。[①] 严格来说，"集团仲裁"这一概念通常在美国使用，它是合并仲裁的一种。适用集团仲裁的各个争议之间事实和法律问题基本相同，因此可以在一个仲裁中予以解决。集团仲裁是美国在强大的集团诉讼背景下的独特实践，实际上是集团诉讼和仲裁相结合的产物，具有自身的特点。集团仲裁允许从人数众多的一方当事人中选出一名或多名代表，代表本方当事人参加仲裁，行使选择仲裁员等权利，仲裁庭最终所作裁决对全体当事人具有法律效力。

②合并仲裁的特点。合并仲裁的特点主要体现为：

第一，主体的多数性。仲裁案件必须以仲裁协议为基础，而仲裁协议通常是两方当事人之间签订的，并不涉及第三方。但是，随着经济的发展，多个分别约定了仲裁协议而基础合同又相联系的当

---

① 梅秋玲：《多方当事人仲裁问题研究》，武汉大学 2004 年硕士学位论文，第 16 页。

事人之间发生纠纷的可能性增大。合并仲裁就是针对多方当事人争议产生的，可以说争议主体的多数性是合并仲裁的前提。多方当事人争议的争议主体必须为两方以上。一方当事人无法形成争议，双方当事人只能形成传统的双方争议，只有当主体为两方以上时，才能形成多方当事人争议。"多方当事人"的认定已成为适用多方当事人争议仲裁程序的关键。而对"多方"的判断须以仲裁程序为着眼点，只有进入仲裁程序中的案件才涉及是否属于多方当事人争议案件的判断问题。

第二，争议的关联性。合并仲裁的设立基础，是基于很多仲裁案件之间具有实质上的联系。比如，后一法律纠纷的解决有赖于前一法律纠纷的解决，或者多个案件的一方当事人分别与多个另一方当事人签订了同一种类的合同，这些不同的案件在本质上就具有关联性。因此关联性是合并仲裁案件的本质。合并仲裁的关联性归根结底是法律关系具有内在的、本质的联系。这种法律关系是当事人提出仲裁请求的基础，是仲裁庭审理的对象。从表征上看，这种法律关系上的联系，首先，表现在案件所涉合同的关联性上。虽然很多情况下当事人约定仲裁协议是背靠背的，但两个基础合同之间很有可能因商事交往具有关联性。其次，表现在当事人的关联性上。通常合并仲裁的案件或者双方当事人都相同，或者有一方当事人相同。最后，还可以表现在标的物的关联性上。很多关联案件都拥有相同的标的物。需要注意的是，任何单一的表征都不足以认定案件的关联性，双方当事人相同的案件也未必是关联案件，合并仲裁的决定者应当结合多方面的因素，综合考虑，准确判断多案件之间是否具有关联性。

第三，程序的一致性。对于多个仲裁案件，只有依据法律规定或者双方当事人协商一致，均适用仲裁普通程序或者简易程序时才涉及合并仲裁制度的适用问题，即合并仲裁制度具有程序上的一致性。如上所述，合并仲裁制度是仲裁案件审理程序的合并，如果多个仲裁案件之间所适用的程序都不同，就必然会造成当事人程序权利的不平等，为合并仲裁制度的适用在程序上带来更大的麻烦。

③合并仲裁解决多方当事人争议的合理性。设置合并仲裁制度的目的是通过仲裁程序解决多方当事人争议，而合并仲裁与其他解决相同争议的方法相比，具有明显的优势。

第一，避免矛盾裁决，达到纠纷解决的实质正义。合并仲裁最大的意义在于避免关联案件的各个裁决之间产生矛盾。案件的分别审理，由于裁决的作出者不同①以及当事人掌握证据情况不同，在不同的仲裁程序中律师或当事人的辩论也有优劣之别②，加上仲裁的保密性，各个案件之间的独立性，不可避免会造成矛盾裁决。矛盾裁决有损裁决的严肃性，会造成裁决的不公正、有损仲裁机构的声誉；浪费社会资源，给当事人增加负担。而合并仲裁可以极大地减少甚至杜绝由于分别审理所带来的矛盾裁决的可能性。

仲裁以意思自治为基本价值目标，以实现正义为一般价值目标。意思自治原则允许当事人为自己创设权利义务，并且其自己创设的规则应当被优先适用。该原则是仲裁的基石并贯穿于仲裁始终。意思自治原则在民商事纠纷解决过程中的应用，主要体现为双方当事人对纠纷解决方式和内容的合意，尤其是根据双方当事人的仲裁合意，确定通过仲裁方式解决特定范围内的纠纷，更是意思自治原则的最充分体现。③ 这是仲裁与诉讼的本质区别，是仲裁必须坚持的基本原则，是仲裁的灵魂。任何仲裁制度的设计都不能颠覆这一基本原则，否则仲裁将面目全非。而正义是任何一个纠纷解决机制所追求的基本目标，仲裁也不例外。正义有实体正义和程序正

---

① 不同的仲裁庭对于争议与事实的认定不同，同样的问题可能被一个仲裁庭认为是非常严重的违约行为，却被另一个仲裁庭认为无足轻重。See Hans van Houtte, Due Process in Multi-party Arbitration, in International Chamber of Commerce (ICC), Multi party Arbitration; Views from International Arbitration Specialists, ICC Publishing S. A., 1991, p. 191.

② 杨良宜：《国际商务仲裁》，中国政法大学出版社 1997 年版，第 452 页。

③ 乔欣：《仲裁权论》，法律出版社 2009 年版，第 82 页。

义之分，在人类社会发展早期，人们更加关心实体正义。只要结果是每个人得到了他应当得到的或同等情况下的人们都得到了同等对待，也就实现了正义。[①] 而用何种标准来衡量实体正义的实现则是一个非常困难的问题，绝对的实体正义是难以实现的，因此，程序正义逐渐引起学者的注意。过程的变化往往导致结果的不同，程序的正义更加注重实现结果的过程、程序和方法，只要这一过程、程序和方法遵循一定规则，人们就认为结果是正确的。仲裁法作为一项程序法规则，显然更侧重于程序正义的实现，但同时以实体正义为最终目标。

仲裁法属于程序法范畴，规定了民商事纠纷解决的程序，注重法律程序正义的实现，但是，这并不意味着我们必须以程序正义为仲裁唯一的价值取向，完全置实体正义于不顾。当实体正义和程序正义发生冲突时，我们要对其进行衡量，从而作出理性的取舍。当坚持这种程序规则显然无法使实体正义实现的可能性增大时，我们就需要重新考虑这种程序规则的合理性。基于这一理念，如果将关联案件分开仲裁，由于当事人举证困难等原因，案件出现矛盾裁决的可能性将增大，被夹在中间的当事人很有可能在两边都败诉，这显然不公平，法律的实体正义根本无从实现。

第二，提高仲裁效率，节约仲裁资源。高效率是仲裁的优势之一。其效率优势可以体现为有助于快速、准确地查明案件事实，合并冗赘重复的程序，缩短案件的审理时间，即合并仲裁通过合理的程序设置来提高仲裁效率，发挥仲裁优势。

无论对当事人来说还是对仲裁庭或仲裁机构来说，合并仲裁都可以节约人力、物力和财力。一方面，对当事人来说，无论最终胜诉还是败诉，都要花费大量的时间、精力、财力在仲裁案件上，案件拖的时间越久，当事人花费的精力和财力就越多。而合并仲裁可

---

① ［日］谷口安平：《程序定额正义与诉讼》（增补本），王亚新、刘荣军译，中国政法大学出版社 2002 年版，第 1 页。

以缩短案件的审理时间，帮助当事人尽快从纠纷中解脱出来。另一方面，对仲裁庭或仲裁机构来说，拖沓冗长的仲裁程序不仅浪费仲裁员的精力，而且浪费仲裁机构的物质资源。如果能够将关联案件通过合理的多方当事人仲裁程序审理，将会节约大量的仲裁资源。

从早期对合并仲裁制度的否定到现在部分国家的认可，在该制度发展的整个过程中始终伴随着学者的激烈争论。即使是在大量多方当事人争议出现的今天，也仍然有很多国家对合并仲裁采取保留态度。这是因为各个国家对仲裁价值的偏好不同。拒绝合并仲裁的国家侧重于坚持传统仲裁的意思自治，而支持合并仲裁的国家更侧重于追求仲裁的高效、经济。

2. 合并仲裁与仲裁基本原则

在合意和非合意两类合并仲裁中，前者以当事人同意合并为要件，是建立在当事人意思自治的基础上，因此理论上对其争论较小，但是后者则不同。

（1）合并仲裁与仲裁意思自治原则。意思自治原则作为仲裁的基本原则应当贯穿仲裁始终。从仲裁程序开始，到仲裁程序的进行，再到仲裁裁决的作出，无一不涉及仲裁意思自治原则。可以说，在仲裁的所有原则中，意思自治可谓最基本、最重要的原则之一。而合并仲裁制度能否在现有仲裁制度中存活，在很大程度上取决于其是否会打破传统仲裁理论中的意思自治原则。

反对合并仲裁的学者认为，仲裁意思自治原则是阻碍合并仲裁制度建立的最重要因素。如果允许非合意的合并仲裁，即在当事人之间没有就该问题达成一致意见的情况下仍然允许相关权力人对关联案件予以合并，就是违背当事人的意思，也就必然违反仲裁意思自治原则。而该原则作为仲裁制度中的一项基本原则，是坚决不能被违反的。因此，合并仲裁制度是否背离仲裁意思自治原则是这一问题的关键。

意思自治原则固然是仲裁的基础，但是并不能僵化地理解。在明确何为意思自治原则之前，我们无法衡量一个制度是否违反这一原则，因此明确意思自治原则的概念十分必要。意思自治原则是允许当事人根据自己的意志创设自己的权利义务，当事人的自我意志是约束其契约关系的准则①。根据这一原则，当事人可以根据自己的意志自由地作出选择而不受非法干涉。但意思自治并不是法律对当事人意思表示的绝对不干预。试想，如果完全排斥非合意的合并仲裁而仅实行依当事人意思自治的合并仲裁，产生对立情绪的一方当事人就有可能利用法律，恶意不同意合并，从而拖延时间，刁难对方当事人；而允许非合意合并仲裁，只是在当事人意思自治影响到仲裁价值的实现时，法律通过对意思自治的适当干预来保障仲裁基本原则的实现。

因此，在合并仲裁制度中，仲裁意思自治原则体现为一种间接的意思自治。当事人选定仲裁庭，就表明其授权仲裁庭解决他们之间的纠纷。当事人之间之所以发生纠纷就是因为他们不能就所有事务达成完全一致的意见，否则当事人完全可以通过私力救济解决纠纷。那么，仲裁庭在被授权解决纠纷之后，就取得了在必要时依其自己的判断解决纠纷的权力，而不是一味地追求当事人合意。仲裁庭是依据当事人意思自治原则，由当事人各自或合意选出或者依据当事人默认的一定规则选出仲裁庭组成，仲裁庭的组成完全是当事人意思自治的产物。那么，在这一前提下，仲裁庭对仲裁程序的控制以及作出的决定，也都可以视为间接的当事人合意。因此，可以说，合并仲裁间接地体现了仲裁意思自治原则。

合并仲裁制度只不过是体现了人们对不同法律价值的偏向。既然合并仲裁制度没有走向意思自治原则的反面，符合该原则的本质精神，那么问题的焦点便转向合并仲裁制度能否成为限制意思自治原则的一个合理理由。从一个角度分析合并仲裁制度，体现的是不同法律文化背景下人们对法律价值的偏好。从制度的价值目标来

---

① 宋朝武、张晓霞：《论仲裁制度中的意思自治原则》，法律出版社 2005 年版，第 26 页。

看，仲裁作为一种程序，其理想目标在于实体正义的实现、程序正义的实现和程序效率的提高三者完美地结合①。三者比较而言，仲裁在价值取向上更偏重于程序正义的实现，体现为将意思自治作为基本原则，赋予当事人更大的程序性选择权利，极大地尊重当事人意愿；而合并仲裁制度追求的价值目标，就是在减损一定程度的程序正义的情况下，提高程序效率、保证实体正义，② 因此，合并仲裁制度更偏向于程序效率和实体正义价值，从而使仲裁在实体正义、程序正义和程序效率三者之间尽量实现平衡。

既然合并仲裁制度在一定程度上减损了仲裁的程序正义价值，干预了当事人的意思自治，那么究竟应该减损到什么程度、干预到什么程度呢？依职权的合并仲裁仍然应当以当事人提出合并申请为条件，如果任何一方当事人都没有合并仲裁的意思，那么仲裁庭或者法院就没有权力将案件合并仲裁。虽然基于上述理由可以赋予仲裁庭或者法院强制合并仲裁的权力，但是该权力的行使应该是有限度的，否则仲裁庭可能会践踏当事人意思自治原则，法院可能会过度干预仲裁，使仲裁丧失自愿性和独立性的特点。从另一角度理解，这就是尊重双方当事人不就关联案件进行合并仲裁达成的一致意见。同时，仲裁庭又给予一定的积极干预，来保障仲裁的效率和正义。

（2）合并仲裁与仲裁保密性原则。众所周知，仲裁具有保密性的特点，仲裁员和仲裁机构均负有保密的义务。除非双方当事人达成协议，否则仲裁案件不能公开审理。仲裁的保密性原则吸引了很多涉及商业秘密案件的当事人约定以仲裁方式解决纠纷。但是，反对合并仲裁的学者认为，非合意的合并仲裁由于没有取得双方当事人的一致意见便将多个关联案件的仲裁程序一并进行，在庭审过程中将不可避免地导致此案件的当事人旁听了彼案件的审理，获取

① 李莉：《合并仲裁及其相关问题》，载《求是学刊》2000 年第 5 期。
② 齐树杰、顾佳：《合并仲裁问题初探》，法律出版社 2005 年版，第 14 页。

彼案件的基本情况、证据的资料，由此对仲裁保密性原则构成了极大威胁。

机密性源自仲裁的私人性质，属于有效的私下解决争议的方法。[1] 与案件有关的一切材料都不得为案件第三人所知晓，构成了依职权合并仲裁的法律障碍之一。实践中确实也存在因仲裁保密性原则而不允许合并仲裁的先例，如英国严格坚持仲裁的保密性原则。著名的"Eastern Saga"[2] 案就是依据仲裁的私人性否定了仲裁庭强制合并仲裁的权力。若允许"同步"开庭，仲裁条款以外的第三者便能够获悉该仲裁当事双方的证据及各自的理据，使私人性质变得没有意义。[3]

判断强制合并仲裁是否会违反仲裁保密性原则，首先需对何为仲裁保密性作准确理解。虽然在保密性是仲裁的基本原则这一点上各国学者已经取得共识，但是在保密性的界定上却众说纷纭，世界上也鲜有国家以法律形式对仲裁保密性的概念作一明确表述。我们可以从保密义务的主体和适用范围两方面来理解这一概念。

保密义务的主体是指在仲裁过程中谁负有保密义务。各国仲裁规则对保密义务主体的规定差异较大，但主要集中在以下几类：首先，仲裁的当事人作为仲裁协议的主体自然是承担保密义务的主体。无论保密义务是明示还是默示的，均产生于仲裁协议。明显地，由于仲裁的机密性源于双方约定的仲裁条款，当事方对另一方当然有责任保密。[4]《新西兰仲裁法》第 14 条 B 款就将保密义务的主体限定在当事人和仲裁庭之间，该款第 1 项规定"适用于本条的所有仲裁协议均被视为规定当事人和仲裁庭不得披露保密信

---

[1] 杨良宜、莫世杰：《论仲裁的机密性》（上），法律出版社 2004 年版，第 4 页。

[2] Oxford Shipping v Nippon Yusen Kaisha，［1984］2Lloyd's Rep. 373，该案中船东与二船东之间、二船东与承租人之间均签署了仲裁协议，后因相同的争议提交两个仲裁，于是当事人申请将两项争议合并审理。

[3] 杨良宜、莫世杰：《论仲裁的机密性》（上），法律出版社 2004 年版，第 5 页。

[4] 杨良宜、莫世杰：《论仲裁的机密性》（上），法律出版社 2004 年版，第 7 页。

息"。其次，仲裁员也是保密的主体，这已被多数国家所承认。仲裁员是当事人授权解决争议的人，而该争议的解决，即仲裁具有私密性，仲裁员应当承担保密义务。国际律师协议在 1986 年的《国际仲裁院行为准则》的第 9 条审议之保密中规定："仲裁庭的审议及裁决书本身的内容应永久保密，但当事人免除仲裁员这一义务时除外。"很多国家的仲裁机构都对仲裁员作出了类似的规定。最后，对于当事人的代理人、证人、仲裁机构的工作人员等是否是保密义务的主体争议较大。《美国仲裁协会国际仲裁规则》规定保密义务的主体是仲裁员或仲裁管理人。仲裁机构的工作人员虽然和仲裁员的法律地位不同，但是其在工作过程中同样能够接触案件事实及程序情况，因此，应当负有保密义务。而当事人的代理人事实上也应当负有保密义务，只是其保密义务并非来源于仲裁法和仲裁规则的规定，而是来源于代理人与当事人之间的代理关系以及律师守则等规定，因此当事人的代理人并不是依据仲裁法律关系而承担保密义务。至于证人，其只是就已经知晓的与案件有关的事实进行陈述，作证完毕之后就应当退出仲裁庭，通常不会从庭审过程中获得案件信息，因此也没有必要将其列为保密义务的承担主体。

　　保密义务的适用范围是指仲裁过程中应当对哪些内容保密的问题。一起仲裁案件的审理将会产生大量文件，仲裁申请书、对程序性事项所作的决定书、证据、开庭笔录、控辩双方的代理意见以及仲裁裁决书等。这些文件是否都应纳入仲裁保密的范围内，各国法律对此有不同的规定。英国没有以法律条文的形式对仲裁保密性分别予以考虑，衡量各方面因素之后，由法官行使自由裁量权，作出判断。但有案例表明，英国的仲裁保密义务的适用范围还是相当广泛的，几乎包括仲裁程序中产生的所有资料。《伦敦国际仲裁院仲裁规则》第 30 条第 1 款规定："作为一般原则，当事人承诺对仲裁中的所有裁决、所有在程序中为仲裁目的而产生的材料以及由另一方当事人在程序中提供的不为公众知悉的其他文件应予保密……"

从原则上来讲，仲裁保密义务适用于仲裁过程中为仲裁目的而产生的，且不能通过其他途径获取的所有文件，包括证据资料、开庭笔录以及仲裁裁决等。但是，某一个文件的保密性应当由法官根据具体情况判断。比如，若向法院申请强制执行仲裁裁决，那么执行裁定书上必然会体现某些仲裁案件信息，如果这也被认为是违反仲裁保密性原则，那么当事人将无法申请强制执行。因此，对具体的案件法官应当根据不同情况予以具体认定。

从以上对仲裁保密性原则的理解来看，合并仲裁并非必然违反保密性原则。涉及合并仲裁的案件在本质上都具有关联性，当事人之间很有可能相互了解，他们之间既可能存在商业秘密也可能不存在商业秘密。因此，不能因保密性问题就完全否定该制度。但是，我们也不否认，强制合并仲裁使仲裁程序违反保密性原则的可能性增大。因此，在赋予仲裁庭或者法院干预私权利的同时，应当允许当事人以合并仲裁违反保密性原则为由提出抗辩，且此为抗辩合并仲裁的唯一理由。当事人提出抗辩的同时应当提供有力的证据予以证明，该抗辩是否成立由仲裁庭或者法院自由裁量。

此外，在依意思自治的合并仲裁中有一个值得注意的问题，虽然当事人已经达成一致意见同意合并仲裁，但是并不意味着当事人完全放弃了保密性原则，同意公开仲裁。而是应当以被合并的案件为一个整体，该整体对外仍然适用保密原则，各方当事人仍负有不得向第三人透露与案件有关信息的义务，只不过在其内部范围当事人放弃了彼此之间的保密性。

3. 合并仲裁程序操作障碍以及解决方式

（1）仲裁庭组成的障碍及其解决。合并仲裁程序在仲裁庭组成上的障碍主要是仲裁员的选择问题。仲裁员的选择权是当事人的一项重要程序性权利。在普通程序中，仲裁庭由三名仲裁员组成，双方当事人可以各自选择一名仲裁员，并共同选择首席仲裁员；在简易程序中，仲裁庭由一名独任仲裁员组成，由双方当事人共同选定。

将案件合并仲裁后遇到的障碍主要有以下两种情况：第一，在选择独任仲裁员和首席仲裁员的时候，当事人人数众多，再加上此时当事人之间已经发生纠纷，当事人若要对仲裁员的选择问题达成一致意见十分困难；第二，合并仲裁后，当事人肯定为两方以上，而适用普通仲裁程序的仲裁庭只能由三名仲裁员组成，也就是说，不可能让每一方当事人选择各自的仲裁员，无形中当事人选择己方仲裁员的权利就被剥夺了。

①障碍之一。第一种情况比较容易解决，因为在实践中即使案件没有被合并审理，双方当事人在已经发生纠纷之后还能够共同选定仲裁员的情况也是少之又少。因此，情况不会比合并前更糟糕。如果在合并仲裁的情况下，出现各方当事人不能共同指定仲裁员的，可以适用仲裁法或仲裁规则规定的关于选定仲裁员的一般规则。总体上，主要有三种方式确定仲裁员：第一，由仲裁机构为当事人指定仲裁员。第二，由仲裁机构从仲裁员名册中划定几名仲裁员作为候选仲裁员，由各方当事人在这一范围内选择仲裁员。如果能够达成一致意见，则该仲裁员为各方当事人共同选定的仲裁员；如果不能达成一致意见，则由仲裁机构指定仲裁员。《北仲仲裁规则》第19条规定："（二）双方当事人应当自收到仲裁通知之日起15日内分别选定或者委托主任指定一名仲裁员。当事人未在上述期限内选定或者委托主任指定仲裁员的，由主任指定。"第三种方式是可以采取多数决定或者抽签决定的方法，这种方法较少使用。比如，我国台湾地区2002年"仲裁法"第9条第5款规定，当事人之一方有二人以上，而对仲裁人之选定未达成协议者，以多数决定之；人数相等时，以抽签定之。无论采用哪种方法，多方当事人共同选定仲裁员的问题都是能够解决的。但需注意，第二种方法的适用前提应当是当事人之间无法就选任仲裁员达成完全一致的意见，否则不免有部分剥夺当事人的仲裁员选择权之嫌。当在一定期限内当事人仍然不能达成一致意见，或者选择了不同的仲裁员时，再由仲裁机构指定。而第三种方法则不太可取，若采用多数决定的

方法，不免有损害少数人利益之嫌；若采用抽签的方法，则带有较大的随机性，不宜规定于法律中。

②障碍之二。然而，对于第二种情况的解决却比较棘手。法律应当是平等的，法律制度的设计不能在法的制定阶段就造成当事人之间权利的不平等。如果赋予部分当事人选择仲裁员的权利，则会造成其与没有选择仲裁员的当事人之间的不平等；如果不让任何当事人选择仲裁员而是由仲裁机构指定，则会造成合并仲裁案件的当事人和无须合并仲裁案件的当事人之间的不平等。即便如此，某些仲裁规则也能够解决该问题，而且在实践中也不乏成功解决该问题的案例。解决方法有：其一，改变仲裁庭组成。在美国第二巡回法院的著名案件"Nereus"案①中，为了平等地对待当事人，巡回法院在判决书中改变了仲裁庭的组成，将由三名仲裁员组成的仲裁庭改为由五名仲裁员组成，以便三方当事人都能各自选择一名仲裁员。其二，由仲裁机构指定仲裁员。首先由多数申请人或多数被申请人一方依据仲裁员选任的一般规则共同指定一名仲裁员。如果在一定期限内，申请人或被申请人一方不能达成一致意见，则由仲裁机构指定仲裁员。1998年《国际商会仲裁规则》、1998年《伦敦国际仲裁院仲裁规则》和1998年《德国仲裁协会仲裁规则》等都支持这种做法。但是这两种方法都存在一定的弊端。第一种方法在当事人有限的情况下的确可以很好地解决仲裁员的选任问题。但是我们不得不再进一步思考，如果当事人不止三方，有四方、五方甚至更多方当事人，我们应当如何处理？是否将仲裁庭的组成随着当事人的增加而不断扩大？如果采用这种方法，那么结果只能有一个，就是仲裁成本的无限增加，因为仲裁员的费用最终是由当事人承担的。合并仲裁所要达到的经济、节约成本的目的将无法达到。而第二种方法的适用也极其有限。该方法是由多数申请人或被申请

---

① Compania Espanoda de Petroleos, S. A. v. Nereus Shipping, 527 F. 2d 966 (2d Cri. 1975), cert. denied, 426 U. S. 936 (1976).

人一方共同选定仲裁员，其前提是能够将多方当事人划分为共同申请人一方和共同被申请人一方。而现实中的情况是，很多时候不能将多方当事人争议仲裁案件简单划分为多方申请人和多方被申请人。比如，当仲裁案件中的当事人处于类似民事诉讼中有独立请求人第三人的位置时，其既不应该属于申请人也不应该属于被申请人。此时就不能够适用第三种方法。

因此，无论是合意还是非合意的合并仲裁，只有仲裁庭的组成相同才能进行。在程序上，当事人首先分别在每个案件中依据约定或法律、仲裁规则的规定选定仲裁员，组成仲裁庭之后才考虑是否合并仲裁。只有当仲裁庭组成相同的时候，才能够适用合并仲裁，否则仲裁就丧失了其公正裁决的基础。

规定只有仲裁庭组成相同时才能适用合并仲裁制度在实践上也是可行的。总体来讲，目前仲裁员的选任主要有两种方式：一种是由当事人选择；另一种是由仲裁机构指定。当事人在两个类似案件中选择相同的仲裁员是可能的，而仲裁机构出于对仲裁员专长方面的考虑，在同类案件中指定相同的仲裁员更是普遍做法。因此，通过这两种选任仲裁员的方式组成相同的仲裁庭是完全有可能的。

（2）仲裁裁决的承认和执行问题。如果仲裁裁决不能被承认和执行，则我们在这里讨论合并仲裁只能是纸上谈兵。《纽约公约》的签订使得仲裁裁决能够在境外得到顺利执行，这是仲裁的优势之一。但是合并仲裁在裁决承认与执行方面的障碍也同样来自该公约。《纽约公约》第5条第1款d项规定，仲裁庭的组成或仲裁程序与当事人之间的协议不符或无协议时，与仲裁地所在国法律不符时，一项裁决可以根据当事人的要求被拒绝承认和执行。而强制合并仲裁则很有可能会违背部分当事人的意愿，继而违背当事人在仲裁协议中对仲裁庭的组成、仲裁规则的适用等约定。如果当事人提出这样的理由，法院可以依据《纽约公约》拒绝执行外国裁决，从而给仲裁裁决的执行带来困难，但是该公约不应成为合并仲裁制度的设立障碍。目前，可以通过法律解释的办法对该条款予以重新解释，在新的社会环境下赋予其新的含义。

在仲裁裁决的承认和执行问题上，合并仲裁在适用《纽约公约》时还有一个问题，即合并仲裁裁决的事项超出双方当事人仲裁协议所规定的范围，对与第三方的争议事项也作了裁决，从而可能面临被拒绝承认和执行的危险。① 如前所述，合并仲裁是将多个案件重复进行的类似程序一并进行，案件之间在本质上仍然是独立的。因为仲裁以仲裁协议为基础，是当事人通过仲裁协议授权仲裁机构解决特定争议。而仲裁协议是不同当事人之间签订的独立的契约，即使之后发生的争议内容是相关联的，多数情况下协议也都是背对背签订的。因此，有几个仲裁协议就应当有几个案件，有几个仲裁案件就应当有几个仲裁裁决，合并仲裁之后仲裁庭仍然要分别作出仲裁裁决，每一个裁决的事项都应该严格依照仲裁协议和当事人的仲裁请求确定。

（3）合并仲裁的决定机构。如果是合意的合并仲裁，一般是由仲裁庭根据当事人之间达成的协议作出合并决定。如果是在强制合并仲裁的情况下，当事人对该问题存在较大分歧，必然会有一方提出异议，对该异议的决定应当由法院、仲裁机构还是仲裁庭作出，实践中大概有以下几种模式：

第一，合并仲裁的决定权由法院行使。荷兰是支持合并仲裁的典型国家。《荷兰民事诉讼法典》第 1046 条第 1 款规定，如果在荷兰境内开始的两个仲裁程序的标的有联系，那么任何当事人都可以请求阿姆斯特丹的地方法院院长发布合并程序的命令。地方法院院长是作出合并仲裁决定的唯一主体，除此之外，其他任何人都无权作出这样的决定。荷兰采用司法权规制仲裁程序的方式，并没有考虑到仲裁的特点，即当事人意思自治。法院在决定是否合并仲裁的问题上，完全像审理其他普通案件一样，通过司法权决定合并仲

---

① 卢少杰：《仲裁程序合并论》，载中国仲裁网，http://www.china-arbitration.com/news.php? id=1125。

裁，甚至还可以决定适用于合并仲裁的程序规则。香港也将国内仲裁案件合并的决定权赋予法院。1996 年《香港仲裁条例》规定，法院可以命令将仲裁程序按其认为合适的方式进行合并。2000 年《美国统一仲裁法》第 10 条规定："除非本条第 c 款另有规定，一旦仲裁协议或仲裁程序的一方当事人提出动议，则法院可以就所有的或部分的仲裁请求命令独立的仲裁程序合并。"依据该法，法院享有合并仲裁的权力。

由法院决定是否将案件合并审理，似乎有法院过度干预仲裁的嫌疑。在仲裁制度确立初期，各国普遍盛行司法干预仲裁以监督其实施。但是随着社会经济的发展以及仲裁作为民事纠纷解决方式的重要性的增强，国家逐渐认识到应该赋予仲裁庭更大的权力，司法过多干预仲裁不利于仲裁制度的发展。因此，出现了法院干预越来越少的趋势。现在各国的一般做法是法院对仲裁进行事后监督，即对仲裁裁决的监督，而在仲裁案件的审理过程中不再干涉仲裁机构或仲裁庭，而是给予一定的支持。因此，从这种趋势来看，赋予法院决定合并仲裁的权力并不合适。合并仲裁的决定权应当属于对仲裁程序的控制权之一。法院不是仲裁案件的审理者，当然不应该享有控制案件程序的权力。而且，将权力赋予法院也不便于操作。一般合并仲裁都是在案件审理程序开始之前提出，申请合并仲裁要向法院提出申请并中止仲裁程序，待法院作出裁决后再恢复仲裁程序，使得仲裁程序更复杂。而且法院初次接触仲裁案件，需要重新查阅卷宗，听取双方当事人的意见，这难免会造成资源的浪费。

第二，合并仲裁的决定权由仲裁机构行使。瑞士、印度、比利时、意大利等国都有仲裁规则规定可以由仲裁机构作出合并仲裁。2004 年《瑞士国际仲裁规则》明确规定，允许强制合并仲裁，且作出合并决定的权力属于商会。依据该规则第 4 条第 1 款规定，正在依照国际仲裁规则进行其他仲裁程序的当事人之间又有仲裁通知提出，商会经过与所有仲裁程序的当事人及特别委员会协商后，可以决定将新的仲裁案件交由为正在进行仲裁程序而组成的仲裁庭予以审理。商会享有在本会进行仲裁的案件的合并仲裁决定权。1985年《意大利仲裁协会仲裁规则》第 13 条规定：如果相关联的争议被提交仲裁，仲裁员要考虑争议的事实和特点，并牢记可能适用的程序法，可以决定将争议提交给统一仲裁员，或在当事人同意的情况下，允许合并审理争议，以便以一个单独的裁决解决争议。此外，《国际商会仲裁规则》第 4 条第 6 款也规定，若符合一定条件，仲裁院可应任一当事人的要求，决定将该申请书中的请求并入已开始的仲裁程序。

从仲裁机构的职能定位来看，仲裁机构也无法成为合并仲裁的决定主体。仲裁机构的职能主要包括：①未组成仲裁庭时的程序性事项决定权，如仲裁案件的受理，未组成仲裁庭时依据当事人的申请作出撤案决定等；②组织、管理仲裁员的权力，如聘任仲裁员，在当事人未选任仲裁员时指定仲裁员，决定仲裁员的回避等；③形式上审查仲裁裁决的权力；④制定、修改本会仲裁裁决的权力。相对于仲裁庭来说，在仲裁案件的审理上仲裁机构处于协助的地位，一般不享有独立决定权。而且，仲裁机构如果负有太多的义务，势必会使自己陷入本应该独立进行的仲裁程序之中。① 因此，仲裁机构不应当享有决定合并仲裁案件的权力。

第三，合并仲裁的决定权由仲裁庭决定。例如，日本《商事仲裁协会商事仲裁规则》第 41 条第 1 款规定，如果协会或仲裁庭认为有必要将请求密切相关的数个仲裁申请合并审理，仲裁庭在得到所有相关当事人的书面同意后，可在同一程序中将此案件一并审理。

将合并仲裁案件的决定权赋予仲裁庭较为合适。作为仲裁案件的审理者，仲裁庭应当具有控制仲裁程序的权力。事实上，从现有法律规定来看，仲裁庭已经享有类似权力，如对仲裁程序的中止、庭审的延期等决定权。仲裁庭被授权解决特定当事人之间的纠纷，

---

① 林一飞：《中国仲裁机构改革初论》，法律出版社 2006 年版，第 2 页。

也就享有为了达到解决纠纷的目的而作出有利于该目的的决定之权力，其中当然包括决定合并仲裁的权力。在具体操作上，如前文所述，如果只有在关联案件分别组成仲裁庭后，且仲裁庭组成完全相同的情况下，才允许强制合并仲裁，此时，仲裁庭已经对案件有了初步了解，则由该仲裁庭全面考量案件的具体情况，决定是否予以合并。

4. 我国合并仲裁程序制度的构建

（1）我国合并仲裁程序制度的现状。我国现行《仲裁法》没有关于合并仲裁的专门规定。但是，一直以来，我国《仲裁法》都贯彻仲裁意思自治原则，无论是仲裁协议的订立、仲裁的提起还是仲裁机构的选择、仲裁庭的组成等，都尊重当事人合意。因此，从仲裁意思自治原则可以推定出我国承认合意合并仲裁。但非合意合并仲裁无论如何也不能在我国现有法律制度中找到任何法律依据。由于合并仲裁问题已经引起我国国内相当一部分仲裁机构的重视，因此仲裁规则中已出现对该问题的规定。

《中国海事仲裁委员会仲裁规则》第 22 条只规定："仲裁标的为同一种类或者有关联的两个或两个以上争议，经当事人书面约定，可以合并仲裁。"《北仲仲裁规则》第 29 条规定："（一）经各方当事人同意，或者一方当事人申请且本会认为必要，本会可以决定将根据本规则进行的两个或两个以上的仲裁案件合并为一个仲裁案件进行审理。除非当事人另有约定，合并的仲裁案件应合并于最先开始仲裁程序的仲裁案件中。（二）在决定是否进行上述合并时，本会将考虑相关仲裁案件所依据的仲裁协议的具体情况、案件之间的关联性、案件程序进行的阶段以及已经组成仲裁庭的案件仲裁员的指定或者选定等情况。"此外，威海、厦门、杭州、太原、济宁、重庆的仲裁委员会的仲裁规则也有对合并仲裁的规定。其中，威海、厦门、杭州、太原的规定和《北仲仲裁规则》的规定类似，都是规定须取得全体当事人的同意且仲裁庭组成必须相同，才能适用合并仲裁。而《济宁仲裁委员会仲裁规则》第 36 条规定："两个或两个以上的仲裁案件，被申请人为同一人的，经一方当事人申请并征得其他当事人同意后，可以合并审理，是否合并，由仲裁庭决定。"《重庆仲裁委员会仲裁规则》第 25 条第 1 款规定："仲裁案件有两个或两个以上申请人或被申请人，且争议标的是共同的或同一种类的，本会在征得双方当事人同意后，可以合并审理。该条可据以解决基于同一仲裁协议的关联仲裁程序的合并审理问题。"《自贸区仲裁规则》将第三人加入仲裁具体区分为"其他协议方加入仲裁程序"和"案外人加入仲裁程序"两个部分，进一步强化了追加新增仲裁当事人的机制。第 36 条规定："案件合并：（一）仲裁标的为同一种类或者有关联的两个或者两个以上的案件，经一方当事人申请并征得其他当事人同意，仲裁庭可以决定合并审理。（二）除非当事人另有约定，合并的仲裁案件应当合并于最先开始仲裁程序的仲裁案件。除非当事人一致同意作出一份裁决书，仲裁庭应就合并的仲裁案件分别作出裁决书。（三）仲裁庭组成人员不同的两个或者两个以上的案件，不适用本条的规定。"第 37 条规定："其他协议方加入仲裁程序：（一）在仲裁庭组成前，申请人或被申请人请求增加同一仲裁协议下其他协议方为申请人或被申请人的，应当提交书面申请。由秘书处决定是否同意。秘书处作出同意决定的，多方申请人及/或多方被申请人不能共同选定该方仲裁员的，则该案仲裁员全部由仲裁委员会主任指定，即使当事人之前已选定仲裁员。（二）仲裁庭已组成的，申请人及/或被申请人请求增加同一仲裁协议下其他协议方为被申请人，且该协议方放弃重新选定仲裁员并认可已进行的仲裁程序的，仲裁庭可以决定是否同意。"第 38 条规定："案外人加入仲裁程序在仲裁程序中，双方当事人可经案外人同意后，书面申请增加其为仲裁当事人，案外人也可经双方当事人同意后书面申请作为仲裁当事人。案外人加入仲裁的申请是否同意，由仲裁庭决定；仲裁庭尚未组成的，由秘书处决定。"

从以上仲裁规则中的规定不难看出仲裁机构对合并仲裁的矛盾

心态。一方面，实践中多方当事人争议案件不断涌现，急需一个有效的制度予以解决；另一方面，我国《仲裁法》上的空白以及理论界的争论，使他们采取了十分谨慎的态度。这些规则无一例外地只承认合意合并仲裁，而不承认非合意的合并仲裁。而且规定大都比较简单，没有具体操作方面的规定。因此，可以说，我国基本上尚未确立起真正的合并仲裁制度。

由于缺乏法律支持，国内某些仲裁机构迫于现实的需要，对关联案件采取在同一天内相继开庭的方法来解决，即有些学者所说的连续开庭。依据现有法律和仲裁规则，关联案件如果需要仲裁委员会主任指定仲裁员，主任就会指定同一仲裁员，开庭时间通常也安排在同一天，但是案件仍然分别审理，分别作出裁决。可以说，这也是仲裁机构在法律制度缺失的情况下一种迫于现实压力的折中做法。虽然合并仲裁先天是个优点与缺点同样突出的矛盾体，但是我们不得不承认，它的确是一个能够很好地解决多方当事人争议的制度，问题的关键在于建立一个什么样的合并仲裁程序制度。

（2）我国合并仲裁程序制度的构建。

①解决合并仲裁程序的两种思路。第一种途径是通过《仲裁法》解决。通过法律解决合并仲裁问题，就是以制定法的形式，将合并仲裁问题上升到法律高度，直接规定于《仲裁法》中，在全国范围内普遍适用。特别是要在法律中规定将仲裁庭强制合并仲裁的权力上升为一种法定权力。只要当事人在该国司法管辖范围内进行仲裁，或者当事人之间约定选择适用该国仲裁法，仲裁庭就可以依据法律规定行使合并仲裁的权力，除非当事人之间另有约定。

第二种途径是通过仲裁规则解决合并仲裁问题。即使《仲裁法》暂时不对该问题进行规定，而是由各仲裁机构在仲裁规则中分别规定允许合并仲裁。若当事人选择在该仲裁机构仲裁，如果没有相反约定，则视为一致同意适用该机构的仲裁规则，包括关于合并仲裁的规定在内。若出现适用合并仲裁的情形，就认为当事人之间已经一致同意以仲裁规则所规定的方法解决该问题。从本质上来看，这是当事人之间的间接合意。

在我国的现实条件下，应当采取第二种途径，由仲裁委员会在仲裁规则中赋予仲裁庭合并仲裁的权力，特别是强制合并仲裁的权力。虽然我国《仲裁法》的修改已经被提上议事日程，但是通过该法还要一段相当长的时间。而实践中关联案件以及合并仲裁纠纷的不断涌现，迫使仲裁机构必须及时作出反应。对仲裁机构来说，规范仲裁案件审理最有效、最便捷的方式就是修改仲裁规则，增加关于合并仲裁的规定，以应对实践的挑战。而且，当事人选择某仲裁机构，如果没有相反约定，则视为同意适用该机构的仲裁规则，也就是一致同意适用规则中关于合并仲裁的规定。显然，这也是当事人合意选择的一种方式，这种解释更容易被接受。

②建立合并仲裁程序的原则条件。首先，建立合并仲裁原则必须遵循当事人意思自治原则和公正效率兼顾原则。

其次，严格限制合并仲裁的适用条件。合意合并仲裁的适用条件应当包括：有两个或两个以上的仲裁案件，且案件之间具有本质上的联系；所有当事人已经明示同意合并仲裁；仲裁庭的组成相同，即使是合意的合并仲裁，也仍应当以仲裁庭组成相同为适用条件，以免产生合并仲裁无决定主体以及仲裁庭无法组成的问题。非合意合并仲裁的适用条件应当包括：有两个或两个以上的仲裁案件，且案件之间具有关联性，案件之间的关联性是适用合并仲裁制度的基本要件；须由一方当事人提出合并仲裁的申请，如果双方当事人都无合并仲裁之意，则仲裁庭不能主动适用该制度；关联案件的仲裁庭组成相同，且选任的具体仲裁员一致。同时对于是否可以适用合并仲裁，应当在关联案件均已组成仲裁庭后，由仲裁庭根据案件的具体情况，依据仲裁规则或仲裁法作出决定。对于仲裁庭作出的合并仲裁决定，当事人不得向法院提起单独的撤销诉讼。但是在仲裁裁决作出后，允许当事人以合并仲裁的决定不合法为由，申请撤销仲裁裁决。这体现了法院对仲裁进行事后监督的原则。

③合并仲裁的具体程序操作。首先，由各方当事人一致同意并

向仲裁庭提出合并仲裁申请，或者一方当事人向仲裁庭提出合并仲裁申请，经仲裁庭审查同意后，将案件合并审理。

其次，赋予非合意合并仲裁当事人抗辩权。合意合并仲裁因多方当事人的明示同意，并不存在这一问题。非合意合并仲裁基于其强制性特点，应当赋予非合意合并仲裁当事人保密抗辩权。即在一方当事人提出合并仲裁的申请之后，仲裁庭作出合并仲裁决定之前，允许非合意合并仲裁的异议当事人提出抗辩，但是抗辩理由仅限于合并仲裁将会导致其商业秘密的泄露。而且，提出抗辩的当事人应当负举证责任，在提出抗辩的同时提交证据予以证明，证明其他当事人加入本案将会导致其商业秘密的泄露，并可能造成不可挽回的损失。抗辩能否被支持最终仍应由仲裁庭自由裁量决定。除申请合并仲裁的一方当事人外，所有反对合并仲裁或者未表明意见的当事人都享有该权利，而已经明确表示赞成合并仲裁的当事人则不得提出抗辩。

再次，仲裁裁决的作出。由于将合并仲裁定位于对仲裁程序中审理程序的合并，因此，虽然案件被一并审理，但仲裁庭仍然需要分别作出仲裁裁决。具体来说，合并仲裁就是对审理这一环节的合并，案件的受理、仲裁庭的组成、裁决的作出等仍应当分别进行。因为，从本质上说，被合并的仲裁案件还是多个仲裁案件，只不过出于经济、便捷、公正的考虑，将其审理程序予以合并，一同审理。

最后，仲裁费用。被合并仲裁案件的仲裁费应当按照单个案件的仲裁费标准分别收取。在受理案件时，仲裁机构还不知晓案件将来是否会被仲裁庭合并审理，因此，应当按照普通的仲裁费用标准收取仲裁费。但是，为了鼓励双方当事人就是否合并仲裁以及非合意合并仲裁中仲裁员的选择问题达成一致意见，可以给予合并仲裁的案件减少仲裁费用的优惠，如收取单个案件应收仲裁费的80%。这样利用仲裁费用制度，促成当事人自愿合并，化解矛盾。待案件审理完毕作出裁决后，由仲裁机构向当事人退回多收取的费用。

（四）农村纠纷的仲裁解决

1. 农村民商事纠纷仲裁解决的社会背景和影响因素

研究农村民商事纠纷的仲裁解决，离不开我国建设社会主义市场经济这一大的社会背景，离不开中国传统农业向现代农业转变的社会基础，离不开社会主义新农村建设的时代背景，也离不开我国加入 WTO 的国际背景。现代农业是发达的科学农业，不仅包含现代科学技术设备、高水平的综合生产能力，而且有现代化的管理制度等。现代农业生产逐渐朝专业一体化、市场一体化、服务一体化、管理企业化的方向转变。新农村建设的开展，引导着农村社区发展的新风尚。加入 WTO 后，我国对农村市场经济体制的改革主要从以下几个方面深入：确立农民市场经济的主体地位，建立农民利益的代表组织；制定农产品市场交易法规，进一步完善农村市场交易秩序和交易规则，培育和发展农村生产要素市场；逐步形成农业政策性银行、商业性银行、农村合作银行和其他民间金融组织并存的多元化的农村金融市场体系；加强对农用生产资料市场的管理等。农业和农村的这种转型，使得农业生产和农村经济具有有别于传统农业的特点和规律，也使得农村社会具有不同于传统农业经济模式下的新的时代特征，这些都必然对农村民商事纠纷的解决产生影响。

（1）现代农业和农村城镇化发展带来农业生产活动专业化、商品化，农村服务社会化与市场化，因而各种类型的民商事主体和民商事纠纷频繁地、大量地涌现出来。首先，随着现代农村开放型经济的发展，村民的社会交往增加，原先更多地发生在家庭之间、邻里之间的纠纷逐渐向村外扩展，民商事纠纷主体的范围扩大，主要包括本村村民与外村村民的纠纷以及本村村民与陌生人之间的纠纷。除了自然人之间的纠纷，还有些是自然人和法人、其他组织之间的纠纷。其次，民商事纠纷主体多样化带来利益的多样化，使得农村民商事纠纷的种类呈现出多样性和复杂性。譬如，招商引资导致的土地出让纠纷、租赁合同纠纷、经济发展产生的雇佣关系纠纷、工业化带来的环境污染纠纷、购买能力的增强以及"家电下乡"引发越来越多的消费纠纷和产品质量纠纷、医疗服务引发的医患纠纷、农业机械化发展带来的播种机、收割机等机械租赁纠纷、农村金融发展带来的农村保险合同纠纷等。这些新型并且相对复杂的商事纠纷的出现都对农村传统的纠纷解决方式提出了挑战,任何单一的方式都不能完全解决问题,需要形成适合农村发展需要的多元化纠纷解决方式。最后,农业生产专业化、商品化、社会化的趋势,使得不同的利益主体之间交往日益频繁,引发纠纷的因素明显增多,在生产、交换、分配和消费过程中时时刻刻都有可能发生经济纠纷,纠纷发生的频度也明显增强。

（2）现代农业和农村城镇化发展带来农村商品化扩大,社会化增强,在民事经济活动中发生纠纷的情况也越来越复杂,牵涉利益的危险性更高,涉及面更广,对抗程度更激烈。标的越大,对抗越激烈,破坏力越大。争议必然会加强对社会经济秩序乃至社会秩序的破坏力,一起重大的农村民商事纠纷的影响范围往往可以波及很广的领域。以种子纠纷为例,我国是农业生产大国,对种子的需求巨大。近年来,种子纠纷的发生在广大农村呈上升趋势,如农民购买的杂交稻种,因种子品种不符造成稻田大面积低产的情况比比皆是。农作物种子是农业生产的重要生产资料,一旦出现假、劣种子,对农业生产的影响巨大,且可能会影响社会稳定。①

（3）在社会转型期背景下,我国农村社区具有自身的复杂特点,既有地缘、血缘因素,也有"市场共同体"的特征,这种复合性的社区特点给仲裁这一纠纷解决方式留下了广阔的空间和环境。社区是由人群、人群居住的地域、人群生活方式或文化所构成的。美国农村社会学家罗吉斯、伯德格指出:"社区是一个群体,它由彼此联系、具有共同利益或纽带、具有共同地域的一群人组

---

① 王德强、陈迪金、贺佐勇:《农村社区种子纠纷的法律探讨》,载《安徽农业科学》2011年第5期。

成。社区是一种简单群体，其成员之间关系是建立在地域基础之上的。"① 在社会转型时期，农村社会的封闭体系在农业现代化、产业化、农村城镇化等一系列不断开放的过程中逐渐肢解，稳定的由血缘和地缘关系产生的人际网络在频繁的农民城乡流动中越来越不牢固。但无论农村社区如何变化，其组成社区的基本特征地缘和血缘依然不会改变。这种地缘和血缘传统相结合而形成的社区，具有一种本土性，意味着相对熟知、完全和低风险。这种特点本身蕴含着一种对和谐的追求，使得转型期农村社区的独立性和自主性更加明显，为民间自治力量解决农村民商事纠纷提供了有力的社会环境和发展空间。同时，转型期的农村社区也在逐步变化之中，逐步演变成由个人、群体、社团等构成的具有自治能力的市场共同体。现代农业生产的专业化、产业化，使得农村经济主体之间的联系更加紧密，形成了各种类型的专业合作社以及"公司+农户""基地农户"等农业产业化经营形式。这些行业组织或其他社团组织加强了农村经济主体之间的熟悉度和信任感，为农村市民社会的行业组织仲裁农村民商事纠纷提供了平台和空间。通过行业自治，制定行业规则，对本行业内发生的民商事纠纷可以通过行业仲裁进行社会控制。

（4）加入 WTO 后，我国农村市场经济体制改革更加深入，整个农村和农业经济都要在 WTO 框架下可持续发展，农村民商事纠纷具有了国际因素，解决的难度和成本加大。在 WTO 规则框架下，为适应农业的全球性竞争，我国的农业产业化和现代化程度将进一步加大，国际联系也进一步加强，主要体现在：农业生产资金的跨境流动，外国资本在我国投资农业生产和开发；农业的新产品、新技术、新设备引入我国，农业产业的知识产权因素加大；加入 WTO 后，无论是农产品还是农产品加工进出口贸易都得到了显

---

① ［美］罗克斯、伯德格：《乡村社会变迁》，王晓毅、王地宁译，浙江人民出版社 1998 年版。

著发展，农村经济纠纷的因素就不再局限于国内，这种国际化的趋势也使农村民商事争议需要有新的方式来解决，并与国际惯例相符合。此外，参加和批准国际条约，接受国际惯例亦越来越成为我国农村民商事纠纷解决的法律依据的重要来源之一，并直接或间接对农村民商事纠纷起着社会控制的作用。这些国际条款有：《纽约公约》《联合国国际货物销售合同公约》《保护工业产权的巴黎公约》《专利合作条约》等。

2. 农村民商事纠纷仲裁解决的价值目标

仲裁解决农村纠纷尤其是农村民商事纠纷具有一定的目标和价值。农村民商事纠纷仲裁解决的直接目标是在农村民商事纠纷发生时能够及时、有效地解决，最终目标是通过纠纷的预防和解决，使农村民商事活动有序、安全、和谐、稳定地开展，促进农业和农村经济社会的持续和谐发展，两级目标之间是相辅相成的关系。在农村进行的民商事活动是我国整个社会主义市场经济活动不可或缺的一部分，因此，农村民商事纠纷解决仲裁解决的价值必须符合和体现现代市场经济的一些基本价值目标。

（1）秩序性价值。在现实农村生活中，经济的发展推动社会的进步，也促使人们在创造社会财富的同时获得自身利益。人与人之间利益的交换孕育着矛盾的形成，这种交换的频繁程度伴随着农村的开放程度日益加深，人们对同一问题的不同认识以及各自价值标准的差异，加速了这种矛盾的产生。现实的农村，在所有社会利益的冲突中，民商事方面的冲突占有相当大的比重。在农村从事民商事交往的主体往往成为争议的双方当事人，而民商事交往的内容则决定了纠纷的类型。在农村，以自然人、法人和其他组织为主形成的多重主体和以经济合同、财产权益为主的多重内容，构成了现实农村中纷繁复杂的民商事纠纷，如民间借贷纠纷、产品质量纠纷、农业金融纠纷等，这些纠纷都可能破坏农业生产和农村社会经济秩序。通过仲裁解决农村民商事纠纷，能够预防和恢复正常的农村民商事法律关系，维护农村经济秩序，维护农业生产和农村经济活动安全、有序、可持续地开展。

（2）效益性价值。农村民商事纠纷有其自身的特点，尤其是农业生产季节性很强，受气候影响比较明显，这一方面要求纠纷解决程序能够及时处理纠纷；另一方面要求程序具有简捷性和自由度，以防止过分耗费农村纠纷当事人的时间、精力和财力。因此，农村民商事纠纷的仲裁解决在宏观上通过预防和解决纠纷，防止因纠纷带来的动荡和影响，减少损害，给农村经济发展提供一个安全、和谐、稳定的空间与条件，这是一种长远的、重大的社会效益。从这个意义上说，农村纠纷仲裁解决的效益远远高于其程序运作的社会经济成本。在微观上，农村纠纷当事人综合人力、物力、时间等成本因素，选择仲裁解决纠纷，而对其他程序救济予以放弃，作出这种权衡，通过程序运作保护合法权益。

（3）自由、公正的价值。通过农村民商事纠纷的仲裁解决，防止纠纷对经济社会秩序的破坏，保证农村经济社会活动正常进行，其本身又为农村经济社会活动提供了公正平等的空间和条件，同时也为农村经济活动主体提供了权利救济的机会与途径，这本身就体现着公正价值。当事人对解决纠纷手段的选择权、对自己权利的处分权等，充分体现着农村民商事纠纷解决的自由价值。

3. 农村民商事纠纷的可仲裁性

我国对可仲裁性的法律规定主要见于《仲裁法》第2条，即"平等主体的公民、法人和其他组织之间发生的合同纠纷和其他财产权益纠纷，可以仲裁"。第3条的排除性规定，"下列纠纷不能仲裁：（一）婚姻、收养、监护、扶养、继承纠纷；（二）依法应当由行政机关处理的行政争议"。同时该法在第65条对涉外仲裁作出了专门说明："涉外经济贸易、运输和海事中发生的纠纷的仲裁，适用本章的规定。本章没有规定的，适用本法其他有关规定。"除此之外，有关争议可仲裁性的规定还散见于其他法律文件，如我国在加入1958年《纽约公约》时作出了"商事保留"的声明，只要依据中国法律属于商事法律关系所引起的争议，无论是契约性的还是非契约性的，都适用该公约。声明中还指出，所谓"契约性和非契约性商事法律关系"，具体是指由于合同、侵权或者根据有关法律关系规定而产生的经济上的权利义务关系。根据最高人民法院 1987 年 4 月 10 日发布的《关于执行我国加入的〈承认及执行外国仲裁裁决公约〉的通知》，"契约性和非契约性商事法律关系"具体是指由于合同、侵权或者根据有关法律规定而产生的经济上的权利义务关系，如货物买卖、财产租赁、工程承包、加工承揽、技术转让、合资经营、合作经营、勘探开发自然资源、保险、信贷、劳务、代理、咨询服务和海上事故和所有权争议等，但不包括外国投资者与东道国政府之间的争议。涉及婚姻、监护、扶养、继承争议及依法由行政机关处理的争议，不能提交仲裁。

在农村，除财产权益纠纷和一般经济合同纠纷可适用仲裁之外，随着市民社会在农村的逐渐形成，农业生产各行业组成自己的行业组织，依照行业自治权，组织本行业的仲裁机构，对行业内的农业经济纠纷，依当事人申请，进行仲裁解决也是必要的①。

需要注意的是，作为一种诉讼外的主要纠纷解决方式，仲裁已经成为解决劳动争议和农业承包合同纠纷的重要方式。根据《仲裁法》第 77 条的规定，劳动争议和农业集体经济组织内部的农业承包合同纠纷的仲裁，另行规定②。

---

① 为强化行业协会服务职能，拓宽服务领域，保障会员企业的合法权益，全国城市农贸中心联合会（简称农贸联）积极响应中央"完善仲裁制度，提高仲裁公信力"的精神，2015 年成立了全国城市农贸中心联合会仲裁专业委员会，这是全国行业协会中率先成立的仲裁专业委员会。http://www.cawa.org.cn/home/Html/showindex29530.html，最后访问日期：2015 年 12 月 30 日。

② 2010 年 1 月 1 日正式实施的《中华人民共和国农村土地承包经营纠纷调解仲裁法》（以下简称《农地纠纷调解仲裁法》）对仲裁机构的设置、仲裁程序、仲裁裁决的效力等作出了明确的规定，基本确立了中国的农地纠纷仲裁制度。最高人民法院于 2014 年 1 月 9 日颁布了《最高人民法院关于审理涉及农村土地承包经营纠纷调解仲裁案件适用法律若干问题的解释》。

4. 农村民商事纠纷仲裁解决的优势和困境

（1）优势。适用仲裁解决新型的农村民商事纠纷具有以下几方面优势：

首先，仲裁的专业性和保密性。在现代农村社会中，解决由于私权利冲突而引发的纠纷时，当事人的要求是多层次的。面对刚性冷漠的诉讼，当事人往往希望自己的隐私或商业秘密得到更为有效的保护，希望商业领域产生的专业纠纷得到专业裁判，希望采取更加温和的对抗。而仲裁制度的不公开性、专业性、弱对抗性等特点正好满足了当事人的需要。

现代农村社会发生的民商事纠纷往往也涉及特殊的知识领域，会遇到许多复杂的经济贸易和有关的技术性问题，故专家裁判更能体现专业权威性，如在农村频发的种子纠纷、"小产权房"纠纷①、农产品的国际贸易纠纷，就具有一定的专业性。因此，当事人可以选任具有一定专业水平和能力的专家担任仲裁员，而不必仅限于法律专业人士，以免耗时费力却无法真正解决争议。商事仲裁员的专业性是商事仲裁实体公正的重要保障，同时，由于商事仲裁强调专业性的判断，商事仲裁中仲裁员并不以法律专业人士为限。"商事仲裁所追求的实体正义应大于程序正义；而法院判决追求的，表面上是实体正义与程序正义并重，但实际上是程序正义大于实体正义。尤其是个案中隐含专业问题时，法院未必有能力加以审查，即使有，也常常是在概括性的想象与摸索中作出结论，对于当事人而言，未必能真正解决争议。"②

仲裁以不公开审理为原则，公开审理为例外，与此同时，商事

---

① 为解决好农村产权纠纷，成都仲裁委员会专门向社会各界选聘了 45 名从事农村产权纠纷工作，熟悉农村产权法律、法规和政策的专业人士为仲裁员。加上之前部分熟悉农村产权工作的仲裁员，目前成都市共有 80 多名仲裁员专门进行农村产权纠纷仲裁。参见《四川日报》2011 年 9 月 28 日。

② 尹章华、黄达元合著：《仲裁法概要》，台湾文笙书局 2001 年 10 月版，第 3 以下页。

仲裁员以及相关人员还履行保密义务。这些措施保证了当事人的商业秘密和经济往来不会因为商事活动而泄露。商事仲裁的专业性和保密性能够使该纠纷产生的负面影响减到最小，从而保护当事人的形象，避免造成其他额外损失。

其次，仲裁的意思自治性。意思自治在仲裁制度中贯穿始终，仲裁方式选择、仲裁庭组成、仲裁程序及法律适用等方面都是当事人自主合意的结果，仲裁协议是个性化的，自主决定具有极大的针对性，仲裁制度较好地协调了当事人双方私权自治与第三方干预处理纠纷之间的矛盾，具有诉讼无法比拟的优势。同时，也使得仲裁程序特别适合于解决那些强调保密性、专门性、结案快的案件，而这正是诉讼和调解都无法比拟仲裁之处。

在我国和谐社会的战略目标下，民事诉讼朝着和谐的诉讼模式迈进，大力倡导和谐司法，必先确立和谐的纠纷解决环境。矛盾的解决，不仅强调结果，也同样关注过程，相较于严肃的诉讼程序，仲裁制度作为重要的诉讼外纠纷解决方式，在自愿原则的基础上，通过特定优势，体现了法律与人权的统一，公正与效率的平衡，实现了程序刚性与人性化的统一。通过对诉讼这道纠纷最后防线的补充，以和谐的主体，通过和谐的方式达到实质和谐与社会公平的法治境界。

最后，仲裁裁决具有强制执行力。仲裁裁决具有强制执行力在很大程度上弥补了协商和调解的缺憾。具有终局效力的仲裁裁决作出后，仲裁程序就宣告终止。但并不等于当事人之间的争议已经获得圆满的解决。权利方当事人希望毫不迟延地实现仲裁裁决所确定的权利，而一旦义务方当事人未能及时履行仲裁裁决所设定的义务，权利方就需要依法采取有效的强制措施使仲裁裁决付诸实施。这种强制措施除了施加商业或其他压力以外，主要依靠和借助国家司法权来实现，即司法对商事仲裁裁决的承认和执行。

（2）困境。《仲裁法》颁布至今，仲裁作为一种重要的非诉讼纠纷解决制度已经走过了20余个年头。仲裁在处理社会纠纷和维护社会稳定方面起到了重要作用，遗憾的是，仲裁在解决农村纠纷尤其是农村民商事纠纷方面几乎是无所作为。在我国 2009 年颁布《农村土地承包经营纠纷调解仲裁法》之前，几乎没有农村纠纷是通过仲裁解决的。农村纠纷仲裁解决陷入困境的原因，主要有以下几个方面：

第一，受可仲裁性的限制，很多农村纠纷不属于仲裁解决的范围。在相当长的一段时期，我国农村纠纷主要集中在民事领域，并且由于农村社会的特点以及农业生产的特点，纠纷大多涉及与农业生产相关的生产资料和农民生活相关的生活资料方面。除此之外，侵权、乡邻关系、婚姻、继承、赡养、抚养、扶养等方面的纠纷也是农村纠纷的主要内容。还有一些属于行政纠纷领域，如计划生育、村务管理等。上述这些纠纷都不属于仲裁解决的对象，不具有可仲裁性。

第二，受仲裁机构设置的局限，很多农村纠纷很难进行仲裁解决。我国《仲裁法》第 10 条规定："仲裁委员会可以在直辖市和省、自治区人民政府所在地的市设立，也可以根据需要在其他设区的市设立，不按行政区划层层设立。仲裁委员会由前款规定的市的人民政府组织有关部门和商会统一组建。设立仲裁委员会，应当经省、自治区、直辖市的司法行政部门登记。"这一规定说明我国只在设区的市一级设有仲裁机构，县一级没有仲裁机构。而农村纠纷的解决要求迅速、高效和低成本，仲裁机构设置的局限性导致采用仲裁解决农村纠纷成本过高，这大大影响了仲裁在农村纠纷解决中发挥作用。

第三，农民对仲裁认知有限，严重影响了他们选择仲裁解决纠纷的可能性。南通市的一项调查表明，虽然绝大多数的受访者听说过"仲裁"，但只有 4% 的人表示对仲裁比较了解，而这 4% 的人基本上是企业的法律事务负责人，其余的人对仲裁的实质性内容一无所知。由于不了解并且很少经历过仲裁，社会上的人们无法感受仲裁的亲和力①。在经济较为发达的我国东部地区尚且如此，仲裁在经济落后的中西部农村的认知度就更低了。以广西壮族自治区为例，在启璞计划培训班上，笔者针对来自广西各地市的779名女村官，做了一个简单的关于农村纠纷解决的调查，当问到"您是否了解仲裁制度？"时，几乎95%的女村官回答不了解或没听说过。②一项制度不管在理论上多么完美，如果在实践中根本没人了解，也没有人亲身感受到它的好处，那它就只能是停留在纸上的制度。现在，仲裁在农村纠纷解决中的尴尬境遇，与仲裁在农村地区宣传不够、农民对仲裁认知程度偏低有着重要关系。

第四，仲裁与司法的关系问题，影响了仲裁制度作用的进一步发挥。构建仲裁与诉讼关系的两部主要法律《民事诉讼法》和《仲裁法》在仲裁制度发展之初起到了极大的促进作用，但随着市民社会的繁荣，已逐渐显示出一些明显缺陷，与仲裁制度发达国家及国际仲裁立法实践相比，我国诉讼与仲裁的关系定位不清，严重影响仲裁制度化进程。在理论界广泛探讨的同时，我们很欣喜地看到了实践界对此的努力。《仲裁法解释》的施行应该说是最高人民法院对改善仲裁与司法关系的一次有力尝试。该解释统一了各地司法支持仲裁、监督仲裁的标准，从总体上确立了司法支持仲裁的原则，为仲裁制度提供了一个良性发展环境，尽管有些规定还有待于进一步探讨，但其积极价值是不容否认的。值得提及的是，第十届全国人大常委会五年立法规划公布后，《仲裁法》的修订正式启动，可以说该解释的实施是一个契机，为《仲裁法》重构诉讼与

① 参见何兵：《现代社会的纠纷解决》，法律出版社2003年版。
② 启璞计划——村"两委"女干部培训试点项目，是由李嘉诚基金会全额出资，与全国妇联合作实施的公益项目，该项目于2010~2011年在安徽省、广西壮族自治区和广东省潮汕地区（简称"两省一地"）实施，旨在提高村"两委"女干部综合素质和推进农村经济社会全面发展的能力，发挥项目杠杆作用，带动更多的政府和社会资源投入，进一步促进男女平等基本国策的落实，推动中国农村妇女发展。笔者是广西大学培训师资团队成员之一。

仲裁关系进行了积极的探索。①

第五，仲裁制度自身的不完善，影响了仲裁制度作用的进一步发挥。我国《仲裁法》第16条和第18条，关于仲裁协议中仲裁机构的规定显得过于苛刻和呆板，具体表现为，要求仲裁协议中必须包含"选定的仲裁委员会"，如果当事人没有在仲裁协议中就选定的仲裁机构作出约定，或者约定不明确，则只有达成补充协议，仲裁协议才能发生法律上的效力。将对仲裁机构的约定作为有效仲裁协议必须具备的一项内容是没有必要的，要求所选择的仲裁机构必须是明确的、肯定的和唯一的，就更加不切实际。在中国经济较为发达，商事仲裁较为成熟的东南部沿海地区尚且存在不能完全符合法律规定的仲裁协议归于无效的问题，更何况在相对落后的农村地区，就更加难以制定出"高标准化"的仲裁协议了。因此，在农村地区推广商事仲裁，更需要尽量减少对仲裁协议的限制，才能为商事仲裁的发展创造条件。

在我国现行的商事仲裁立法中，除了我国政府与其他一些国家在双边投资保护协定中有关于通过临时仲裁机构组成仲裁庭解决有关争议的规定，并没有认可临时仲裁的规定。我国《仲裁法》第16条还将"选定仲裁委员会"作为有效仲裁协议的必备条件，我国的《民事诉讼法》第283条也只规定了对"国外仲裁机构的裁决"的承认与执行问题，这意味着在我国不仅排除了进行临时仲裁的可能性，也导致我国法院在实践中遇到承认和执行国外临时仲裁庭作出的裁决时左右为难。上述规定都影响了仲裁的受案范围，影响了仲裁解决农村纠纷的可能性。譬如，在我国农村民商事主体之间订立合同时，当事人因为不了解仲裁，很少有在合同中约定采用仲裁条款的，一旦发生纠纷，只能协商、调解或诉讼。这不仅影响了仲裁机构的受案范围，也妨碍了农村民商事主体选择仲裁解决

---

① 乔欣：《论仲裁独立性原则下的司法支持与监督》，载《中国司法》2009年第6期。

纠纷的权利。

我国《仲裁法》第 17 条规定了仲裁协议的无效要件，又在第16 条规定了仲裁协议必须具备的内容，且两者具有交叉性，是不必要的重复。这种过于烦琐的规定不但没有起到使《仲裁法》更加清晰明了的作用，反而使得仲裁协议的效力受到了不应有的、过多的限制，其作用显然是负面的。

此外，我国仲裁立法和相关仲裁规则对仲裁员的选任也规定得过于严格，导致很多与农业、农村相关的专业人士无法成为仲裁员，也使仲裁解决农村纠纷的难度加大。我国《仲裁法》第 13 条规定，仲裁委员会应当从公道正派的人员中聘任仲裁员。仲裁员应当符合以下条件：从事仲裁工作满 8 年的；从事律师工作满 8 年的；曾任审判员满 8 年的；从事法律研究、教学工作并具有高级职称的；具有法律知识、从事经济贸易等专业工作并具有高级职称或者具有同等专业水平的。在此基础上，国内各商事仲裁委员会的仲裁规则也有类似的规定。总的来说，我国商事仲裁立法和仲裁规则对商事仲裁中仲裁员资格的要求是非常严格的，甚至有些过于严格或苛刻。这些苛刻的条件将一大批公正、廉洁，具有独立仲裁商事纠纷案件的农业和农村精英人士挡在了仲裁员的大门之外，不仅违背了商事仲裁的基本原理，也使得商事仲裁当事人对仲裁员选择权的行使受到了严重阻碍，不利于我国商事仲裁制度在农村的发展。

第六，仲裁的收费问题。进行仲裁，就不能不谈仲裁费用。目前，少数民族地区或农村由于地区的差异，大多数民商事纠纷标的额比较小。在我国《仲裁法》中没有明确规定标的额小的平等主体之间的民商事争议不能仲裁的字眼，因此标的额小的民商事争议完全可以通过仲裁解决，仲裁不应专门针对纠纷标的额大的案件。但是，从仲裁的收费上使得标的额小的纠纷无法选择仲裁加以解决，实际上把小额争议给排除在外。虽然仲裁是一裁终局，省了很多程序，但在实践中，仲裁的收费还是比较高的。根据国务院办公厅发布的《仲裁委员会仲裁收费办法》，仲裁收费分为案件受理费和案件处理费两部分。案件受理费按争议金额的多少来确定，如1000 元以下的部分为 40~100 元；1001 元至 5 万元部分按 4%~5% 缴纳；5 万元以上 10 万元以下部分按 3%~4% 缴纳等。案件处理费则是指仲裁员、证人、鉴定人等因办案出差、开庭而支出的食宿费、交通费等，以及办案必需的其他合理费用，一般由提出申请的一方当事人预付。仲裁费用原则上由败诉的当事人承担，也可以按比例分担。① 例如，贵阳仲裁委员会仲裁费用收费标准规定，就案件受理费而言，争议金额 10 万元（含 10 万元）以下的案件，受理费计算公式：争议金额×4%标准收取（收费不足 100 元按 100 元收取）。就案件处理费而言，争议金额在 10 万元（含 10 万元）以下的部分，处理费计算公式：争议金额×1%（收费不足 800 元按800 元收取）。②

5. 加强和完善仲裁在农村经济纠纷解决中的地位和作用

（1）可仲裁性制度的完善。首先，对《仲裁法》可仲裁性的标准进行修改，依据前文提出的四条标准内容重新作出规定，《仲裁法》是有关仲裁制度的根本法，它的立法精神反映出一国对仲裁的基本态度。《仲裁法》关于可仲裁性的规定应该是一般性的指导原则，不能过于具体，以提高仲裁的适应性，为未来发展留出空间。

具体规定时，可以将四条标准同时融入概括性表述中，规定为平等主体能够自由处分的具有可诉性的民商事纠纷均可提交仲裁，以不对公共利益造成重大影响为限。在具体适用中，对公共利益的解释应依据不同领域以司法解释的形式予以明确。当事人能够自由处分的权益，提交仲裁不至于危害到我国公共利益时，该事项的可仲裁性就应该得到肯定。鉴于我国目前国内仲裁发展仍处于初级阶

① 方业树：《少数民族纠纷之仲裁解决研究》，贵州民族学院 2010 年硕士学位论文。

② 贵阳仲裁委员会仲裁费用收费标准，载 http：//www.gyac.org.cn/bszn.aspx？List＝9。

段，特别是各地仲裁委员会水平参差不齐，以四条标准加以限制，更有利于仲裁在起步阶段的良好运行。

在此肯定性概括之下，不设其他肯定或否定性列举事项。在《仲裁法》颁布的 20 多年来，我国仲裁员和法官队伍的素质都得到了很大提高，应该充分相信这支精英的司法队伍或民间仲裁专家完全有能力通过抽象标准对具体事实加以判断并最终得出准确结论。因此，不必再列举可仲裁或不可仲裁的具体事项。同时，不将具体争议事项列出，也是为了将法律滞后性的消极影响降到最低。毕竟，科技社会日新月异的发展速度已大大超出了立法者能够预测的范围，经济的发展，会使人们之间的交互往来形式越发多样化，围绕这些还会出现哪些纠纷以及它们的性质如何，都具有不可预测性。在立法中不以样本形式做列举表述，减轻未来新出现的纠纷类型对已有立法的挑战，避免出现法律规制之外的尴尬。

其次，对于具体领域纠纷由相关部门法作出相应规定对其可仲裁性问题加以明确。《仲裁法》对可仲裁性给出了原则性的判断标准，并取消列举性规定，无疑增加了仲裁范围立法的抽象性。为了让更多市场经济主体认同仲裁、选择仲裁，从而促使仲裁成为解决平等主体间纠纷的主要手段，将新兴领域具体争议的可仲裁性加以明确的任务就落在相关实体法肩上。也只有直接规范实体法律关系的部门法对该领域纠纷可仲裁性的明确，才是对仲裁范围拓展最有力的支撑。比如，证券纠纷允许以仲裁方式解决，就可以在证券法中对其争议解决方式作出专门规定，使实体权益主体更加明确当自己权利受侵犯时可选择的救济方式。同时，这种散见部门法的具体规定，可以将可仲裁性判断标准中的公共利益范围具体化，每一个特殊领域，其公共利益范围都是不同的，或者说，怎样才是触及了公共利益的边界因实体法规制领域不同，这一领域内的公共利益包含哪些具体内容也不尽相同。这样的规定让仲裁在实践中对可仲裁性标准的应用更具可操作性。

争议的可仲裁性不仅仅是程序法上的问题，还是民事实体法和民事执行法上的问题，甚至还牵涉到其他部门法的制定和完善①；它不仅理论性强，实践性更强，因此研究起来有一定的难度。综观各国立法和实践的基础上求同存异，试图制定一个可仲裁性的标准，让这个颇具争议的问题变得清晰一些，也期待对我国《仲裁法》的修改有所裨益。尤其是中国加入 WTO 后，在仲裁上面临着一些新的问题和挑战，如利益冲突、管辖权以及法律适用等，可仲裁性也是其中之一。这些问题通过立法来完善是最根本的，也是最好的解决之道。

（2）仲裁员制度的完善。综观世界各国和地区对仲裁员资格的立法规定，基本上呈现出两种趋势：一是只规定一般资格条件，往往不再对仲裁员资格进行特殊的立法要求；二是赋予仲裁当事人在商事仲裁中约定仲裁员资格的权利。基于比较法的视野，结合我国立法及现状，笔者认为，要实现仲裁参与农村经济纠纷的综合治理，必须改革我国仲裁员资格确定的标准和要求。

首先，放宽仲裁员的资格条件，将现有的仲裁员必须具备的资格条件的表述改为仅原则性规定仲裁员资格条件，或者从"禁止"的角度规定不可以担任仲裁员的情形。以使仲裁员的队伍得以扩大，给予农村民商事纠纷仲裁中双方当事人更宽阔的选择权。

---

① 在反垄断争议领域，实践中早有寻求仲裁解决的呼声，但是立法层面一直没有响应。2004 年 6 月 14 日《深圳商报》报道：2004 年 6 月 10 日上午，深圳市律师协会反垄断反不正当竞争业务委员会召开了深圳零售商业与深圳银联、深圳银行业关于银行卡结算服务费纠纷的专题研讨会。专家建议深圳零售商业与深圳银联和深圳银行业继续通过协商、谈判、仲裁、诉讼等方式，依照法律法规规定，在法律框架内解决纠纷。2007 年出台的《反垄断法》在对反垄断争议处理的问题上，沿袭了《反不正当竞争法》中主管机构执法实践经验的同时，亦不可避免地落入了传统的法律适用理念的套路而简单套用《反不正当竞争法》，强调主管机构执法的公共执行模式。虽然反垄断法作为经济宪法具有独立的权威性，且垄断行为样态的复杂性需要权威机构的管制，但对于反垄断争议的私人执行机制的忽视，特别是仍旧未涉及反垄断争议的可仲裁性问题，显示了我国对反垄断商事纠纷的处理已滞后于国际一般趋势。因此，可仲裁性问题还有待多方立法的不断完善。

其次，解除对从事仲裁工作、律师工作、法律研究、教学工作及经济贸易等专业工作人士成为仲裁员的年限限制，解除对曾经担任过法官职务的人士成为仲裁员的年限限制，赋予他们作为仲裁员的资格，即不论他们从事仲裁工作、律师工作、法律研究、教学工作及经济贸易等专业工作多少年，也不论卸任法官职务的人士曾经担任法官职务的时间，只要当事人选择即可成为商事仲裁案件的仲裁员。

再次，赋予当事人对商事仲裁员中仲裁员资格进行约定的自由。商事仲裁的本质特征决定了当事人具有依据自己的意愿选择仲裁员的权利，实际上也就是具有对仲裁员资格进行确定的自由，作为国家没有必要予以干涉，相反，应当充分尊重双方当事人对仲裁员资格的约定和选择。这也是保障双方当事人服从于仲裁庭的仲裁权，并实现仲裁裁决中所确定权利的基础。

最后，实行推荐仲裁员名册制。我国《仲裁法》本身并没有强制名册制的概念，但也没有明文赋予当事人选择仲裁员的自由。历来的商事仲裁实践中既然只允许当事人从商事仲裁机构提供的名单中挑选仲裁员，那么名册制事实上就是强制名册制。尽管基于不同的商事仲裁理念及文化素质等原因，采用名册制与否，很难断言孰优孰劣，但就中国实行的强制名册制而言，弊大于利。所以，实行推荐名册制，使得商事仲裁中仲裁员来源具有更大的开放性，既保护了当事人选择仲裁员这一重要的程序性权利，又能保证商事仲裁水准和社会变迁保持同步成长性。仲裁员制度的完善，也为临时仲裁的开展提供了必要的前提。自主性作为临时仲裁的特征之一当然地包含了当事人自主选择仲裁员的内容。针对目前的现实，采取名册推荐选任制度是比较合理的，即仲裁机构只负责向当事人进行推荐，当事人既可以接受仲裁机构的推荐，又可以在仲裁协议中约定名册之外的仲裁员，在合理合法的前提下，争取实现最大限度地尊重当事人的意愿。

（3）仲裁协议制度的完善。删除我国《仲裁法》第 16 条关于仲裁机构的规定是完全可行的，进而第 18 条的规定也就失去了存在的意义。删除《仲裁法》第 16 条的规定，实质上是放宽了对仲裁协议效力的限制，使一项已经形成的仲裁协议尽可能地发挥其作用，以促进商事仲裁事业包括农村仲裁的不断发展。在《仲裁法》第 17 条中，已经从仲裁的主体和内容方面对有效仲裁协议作了界定。加上第 16 条第 1 款中对仲裁协议的书面形式，第 3 条中对争议的可仲裁性等具体的限制性规定，有效仲裁协议已经得到了比较全面的规制，完全能够达到保证仲裁公正、规范进行的目的，除此之外，再作过多的规定就显得多余了。综上，我们从促进商事仲裁、发展商事仲裁、完善商事仲裁、促进社会和谐发展的宗旨出发，主张对仲裁协议相关内容进行调整，无疑会为农村纠纷的仲裁解决提供支持。

（4）临时仲裁制度的构建。在商事仲裁实践中，经常会出现一些不规范的仲裁协议，其中，对仲裁机构约定不明的仲裁协议占有很大的比例。如果想把仲裁制度推向农村市场，则这种所谓不规范仲裁协议的情况可能会更加频繁地出现。如果法律承认临时仲裁的效力，对于这些不规范的仲裁协议，往往可以通过临时仲裁的方式予以解决，从而使当事人的仲裁意愿能够尽可能地成为现实，也有利于扩大仲裁的适用范围，促进仲裁事业的进一步发展。当然，要建立一套完备的临时仲裁制度还需要做很多工作。首先，要在思想上彻底摒弃临时仲裁不可靠、不保险的错误观念，充分认识临时仲裁所具有的优越性。其次，还要在制度上进行相应的配套改革。主要包括：规定临时仲裁的仲裁员的选任和仲裁庭组成的具体方式；规范仲裁员的任职资格；合理限定仲裁庭的职权及其与法院的关系，等等。要做到使临时仲裁制度与原有的机构仲裁相互协调、相互补充，共同构成一整套完善的商事仲裁制度，并与国际商事仲裁的通行规则接轨。

（5）行业仲裁制度的完善。根据市场经济下市民社会与国家的互动关系，明确承认社区中的行业自治权，将行业仲裁内容纳入统一的仲裁立法中，使仲裁在农村经济纠纷的综合治理中发挥应有的作用。

行业仲裁转型时期的一种必然趋势，反映了行业社团组织自治及其社会控制能力。行业仲裁成员可由本行业专家、社团组织代表、法律专家、贸易专家组成。当事人在进行农村经济活动时，可约定进行行业仲裁。行业仲裁根据查清的事实和法律、法规以及本行业规范裁决处理。在中国的现实状况下，应建立适当规模的行业仲裁来满足农村经济纠纷的需要。第一，在常设仲裁机构下发展行业仲裁，即由常设仲裁机构提供专业化的仲裁服务。第二，由常设仲裁机构与行业商会或协会合作，设立常设仲裁在特定行业内的行业仲裁中心。第三，在有条件的全国性的行业商会或协会设立仲裁委员会，专项受理行业内的经济贸易纠纷。

（6）加强对仲裁制度的宣传和仲裁机构设置的完善。深入农村做好普法工作，多渠道加大仲裁制度的宣传力度，让农村经济主体了解仲裁、认同仲裁、选择仲裁，这是发挥仲裁在解决农村纠纷中应有作用的前提条件。

鉴于目前农民在利用仲裁解决纠纷过程中的具体困难，要完善我国的仲裁机构设置，特别是在县级增设仲裁机构或增设已有知名仲裁机构的分支机构①，使仲裁更接近农村，以便于农村经济主体行使请求仲裁的权利。

（7）改革仲裁收费制度。首先，降低收费标准。仲裁费用是仲裁中不可忽视的一个重要环节。在农村地区发展仲裁，收费标准应结合农村地区的特殊情况，而不能按照全国统一的收费标准。仲裁是一项具有社会公益功能的社会事业，极富挑战性和探索性。把仲裁机构当作非营利性机构来认识，比较符合我国目前的实际。②

我们要坚持仲裁机构的非营利性，降低仲裁的收费标准，可以考虑受理费和处理费合二为一，仲裁收费比照目前法院一审收费标准进行等方案，从经济上激励当事人通过仲裁而不是诉讼解决纠纷。这样，仲裁在少数民族和农村地区才会有案源，仲裁的作用才会提高。考虑到我国大部分农村地区属于欠发达地区，为仲裁当事人适当减轻仲裁成本是必要的。仲裁要"以人为本"，从农村地区的实际情况出发，从保护农民纠纷解决权利的角度考虑，降低收费"门槛"，使农民能够交得起仲裁费用，选择仲裁来维护自己的合法权益。对于经济困难的当事人，可以允许缓交、减交仲裁费用。

---

① 为了更好地化解农村产权纠纷，2011年9月27日，成都农村产权仲裁院正式成立。据悉，这是全国首个专门裁决农村产权纠纷的仲裁机构。作为成都仲裁委的内设机构，农村产权仲裁院将负责仲裁农村土地承包经营权以外的其他农村产权纠纷，为成都市农村产权制度改革做好保障性工作，包括农村房屋买卖合同纠纷，农村房屋转让合同、房屋租赁合同纠纷，建设用地使用权转让合同纠纷等都可约定提交农村产权仲裁院仲裁。农村产权仲裁院将与市农委的农村土地承包仲裁委员会互补，形成一套比较完善的农村产权纠纷解决体系和机制。据了解，下一步，成都仲裁委计划在都江堰、龙泉驿、郫县、崇州、蒲江、金堂专门设置联络点，负责受理当事人的申请。启动仲裁程序后，仲裁员将深入农村、乡镇调查。同时，为了方便农民，让农村产权纠纷得到更及时、更快捷的处理和化解，仲裁庭也将到当地开庭。在举行的仲裁员培训会上，成都仲裁委还对仲裁员进行了职业操守教育、仲裁法以及调解技巧等方面的培训。参见《成都日报》2011年9月28日。

② 黄志勇：《试论仲裁机构的定位与改革》，载中国仲裁网，http://www.china-arbitration.com/news.php?id=1088。

让广大农民朋友享受现代仲裁的便利，从《仲裁法》中得到实惠。[1]

其次，政府财政支持。当然，仲裁机构原则上是自收自支，就不能不考虑成本，如果降低仲裁费用，仲裁机构可能难以为继，这可能是仲裁机构在农村地区发展面临的最大问题。因此，在少数民族和农村地区开展仲裁，发挥仲裁纠纷解决中的优势，政府应给予足够的支持。"政府对仲裁机构的支持，是政府向纳税人履行其公共服务义务的行为。政府的财政支持不应也不会改变仲裁机构的性质，更不能成为否定仲裁机构民间性的理由。同理，政府投资建立公共文化设施或某些公益性社团也未因此改变后者的民间性质。其实，这种情况在其他国家的仲裁机构也普遍存在。例如，日本国际商事仲裁协会三分之一的费用开支由政府拨款支持、美国仲裁协会作为社会公益法人其仲裁费收入被免于缴纳各种税收；而我国香港的国际商事仲裁中心 1985 年设立的办公楼由香港政府以一港元象征性费用归其所用。但这些政府的财政支持并不成为否定其民间性质的理由。"[2] 政府给少数民族地区和农村的仲裁机构必要的财政拨款，对少数民族地区和农村的仲裁机构给予扶持，应属于政府对社会公共事业的义务性投入，政府有责任保障落后的少数民族地区和农村的群众通过选择仲裁来解决纠纷、维护合法权益，从而维护少数民族地区的和谐稳定。

---

[1]　方业树：《少数民族纠纷之仲裁解决研究》，贵州民族学院 2010 年硕士学位论文。

[2]　王红松：《积极稳妥推进仲裁体制改革——谈仲裁法修改应重视的问题》，载《法制日报》2007 年 2 月 25 日，第 6 版。

后　　记

作为教育部人文社会科学重点研究基地重大项目《民事纠纷的多元化解决机制与构建和谐社会的理论与实证研究》（项目编号：08JJD820174）的结项成果之一，本书倾注了课题组成员及作者全部的热情和对多元化纠纷解决机制相关理论与实务的研究、探讨和思想。

本书的写作分工如下，以撰写章节先后为序：

李红勃：第一章至第三章；

韩　波：第四章至第七章；

李　莉：第八章一、二（三）、三（一）（三）（四）；

乔　欣：第八章二（一）（二）；

孙　玙：第八章三（二）。

本书由项目主持人乔欣主编并负责各部分的协调和统稿、定稿。

感谢中国政法大学诉讼法学研究院卞建林院长对本书出版给予的大力支持！感谢中国人民公安大学出版社对本书出版付出的辛苦和努力！

作　者

2017 年 11 月